INNOVATIVE ADMINISTRATION

collana *peer reviewed*

INNOVATIVE ADMINISTRATION
Collana *peer reviewed*

Informatica forense e nuove tecnologie dell'informazione

a cura di
Alfonso Contaldo – Flaviano Peluso

contributi di
Natassija Caserta, Alfonso Contaldo,
Marta Fernandes Dos Santos, Manola Lesti,
Chiara Matteoni, Flaviano Peluso, Alessandro Riso

PM
EDIZIONI

PM edizioni di Marco Petrini
via Milano, 5
17019 Varazze (SV)
www.pmedizioni.it
info@pmedizioni.it

ISBN 978-88-31222-93-8
Prima edizione: maggio 2022

Indice

Prefazione

Negli oltre dodici anni di impegno professionale nella materia del cyber crime ho potuto assistere a profonde mutazioni nelle dinamiche relative alla commissione dei reati e, sull'altro versante, all'evoluzione delle competenze necessarie per il contrasto.

Ancorché nel mondo giudiziario non sia ancora pienamente diffusa la conoscenza del fenomeno, le competenze investigative della magistratura requirente e della polizia giudiziaria per il contrasto al crimine informatico sono certamente cresciute, così come si è maggiormente diffusa la cultura della cooperazione giudiziaria internazionale, nelle varie forme previste dai trattati internazionali, ma anche dalla Convenzione di Budapest, che ha aperto ad una stagione di cooperazione spontanea tra forze di polizia (art. 26) e tra autorità investigative ed internet service provider (art. 32) destinata sicuramente ad estendersi alle strategie di contrasto di altri fenomeni criminali.

Infatti oggi, più che dieci anni fa, è fortemente percepibile, nello svolgimento delle attività di indagine, il carattere transnazionale della criminalità informatica. Mentre in passato gli autori delle condotte erano principalmente soggetti italiani o, comunque, residenti nel nostro Paese, magari in contatto con soggetti stranieri che limitavano il loro apporto alla fornitura della tecnologia, oggi gran parte delle condotte criminose di maggior impatto proviene da soggetti operanti all'estero. Ciò è vero, principalmente nel settore degli attacchi alle infrastrutture critiche, che costituisce oggi il maggior pericolo per la sicurezza degli ambienti informatici e tecnologici avanzati.

Le infrastrutture critiche sono costituite, secondo la definizione della Guindance Note n. 6 del Cybercrime Convention Committee (istituito proprio dalla Convenzione di Budapest), dai sistemi ed asset informatici che assumono un rilievo vitale per il funzionamento di un Paese. Tanto che la loro distruzione, o anche la loro temporanea inidoneità al funzionamento, produce effetti sulla sicurezza e difesa nazionale, sull'economia, sulla sicurezza pubblica e sulla sanità. Tra esse vanno annoverate le infrastrutture tecnologiche relative all'energia, all'alimentazione, all'acqua, ai carburanti, ai trasporti, alle comunicazioni, alle finanze, all'industria, alla difesa e all'erogazione di pubblici servizi.

Tali strutture sono gestite da computer adibiti sia al controllo ed all'erogazione dei servizi, che alla custodia ed alla gestione di banche dati, e sono riferibili a soggetti sia pubblici che privati, quando a questi ultimi sia devoluta la gestione di attività strategiche.

Gli attacchi informatici che tali infrastrutture subiscono sono di tipo diverso; talvolta sono finalizzati ad inibirne temporaneamente il funzionamento a scopo dimostrativo o di propaganda (è il caso degli attacchi effettuati dalle crew di pirati informatici affiliati ad Anonymous), mentre altre volte la finalità del blocco di funzionamento è definita da richieste estorsive (è il caso dei ransomware). In alcuni casi gli attacchi, sono poi finalizzati alla sottrazione di dati compromettenti ed alla relativa pubblicazione (esemplificativi in materia gli innumerevoli episodi data leak ampiamente diffusi dai media); in altri casi la finalità è quella dello spionaggio di tipo politico, militare o economico.

Molte di queste condotte sono poste in essere da soggetti operanti nel Paese ove insistono le infrastrutture, attaccate attraverso sistemi di offuscamento del relativo traffico telematico che rimanda all'estero; altre sono, invece, attribuibili ad attori stranieri che operano singolarmente o in gruppo, inquadrati all'interno di strutture riferibili a soggetti privati o a Stati stranieri, ovvero che operano da indipendenti offrendo i loro servizi criminali al miglior offerente.

A fronte di tali pericoli, negli anni si è esteso l'ambito di cooperazione giudiziaria, tradizionale o spontanea, giungendo a creare un contesto di relazioni internazionali che contribuiscono a strutturare uno spazio di libertà, sicurezza e giustizia informatica e telematica. In questa attività è risultata strategica la Convenzione di Budapest, unico testo di rilievo internazionale allo stato esistente, che ha il pregio di fornire strumenti di contrasto, attraverso la previsione di un corpo di norme penali adeguato ed omogeneo. Tale sistema costituisce la precondizione in base alla quale gli Stati aderenti possono cooperare ed offrirsi assistenza reciproca.

Non è un caso che sempre più spesso le tracce lasciate dagli autori di tali crimini si perdono nei confini dei Paesi che non hanno aderito a questa base normativa sovranazionale e che, sempre di più (e forse non in modo disinteressato), stanno diventando il porto franco del crimine informatico.

Ma lo strumentario penale non è da solo sufficiente a condurre a destinazione un efficace modello di contrasto a questa nuova e dilagante criminalità. E' necessario mettersi nelle condizioni di affrontare i processi in modo efficace, traducendo le acquisizioni svolte nel corso delle indagini, effettuate sempre più spesso all'estero, in risultanze probatorie utilizzabili in giudizio.

Per raggiungere tale obiettivo è indispensabile una progressiva armonizzazione anche dei sistemi processuali ed in particolare del regime di utilizzabilità delle prove raccolte in ambiente informatico, affinché le attività investigative svolte in qualsiasi Stato, da parte delle autorità giudiziarie e di polizia locali, presentino quelle caratteristiche formali e sostanziali tali da poter essere accolte quale materiale probatorio nello Stato nel quale il processo verrà celebrato.

Proprio in questa ottica il volume curato da Alfonso Contaldo e Flaviano Peluso assume un suo importante ruolo. E' fondamentale, infatti, svolgere un attento monitoraggio delle tecniche di indagine e degli strumenti investigativi e probatori raccolti sotto la denominazione di informatica forense, definirne in modo sistematico gli istituti nelle loro previsioni normative, nell'evoluzione giurisprudenziale e nella prassi operativa; studiarne la loro interrelazione e i relativi limiti.

Tanto più ciò è importante in quanto con l'evoluzione delle tecniche criminali evolve anche l'utilizzazione degli strumenti investigativi in una progressione sempre mutevole che necessita, a cadenze periodiche, di un nuovo momento di sedimentazione, effettuata attraverso una attenta analisi ricostruttiva di taglio teorico e dottrinale, quale quella compiuta dagli autori di questo libro.

Effettuare di volta in volta la ricognizione dell'esistente è il passaggio fondamentale, non solo per consentire l'aggiornamento di tutti gli altri studiosi ed operatori pratici della materia, ma anche per individuare le linee più generali di una evoluzione di cui, nell'esercizio dell'attività giudiziaria quotidiana, è difficile percepire la direzione. E allo stesso modo l'utilità è percepibile anche nell'individuazione dei punti di caduta, delle inadeguatezze del sistema, dei limiti oltre i quali l'attività di interpretazione degli strumenti esistenti non si può spingere e richiede invece l'intervento del legislatore, meglio se sovranazionale.

Peraltro, è persino ormai banale ripeterlo, le tecniche e gli strumenti di indagine e di prova, nati per il contrasto al crimine informatico, oggi sono di comune utilizzo in tutte le indagini, anche quelle relative a reati diversi e lontani da questo contesto. Infatti, gli strumenti informatici e telematici sono ormai nella disponibilità di tutti e, seppur con competenze diverse da quelle dimostrate dai cyber criminali, vengono utilizzati dagli autori di ogni crimine e pertanto in essi si può trovare riscontro e prova delle attività illegali più disparate.

Non solo le intercettazioni effettuate attraverso l'uso del trojan, ma anche le perquisizioni informatiche, gli accessi investigativi a spazi cloud, i sequestri di dispositivi informatici e la loro analisi forense, l'acquisizione di contenuti giacenti su caselle di posta elettronica, i sequestri di cripto valute, l'acquisizione probatoria di documenti informatici, l'acquisizione e l'analisi dei file di log, il tracciamento del traffico telematico, la conservazione della prova digitale attraverso una adeguata catena di custodia, sono temi con i quali l'operatore deve confrontarsi in ogni indagine.

In modo sempre maggiore è quindi necessario che la conoscenza approfondita di questi strumenti, non ancora adeguatamente sedimentata in tutti gli operatori, diventi patrimonio comune di pronta fruibilità. Anche per tali ragioni il valore di questo volume assume una insostituibile funzione formativa e di aggiornamento culturale e professionale di cui si deve essere grati.

EUGENIO ALBAMONTE

Capitolo I
L'informatica e l'informatica giuridica
Alfonso Contaldo

1. Le terminologie informatiche e la nascita dell'informatica giuridica

Nel corso degli ultimi anni si è vista un'esponenziale crescita dell'uso di definizioni tecniche, pertanto si ritiene utile partire con alcuni "rudimenti" sulle terminologie così da spazzar via ogni eventuale dubbio nel richiamo delle stesse. Il termine "informatica" è stato coniato negli anni Cinquanta ed è la crasi delle parole "informazione" ed "automatica". Pertanto il significato originariamente attribuito era di richiamare il trattamento automatico delle informazioni attraverso l'uso di un elaboratore. Inoltre, occorre chiarire che il termine *computer*, certamente di derivazione dal verbo inglese *to compute* (calcolare), trova la sua radice dal verbo di origine latino *computare*. Dunque ci si riferisce a dei strumenti informatici dotati di capacità particolari nel calcolo. Infatti, se analizzassimo le terminologie usate nel passato in altre nazioni, scopriremmo che ci sono varie parole che indicano il computer ma evidenziandone capacità differenti.

In francese *ordinateur* a sottolineare la sua capacità di "ordinare" e conservare in modo preciso grande quantità di dati; in italiano *elaboratore* per via delle sue capacità di processare elaborando complessi algoritmi. In inglese *computer* e in spagnolo *computadora* è emersa la capacità di "computare" quindi la capacità di svolgere calcoli.

A questo punto è bene vedere cosa si intende con la definizione di *informatica*. Tale termine richiama la scienza che si occupa dell'ordinamento, del trattamento e della trasmissione delle informazioni per mezzo dell'elaborazione elettronica. Quest'ultima rende possibile la gestione e l'organizzazione delle ingenti quantità di dati prodotti dal moderno sviluppo sociale, scientifico e tecnologico. L'informatica, per le sue implicazioni con la matematica e la logica, può essere classificata come una scienza esatta. In altre parole è una scienza che, una volta definita un'ipotesi e dimostrata la sua validità attraverso una tesi, produce una regola sempre riproducibile (es. l'acqua bolle sempre a 100 gradi. Il pulsante "on" è sinonimo di acceso, il pulsante "off" è sinonimo di spento ecc.). Quindi, mantenendo fisse le variabili, il risultato di una data operazione dovrà essere sempre il medesimo.

Quanto alla definizione "digitale" occorre ricordare che è una parola di derivazione dall'inglese *digit* ovvero "cifra", intesa tipicamente quella binaria immessa con sequenze di 0 e di 1. Tuttavia l'origine del termine è più remota e richiama, anch'esso al latino digitus ovvero "dito" che era lo strumento essenziale per svolgere i calcoli numerici.

Tant'è vero che i numeri romani, almeno fino al dieci, sono rappresentativi delle dita delle mani, dove la V rappresenta le cinque dita e la X le dieci dita di due mani incrociate.

Relativamente al termine "telematico" si deve argomentare che deriva dalla crasi delle parole francesi *télécommunication* e *informatique* ovvero l'utilizzo di canali informatici per la diffusione di informazioni.

Si può vedere che ogni singola definizione è associata ad un concetto ben specifico e peculiare. Ora proviamo a fare un passo ulteriore e cerchiamo di associare l'informatica al mondo giuridico cercando, così, di definire il *diritto dell'informatica,* ovvero quella branca delle scienze giuridiche che si occupa di studiare le differenti tematiche giuridiche legate all'applicazione dell'informatica.

Nel diritto dell'informatica è l'aspetto giuridico del diritto ad esser preminente. Dunque si basa sul fatto che vi sia un giurista che studi, seppur nell'ottica giuridica, i computer al fine di trovare una regolamentazione del loro uso.

Il concetto base di informatica giuridica, invece, è legato all'utilizzo degli strumenti elettronici al servizio dell'attività giuridica ovvero come applicare l'automazione e l'uso di banche dati nell'ambito giuridico. In altri termini, con il diritto dell'informatica è il diritto a regolare l'informatica creando norme e leggi per l'uso della tecnologia. Nel caso dell'informatica giudica, si studia come la strumentazione informatica possa essere utilizzata per migliorare, semplificare od automatizzare le attività giuridiche.

Fatta questa brevissima riflessione sulle due differenti modalità con cui l'informatica può connettersi al mondo giuridico, è tempo di vedere come nasce l'informatica giuridica.

Essa risale al 1949 quando, da un lato Norbert Wiener, padre fondatore della cibernetica, accennò alla possibile applicazione della teoria dei servomeccanismi al funzionamento del diritto; all'altro Lee Loevinger sviluppò detta teorizzazione con un approccio giuridico legato ai vantaggi di una certezza del diritto.

Occorre poi ricordare che nei primi anni Sessanta fecero scalpore le teorie del giurista statunitense Hans Baade sulla prevedibilità del contenuto delle sentenze sulla base dei precedenti giurisprudenziali. Riteneva che potesse esser pronosticabile l'esito di un giudizio sull'analisi delle pronunce già emesse da altri giudici in merito al medesimo argomento. Un modello che trova un vero e proprio riscontro soprattutto nel sistema di *common law* anglosassone, il quale si basa proprio sul precedente giuridico.

Tuttavia i riscontri empirici, purtroppo, sgonfiarono significativamente la portata rivoluzionaria delle sue teorie. Infatti il fattore umano e quello psicologico apparvero molto forti sulla determinazione delle pronunce. Per tale ragione, negli anni successivi si preferì concentrarsi sulle applicazioni giuridiche dell'informatica per la costruzione di un sistema funzionale alle esigenze degli operatori del diritto.

Prese così a svilupparsi una metodologia di ricerca costruita su strumenti informatizzati per l'archiviazione, la catalogazione e l'analisi di informazioni giuridiche dando vita alle banche dati.

Così iniziarono a comparire le prime raccolte informatiche relative alle sentenze giurisprudenziali, l'ottimizzazione di strumenti di indicizzazione dei testi ed il diffondersi delle parole chiave (*keyword*). Attraverso esse, infatti, si snelliva enormemente l'attività di ricerca collegando una parola con una classificazione che la riferiva ad un dato argomento.

Questo immenso lavoro portò alla progettazione di strumenti di ricerca sempre più veloci ed efficienti che rivoluzionarono il metodo di ricerca giuridico.

In Italia, i primi studiosi che decisero di occuparsi dell'informatica giuridica furono Vittorio Frosini, Mario G. Losano e Renato Borruso.

Nel 1968 Losano propose di sostituire il termine *giurimetria,* usato all'epoca, con il termine *giuscibernetica*, proponendo anche un nuovo approccio in grado di porre in relazione cibernetica e diritto seguendo un preciso schema di seguito indicato: *a*) significato filosofico sociale del fenomeno; *b*) prospettiva del diritto come strumento utile per ristabilire l'equilibrio; *c*) applicazione della logica alle tecniche di formulazione del diritto; *d*) uso dell'elaboratore nel settore giuridico.

Nel 1975 Frosini propose l'adozione del nuovo termine *giuritecnica*, in sostituzione di *giuscibernetica*, nella convinzione che così venisse adeguatamente valorizzato lo stretto rapporto filosofico e sociale risultante dall'applicazione di procedimenti e strumenti tecnologici nel campo del diritto.

Borruso, invece, riteneva importante sottolineare che la definizione più corretta fosse "informatica giuridica" in quanto era il diritto a doversi adattare al mondo dell'informatica creando una nuova commistione. Tuttavia, essenziale era riconoscere il carattere spiccatamente umanistico e filosofico, oltreché squisitamente giuridico della disciplina.

Il 30 aprile 1980 il Consiglio d'Europa, con l'approvazione della Raccomandazione "Informatica e diritto", promosse l'insegnamento, la ricerca e la diffusione sistemica in materia d'informatica e diritto riconoscendo, quindi, una vera e propria identità alla materia. La Raccomandazione rilevò, inoltre, che i computer stavano diventando strumenti d'uso quotidiano e, quindi, invitava ad approfondire lo studio di strumenti giuridici legati alla protezione dei dati immessi negli elaboratori ed alla sicurezza informatica.

Successivamente si svilupparono studi sull'applicazione dei linguaggi di programmazione per la stesura delle leggi, a tal riguardo si parla di *legimatica*. L'uso di quest'ultima era considerato uno strumento cardine ed essenziale per la redazione tecnica delle norme. L'obbiettivo era di utilizzare le capacità dei computer per individuare le contraddizioni e semplificare la lettura delle disposizioni normative rendendole più *user friendly*. Quindi, l'idea era di predisporre un supporto per la corretta produzione informatizzata dei processi legislativi.

In seguito l'informatica giuridica continuò a diffondersi trovando spazio soprattutto negli studi della filosofia del diritto. Questi ebbero, infatti, ebbe la lungimiranza di domandarsi se poteva, anche solo idealmente, realizzarsi la possibilità di sostituire il giudice con un ente biomacchinale ovvero una c.d. "macchina intelligente", dando così luogo ad uno dei primi filoni della disciplina.

2. L'evoluzione dell'informatica nel Novecento

Non potendo in questa sede ripercorrere tutte le tappe che hanno portato alla nascita dell'informatica, ci si concentrerà in una succinta riepilogazione di quanto avvenuto nel corso dell'ultimo secolo.

Occorre iniziare parlando di una società creata attorno al 1880 quando Hollerith ideò un meccanismo per rendere più efficienti i sistemi di analisi dei censimenti americani. La sua idea si basava sull'uso di strumentazioni tecnologiche all'avanguardia che, riadattando un progetto già in uso dalla rivoluzione industriale per i telai, creò un sistema con matrici perforate.

Il successo dell'azienda fu incredibile ed inatteso e portò l'azienda di Hollerith a crescere ulteriormente nel corso del Novecento quanto «Il numero dei clienti e delle differenti applicazioni crebbe rapidamente, principalmente perché l'Hollerith Punched Card System permetteva di ottenere al momento giusto informazioni rilevanti per gli affari [...] Il 30 settembre del 1915, la Tabulating Machine Company contava 550 clienti con un totale di 1.076 macchine tabulatrici e 827 ordinatori istallati» (Kistermann 2005, p. 82).

Successivamente Hollerith nel 1924 cederà l'azienda che cambiò nome diventando l'International Business Machines (l'attuale IBM) che otterrà un ruolo centrale nel New Deal di Roosvelt.

Altrettanto rilevante sarà l'intuizione del premio Nobel Guglielmo Marconi nell'usare le valvole termoioniche (inventante nei primi del Novecento) come il primo componente elettronico per amplificare i segnali radio. In seguito diverranno uno strumento essenziale per i computer e per tutti gli strumenti elettronici per i decenni successivi.

Nel corso degli anni Trenta si ebbe un ulteriore impulso grazie alle idee di Bush che, utilizzando le valvole termoioniche, ideò una macchina (il c.d. Memex) in grado di risolvere le equazioni differenziali.

Benché il Memex non fu mai realmente realizzato, rappresenta il primo dispositivo di calcolo basato su principi elettronici e non meccanici. In particolare prevedeva l'utilizzo di sistemi di archiviazione su dispositivi magnetici di tipo microfilm, che all'epoca erano assolutamente innovativi.

L'intuizione di Bush riguardava la volontà di produrre una sorta di primordiale PC con sistemi di indicizzazione e collegamenti ipertestuali. Tutte innovazione che saranno effettivamente utilizzati decenni dopo per la fruibilità di internet.

Sempre nel corso degli anni Trenta si svilupparono i progetti di Turing, il quale realizzò un'ipotetica calcolatrice che, grazie ad una testina di lettura/scrittura, sarebbe riuscita a risolvere pressoché tutte le operazioni di calcolo incidendo dati su un nastro. Rilevanti saranno anche gli studi di Turing sull'intelligenza artificiale.

Tuttavia il primo vero e proprio computer venne ideato solo nel corso degli anni Quaranta con l'ingegnere tedesco Zuse che, rielaborando il funzionamento dei relè telefonici, associò la dinamica moderna del calcolo binario assegnando il significato di "acceso" al simbolo numerico "1" e il significato di spento al simbolo numerico "0". Alternando questi due stati elettrici con diverse combinazioni ripetute su più relè, riuscì a creare vari interruttori che permettevano il funzionamento del computer Z-1.

Quasi contemporaneamente si ebbe un equivalente statunitense, ovvero il Mark, realizzato con tecnologia del tutto indipendente dal prototipo tedesco.

Il primo dispositivo informatico che può realmente definirsi un computer digitale, cioè privo di strumenti meccanici in movimento che sono sostituiti da circuiti elettronici e valvole termoioniche, è l'ENIAC ideato da Mauchy e Eckert nel 1943.

Al pari dei suoi predecessori, pesava svariate tonnellate e si caratterizzava per l'imponente consumo di energia elettrica. La prima volta che fu usato la temperatura della stanza in cui si trovava schizzò rapidamente a 50° C e il consumo di energia, stimato in 160 kilowatt, comportò un importante blackout in alcuni quartieri di Philadelphia.

È indispensabile ricordare un curioso aneddoto riguardante la nascita dell'ENIAC: nel 1973, dopo un lungo contenzioso giudiziario, venne riconosciuto che il progetto del nuovo computer fu, in realtà, studiato e predisposto dal bulgaro Atanasoff e all'americano Berry che ne realizzarono i progetti già nel 1939. Tuttavia l'idea fu ripresa da parte di Mauchy e Eckert che furono lesti a depositare per primi il brevetto, precedendo i reali inventori.

Qualche anno dopo, nel 1946, grazie alle idee dell'ungherese Von Neumann, venne creata una nuova macchina l'EDVAC che rappresentava una netta evoluzione. Infatti tale manufatto è comunemente considerato come il primo vero e proprio computer nella concezione moderna.

Fra le più rilevanti tecnologie inserite vi era l'uso della memoria RAM (*Random Access Memory*) che, da un lato permetteva di ridurre il costo, le dimensioni ed il numero di componenti, in particolar modo le valvole termoioniche, dall'altro permetteva prestazioni nettamente superiori.

L'architettura della macchina di Von Neumann è tutt'ora alla base della maggior parte dei computer e si basa essenzialmente su cinque componenti:

1. la CPU composta da unità logico aritmetica (ALU) e unità di controllo (CU);
2. le memorie, che possono essere primarie (RAM, cache e ROM);
3. le unità di input con cui si trasmettono dati al PC (es. tastiera, mouse, microfono);
4. le unità di output che mostrano il risultato dell'elaborazione (es. stampante, monitor, casse);
5. bus intesi quali circuiti di connessione fra le varie unità presenti.

Si potrà notare che il modello appare carente delle memorie secondarie o di masse, ovvero quelle in cui si conservano i dati, questo deriva dal fatto che all'epoca di Von Neumann non erano ancora utilizzate. Sicché oggi, nell'ambito dell'architettura di Von Neumann possono essere considerate come unità di input/output. In ogni caso questo non deve stupire, specie se si considera che è sempre necessario che i dati provenienti dalle memorie di massa devono, comunque, essere elaborati dalla memoria RAM.

Nel 1948 vi fu una nuova rilevante evoluzione tecnologica, l'azienda americana Bell presentò il primo transistor che venne a sostituire le fragili e poco durature valvole termoioniche.

In questo modo si riuscì anche a ridurre i costi ed abbattere i consumi rendendo anche più piccole e sicure le postazioni informatiche. Infatti in precedenza erano molto suscettibili al surriscaldamento e facilmente potevano provocare incendi.

La seconda generazione di computer ha una vera e propria data di nascita, ovvero il 12 settembre 1958 quando l'americano Killby annunciò sui giornali di aver creato un nuovo tipo di circuito del tutto innovativo. Si trattava di una vera e propria rivoluzione per tutto il settore: la nascita dei chip.

Infatti in pochissimo spazio e grazie all'uso di nuovi materiali, si riuscì ad inserire un'unità che racchiudeva le resistenze, i transistor ed i diodi delle valvole termoioniche. Per meglio comprendere l'enorme passo in avanti basti pensare che ciò che in precedenza occupava lo spazio di una stanza ora era racchiuso in una piastrina di silicio che poteva stare tranquillamente in mano.

Il numero di operazioni che potevano essere svolte dai computer crebbe sensibilmente: si passò da una manciata di operazioni al secondo da parte dei modelli più avanzati di prima generazione, a varie centinaia nei modelli di seconda generazione. Inoltre l'avvento dei chip consacrava la definitiva ascesa del codice binario anche per la composizione di elementi complessi in quanto le programmazioni alfanumeriche furono definitivamente accantonate.

Si attesta nei primi anni Sessanta la creazione del primo robot ad uso industriale il famoso UNIMATE-1, mentre la successiva robotizzazione delle industrie avvenne già a partire dal 1967 con la catena di montaggio della General Motors.

La terza generazione di computer si sviluppò nel corso degli anni Sessanta. I chip furono migliorati, riuscendo a contenere sempre più elementi ed ottenendo maggiori prestazioni fino a diventare dei veri e propri circuiti integrati. Ovvero dei chip talmente complessi ed avanzati da poter rappresentare un intero circuito. L'uso del silicio favorì un abbattimento dei costi. Questo è chiaro se si pensa che il silicio è un componente tipico della sabbia. Tant'è vero che in un decennio il costo dei computer si ridusse di quasi cento volte.

La terza generazione, inoltre, iniziò a usufruire dei dischi rigidi, benché sviluppati sul finire degli anni Cinquanta dall'IBM, la medesima iniziò a produrne dei nuovi modelli più moderni solo un decennio dopo.

Un determinante impulso avveniristico fu dato dall'azienda italiana Olivetti che, sul finire degli anni Sessanta, presentò il primo personal computer la c.d. "Perottina". La linea molto sobria e le dimensioni contenute, all'incirca somigliante ad un moderno registratore di cassa, ne favorirono la diffusione, in particolar modo in America.

Nei primi anni Settanta l'italiano Faggin, su incarico della Intel, sviluppò un ambizioso progetto che portò alla creazione del primo microchip, l'Intel 4004.

Nasce così la quarta generazione di computer che, grazie ai microchip, si rivelò in grado di elaborare enormi quantità di dati permettendo l'ascesa dei computer su scala commerciale.

Nel 1975 l'IBM lanciò sul mercato il primo computer portatile che, in pochi anni, fu sostituito da nuovi e più prestanti modelli come l'Osborne 1 dei primi anni Ottanta. Quest'ultimo pesava ben 11 kg, non aveva batterie e, di conseguenza, doveva essere alimentato a corrente, disponendo peraltro di un monitor a tubo catodico da 5 pollici.

Poco tempo dopo la Epson presentò una nuova generazione di PC portatili con il famoso HX-20 che pesava meno di 2 kg e disponeva di uno schermo a cristalli liquidi da 3 pollici.

Infine, nel 1993 si registra la nascita della quinta generazione di PC, i c.d. Pentium che rappresentano l'evoluzione della specie. La nanotecnologia e l'uso di nuovi materiali permise di ottenere una riduzione dei costi, dimensioni sempre più ridotte e capacità di calcolo assolutamente maggiori.

Nel 2001 nuovamente la IBM ideò i primi computer *dual core* ovvero dotati di più componenti che si occupano fisicamente di processare i dati (il nucleo elaborativo del processore). In realtà, però, tale tecnologia iniziò a diffondersi solo qualche anno più tardi con i modelli realizzati da Intel e AMD. Il miglioramento fu netto, essendo la distanza che divide i due *core* inferiore a quella che ci sarebbe se fossero due PC, i tempi di elaborazione sono decisamente più veloci. Inoltre, questo sistema consente di efficientare il tempo di durata delle batterie, elemento essenziale per le tecnologie mobile.

Successivamente ci saranno nuove importanti evoluzioni con nuove generazioni di Pentium sempre più potenti, verranno sviluppati nuovi sistemi *multi-core,* fino a giungere ai moderni *octa-core.*

Il tutto seguendo sempre la famosa legge di Moore: «la complessità di un microcircuito, misurata ad esempio tramite il numero di transistor e chip, raddoppia ogni 18 mesi».

Si segnala, infine, che dal 2007 con la nascita dell'iPhone si ha un nuovo impulso evolutivo con l'integrazione fra PC e telefono e lo sviluppo delle app.

3. Dall'analogico al bit

Quando si parla di informatica giuridica è essenziale avere dei rudimenti dell'informatica stessa.

Per farlo occorre comprendere l'importanza e l'uso del codice binario che, come abbiamo visto in precedenza, è composto da soli due stati elettrici. Allora come si più rappresentate un film, un videogioco, creare una intelligenza artificiale, semplicemente con soli due stati elettrici?

Per farlo dobbiamo partire dalle basi e definire il concetto di *bit.* In fondo tutto ciò che riguarda il mondo dell'informatica è tradotto in due stati elettrici: *acceso/vero* (1) o *spento/falso* (0).

Ogni singola lettera ma anche ciascun numero, ogni comando, qualunque istruzione, tipologia di colore o di suono viene espressa nel mondo digitale attraverso una sequenza di stati elettrici che rispondono alla logica del codice binario.

Quest'ultimo è composto da bit che sono l'unità di base. Possiamo pensarli come interruttori che possono essere accesi o spenti.

Dal punto di vista del significato del termine il bit può avere un duplice significato, da un lato può essere inteso come l'unità di misura dell'informazione (dall'inglese *binary digit*), dall'altro è una cifra binaria contraddistinta dai simboli zero (0) ed uno (1) che quantifica la grandezza dell'informazione.

Se osservato come cifra binaria il bit rappresenta l'unità di definizione di uno stato logico (0 oppure 1), definito anche unità elementare dell'informazione trattata da un elaboratore.

Per questo motivo nella programmazione è ormai comune raggruppare sequenze di bit in entità più vaste che possono assumere valori in intervalli assai più ampi di quello consentito da un singolo bit. Questi raggruppamenti contengono generalmente un numero di stringhe binarie pari a una potenza binaria ma ne parleremo meglio fra poco.

Torniamo al significato del termine bit e cerchiamo di vederlo nella sua accezione di quantità di informazione trasmesse. In questo caso occorre richiamare la *teoria dell'informazione* (Shannon C.) che si basa su due teoremi. Il primo stabilisce che in media, il numero di *bit* necessari a rappresentare il risultato di un evento è pari alla sua *entropia*. Ovvero l'informazione media contenuta in un messaggio. Il concetto di entropia nacque anche grazie ad una intuizione di Von Neumann, che propose in prima persona a Shannon l'uso del termine. La definizione serviva per indicare la complessità dell'informazione disponibile alla fonte in un qualsiasi sistema di comunicazione.

Nella teoria dell'informazione, infatti, l'informazione è *la misura della prevedibilità di un segnale*. Quando un segnale è di semplice prevedibilità il messaggio può essere univoco e servono pochi bit per verificarlo. Immaginiamo di inviare un messaggio scegliendo di usare un testo scritto in lingua italiana. Già questo ridurrebbe il numero di possibili combinazioni sia perché abbiamo scelto una forma scritta (quindi non potrà essere un audio, un video oppure una immagini ecc.) e, ulteriormente, abbiamo scelto una singola lingua. Questo permette di usare meno bit perché non dobbiamo specificare altre informazioni. In questo modo si ha un limite superiore alla possibilità di comprimere dati generando una trasmissione più piccola.

Il secondo teorema stabilisce che il massimo tasso di informazione trasferibile in modo *affidabile* su un canale affetto da rumore si raggiunge al di sotto di una certa soglia che prende il nome di *capacità di canale*. Intesa come l'infrastruttura attraverso la quale possiamo trasmettere le informazioni. Maggiore sarà la capacità e più veloce e facile la trasmissione del messaggio. Facciamo un esempio.

Immaginiamo che le nostre informazioni siano un corriere che deve percorre una certa strada. Se il percorso è una autostrada a quattro corsie il percorso sarà più veloce di una strada ad una sola corsia. Tuttavia la trasmissione deve avvenire in modo affidabile ovvero senza *disturbo*.

In questo caso riprendiamo l'esempio precedente del corriere e ipotizziamo che l'autostrada sia rallentata per lavori in corso oppure abbia una deviazione obbligatoria per un incidente. In questo caso i dati trasmessi, nonostante l'infrastruttura potente, potrebbero essere molto lenti.

Nel caso di una trasmissione informatica pensiamo alla situazione di una connessione a banda larga ma resa difficile da un problema di linea oppure delle interferenze.

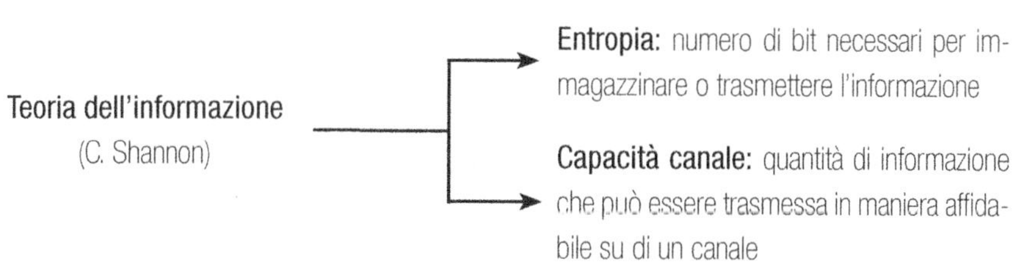

La riduzione del tutto ad un mondo rappresentato da bit ha comportato dal punto di vista tecnico la c.d. "convergenza al digitale" ossia il superamento delle diverse tecnologie tradizionali utilizzate dagli strumenti meccanici ed analogici, soppiantate ora da computer o da microprocessori.

Così testi, suoni, immagini e filmati tradizionalmente, nascono con apposite e differenti tecnologie ed autonomi strumenti e formati di produzione e trasmissione dell'informazione. I testi erano stampati su carta, le immagini fotografiche e i film nascevano su pellicola, i suoni venivano registrati su dischi in vinile o cassette magnetiche e così via. A codici comunicativi diversi corrispondevano, insomma, media diversi, ciascuno con le sue peculiari caratteristiche specifiche. La convergenza al digitale ha comportato l'uniformazione dei sistemi di produzione e di lettura delle informazioni prodotte. Tutte queste differenti tipologie di informazioni, ormai, sono codificate attraverso l'ausilio di un unico linguaggio formato da lunghe stringhe di simboli 0 e 1, ovvero nel codice binario.

I riflessi di questa trasformazione, osservati nel campo economico, sono di vastissima portata. In particolare le imprese sono costrette a convertire gli impianti di produzione per commercializzare i nuovi oggetti della tecnologia digitale, ciò da impulso alla *new economy*, con la nascita di nuove aziende specializzate nel settore dell'hi-tech.

Occorre dire che la rivoluzione digitale è quella che più ha influito il processo di globalizzazione della società. Attualmente si possono spostare ingenti capitali da uno Stato all'altro semplicemente cliccando un tasto, oppure, ordinare prodotti a migliaia di chilometri di distanza. Si è, di conseguenza, attenuata la differenza fra mercati nazionali e mercati internazionali, con notevoli riflessi anche nel campo politico ed organizzativo.

Si pensi anche all'importanza del digitale nel campo della diffusione e distribuzione dei dati: la codifica binaria dell'informazione fa perdere il concetto di "originale" e di "copia". Eppure in molti campi determinare l'originale di un documento è essenziale (approfondiremo l'argomento nel prossimo capitolo).

In precedenza si accennava che nel sistema digitale ogni informazione è riprodotta attraverso impulsi elettrici che, usualmente, vengono tradotti nel codice binario. Impulsi elettrici che rappresentano l'unico linguaggio del computer, il quale viene istruito a tradurre qualsiasi segnale (lettere, numeri, immagini, suoni ecc.) in sequenze numeriche binarie, ed a rappresentare attraverso gli stessi segni originariamente derivanti da fenomeni analogici.

Si è anche detto che i segnali elettrici possono assumere unicamente due valori in un determinato circuito digitale ovvero 1 (acceso/vero) oppure 0 (spento/falso). Sicché, ne deriva, l'esigenza di convertire tutto ciò che nasce come dato analogico in una cifratura binaria adatta al linguaggio degli elaboratori. L'utilizzo del bit può, dunque, permetterci di identificare solo due diversi stati elettrici ovvero rispondere ad una semplice distinzione: accesso/spento, vero/falso, bianco/nero, giorno/notte, testa/croce ecc.

Per riuscire a rappresentare digitalmente tutto ciò che è presente nel mondo analogico serve una più complessa sequenza di bit. In tal modo è permessa una più elevata quantità di combinazioni e dunque la possibilità di rappresentare più informazioni. Per tale motivo si usa raggruppare ogni singolo carattere alfanumerico in una sequenza di 8 bit (b). Quest'ultima diventa, a sua volta, una nuova unità di misura ovvero 1 byte (B). In questo modo, grazie alle differenti combinazioni nella disposizione di zeri e di uno, si possono rappresentare da 0 a 255 (Z^n dove n è il numero di bit).

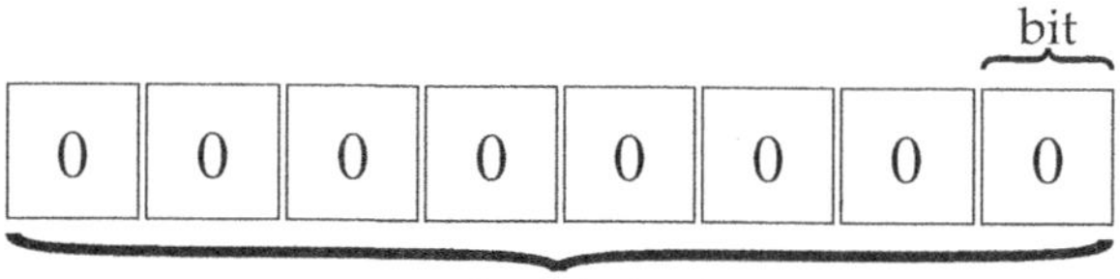

byte (8-bits)

Ovviamente, rappresentare in sistema binario un'informazione numerica, è problema di facile soluzione per il computer, che ha una velocità di calcolo nettamente superiore a quella dell'uomo. In realtà, però, già per il sistema numerico, occorre convertire la scala di calcolo decimale in binario.

In ogni caso, non esiste un unico sistema di calcolo: si possono utilizzare metodologie differenti da quelli convenzionali ma più adatte al sistema degli elaboratori. Per esempio, potremmo scomporre un numero partendo dalle cifre da destra verso sinistra. In questo modo, si verrebbero a computare le migliaia, le centinaia, le decine e le unità.

Così il numero 7.640 sarebbe così:

0 zero unità, 4 decine, 6 centinaia, 7 migliaia, quindi

(0x1) + (4x10) + (6x100) + (7x1000) =

= 0 + 40 + 600 + 7000 = 7.640.

Si potrebbe sviluppare lo stesso ragionamento utilizzando le potenze della base 10; rammentando che ogni numero positivo elevato alla potenza 0 è uguale ad 1, la cifra 7.640 può essere riscritta nel seguente modo:

$(10^3x7) + (10^2x6) + (10^1x4) + (10^0x0) = 7000 + 600 + 40 + 0 = 7.640$

Vediamo ora come il numero decimale 235 viene convertito in numero binario. Basterà dividere il numero per due, il quoziente che si otterrà andrà di nuovo diviso per due e così di seguito fin quando ciò risulterà possibile. L'ultimo quoziente ed i resti ottenuti, presi in senso inverso, costituiranno le cifre del numero scritto nel sistema binario.

Volendo quindi convertire in binario il numero 235 si procederà così:

235	1
117	1
58	0
29	1
14	0
7	1
3	1
1	1

Nella colonna di sinistra sono scritti i successivi quozienti della divisione del numero dato per 2, mentre nella colonna di destra sono scritti i rispettivi resti e l'ultimo quoziente.

Il numero decimale 235 espresso in cifra binaria sarà il seguente: 11101011.

Infatti:

1	1	1	0	1	0	1	1
2^7	2^6	2^5	2^4	2^3	2^2	2^1	2^0

$$(2^7\times1) + (2^6\times1) + (2^5\times1) + (2^4\times0) + (2^3\times1) + (2^2\times0) + (2^1\times1) + (2^0\times1)$$

Invece, per convertire un numero binario nel sistema decimale occorre utilizzare un metodo che moltiplichi la cifra binaria per la potenza corrispondente.

Per esempio se dovessimo trasformare la cifra binaria 1010 dovremmo scomporlo nel seguente modo:

1010 = [(1x23) + (0x22) + (1x21) + (0x20)]

ovvero:

1010= 8 + 0 + 2 + 0 = 10.

Visto quanto precede, sembra chiara l'esigenza di avere una tavola di corrispondenza fra i caratteri analogici e quelli binari. D'altronde, le parole sono formate da una serie successiva di caratteri; sarà quindi necessario individuare tutti i caratteri che quotidianamente si utilizzano nel linguaggio scritto, compresi i caratteri maiuscoli e quelli minuscoli, i segni di interpunzione, lo spazio separatore delle parole ed ogni altro segno grafico rappresentato nei testi, per convertirli in una specifica ed univoca cifra binaria.

Ciò è possibile proprio per mezzo di tabelle di conversione che usano codici convenzionali. In questo modo ogni carattere può essere rappresentato da una sequenza determinata di bit. Il metodo di conversione assomiglia molto al meccanismo usato in passato con il codice Morse del telegrafo.

Tra i principali codici attualmente utilizzati nel mondo informatico si contraddistinguono il codice EBCDIC (acronimo di *Extended Binary Coded Decimal Interchange Code*) a 8 bit mediante il quale è possibile rappresentare 256 caratteri e quindi 256 combinazioni binarie diverse.

Altro codice diffusissimo è il codice ASCII, acronimo di *American Standard Code for Information Interchange*, originariamente a 7 bit (ASCII "stretto") e quindi rappresentativo di soli 128 caratteri, successivamente esteso a 8 bit (ASCII "esteso") rappresentativo perciò di 256 caratteri. Nella tabella riportata nella di seguito è possibile osservare un estratto della tavola di codifica ASCII esteso.

Ogni carattere è costituito da una codifica di otto cifre binarie e quindi di 8 bit; ogni combinazione di 8 bit prende il nome di *byte*, derivante dalla crasi di *binary term*. Il byte costituisce l'unità di misura dell'informazione da non confondere invece con il bit che rappresenta il linguaggio del computer.

Ne consegue che la parola "legge" sarà costituita da 5 byte e quindi da 40 bit. Ovvero una sequenza di 8 bit per ogni singola lettera. Analogamente se volessimo scrivere la parola "informatica", traducendola nel codice binario attraverso la codifica ASCII, sarà composta da 11 byte, ovvero uno per ciascuna lettera e, quindi, diverrà la seguente sequenza: 01101001 01101110 01100110 01101111 01110010 01101101 01100001 01110100 01101001 01100011 01100001.

Più grande e più complessa è l'informazione da rappresentare e tradurre dall'analogico al digitale ed altrettanto vasta sarà l'esigenza di ingrandire la stringa di 0 e 1 necessari. Per ovviare a tale problema si utilizzano delle unità di misura che rappresentano dei multipli dei *byte*:

Unità	Sigla	Factor binario
Byte	B	$2^{0} = 1$
Kilobyte	kB	$2^{10} = 1\ 024$
Megabyte	MB	$2^{20} = 1\ 048\ 576$
Gigabyte	GB	$2^{30} = 1\ 073\ 741\ 824$
Terabyte	TB	$2^{40} = 1\ 099\ 511\ 627\ 776$
Petabyte	PB	$2^{50} = 1\ 125\ 899\ 906\ 842\ 624$
Exabyte	EB	$2^{60} = 1\ 152\ 921\ 504\ 606\ 846\ 976$
Zettabyte	ZB	$2^{70} = 1\ 180\ 591\ 620\ 717\ 411\ 303\ 424$
Yottabyte	YB	$2^{80} = 1\ 208\ 925\ 819\ 614\ 629\ 174\ 706\ 176$

I simboli che rappresentano le unità di misura sopra elencate sono KB ove K sta per "Kilo" ossia circa 1.000 byte; MB dove M rappresenta "Mega" ossia circa 1 milione di byte; GB ove G significa "Giga" ossia circa 1 miliardo di byte e TB dove T viene usato per indicare "Teras" ossia dal greco "mostro", rappresentativo di circa 1.000 miliardi di byte.

Per rendere più facile la comprensione delle grandezze di queste unità di misura, si ritiene utile predisporre una sintetica elencazione delle informazioni che possono essere contenute nelle varie unità di misura.

- Bit: è la più piccola unità di misura dei computer può avere valore 0 oppure 1.
- Byte: ciascuno di essi equivale ad 8 bit e può rappresentare un carattere alfanumerico.
- Kilobyte (KB): Ciascuno di essi equivale a 1024 byte. Un KB può contenere i dati necessari a rappresentare una piccola immagine a bassa risoluzione.
- Megabyte (MB): Ciascuno di essi equivale a 1024 kilobyte. Un MB può contenere i dati necessari a rappresentare una breve novella. 600/700 MB sono il contenuto di un CD-ROM.
- Gigabyte (GB): Ciascuno di essi equivale a 1024 megabyte. Un GB può contenere i dati necessari a rappresentare circa 1.000 libri; ovvero 7 minuti di un film in HD; ovvero l'audio di circa 300 canzoni.
- Terabyte (TB): Ciascuno di essi equivale a 1024 gigabyte. Un TB può contenere i dati necessari a rappresentare circa 300 ore di film in HD; ovvero il contenuto di 1.200 copie dell'enciclopedia; ovvero tutti i libri di una medio-piccola biblioteca.

Si può concludere puntualizzando che, il computer, ogni qual volta elabora un'informazione, compie delle manipolazioni sulla corrispondente codifica binaria. La rappresentazione nel monitor o nel display di un testo scritto con i caratteri dell'alfabeto a noi comprensibili, non è altro che il risultato di una elaborazione del testo medesimo, preventivamente convertito in forma binaria con l'ausilio della tavola di conversione. Noi digitiamo nella tastiera lettere e numeri che verranno convertiti in cifre binarie dal computer. Quest'ultimo, però, avvierà una seconda conversione da digitale ad analogico per permetterci di vedere sul video caratteri a noi comprensibili invece di stringhe binarie.

4. Algoritmi e linguaggi di programmazione

In fase introduttiva possiamo definire algoritmo quell'insieme ordinato di operazioni alla base di una procedura (un piano d'azione) chiara ed univoca, talmente precisa da consentire l'attuazione di elaborazioni automatiche senza necessità di ulteriori interventi umani. L'esecuzione dell'algoritmo è affidata ad un *esecutore*, ovvero una macchina astratta, non necessariamente un calcolatore ma più precisamente l'automa, in grado di interpretare ed eseguire ogni specifica azione prestabilita rispettando l'ordine di esecuzione previsto.

Introdotte le istruzioni in maniera che possano essere attuate senza problemi interpretativi od errori, si permette all'esecutore di risolvere un dato problema ottenendo un preciso risultato.

Possiamo tentare di esplicare la questione utilizzando un esempio capace di mostrare che anche l'uomo, abitualmente, utilizza procedure traducibili in algoritmi.

Si pensi ad una ricetta enogastronomica. Essa individua gli ingredienti necessari per ottenere un dato risultato. Tuttavia, affinché si ottenga la pietanza desiderata sarà necessario eseguire minuziosamente le operazioni necessarie alla preparazione. Va precisato però che, ad esempio, battere le uova oppure dividere i tuorli dall'albume e montare a neve questi ultimi (così da inglobare aria e rendere il composto più soffice) certamente comporta risultati diversi. Allo stesso modo possiamo usare un medesimo programma informatico per scrivere la tesi di laurea oppure per creare una carta intestata.

La semplice indicazione degli ingredienti, dunque, non è di per sé in grado di consentirci di realizzare quella determinata pietanza. Potrebbero esserci diverse interpretazioni e partendo dai medesimi ingredienti si potrebbero ottenere risultati differenti. Per esempio utilizzando: riso integrale, lenticchie rosse, acqua, carote, patate, cipolla, sedano, olio, curry, sale, pepe prezzemolo e sesamo potremmo fare una minestra così come potremmo realizzare delle crocchette di riso integrale e lenticchie.

Le istruzioni impartite attraverso un algoritmo, pertanto, devono essere univoche in modo da ottenere il risultato desiderato.

Occorre anche considerare che la ricetta è formata da due elementi distinti, da un lato la sequenza di parole ed il linguaggio utilizzato che compone il testo, dall'altro il contenuto dell'informazione.

Se leggessimo la medesima ricetta realizzata in caratteri latini non avremmo problemi a comprenderla, ma se la ricetta fosse scritta in caratteri cirillici, salvo la nostra conoscenza della lingua, non sarebbe possibile decifrarne le informazioni. Ciò a prescindere dal fatto che il contenuto dell'informazione sia rimasto invariato, semplicemente non siamo in grado di processare quelle informazioni perché non sappiamo leggere i caratteri cirillici.

Analogamente un esecutore conosce alcuni linguaggi di programmazione ma potrebbe non essere in grado di decifrarne altri a lui sconosciuti. In questi casi non può dare esecuzione alle istruzioni ricevute perché non in grado di comprenderle.

È bene ricordare, come detto in precedenza, che la ricetta prevede anche una specifica e dettagliata preparazione, a partire dalle modalità e dal momento di utilizzo degli ingredienti.

Si noti che a seconda del destinatario della ricetta possono esserci informazioni maggiormente dettagliate o più sintetiche. Ad esempio non sarà necessario dire ad un cuoco esperto che per preparare la pasta serve prendere una pentola riempirla d'acqua fredda, posizionarla sul fuoco ed attendere il bollore. Al contrario se dovessimo spiegare la stessa ricetta ad un aborigeno probabilmente sarebbe doveroso inserire maggiori informazioni.

Quindi, tornando al nostro algoritmo, esso deve essere sufficientemente dettagliato da permetterne la comprensione all'esecutore ma sufficientemente sintetico da evitare l'eccesso di informazioni che rallenterebbero inutilmente il processo. D'altronde se l'esecutore è in grado di realizzare alcune operazioni in totale autonomia fornirgli informazioni superflue potrebbe solo rallentare il processo.

È altrettanto importante che la sequenza della procedura dell'algoritmo sia eseguita nella maniera indicata. Ad esempio, per fare la ricetta della pasta alla carbonara si possono sbattere le uova aggiungere il pecorino grattugiato ed amalgamarle alla pasta prima che questa sia stata cotta.

Occorre, altresì, ricordare che alcune volte è necessario che le operazioni svolte dall'esecutore siano controllate più volte perché non sono più nella condizione desiderata. Ad esempio si immagini che, mentre viene preparato il composto di un dolce, i tuorli montati a neve si siano smontati: in questo caso occorrerà rimontarli.

A questo punto, sulla scorta delle riflessioni che hanno preceduto, possiamo introdurre al funzionamento degli algoritmi di programmazione.

Le informazioni necessarie per risolvere il problema vengono immesse nell'automa, quest'ultimo in base agli algoritmi le elabora ed infine fornisce il risultato.

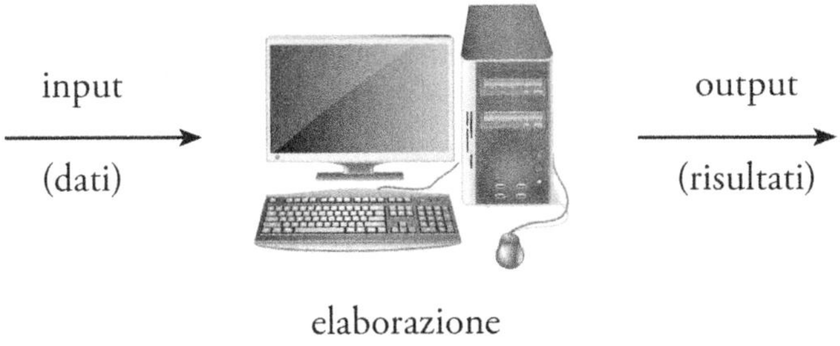

Se volessimo creare un algoritmo per la realizzazione di una ricetta dovremmo procede nel modo seguente.

- *Input*: ingredienti e nome ricetta (es. pasta con il burro per 2 persone)
- *Algoritmo*: elaborazione della ricetta e preparazione seguendo le istruzioni chiare ed univoche:
  - riempire la pentola con 1 lt. d'acqua;
  - attendere il bollore;
  - mettere 2 gr di sale nell'acqua;
  - attendere il nuovo bollore;

  - inserire 200 gr di pasta cruda nella pentola con l'acqua salata;
  - attendere 10 min. di cottura mescolando ogni 50 secondi;
  - prendere del burro e tagliarne due porzioni da 10 gr;
  - posare 10 gr di burro in ciascun piatto di portata;
  - scolare la pasta;
  - dividere la pasta 100 gr per piatto;
  - amalgamare la pasta col il burro;
  - spolverare con 5 gr di parmigiano grattugiato su ciascun piatto;
- *Output*: la pietanza pronta per essere degustata.

Talvolta gli algoritmi potrebbero presentare dei risultati erronei che non permettono di ottenere una risposta al problema. Tale situazione si può presentare per varie ragioni. Certamente potrebbe essere un errore di programmazione (es. informazioni insufficienti, contraddittorie, incomplete ecc.) oppure potrebbe derivare dalla mancata previsione di una data circostanza. Tornando all'esempio della pasta si immagini una improvvisa interruzione dell'erogazione del gas oppure che l'algoritmo non prevedeva altri controlli della temperatura dell'acqua una volta immessa la pasta nella pentola.

In questo caso il risultato non sarebbe certamente quello desiderato, la pasta non riuscirebbe a cuocere in maniera corretta ma, tuttavia, la preparazione proseguirebbe noncurante dell'errore.

Dunque, per ovviare a questa situazione imprevista si dovrebbe realizzare un algoritmo diverso che contempli anche questa evenienza. Ciò permette di comprendere che non tutti gli algoritmi hanno la medesima efficacia, alcuni garantiranno un risultato corretto, altri lo garantiranno sono in assenza di determinati eventi esterni.

Adesso proviamo a verificare il funzionamento di un diverso algoritmo con problemi del tutto diversi.

Si immagini di avere un elenco con 11.000 numeri di matricola appartenenti ad altrettanti iscritti ad un ateneo universitario. Si presupponga, inoltre, che l'obbiettivo sia ricercare il nome e cognome di un dato studente partendo solo dal numero di matricola.

In questo caso si dovrebbe procedere con una banale ricerca di tipo sequenziale, ovvero scorrendo tutti i numeri di matricola dell'elenco fino ad individuare lo studente.

Utilizzando la raffigurazione attraverso i *diagrammi di flusso*, notoriamente utilizzati per la rappresentazione delle differenti tipologie di algoritmi, si otterrà il seguente risultato:

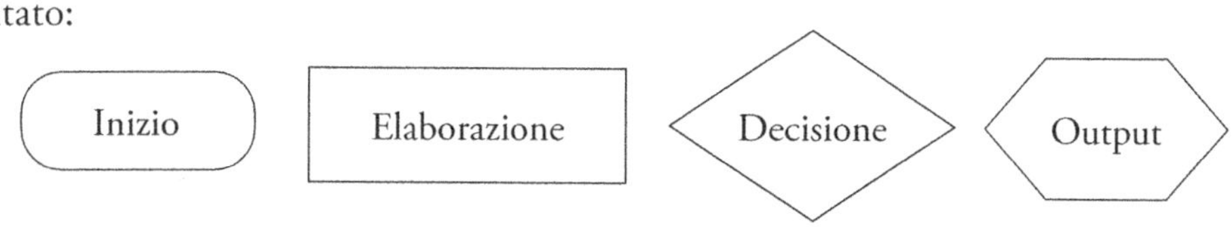

A questo punto possiamo anche valutare che, al fine di processare tutte le informazioni necessarie per individuare lo studente, sarà indispensabile che, l'esecutore, venga a confrontare tutti i numeri di matricola presenti nell'elenco. Ipotizzando che ci voglia un decimo di secondo per controllare ciascun numero di matricola. Serviranno 1.100 secondi ovvero circa mezz'ora.

Questo algoritmo, però, presenta almeno cinque problemi diversi:

1. Non è detto che passata la mezz'ora il risultato sia positivo. Si pensi all'ipotesi in cui il numero di matricola non sia presente nell'elenco in quanto non aggiornato. In questo caso il risultato non sarebbe presente neppure. Infatti, se nessuno ha inserito nelle istruzioni dell'algoritmo l'evenienza dell'assenza del numero di matricola da cercare non si otterrebbe alcun esito.
2. Altro tipo di problema deriva dalla velocità di elaborazione, più è rapida minore tempo sarà necessario per analizzare più dati. Nell'esempio abbiamo ipotizzato un decimo di secondo per ogni singola operazione di verifica della matricola ma per l'informatica questo tempo è un'infinità.
3. L'elenco che ci è stato fornito per analizzare i dati con i numeri di matricola, in realtà potrebbe essere completamente vuoto. Potrebbe esserci la sola icona e l'elaborazione dei dati non solo non riuscirebbe a darci la risposta che cerchiamo ma non sarà in grado di fornirci alcuna risposta. Invece l'algoritmo dovrebbe essere pensato per farci avere almeno un messaggio di errore. Anzi indicarci che tipo di errore si è verificato così da poter provvedere a risolverlo.
4. L'elenco potrebbe contenere informazioni diverse rispetto al numero di matricola, per esempio il file potrebbe contenere solo il numero di telefono degli studenti. Anche in questo caso potremmo non avere alcuna risposta se tale evenienza non fosse stata prevista nell'algoritmo.
5. La prosecuzione della ricerca anche dopo aver già trovato l'elemento richiesto. Infatti l'esecutore deve interrompere la ricerca non appena trovato il numero di matricola e mostrare subito il risultato (l'output). Potrebbe capitare che il dato ricercato sia il primo dell'elenco ma senza istruzioni sull'arresto della ricerca, verrà perpetrata la ricerca fino al completamento di tutto l'elenco. Quindi a prescindere dalla posizione nell'elenco del numero di matricolala cercato servirà, comunque, attendere almeno mezz'ora. Se vogliamo che ciò non accada deve essere modificato l'algoritmo.

A questo punto, visti i problemi che precedono, cerchiamo di ovviare agli stessi. Prima di tutto potremmo fare in modo che, nel caso in cui non vi sia un risultato positivo ci venga comunque fornita una risposta. Per fare ciò si suole programmare l'algoritmo in modo tale che all'avvio della ricerca l'ultimo numero di matricola letto sia confrontato con l'esito richiesto nella ricerca. In tal maniera in caso di risposta affermativa alla nostra interrogazione ci verrà fornito il nominativo dello studente con il numero di matricola cercato. In caso di risposta negativa ci verrà mostrato l'ultimo nome dell'elenco che verrà a sostituirsi alla variabile "". Se l'elenco fosse vuoto otterremmo il risultato "".

In secondo luogo dobbiamo fare in modo che la ricerca si arresti non appena il numero di matricola ricercato è identificato nell'elenco.

Ora proviamo a ridisegnare il diagramma di flusso sulla base delle nuove istruzioni:

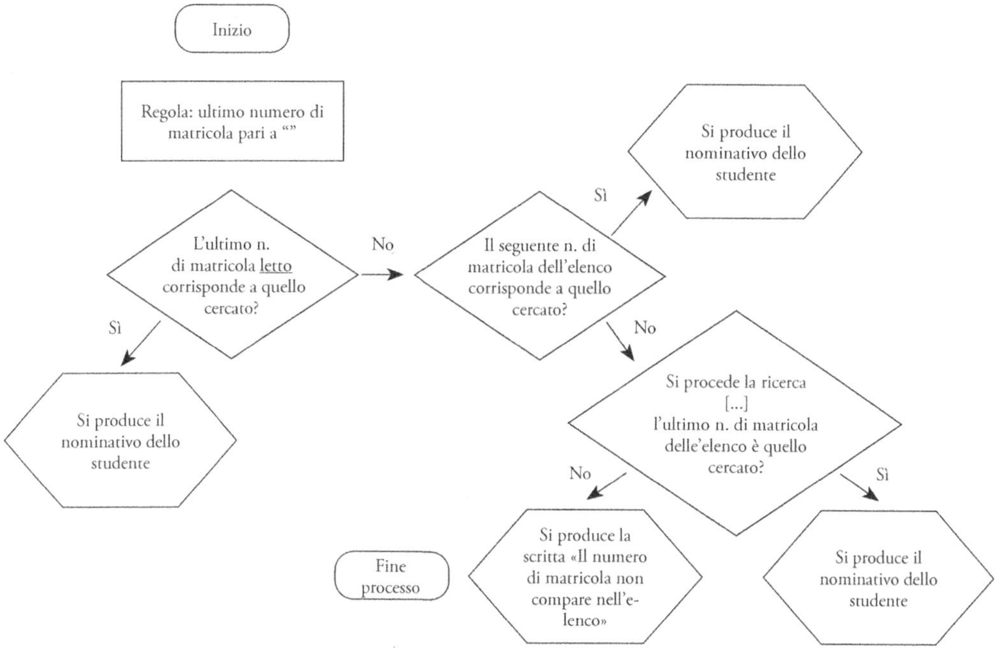

Ora che abbiamo visto in modo generale il concetto di algoritmo definendolo, in maniera molto approssimata, come una sequenza di istruzioni ben delineate ed univoche che, indicando in ordine cronologico le operazioni da compiere, consente la risoluzione di un problema.

Tuttavia in dottrina ci sono opinioni divergenti riguardo all'individuazione degli algoritmi. Secondo alcuni informatici (Donald Knuth) l'algoritmo riguarda unicamente le procedure circoscritte in un lasso di tempo ben determinato e finito. Altri (Stephen Kleene e Marvin Minsky), al contrario, ritengono che si possa parlare di algoritmo anche per le procedure infinite.

In linea generale possiamo dire che, per le finalità che a noi interessano, l'algoritmo deve rispettare cinque principi cardine:

1. L'algoritmo deve essere ripetibile. Introducendo gli stessi input e applicando il medesimo algoritmo il risultato non deve variare.
2. L'algoritmo deve essere imperativo. Le istruzioni non devono essere interpretabili in maniere diverse.
3. L'algoritmo deve essere completo. Ovvero deve contenere tutte le istruzioni necessarie per addivenire al risultato desiderato.
4. L'algoritmo deve essere finito. La soluzione deve essere raggiungibile terminato un numero finito di operazioni.
5. L'algoritmo deve essere generale. Le procedure attuate per risolvere il problema devono essere idonee a permettere la risoluzione di problemi simili.

È facile intuire che la realizzazione di un algoritmo può richiedere anche molto tempo ma soprattutto la sua operatività è limitata al tipo di automa per cui è stato pensato. Cambiando il tipo di dispositivo, infatti, l'algoritmo cesserà di funzionare.

Questo, principalmente, perché esistono diversi linguaggi di programmazione e non è sempre detto che il sistema esperto sia in grado di decifrarli (si pensi all'esempio della ricetta scritta in caratteri cirillici fatto in precedenza). Pertanto se si volesse far funzionare il medesimo programma su di un differente dispositivo sarà necessario provvedere ad effettuare una apposita ricalibratura dell'algoritmo che dovrà, inoltre, essere scritto in un linguaggio comprensibile dall'automa. Ovviamente, tutti questi passaggi devono contemplare anche l'esigenza di trasformare l'algoritmo in una sequenza binaria di 0 ed 1.

Per riuscire a permettere l'interazione fra uomo e macchina, dunque, occorre trovare dei sistemi per consentire, da un lato all'uomo di leggere il codice binario; dall'altro alla macchina di capire il linguaggio usato dall'uomo per effettuare la programmazione. Al fine di ottenere questo risultato si utilizza una stratificazione di differenti linguaggi.

OO and Visual Language

High-Level Language
FORTRAN | C | Pascal

Assembly Language

Machine Language

Hardware

Tutto inizia con il codice binario composto da lunghe stringhe di 0 ed 1 che possono essere facilmente interpretate dall'elaboratore ma che non hanno alcun tipo di significato per l'uomo. La semplice lettura degli stessi è pressoché impossibile e la decifratura altrettanto complessa come si può vedere dall'immagine seguente che rappresenta un codice binario.

```
0101010101110110101010110111010101010 01
11001001010101011101101010101101110101010
10100111001001010101011101101010101101110
10101010100111001001010101011101101010101011
```

Il primo passo di avvicinamento è la trasformazione del codice binario in un sistema numerico esadecimale (spesso abbreviato come esa o hex). Quest'ultimo è un sistema numerico posizionale in base 16, cioè che utilizza 16 simboli invece dei 10 del sistema numerico decimale tradizionale. Per l'esadecimale si usano in genere i simboli 0, 1, 2, 3, 4, 5, 6, 7, 8, 9 e le lettere A, B, C, D, E, F.

Questa forma di linguaggio si presta alla traduzione dal sistema binario perché consente di tradurre quattro cifre binarie in una singola cifra esadecimale (sicché, nel linguaggio esadecimale, un byte sarà formato da due sole cifre invece di otto sequenze di 0 ed 1).

Un piccolo esempio illustrativo può aiutarci a capire meglio. Il numero 90 nel linguaggio binario è rappresentato dalla sequenza 01011010 mentre in esadecimale dai caratteri 5A. Come si può meglio vedere dall'immagine sottostante che mostra il linguaggio esadecimale, benché sia comunque incredibilmente complesso da leggere rappresenta, comunque, un passo in avanti verso il linguaggio umano.

Tuttavia, il risultato della trasformazione del codice binario in esadecimale non consente ancora di comprendere ciò che è presente nel testo. Al fine di rendere queste operazioni più semplici si usano dei linguaggi che non possono essere letti direttamente dagli elaboratori ma che, invece, permettono agli utenti di redigere un codice che essi stessi possono (faticosamente) decifrare.

In questo modo è possibile, per l'uomo correggere, modificare o scrivere una programmazione e per la macchina tradurre le istruzioni in linguaggio macchina. In sostanza i compiti vengono ripartiti.

L'uomo usa il linguaggio di programmazione per impartire le istruzioni mentre un apposito programma (il compilatore) tradurrà il tutto nel linguaggio macchina.

La tipologia più semplice di linguaggio che si ottiene partendo dal linguaggio macchina esadecimale cercando di avvicinandoci verso il linguaggio comprensibile dall'uomo è il c.d. linguaggio *assembly*. Grazie al quale le sequenze binarie vengono tradotte in semplici istruzioni (es. il codice operativo per la "somma" potrebbe essere trascritto come ADD mentre quello per il "salto" come JMP). Ogni codice operativo del linguaggio macchina viene sostituito, nell'assembly, da una sequenza di caratteri che lo rappresenta in forma mnemonica una data attività.

Queste attività di traduzione vengono effettuate da appositi programmi detti *assembler* (da non confondersi con il linguaggio detto assembly). Nell'immagine sottostante si può notare che, questo tipo di linguaggio è decisamente più vicino al linguaggio macchina che al linguaggio umano ma, in ogni caso, è il primo passaggio per l'avvicinare i due linguaggi di programmazione.

Address	Machine Language				Assembly Language
0000 0000	0000	0000	0000	0000	TOTAL .BLOCK 1
0000 0001	0000	0000	0000	0010	ABC .WORD 2
0000 0010	0000	0000	0000	0011	XYZ .WORD 3
0000 0011	0001	1101	0000	0001	LOAD REGD, ABC
0000 0100	0001	1110	0000	0010	LOAD REGE, XYZ
0000 0101	0101	1111	1101	1110	ADD REGF, REGD, REGE
0000 0110	0010	1111	0000	0000	STORE REGF, TOTAL
0000 0111	1111	0000	0000	0000	HALT

La fase successiva è utilizzare dei linguaggi che siano più comprensibili dall'uomo e che permettano una possibilità di programmazione più intuitiva. In questo caso si passa a linguaggi di *programmazione di alto livello* quali, ad esempio: Basic, C, C++, Java, Pascal, Visual Basic, JavaScript, ecc.

Non potendo, per ovvie ragioni, esplicare le varie tipologie dei linguaggi di programmazione di alto livello, ci si limiterà a ricordare che i linguaggi di programmazione ad alto livello sono progettati per essere facilmente comprensibili dagli esseri umani, fino a includere alcuni elementi del linguaggio naturale. Per essere eseguiti da un calcolatore, i programmi scritti in linguaggio ad alto livello devono essere tradotti o interpretati da un altro programma.

Per le operazioni di traduzione si utilizza un programma detto compilatore, la cui funzione è quella di tradurre il programma sorgente (ovvero nel linguaggio ad alto livello) in un programma in linguaggio macchina equivalente (ovvero che esibisce lo stesso comportamento). Il risultato della traduzione è quindi un programma scritto nel linguaggio macchina locale, che può essere eseguito direttamente dal calcolatore.

L'interprete, invece, è un programma la cui funzione è quella di interpretare le istruzioni del programma sorgente ed eseguirle. A differenza del compilatore, l'interprete non produce mai un eseguibile. Di conseguenza, interprete e sorgente sono sempre necessari a ogni esecuzione del programma. Questo approccio consente una maggiore portabilità, lo stesso programma può essere eseguito su diversi calcolatori e diversi sistemi operativi, a patto che sia disponibile un interprete.

5. Gli operatori booleani e le indicizzazioni semantiche

Il sistema binario consente di collegare la sua univocità con gli elementi della logica, ciò diventa fondamentale per riuscire a predisporre degli efficienti mezzi per le ricerche in banche dati.

Analogamente, l'uso della combinazione fra logica e sistema binario è alla base del funzionamento dei motori di ricerca che, infatti, si basano su di un sistema automatico che, su richiesta dell'utente, analizza un insicme di dati.

Premesso che un bit può assumere solo due valori (zero (0) /spento ed uno (1) / acceso) anche la logica può essere rappresentata facilmente perché si basa su due valori: falso (rappresentato con il numero zero) e vero (rappresentato con il numero uno). Grazie a queste proprietà sono stati sviluppati degli operatori logici che permettevano la trasposizione della logica nel linguaggio binario.

Questi strumenti, noti come booleani, devono il proprio nome alle intuizioni elaborate nel XIX secolo dal matematico inglese George Boole, fondatore della moderna logica simbolica.

Essi si basano su alcune regole ben determinate quali l'utilizzo di congiunzioni che permettono di connettere fra loro proposizioni originariamente indipendenti. Per ottenere questo risultato si utilizzano tre fondamentali congiunzioni (in realtà ne esistono ulteriori ma per ora ci limiteremo a considerarne tre): AND in italiano traducibile in "e"; OR in italiano traducibile in "oppure"; NOT in italiano traducibile in "non".

AND

Questo operatore, in alternativa al quale si può utilizzare "×", consente di collegare due o più parole nell'ambito della medesima ricerca. In questo modo il motore restituirà, quale risposta, tutti i documenti indicizzati che contengono tutte le parole inserite.

Grazie a questo sistema si può effettuare una ricerca più completa e più mirata.

Proviamo a comprenderne meglio il funzionamento con alcuni esempi, dapprima vedremo il collegamento di questi operatori con la logica e, poi, il loro utilizzo nei motori di ricerca. Ora poniamo di avere due proposizioni:

1. L'Italia si trova in Europa
2. In Italia lo sport più seguito è il calcio

Ora è chiaro che prese separatamente le due proposizioni hanno una valenza indipendente ma nell'utilizzo dell'operatore booleano AND occorre collegarle. Nell'esempio entrambe le proposizione sono vere, quindi, avranno valore 1 (nel caso fossero state false avrebbero avuto valore 0).

Se volessimo utilizzare l'operatore booleano AND lo stesso dovrà verificare che la prima proposizione «L'Italia si trova in Europa» sia vera e che, contemporaneamente, la seconda proposizione «In Italia lo sport più seguito è il calcio» sia altrettanto vera.

Quindi l'operatore AND dovrà sempre verificare la veridicità delle due proposizioni.

Solo ed esclusivamente in questo caso darà risultato 1 (vero):

L'Italia si trova in Europa Vero (1)
[AND]
In Italia lo sport più seguito è il calcio Vero (1)

sono entrambe vere = 1 (vero).

Proviamo ora con un altro esempio cambiando una delle due proposizioni e vediamo cosa succede:

1. L'Italia si trova in Oceania
2. In Italia lo sport più seguito è il calcio

In questo caso abbiamo solo una delle due proposizioni vera mentre l'altra è palesemente falsa, l'operatore booleano AND farà la seguente verifica:
L'Italia si trova in Oceania Falso (0)
[AND]
In Italia lo sport più seguito è il calcio Vero (1)

NON sono entrambe vere = 0 (falso).

Appurato che solo una delle due proposizioni è vera, l'operatore boleano darà risposta negativa ed il risultato sarà 0 (zero). Traducendo questo valore atterremmo la risposto «non è vero che entrambe le proposizioni indicate sono corrette».

Ora proviamo un ultimo esempio con entrambe le proposizioni false e vediamo cosa succede:

1. L'Italia si trova in Oceania
2. In Italia lo sport più seguito è il football americano

L'Italia si trova in Oceania Falso (0)
[AND]
In Italia lo sport più seguito è il football americano Falso (0)

NON sono entrambe vere = 0 (falso)

Pertanto l'operatore AND si comporterà selezionando solo gli intervalli che consentano di avere entrambe le proposizioni corrette. Di seguito è stata inserita la tavola della verità dell'operatore AND. Esso darà (A × B = 1) solo quando la preposizione A

= 1 (vera) e contemporaneamente la preposizione B = 1 (vera). Tutte le altre possibili combinazioni daranno sempre A × B = 0.

AND

A	B	A · B
0	0	0
0	1	0
1	0	0
1	1	1

Ora che abbiamo compreso il funzionamento dell'operatore booleano AND proviamo a verificare come, dal punto di vista pratico, viene utilizzato per effettuare le ricerche.

Poniamo che volessimo effettuare la seguente ricerca:

Squadra di calcio italiana con maglia giallorossa
(Roma, Benevento, Ravenna, Lecce, ecc).
[AND]
Squadra di calcio che gioca a Roma
(Roma, Lazio, Trastevere, ecc.)

Quindi l'unico risultato della ricerca che confermerà entrambe le richieste sarà la Roma.

Infatti il Benevento, il Ravenna ed il Lecce hanno la maglia giallorossa ma giocano a Roma.

La Lazio e il Trastevere sono squadre che giocano a Roma, ma non ha la maglia giallorossa. Graficamente otterremmo il risultato indicato nell'immagine sottostante

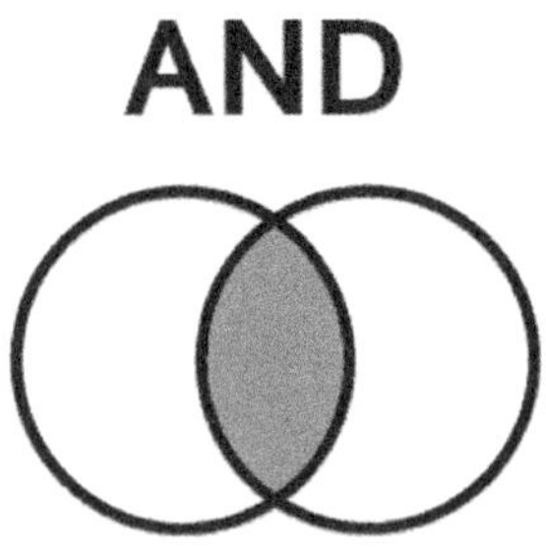

OR

Questo operatore è utilizzato quando la ricerca si concentra su diversi termini, e non è necessario che li comprenda tutti, pertanto basta che anche solo uno di essi sia presente oppure sia vero (1).

Proviamo cosa succede ad applicare l'operatore OR ad un esempio:

1. L'Italia si trova in Oceania
2. In Italia lo sport più seguito è il calcio

L'Italia si trova in Oceania	Falso (0)
[OR]	
In Italia lo sport più seguito è il calcio	Vero (1)

una delle due affermazioni è vera = 1 (vero).

Quindi, in questo caso non ci interessa verificare che entrambe le proposizioni (gli input) siano vere ci basta che anche solo una di esse lo sia.

Dunque, l'operatore OR ci racchiude un insieme molto più vasto. Saranno vere tutte le combinazioni in cui anche sola una delle proposizioni è vera.

OR

A	B	A + B
0	0	0
0	1	1
1	0	1
1	1	1

Ora che abbiamo verificato il funzionamento di questo operatore booleano proviamo ad utilizzarlo per una ricerca nel Web:

Film con Alberto Sordi
[OR]
Film con Sean Connery

Tutti i film di Alberto Sordi e tutti i film di Sean Connery soddisferanno la nostra ricerca. L'immagine sottostante esplica quanto appena detto.

OR

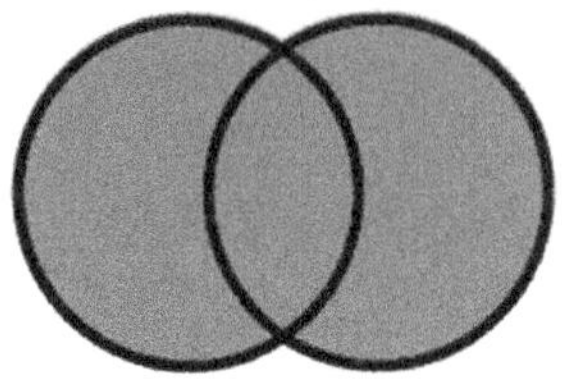

NOT

Questo operatore unitario, usato per negare una proposizione, e in alternativa al quale può usarsi il segno " – ", esclude dalla ricerca quei documenti che hanno al loro interno una certa parola chiave. In altri termini ha un funzionamento opposto all'operatore AND.

Proviamo a fare un nuovo esempio chiarificatore:

1. L'Italia si trova in Europa

In questo caso l'operatore booleano NOT deve verificare che la proposizione sia falsa:

L'Italia si trova in Europa [NOT] Vero (1)

L'affermazione è falsa? = 0 (Falso)

In questo caso il principio è che la doppia negazione è una affermazione. L'operatore logico NOT per dare risultato 1 (vero) deve riscontrare che la proposizione in esame sia sbagliata. Per meglio chiarire possiamo leggere le interrogazioni realizzate con il NOT come se chiedessimo «L'affermazione è falsa?».

Proviamo un ulteriore esempio:

L'Italia è in Sud America [NOT] Falso (0)

L'affermazione è falsa? = 1 (Vero)

NOT

$\bar{A}$	A
0	1
1	0

Ora proviamo ad applicare l'operatore NOT ad una ricerca nel web:

1. Programma sui canali Rai che non sia una soap opera

L'immagine seguente può aiutarci a comprendere meglio. Si immagini il primo cerchio come tutti i programmi Rai ed il secondo come i Programmi Mediaset. I secondi sono, chiaramente, esclusi mentre. Tuttavia dal cerchio che rappresenta i programmi Rai dobbiamo escludere le soap opere.

NOT

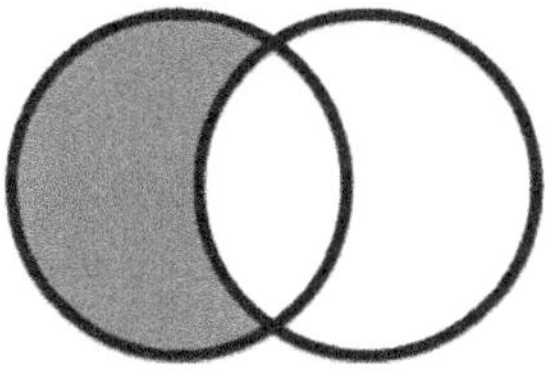

Gli operatori booleani servono, dunque, per rendere più efficace la ricerca all'interno di banche dati o motori di ricerca. Attraverso l'ausilio della logica è possibile predisporre dei sistemi che possano dare risposte a determinate interrogazioni.

Oggi il loro uso è ampiamente applicato, benché l'utente medio non se ne renda conto, grazie agli standard dei più celebri motori di ricerca. In estrema sintesi gli operatori booleani fanno riferimento a sei operatori in grado, attraverso l'applicazione di regole logiche, di rispondere ad un vastissimo numero di ricerche.

Gli operatori logici booleani sono lo strumento principale per effettuare ricerche, siano esse ricerche bibliografiche ovvero su database di archivi elettronici. Infatti gli operatori logici permettono di combinare in vario modo più concetti nella stessa ricerca, mentre la consultazione di un indice a stampa consente l'accesso ai contenuti con un solo termine per volta, rendendo necessaria una selezione a posteriore dei risultati ottenuti. Ai fini della nostra trattazione abbiamo visto solo i tre operatori booleani più noti, si rimanda l'approfondimento degli operatori IN, NEAR, WITH ad altra più idonea trattazione.

Il limite di questi sistemi, tuttavia, sta nel fatto che il ragionamento logico non è di per sé in grado di rispondere ad interrogazioni proposte con sinonimi ovvero traduzioni.

Proviamo nuovamente a fare un esempio. Poniamo di aver la seguente proposizione:

1. In Italia lo sport più seguito è il football

In questo caso l'elaboratore non è in grado di dare una risposta corretta perché non è in grado di sapere che il termine "calcio" equivale al termine *football.* Tuttavia, a ben vedere, non è neppure possibile considerarli sinonimi. Infatti, negli Stati Uniti il termine *football* si riferisce allo sport che noi chiamiamo "football americano" mentre il nostro termine "calcio" viene tradotto in *soccer.*

La soluzione più semplice che è stata congeniata consiste nell'uso di *soggettari.* Ovvero liste di termini od argomenti (c.d. *descrittori*) che permettono di descrivere il significato della ricerca.

Per esempio utilizzando il termine "calcio" oppure "partita" ovvero "serie A" il risultato ci porterà sempre ad includere argomenti simili ed affini al calcio. Analogamente se usassimo il termine "legge" oppure "norma" otterremmo risultati che raggruppano risultati simili.

In questo modo si riesce ad ottenere una indicizzazione semantica che, in sostanza, non vuole dire che l'elaboratore sia in grado di capire il significato del termine, semplicemente che è stato programmato in modo da avere dei *descrittori* presenti nei *soggettari* che gli permette di riconoscerli come sinonimi.

6. Lo schema di automazione e la logica del diritto ovvero uno dei "pilastri" dell'informatica giuridica

Per poter automatizzare un'attività giuridica bisogna esser in grado di fornire una descrizione di essa che possa essere tradotta in uno o più programmi eseguibili elettronicamente. Riuscendo, però, a mantenere integro il significato giuridico sotteso all'informazione digitalizzata.

Il relativo *iter* metodologico si compone in una serie di fasi che iniziano dalla descrizione in linguaggio naturale di uno specifico lavoro e, successivamente, proseguono col passaggio da essa ad un'altra descrizione con modelli di vario tipo (matematici, di logica giuridica, di ricerca operativa, empirici, statistici).

Infatti, nel passare dalla formulazione in linguaggio ordinario ad una formulazione in forme suscettibili di automazione, è necessario poter disporre di una rappresentazione intermedia, che sia da un lato più rigorosa di quella espressa in linguaggio ordinario e che, dall'altro, sostituisca il supporto per l'automazione.

In altre parole bisogna creare un modello che colleghi a determinati input una elaborazione che permetta di giungere ad un dato risultato detto *output*. Quest'ultimo deve essere ripetibili, dimostrabile ed univoco.

Una volta completata questa fase descrittiva che associa parole e concetti in modo preciso, si passa all'analisi delle descrizioni per decidere se si può, ovvero se è da ritenersi conveniente, automatizzare l'intera attività od alcune sue fasi.

Infatti non è detto che sia sempre conveniente farlo. Possono esserci situazioni in cui sono presenti forti elementi di complessità che possono rendere difficile o troppo costosa la realizzazione di una automazione. Per valutare questo aspetto bisogna comprendere in quale modello rientra il progetto di automazione. Nello specifico si ritiene utile fornire la seguente schematizzazione:

1. Il modello di descrizione può consentire direttamente il passaggio all'automazione. Rappresenta la situazione ottimale in quanto si può operare per un'automazione di tipo "analogica", nel senso che già il modello costituisce il supporto per l'adozione di strumenti di automazione generalmente appartenenti all'informatica. Si immagini una situazione con attività di tipo ripetitivo e già schematizzabili. Creare un elenco con tutte le strade di una città potrebbe rappresentare un buon esempio.
2. Il modello di descrizione può permettere una automazione parziale. In questo caso l'analisi evidenzia che alcune parti dell'attività, o nel nostro caso specifico del ragionamento, sono suscettibili, con vari livelli di difficoltà, di automazione. Tuttavia sono presenti anche elementi che richiedono capacità di tipo decisorio. In questo caso occorre valutare se i costi per creare un algoritmo siano compensati dal vantaggio ottenibile con l'automazione. In tal caso si può adottare un'automazione "a segmenti" in base alla quale la sequenza o la rete delle operazioni sono sottoposte in alcune parti a controllo automatico mentre in altre, in corrispondenza di opportune interruzioni, seguono il loro corso tradizionale. Ovvero sono affidate all'esclusivo intervento umano.
3. Il modello di descrizione può permettere sistemi "intelligenti". In questo caso si possono predisporre degli algoritmi automatizzati, sarà il sistema informatico a comporre automaticamente la soluzione più idonea sulla base di possibili combinazioni già caricate. In realtà non si tratta di una vera e propria intelligenza ma di una abile simulazione della stessa. Si pensi alla costruzione di un contratto informatico realizzato compilando un formulario su un computer. In questo caso il sistema verrà a comporre parti di contratto in base alle scelte dell'utente. Non

capirà il senso delle scelte ma sarà organizzato in modo da far corrispondere una determinata attività logica in base alle selezioni dell'utente.

4. Il modello di descrizione può far emergere l'impossibilità di automatizzare. Sono i casi in cui l'intervento umano appare più determinante. Ovvero situazioni in cui l'interpretazione del giurista è, ad oggi, insostituibile per la delicatezza delle scelte. Si immagini la necessità di valutare il riconoscimento di attenuanti od aggravanti per un reato. Oppure si pensi all'esigenza di dover inquadrare una determinata fattispecie giuridica border line. Per esempio un contratto fra aziende che prevede l'uso di un mezzo edile con operatore è un appalto, un subappalto, una locazione, un nolo a caldo oppure una prestazione d'opera? In queste situazioni l'automazione potrebbe esser difficile oppure permettere un margine d'errore così ampio da non essere accettabile.

Alla luce di quanto si è detto le applicazioni giuridiche che finora risultano ampiamente sviluppate riguardano generalmente due tipi di approccio. Il primo si sedimenta sulla simulazione e l'altro sulla logica giuridica. Ambedue, tuttavia, richiedono qualche necessaria precisazione preliminare. Il termine "simulazione" viene utilizzato nel suo significato di rappresentazione di un sistema reale per mezzo di un modello sviluppato su un computer. Ciò comporta che la traduzione dei procedimenti in modelli, seguita poi dalla trasformazione dei modelli in algoritmi utilizzabili dal computer sono da considerarsi operazioni critiche.

Infatti non esistono modelli appropriati per tutti i procedimenti e tutti gli atti che vorremo automatizzare, né esistono algoritmi adatti per gestire con il computer tutti i modelli selezionati.

La simulazione può basarsi su un repertorio di tecniche standard (es. la programmazione reticolare) che vengono usate di volta in volta secondo la natura del problema da affrontare. Dato che esse presumono una formalizzazione del problema che isola alcuni suoi aspetti significativi ai fini del funzionamento del modello, bisogna fare attenzione al livello di coincidenza fra soluzione del problema formale (quello esemplato nel modello) e soluzione del problema reale (che può essere ben più complessa).

Ad esempio, nell'interpretazione delle attività giuridiche come strutture a rete, si può osservare che le questioni studiate per mezzo della simulazione non riguardano solo l'ambito giuridico. Esse infatti possono ritrovarsi, con altri contenuti ma come le stesse forme, in altre aree dell'economia o della società.

Normalmente nel diritto si incontrano difficoltà di modellizzazione e di predisposizione di idonei algoritmi, in quanto le variabili, in particolar modo interpretative, appaiono decisamente superiori a quelle che si incontrano in altri settori, per esempio nell'analisi economica. Il procedimento giuridico può essere considerato come un caso speciale di processo decisionale volto a collegare alcune premesse con l'interpretazione di possibili conclusioni.

D'altronde, basta fare un esempio banale per rendersi conto che ciò che si sta dicendo non è affatto una luculliana congettura astratta ma, al contrario, una situazione squisitamente reale ed oggettiva.

Si ipotizzi una ipotetica norma che vieti l'accesso agli animali in una struttura sanitaria.

Apparentemente, l'interpretazione è chiarissima, nessun animale può entrare in quella determinata tipologia di strutture. Eppure, a ben vedere, basterebbe ipotizzare che la struttura sanitaria sia una clinica veterinaria. Ecco che, già con questo semplicissimo esempio la costruzione logica inizierebbe a vacillare. Se poi si aggiungessero altri dettagli capaci di mettere in luce la *ratio* della norma la situazione diverrebbe ancora più complessa.

Si ipotizzi che la motivazione del divieto fosse di evitare il contagio di malattie trasmissibili da animali malati. Ciò consentirebbe l'accesso degli animali sani ovvero di quelle tipologie di animali che non hanno malattie trasmissibili all'uomo.

Se ipotizzassimo che, invece, la *ratio* della norma fosse legata a motivi di igiene, occorrerebbe fare una valutazione differente. Quel generico divieto di "*accesso agli animali nelle strutture sanitarie*" sarebbe applicabile unicamente ad animali in cattive condizioni igieniche oppure per la presenza di pelo animale? Se si presentasse una persona con il suo gatto di razza *Sphinx* (la razza felina senza pelo) potrebbe entrare? Qui la situazione si complicherebbe ulteriormente, perché sarebbe da stabilire se quel "*condizioni igieniche*" debba esser riferito all'animale nel suo complesso od al solo pelo.

Infine, laddove si decidesse che nessun animale possa entrare perché potrebbe contaminare gli ambienti anche con la sola presenza fisica o con la sua respirazione, un visitatore con una ampolla con dentro un pesce rosso dovrebbe restar fuori oppure potrebbe entrare?

Come si può facilmente vedere, l'interpretazione giuridica presenta altissimi elementi di complessità e le risposte non appaiono sempre identiche per tutti. Spesso sono legate a fattori culturali, ideologici ovvero alla formazione del giurista che li analizza.

Questa divertente riflessione sul divieto di ingresso di animali in una struttura sanitaria serve a far ragionare sulla difficoltà di tradurre il ragionamento giuridico in una sequenza di bit. Sicché non è sempre facile tradurre una affermazione giuridica nel linguaggio binario. Come costruire un algoritmo che sia in grado di stabilire se il pesce rosso dell'esempio precedente può entrare nella struttura sanitaria oppure no? La risposta più semplice sarebbe di inserire tutti gli animali nell'elenco ma ciò potrebbe non esser sufficiente. Si pensi ad un algoritmo che preveda il divieto per gli animali ivi compresi tutti i pesci esistenti e tutte le tipologie di rane ma non contempli i girini. In questo caso il sistema automatizzato entrerebbe nuovamente in crisi.

Quindi, riprendendo le fila del nostro discorso, come in tutti i processi decisionali in esso si possono distinguere tre fasi: *a*) la formulazione del problema da risolvere; *b*) l'analisi delle alternative di soluzione; *c*) la selezione di una alternativa o di una linea di comportamento.

Le possibilità di simulazione si esprimono soprattutto nella seconda fase, in quanto la simulazione consente di esaminare i collegamenti fra mezzi e fini da conseguire prima della sperimentazione sulla realtà che, a volte, può presentare fattori di rischio.

Nei procedimenti giuridici la principale applicazione della simulazione riguarda l'analisi e l'ottimizzazione di strutture procedimentali a rete o di operazioni amministrative che possono rappresentarsi come file di attesa.

Solo alcune strutture procedimentali sono trattabili con le tecniche della simulazione, e le difficoltà (o l'impossibilità) di trattamento non dipendono dalle dimensioni delle strutture, ma dall'interpretazione che si dà alle norme che le disciplinano.

In particolare, i modelli microanalitici sono adatti a simulare sistemi reali che hanno una struttura semplice e dove molti elementi singoli vengono elaborati allo stesso modo. Nella realtà, considerando anche problemi di standardizzazione e di mercato di *software* specifico, sono ben poche le aree del diritto in cui sono state adottati modelli di simulazione. Nell'ambito di quelle poche, i casi coronati da successo sono limitati.

Le ragioni di ciò, oltre che nella natura delle decisioni giuridiche, vanno identificate:

1. nella difficoltà e onerosità della raccolta di dati giuridici per lo scopo specifico della simulazione;
2. nel problema degli indicatori e delle ipotesi, vale a dire delle relazioni fra gli indicatori.

Non si ha ancora una conoscenza sufficiente degli indicatori specifici dei sistemi giuridici. Quindi nei modelli di simulazione si adottano generalmente indicatori utilizzati in altre aree, ad es. i costi e la natura per i procedimenti.

Nelle aree dove tradizionalmente si usano i modelli di simulazione, ad esempio nella progettazione o manutenzione di impianti, nella simulazione di mercato, o nei modelli di traffico urbano, i fini sono chiaramente definiti. Sfortunatamente nel diritto non è così: non sempre sono chiari i fini il cui perseguimento si deve ottimizzare, ed è dubbio se lo stesso legislatore abbia sempre una concezione chiara di ciò che progetta. Considerazioni analoghe valgono quando si utilizza una combinazione di logica giuridica e di intelligenza artificiale come metodo risolutivo di problemi giuridici. Quando si affrontano problemi di una certa complessità, come possono essere alcuni problemi giuridici, si tenta di usare la propria conoscenza della regolarità del mondo per limitare la ricerca di una soluzione. Ci si può affidare a teoremi matematici oppure a regole logiche; si può dividere il problema in sotto-problemi più facilmente gestibili, oppure si può ragionare per analogia con problemi che sono già stati risolti. I programmi per computer si basano su queste stesse metodologie e il futuro dell'intelligenza artificiale consiste proprio nell'ottimizzazione dello sfruttamento di queste ultime in modo automatizzato. Non bisogna tuttavia essere eccessivamente ottimisti sulle capacità di risoluzione automatica delle varie tecniche, né dare a ciascuna di esse un ruolo decisivo se non per insiemi molto piccoli di problemi.

Nel caso di tecniche logiche si può osservare che con esse si gestiscono bene simboli ma non oggetti. Anche se si può costruire un modello logico che rappresenti i legami e le contraddizioni delle variabili di un certo problema, non esiste algoritmo che può decidere quali variabili sono significative ovvero hanno un "*valore*" rilevante. Ciò significa che per poter usare le tecniche logiche come unico mezzo per affrontare un problema, quest'ultimo deve essere di semplice, con variabili predeterminate nelle caratteristiche e con significati ben definiti in una scala di importanza valoriale.

Ciò vale anche per la logica deontica che, nonostante gli sforzi degli studiosi, non è ancora riuscita a costituire la base per algoritmi che consentano di automatizzare con il computer problemi di una certa ampiezza e complessità.

La ragione non risiede tanto nel fatto che la logica deontica adotta schemi prelevanti e adattati dalla logica tradizionale, quanto nella struttura stessa del diritto in cui coesistono regole ed eccezioni. Non basta esaminare i testi normativi con metodi logici per poter trovare soluzioni a fatti giuridici ma è necessario l'apporto di molte altre attività di analisi ponderate su diversi approcci interpretativi.

La metodologia opposta è il ragionamento informale, basato su una vasta conoscenza accuratamente selezionata da esperti umani. Nella maggior parte dei programmi per computer tale conoscenza è codificata sotto forma di un data base di regole pratiche del tipo "se-allora" oppure di tipo euristico. Il riconoscimento dei significati e le decisioni che ne conseguono non dipendono, dunque, dalle regole astratte della logica formale ma si fondano su regole insegnate da esperti umani. La conseguenza è che sono generalmente più comprensibili e più facilmente manipolabili.

Naturalmente in questo caso l'intervento dell'intelligenza umana, che si esplica nell'analisi e nell'ordinamento delle regole da fornire al computer, è più ampio e a volte sproporzionato rispetto alle dimensioni del problema da affrontare.

Se al computer bisogna spiegare tutto prima, tanto vale affrontare e risolvere i problemi senza computer, a meno che la natura dei problemi presenti delle caratteristiche ripetitive in ambiti limitati e definibili, tali da rendere conveniente l'automazione.

Nel diritto, come vedremo più avanti, ciò si verifica spesso specie a livello di applicazione di norme amministrative. Una soluzione intermedia di un certo interesse è la combinazione di metodi informali e formali: all'interno di un sistema basato su regole dettate da esperti umani ci si può affidare a procedure logiche o statistiche per decidere durante il funzionamento l'affidabilità di alcune regole o se è conveniente continuare in una direzione date certe condizioni. Un'altra metodologia consiste nel cercare di scoprire nuove informazioni (ed eventualmente nuove regole) o di riscoprire informazioni già noti da principi base. Ciò porta, in molti casi, a studiare programmi che tentano di "*apprendere*" dall'esperienza. La criticità di questa metodologia consiste nel fatto che solo per classi molto limitate di problemi si possono trarre regole generali dell'esperienza nella risoluzione di singoli problemi.

Bibliografia

Baade H. W. (1963) (a cura di), *Jurimetrics*, Basic Books, New York-London, 1963.

Bin R., Lucchi N. (2009) *Informatica per le scienze giuridiche*, Padova, Cedam, 2009.

Borruso R., Russo S., Tiberi C. (2009), *L'informatica per il giurista. Dal Bit a internet*, Milano, Giuffrè.

Borruso R., Russo S. (2007), *Approccio umanistico all'informatica: un mondo di bit*, Napoli, ESI.

Frosini V. (1968), *Cibernetica, diritto e società*, Milano, Giuffrè.

Frosini V. (1975), *La giuritecnica: problemi e proposte*, in *Informatica e dir.*, I.

Frosini V. (1988), *Informatica diritto e società*, Milano, Giuffrè.

Gambino A. M., Stazi A., Mula D. (2012), *Diritto dell'informatica e della comunicazione*, III ed., Torino, Giappichelli.

Giannantonio M. (1984), *Introduzione all'informatica giuridica*, Milano, Giuffrè.

Kistermann F. W. (2005), *Hollerith punched card system development*, in *IEEE Annals of the History of Computing*, vol. 27.

Loevinger L. (1949), *Jurimetrics. The next step forward*, in «Minnesota L. Rev.».

Losano M. G. (1968), *Giuscibernetica*, in R. Treves (a cura di), *Nuovi sviluppi di sociologia del diritto,* 1966-67, Milano.

Losano, M. G. (1969), *Giuscibernetica. Macchine e modelli cibernetici nel diritto*, Torino, Einaudi.

Losano M.G. (1982), *Giuscibernetica*, in Nss.D.I, Appendice III, Torino, Utet.

Losano M.G. (1943), *Informatica Giuridica*, in «Dig. civ.», IX, Torino, Utet.

Russo S. (2008), *Strumenti informatici e applicazioni pratiche per il giurista: dalla videoscrittura al processo telematico*, Napoli, ESI.

Sartor G. (2010), *L'informatica giuridica e le tecnologie dell'informazione*, Torino, Giapichelli.

Capitolo II
La *digital forensics* e la prova informatica
Alfonso Contaldo

1. La nozione di *digital forensics*

Prima di parlare di *digital forensics* occorre fare un breve chiarimento sull'uso del termine stesso. Infatti, pur preferendo di gran lunga l'inserimento di parole italiane, il concetto di *digital forensics* permette alcuni vantaggi.

Questa scelta, puramente metodologica, ci sembra imposta dalla scarsa identificabilità della traduzione che, altrimenti, rischierebbe di lasciar spazi a pericolose interpretazioni altamente fuorvianti. D'altronde se avessimo utilizzato il termine di "scienza digitale forense" sarebbe apparsa come una definizione alquanto oscura che poteva indurre il lettore nell'errore. Il più comune sarebbe stato di considerarla una attività scientifica rivolta magari all'analisi delle impronte digitali od altra attività di analisi forense assimilata.

Al contrario, il termine *digital forensics* suole identificare quella branca della scienza forense che si occupa dell'identificazione, della preservazione, dello studio e dell'analisi delle informazioni contenute in sistemi di memorie digitali e virtuali, ovvero su supporti informatici. Il tutto al fine di evidenziare l'esistenza di elementi probatori utili allo svolgimento dell'attività investigativa.

Pertanto la sua funzione è, essenzialmente, di studio delle scene del crimine che interessino argomenti informatici, multimediali ovvero il web.

Si noti che, nonostante la conoscibilità di questa disciplina sia ancora molto limitata, talvolta risultando materia sfumata anche a molti addetti ai lavori, essa rappresenta la vera frontiera del futuro. Taluni ritengono che nel futuro le prove diverranno sempre più digitali staccandosi sempre maggiormente dal mondo analogico. Le prove sono sempre più digitalizzate. Oggi si comunica attraverso i social, tramite mail, mediante le chat di WhatsApp o Telegram. Vengono scattate foto, realizzati video, caricati documenti nei cloud. Si realizzano note vocali, si usano smart TV, smart watch. Usiamo altoparlanti intelligenti (es. Amazon Echo), attiviamo servizi di domotica e ci spostiamo sempre con i nostri device che fungono da centrale di rilevazione di tutto ciò che facciamo, diciamo e, talvolta, pensiamo.

Certamente, l'importanza delle indagini tradizionali resta decisamente essenziale ma la tendenza è chiara ed inequivocabile. Nel corso dei prossimi decenni proseguirà in modo inesorabile la transizione verso un mondo digitale. Prenderà sempre più peso una realtà dove saremo più interconnessi, dove la tecnologia diverrà indispensabile nella vita quotidiana.

In fondo, l'informatico olandese Edsger Dijkstra affermava che «la scienza dei computer non riguarda i computer più di quanto l'astronomia riguardi i telescopi» (Dijkstra 1982).

Tutto questo per dimostrare che, già oggi, attraverso le informazioni digitali è possibile raccogliere una quantità inimmaginabile di dati personali. Basta confrontare le esegue informazioni che possono essere acquisite nel rinvenimento di un diario personale, confrontandole con quanto può essere estrapolato dall'analisi forense di un PC, ovvero dallo smartphone o dai profili social.

Anzi, emerge una nuova inquietante realtà che è stata illustrata dal direttore generale della Fujitsu, Joseph Reger il quale disse «Avere miliardi di dati provenienti da fonti diverse ma ricercabili tramite un sistema strutturato può permettere una cosa del tutto nuova: il furto di informazioni che nemmeno si sa di possedere» (Ghirardini 2013).

Quindi la *digital forensics* può essere definita come la materia generale, il macro-settore originariamente nato come un *unicum* ma che già da tempo è costellato da una nutrita varietà di banche autonome.

Sovente capita di udire il termine *digital forensics* utilizzato come fosse un sinonimo di *computer forensics*, ma non è affatto così. La *digital forensics* è una disciplina a sé stante, che non riguarda solamente i dati contenuti nei PC, ma anche in tutti gli altri dati afferenti a dispositivi digitali come smartphone, tablet, ma anche telecamere, televisori connessi ad internet, fotocamere digitali, server, navigatori satellitari, sistemi di riconoscimento automatico di voci o immagini, banche dati ed infrastrutture telematiche, database e così via.

La *digital forensics*, nel suo complesso, studia ed analizza molteplici settori dell'investigazione digitale. Per questa ragione possiamo considerarla come un insieme eterogeneo di più attività investigative digitali diverse. Queste ultime si stanno evolvendo e sempre più specializzando in aree tematiche di nicchia caratterizzate da differenti problematiche.

A fronte di tale situazione sembra utile cercare di schematizzare le differenti categorie in cui si sviluppa la *digital forensics*:

1. la *computer forensics* si occupa di analisi dei computer ed a sua volta può essere divisa in sottocategorie in base ai seguenti parametri.
   Ripartizione in base al sistema operativo:

   - *Windows forensics* operante su sistemi operativi della *Microsoft*

- *Mac forensics* operante su sistemi operativi *Apple*
- *Linux forensics* che si basa sui sistemi operativi *Linux*

Ripartizione in base allo stato in cui si trova il dispositivo rinvenuto

- *Live forensics* relativa a dispositivi che sono *"accesi"*
- *Post mortem forensics* riferita a dispositivi che sono *"spenti"*

2. la *mobile forensics* è finalizzata alla ricerca di dati solo sui dispositivi mobile e parimenti alla branca precedente ha delle sottocategorie.

   - *Iphone forensics*
   - *Android forensics*
   - *Windows phone forensics*

   Ripartizione in base allo stato in cui si trova il dispositivo rinvenuto

   - *Live forensics* relativa a dispositivi che sono *"accesi"*
   - *Post mortem forensics* riferita a dispositivi che sono *"spenti"*

3. La *network forensics* si interessa dell'analisi dei flussi di dati nelle reti e nell'estrapolazione di informazioni da esse.
4. La *internet of things forensics* studia le prove informatiche estrapolabili da elementi di domotica e tecnologie assimilabili.
5. La *database forensics* è indirizzata ad estrarre informazioni forensi dai database e dalle banche dati oggetto di analisi.
6. La *osint forensics* il cui ruolo è di ricercare informazioni forensi con lo studio di fonti aperte liberamente accessibili (es. profili social, informazioni liberamente reperibili con ricerche on-line, documenti e dati disponibili sul web).
7. La *SOCMINT forensics* ovvero la *social mining intelligence forensics* intesa come anali dei profili su *social network* e *social media.*
8. La *cloud forensics* che si interessa dell'analisi dei dati nel *cloud computing*, la c.d. nuvola informatica cercando di scovare le informazioni presenti nei server.
9. La *video forensics* dedicata allo studio e la ricerca di dati all'interno di filmati, in particolare di circuiti di videosorveglianza.
10. La *audio forensics* impiegata per decifrare le tracce audio in modo da comprenderne il significato e valutarne l'originalità.
11. La *battlefield forensics* ovvero l'acquisizione di prove digitali in scenari bellici.

Come si può vedere queste branche, nonostante la loro nascita sia molto recente, è caratterizzata da una veloce evoluzione. Inoltre ogni singolo settore necessita di uno specifico bagaglio di conoscenze.

Per ogni settore traspare l'esigenza costante di un costante adeguamento alle innovazioni tecnologiche. Per far questo a livello professionale è indispensabile settorializzare il proprio interesse ad una specifica branca della *digital forensics*.

Le investigazioni digitali forensi, spesso, necessitano dell'ausilio di differenti metodologie d'indagine e, pertanto, di software con specifiche peculiarità. Questi ultimi non sempre sono predisposti per funzionare su tutti i sistemi operativi, o quantomeno, mostrano delle eccellenze nell'analisi di specifiche tipologie di informazioni. Ragion per cui i tecnici di *computer forensics,* dovendo lavorare contemporaneamente su più sistemi operativi, tendono ad aver un ventaglio di conoscenze in grado di permettergli di analizzare una vasta gamma di sistemi operativi.

2. Le modalità di ricerca del dato

L'evoluzione tecnologica ci ha portato a nuove forme di comunicazione, di aggregazione sociale, condivisione di informazioni ed esperienze personali. Questa evoluzione sta radicalmente cambiando il nostro stile di vita. Sebbene la rivoluzione digitale interessa quasi ogni cosa, l'elettronica, la telematica e l'informatica sono i campi su cui essa si è maggiormente incentrata.

Come mostrato nel primo capitolo, oggi esistono molteplici contenuti che nascono come "originali digitali" e non hanno un equivalente analogico.

Oggi il dato, inteso quale insieme di informazioni, non è più intimamente legato al supporto materiale su cui è inciso o registrato. Il dato diventa qualcosa di diverso dal passato e svincolato dall'oggetto fisico che lo contiene. L'informazione si trasforma in qualcosa di nuovo, un elemento che finisce col perdere il contatto con la materia e diventare radicalmente scisso dal supporto di memorizzazione.

Si immagini un dato archiviato nel web. In questo caso non è neppure così facile individuare in quale posto fisico sia realmente stipato il dato di interesse.

La conseguenza è che l'oggetto che contiene l'informazione può essere un mero involucro privo di qualunque importanza probatoria, non conta più il supporto fisico ma il dato come entità autonoma.

D'altronde si immagini una e-mail. A cosa servirebbe sequestrare il dispositivo se i dati sono accessibili da qualunque dispositivo semplicemente con l'uso delle credenziali di accesso.

Fino ai primissimi anni Novanta del secolo scorso la memoria di un computer era chiaramente individuabile ed i dati era ovvio che fossero all'interno del dispositivo. Nulla vietava che fossero contenuti in dischi removibili o CD ma, comunque, il dato era obbligatoriamente connesso al supporto. Dal punto di vista materiale esisteva da qualche parte un elemento tangibile che conteneva il dato. Prelevando il PC, il cellulare oppure il CD, si aveva la certezza che tutti i dati contenuti nel supporto informatico non potevano essere alterati. Non c'era internet (fino alla metà degli anni Novanta era ben poco diffuso), non c'erano cloud ed i dati non potevano essere gestiti da remoto. Sequestrare il dispositivo voleva dire interdire l'indagato ovvero l'imputato da interagire con gli stessi. Non poteva cancellarli, alterarli, condividerli o rimuoverli. Oggi non è più così.

Infatti fino al 1995 internet ed il web erano preclusi per gli utenti privati, restando accessibili solo per gli ambienti accademici, mentre le chiavette USB vennero messe in commercio attorno all'anno 2000. Pertanto, dovendo cercare l'ubicazione dei dati, era chiaro che essi dovevano essere nelle schede di memoria del computer oppure, al massimo, su qualche supporto di memoria esterna. In sostanza, i dati erano in un hard disk ovvero nell'ambito del sistema di memorie primarie dell'elaboratore oppure nel cellulare.

Questo discorso ci porta a dire che, in passato, laddove le autorità di polizia giudiziaria avessero rinvenuto un PC ovvero un ipotetico hard disk avrebbero avuto la certezza quasi matematica che se esistevano dati informatici su quel dispositivo erano contenuti nelle rispettive schede di memoria. L'unico vero e proprio rebus sarebbe stata la loro avvenuta o meno cancellazione. In ogni caso, pur nella nefasta ipotesi della cancellazione, era comunque possibile tentare una recovery data per provare il ripristino dei dati danneggiati, corrotti, irraggiungibili o cancellati.

Non era una tecnica che garantiva il recupero completo ma indubbiamente permetteva un buon margine di possibilità di ripristinare il dato originario. La discriminante era accertarsi che il dispositivo non fosse stato formattato od avesse subito la riscrittura su quelle celle di memoria ed una plurima deframmentazione.

Tuttavia ora la situazione è ben diversa e il lavoro del *digital forensics expert* è decisamente più complesso. Al noto problema di individuare i dati rilevanti ai fini probatori si aggiungono nuove sfumature alla preservazione degli stessi, all'interdizione dalle modifiche, alla garanzia della genuinità degli stessi. Senza, peraltro, tralasciare una ben più articolata difficoltà nello scovare sia i dati stessi che quelli rilevanti. Infatti oggi c'è una vera e propria crescita esponenziale dei dati. Ciascuno di noi ha ammassi incredibilmente complessi di dati. Il nostro dispositivo ci profila ogni giorno, ogni istante, sia che lo usiamo che nell'ipotesi in cui restiamo senza toccarlo. Nel web siamo costantemente taggati, citati, condivisi ed i nostri dati possono essere presenti anche senza la nostra conoscenza diretta dell'uso degli stessi. Questo comporta una ridondanza degli stessi che rischia di inondare il *digital forensics expert.* Tant'è vero che, ormai, il rischio maggiore non è quello di non trovare i dati ma discernere quelli rilevanti ai fini probatori senza intaccare la sfera della privacy con investigazioni di tipo esplorativo.

Queste ultime, infatti, non sono possibili come si vedrà meglio nell'apposito capitolo dedicato ai *sequestri digitali omnibus*.

Tutto questo ci porta al primo quesito che deve porsi colui che vuole effettuare una ricerca di tracce attraverso la *digital forensics*.

La ricerca dei dati diventa l'interrogativo cardine nell'indagine di *digital forensics*, perché si potrebbero impiegare molti giorni o mesi per setacciare dei dati privi di alcuna reale utilità investigativa. I dati potrebbero esser ben nascosti in luoghi che non ci si può neppure immaginare.

Spesso, per tali ragioni, il Pubblico Ministero sembra utilizzare dei sistemi di ricerca basati su parole chiave. In questo modo si può tentare di estrapolare le sole informazioni rilevanti ai fini probatori cercando, al contempo, di preservare il diritto costituzionale alla privacy ed alla riservatezza dei dati personali. Non sono rari nella cronaca giudiziaria che nell'ambito di indagini forensi emergano segmenti di vita dell'indagato che, in modo inaccettabile, finiscono per riempire le colonne di giornali o testate digitali. Quindi il ruolo del *digital forensics expert* è diventato più gravoso, dovendo barcamenarsi in una realtà che si è complicata maggiormente e che rischia, sempre più, di invadere la sfera privata dell'indagato.

L'altra grande incognita è legata al fatto che il dato potrebbe trovarsi nel web oppure in un cloud. In questi casi è indispensabile interdire l'alterazione dello stesso così come l'accesso. Ovviamente, in queste casistiche, vi è l'ulteriore difficoltà legata alla titolarità dei dati in capo a terzi soggetti. Per esempio gli internet service provider. Quindi sarà necessario interagire con gli stessi e fare un sequestro presso terzi.

Pertanto, allo stato attuale, individuare l'ubicazione e la preservazione delle informazioni diventa la prima vera sfida che si trova a dover affrontare un *digital forensics expert*. Sbagliare in questa fase, per così dire prodromica, può portare ad un forte dispendio di energie, risorse e tempo. Inoltre rischia di vanificare l'intera operazione di ricerca dei dati. Purtroppo non esiste un sistema scientifico per stabilire l'ubicazione esatta dei dati utili all'indagine. Sarà l'esperienza, l'intuito e la capacità di osservare i dettagli, lo studio delle abitudini e il *profiling* del soggetto sottoposto ad indagine ad aiutare. Tuttavia occorre sempre ricordare che il *digital forensics expert* non dirige le operazioni investigative ma deve seguire scrupolosamente le indicazioni ricevute dal Pubblico Ministero ed approvate dal Giudice. Se ne evince che l'investigatore forense, inteso quale ausiliario dell'attività investigativa, deve muoversi nell'ambito dei rigidi parametri imposti e non può liberamente spaziare.

3. Il dato nel cloud computing e nella rete: alcune problematiche

La presenza di dati nel cloud apre a tutta una serie di possibili inconvenienti che è bene analizzare brevemente.

Per prima cosa bisogna dire che con il termine di *cloud computing* si indicano una serie di tecnologie informatiche che permettono di elaborare, archiviare e memorizzare dati grazie all'utilizzo di risorse, hardware e software, distribuite nel web. In sostanza l'utente, attraverso il cloud computing non acquista alcun prodotto "fisico" ma la possibilità di utilizzare a distanza un servizio ovvero un prodotto fruito in modalità da remoto. In genere l'utente ottiene uno spazio di archiviazione ma potrebbe anche avere un software od un insieme di servizi come il tracing, la sicurezza delle reti, l'accesso a database, la condivisione di documenti ecc. La grande innovazione apportata dalle configurazioni della cloud computing riguarda la distribuzione in rete dei servizi, la semplice scalabilità dell'infrastruttura, la maggiore affidabilità e continuità del servizio.

A questo si aggiunge l'erogazione in tempi molto rapidi che spesso superano quelli dei tradizionali siti web. Il cloud funziona attraverso dei server (possiamo definirli come computer ad elevate prestazioni che nell'ambito di una rete erogano i servizi agli altri computer) che mettono a disposizione la loro straordinaria capacità di calcolo nonché la gigantesca disponibilità di spazio di archiviazione. Le prestazioni certamente varieranno a seconda che il servizio sia in hosting, cioè ospitato temporaneamente su server condivisi, oppure in housing, realizzato attraverso la locazione di armadietti rack dedicati ma ne parleremo fra poco.

In genere il cloud è collegato ad una molteplicità di server e, quest'ultimi, allocano le proprie capacità in modo automatico a seconda delle esigenze. Tuttavia l'ubicazione di questi server può essere difficile da determinare in modo univoco. Infatti l'allocazione delle risorse, se realizzata in hosting, può avvenire su più elaboratori. Sicché una porzione dei dati potrebbe essere fisicamente memorizzata in California ed un'altra parte in Australia oppure in qualunque altra parte del mondo. Attualmente esistono numerosi servizi cloud e ciascuno di essi si basa su una molteplicità di server, talvolta anche decine di migliaia. Pertanto è estremamente difficile capire in quale parte del mondo sia il dato di interesse per l'attività di indagine anche se, chiaramente, è molto probabile che siano nel luogo dove sono ubicati i data center. Le procedure di indagine possono essere rallentate dall'esigenza di richiedere l'accesso al gestore del servizio di cloud. Attività che potrebbe richiedere del tempo prezioso. Quel che in questa sede si vuole evidenziare non è tanto il dispendio di tempo inteso nel suo senso astratto ma, bensì, le implicazioni che ciò può comportare.

In primis la necessità di rallentare l'acquisizione dei dati utili per l'indagine può favorire, ed in modo determinante, chi vorrebbe offuscare i dati rilevanti. A nulla servirebbe sequestrate il PC di un indagato se lo stesso fosse in grado di accedere ai propri dati nel cloud col proprio smartphone e cancellarli, trasferirli o modificarli. Sarà sempre doveroso accertarsi dell'eventuale esistenza di dati presenti nei cloud e cercare di accedervi il prima possibile ovvero contattare il gestore per chiedere il congelamento degli stessi.

In secondo luogo, nessuno può sapere quale sia il cloud utilizzato, non esiste una sola piattaforma che offre servizi di cloud computing, l'offerta dei servizi di questa natura è talmente variegata che la semplice individuazione del fornitore può essere molto dispendiosa. Quindi, ancora una volta, c'è il rischio di muoversi in ritardo e concedere un prezioso vantaggio a chi abbia interesse per occultare le informazioni rilevanti.

Peraltro giova ricordare che i servizi in cloud possono essere strutturati in modo molto diverso. Possono esserci cloud privati oppure pubblici. I primi sono organizzati interamente dall'utente o dall'azienda che li ha predisposti e, quindi, possono avere una struttura personalizzata che, in ogni caso, fa gravare ogni responsabilità per la gestione e la sicurezza sul privato. I cloud pubblici, invece, possono essere organizzati in modo più complesso e divisi in varie macro categorie, di seguito illustrate.

3.1 Cloud IaaS ovvero infrastructure as a service

In questo caso il fornitore metterà in disposizione una infrastruttura fisica, per esempio la farm oppure il data center senza che l'utente debba gestire i costi della struttura tecnologica. In altre parole il fornitore metterà in disponibilità delle risorse condivise presenti sui propri server. Queste risorse, però, non saranno dedicate al singolo utente ma ripartite a secondo dell'immediata necessita con altri soggetti. Questo viene a permettere un abbattimento dei costi di gestione ed un livellamento verso il basso del servizio. Tuttavia, se l'utente non ha particolari esigenze non si accorgerà della differenza di qualità.

Fondamentalmente la tipologia di servizio più essenziale offerto dal cloud è permette di usufruire di capacità di storage e delle infrastrutture essenziali a livello aziendale. Per esempio un fornitore IaaS può assicurare delle reti condivise che permettono degli spazi di archiviazione molto utili, una capacità di banda discreta ma condivisa con altri fruitori del servizio.

Dal punto di vista delle responsabilità, il fornitore si fa carico della gestione della protezione dei dati con meccanismi di individuazione delle intrusioni nei sistemi centralizzati. Si occupa di garantire misure di sicurezza delle informazioni sia fisica che virtuale. Inoltre garantisce meccanismi di *disaster recovery* e *business continuity*. Per quanto attiene al monitoraggio delle informazioni trasferite ed il riconoscimento degli accessi c'è una responsabilità condivisa con l'utente.

3.2 Cloud PaaS ovvero platform as a service

Questa tipologia di servizi prevede, in aggiunta alle funzionalità del modello precedente anche l'utilizzo di sistemi operativi e piattaforme di sviluppo quali app e programmi preconfigurati. Questi servono a creare, a loro volta, nuove app (per esempio i Software Development Kit forniti da Apple e Google oppure software di fornitori indipendenti). Quindi non può essere identificato con il mero spazio di archiviazione e la possibilità di fruire delle infrastrutture fisiche condivise ma, al contrario aggiunge elementi software. Il vantaggio è la scalabilità dei servizi che possono essere implementati e ridotti in base alle esigenze. Inoltre permette di usare programmi già preconfigurati e pronti all'uso che, peraltro, non richiedono spazio per essere istallati e sono costantemente aggiornati, verificati e protetti.

Dal punto di vista delle responsabilità, in aggiunta alle garanzie già previste dal modello IaaS, i cloud platform garantiscono un livello di monitoraggio dalle intromissioni anche sui sistemi operativi forniti, la regolarità delle licenze d'uso dei servizi ed un servizio di assistenza sui prodotti offerti.

3.3 Cloud SaaS ovvero software as a service

La loro peculiare funzione è di aggiungere servizi più specifici rispetto ai modelli precedenti. Infatti l'intenzione di questi cloud è di fornire dei servizi già pronti all'uso con programmi ed applicazioni professionali che non necessitano di intervento dell'utente. In altre parole, mentre le platform sono indirizzate a permettere una operatività di professionisti, che dovranno sviluppare propri servizi o prodotti, in questo caso il servizio è già operativo. Per esempio potrebbe essere una applicazione per la gestione del magazzino, un programma on-line per la grafica od il video editing, un videogioco, una piattaforma su cui caricare corsi universitari, strumenti di marketing già operativi per l'uso ecc.

Sono servizi che sono caratterizzati dall'immediata fruibilità attraverso dei meccanismi già collaudati e testati che permetto di avere ottime prestazioni e, comunque, garantiscono la scalabilità del servizio.

Dal punto di vista delle responsabilità sono maggiormente accentrate sul fornitore che si occuperà dell'identificazione degli accessi, del criptaggio dei dati, del management dei log e degli audit, nonché di tutte le attività di gestione delle funzionalità del servizio offerto che, di contro, sarà costantemente monitorato e sorvegliato.

3.4 Cloud DaaS ovvero data as a service

Hanno funzioni in parte sovrapponibili ai modelli SaaS ma si differenziano da essi per la fornitura di *database*. Possono essere usati per godere di servizi di geolocalizzazione (es. Google Maps), di *tracing* per spedizioni ed attività in ambito organizzativo ed industriale.

Possono fornire servizi che racchiudono app per operazioni di *booking*, di elaborazione del meteo, di geolocalizzazione di loghi, la realizzazione di percorsi per navigatori, l'individuazione di strutture pubbliche che forniscono servizi ecc.

Possono permettere servizi che gestiscono la profilazione delle attività di utenti e selezionare contenuti.

Dunque rappresentano un qualcosa di ulteriore rispetto al classico modello SaaS.

3.5 Cloud Haas ovvero hardware as a service

Rappresenta un sistema molto peculiare. In particolare prevede un modello che, sotto molti aspetti, assomiglia al leasing in quanto si utilizza un hardware fornito da terzi soggetti in modalità remota dietro un corrispettivo. In sostanza l'utente invia i dati da elaborare al fornitore che, grazia ai propri hardware ed al proprio personale IT, provvede a processarli secondo le indicazioni. In questo modo anche aziende medio-piccole possono usufruire di servizi dedicati che, altrimenti sarebbero del tutto inaccessibili.

3.6 Cloud Hosting/Housing

Sono due differenti sistemi di gestione di dati all'interno di un cloud per la fruibilità nel web di siti o domini. Il meccanismo dell'hosting permette di usufruire in locazione temporanea di un determinato ammontare di spazio che sarà liberamente gestito dall'utente. Il servizio può mettere a disposizione anche alcuni software basilari per l'istallazione dei siti web (es. WordPress). Questi servizi sono tipicamente pensati per la gestione di *siti* con modesti volumi di traffico e che non richiedono particolari attenzioni nella gestione. In altre parole sono rivolti a servizi, anche professionali, che tuttavia, per le loro peculiarità non richiedono la presenza di personale che venga a garantire la costante operatività del servizio stesso. Questo non vuol dire che non ci sia una *business continuity* ma che i tempi di intervento sono quelli tradizionali, in quanto non c'è un servizio dedicato. Per fare un esempio, se il sistema di una banca viene attaccato i centri di risposta agli incidenti informatici (i c.d. CSIRT, ovvero *Computer Security Response Incident Team*) verranno subito attivati. Sia per ridurre l'impatto del problema che per cercare di risolvere la situazione. Differente sarà la situazione di un incidente informatico che riguarda un normale sito internet anche di tipo business. In questo caso non è previsto un vero e proprio modello di risposta *live.*

Quanto al servizio *housing* occorre dire che si configura come un sistema assimilabile alla locazione di cosa mobile. Nello specifico di appositi armadietti contenenti dispositivi informatici i c.d. *rack.* Il cliente ha, dunque, un vero e proprio spazio (non virtuale ma materiale) nel quale sono inseriti i suoi dati ed i suoi servizi. Questo permette maggiori tecnologie, la possibilità di usufruire di elevati volumi di traffico giornaliero. L'aggiornamento dei programmi ed il servizio di assistenza diretto sono a carico del fornitore. Questo permette di garantire una continuità operativa che si aggira attorno al 99,9% dei casi.

Per quanto riguarda i modelli di sicurezza e gestione dei dati si può procedere con una più ampia personalizzazione. In particolare il controllo dei dati resta sempre nella disponibilità dell'utente finale.

Osservato quanto precede appare dunque chiaro che nell'ipotesi in cui i servizi cloud fossero di tipo IaaS o Paas sarebbe complesso determinare se gli stessi possano essere originali o sono stati modificati dall'utente o da altri. Forse l'unico elemento realmente dimostrabile potrebbe essere, attraverso i file di log, il momento di avvenuta trasformazione del dato originale. Ciò però, comporterebbe una alterazione della situazione fattuale, si pensi se si consentisse ad un omicida, di tornare sulla scena del crimine ed inquinare le prove. Dunque l'uso del cloud può generare situazioni simili perché il dato, se non viene prontamente sequestrato resta nella disponibilità dell'indagato o di altri soggetti a lui connessi. Nulla vieta che l'abilità dell'investigatore riesca a ricostruire la dinamica del tentativo di inquinamento della prova ma, onestamente, la situazione diverrebbe più difficile rispetto all'analisi di una scena del crimine ancora integra. Soprattutto diverrebbe difficile dimostrare lo stato fattuale dei dati prima delle alterazioni e comprendere cosa contenevano. Quest'elemento è un vero e proprio vantaggio tattico in mano all'indagato che deve esser subito scardinato, il *digital forensics expert* non può permettersi di arrivare in ritardo, deve esser abile ad individuare il luogo dove si nascondono i dati e, primariamente, renderne impossibile l'accesso da parte di terzi.

Laddove i dati di interesse fossero, anziché su di un cloud nel web verrebbero a palesarsi problemi con sfumature decisamente diverse.

Innanzi tutto sarebbe necessario ricercare l'ubicazione dei dati all'interno delle sconfinate localizzazioni nel web. Questione indubbiamente non facile da identificare ma che, comunque, grazie all'analisi dei *file di log*, alla *cronologia di navigazione* e l'analisi dei *cookies* potrebbe essere tentata.

In realtà, però i dati potrebbero trovarsi veramente ovunque, non solo nel *cloud* richiesto dall'utente ma magari in un sito internet non indicizzato e rimosso dalla cronologia, in contenuti c.d. *"bannati"*, oppure in una area ad accesso limitato di un sito con restrizioni. Laddove per aree ad accesso limitato si intende uno spazio unico a cui l'utente può accedere tramite l'identificazione con uno username e una password, pertanto, si tratta di un'area che è unicamente accessibile ad utenti già registrati. L'area riservata di un sito può presentare contenuti molto diversi e può avere finalità molto difformi a seconda della natura dell'attività svolta (torneremo su questi temi nel proseguo della trattazione).

Altra casistica potrebbe essere la ricerca di dati nei meandri del *dark web* (si veda oltre) che, per le sue peculiari caratteristiche, è spesso utilizzato per le più disparate attività legate alla criminalità, quali borse nere, dove è possibile trovare ogni sorta di oggetto in vendita, dalla droga, alla tratta di armi. Tuttavia, per accedere al *dark web*, è necessario possedere degli appositi strumenti informatici di crittografia utilizzati per occultare il sito, inoltre, si deve avere la pregressa conoscenza dell'indirizzo URL, dell'esatto dominio del sito e del percorso che deve indicare per raggiungerlo. Senza voler anticipare oltre quanto si tratterà più avanti, ora è il momento di accennare alla questione delle rogatorie internazionali.

Quando si pongono in essere operazioni di analisi sul web, esiste sempre la possibilità che l'*internet service provider* ovvero i server utilizzati per quella specifica attività, siano ubicati al di fuori dei confini nazionali italiani od eventualmente fuori dalla UE. La questione non è affatto priva di conseguenze, anzi può presentare un elemento di pesante rallentamento nell'attività investigativa.

4. I mezzi di ricerca della prova informatica

Dal punto di vista processuale il legislatore è intervenuto sul tema delle investigazioni informatiche con la L. 48 del 2008 realizzando una riforma molto sostanziosa.

L'impianto normativo che ne emerge stabilisce un *modus operandi* che permette di adottare misure tecniche per garantire la conservazione del dato preservandolo da alterazioni.

Tutto questo si traduce in elementi peculiari nella fase dell'ispezione, della perquisizione e del sequestro informatico. Per analizzare il funzionamento di questi strumenti processuali occorre fare alcune precisazioni.

Prima di tutto occorre ricordare che i mezzi di prova si differenziano dai mezzi di ricerca di prova giacché i primi servono per offrire al Giudice delle risultanze probatorie che possono essere valutate ai fini decisori; i secondi, invece, sono elementi che nascono con l'intento di permettere acquisizione di tracce, dati od indizi. Quindi sono strumenti che consentono di cercare informazioni per estrarre materiale utile ai fini investigativi. In quest'ultimo caso, però, non sono immediatamente idonei al convincimento del Giudice. Tant'è vero che l'utilità probatoria dovrà esser successivamente vagliata sia dal Giudice che dal Pubblico Ministero stesso che, ipoteticamente, potrebbe anche rilevare l'assenza di elementi idonei a sostenere l'accusa. In altre parole i mezzi di ricerca di prova sono il punto di partenza da cui poi, eventualmente, si dispiegherà l'attività processuale. In modo più concreto si può dire che i mezzi di ricerca di prova servono a prelevare reperti, dati e informazioni per poi esser inquadrati, o meno, come elementi probatori. Per fare un esempio, si immagini l'autorizzazione per effettuare delle ricerche di dati su un dispositivo che, all'esito, non rinvengano nulla di utile. In questo caso non c'è una vera e propria formazione di una prova ma solo l'attività investigativa per la sua ricerca.

La principale conseguenza della distinzione fra mezzi di ricerca di prova e mezzi di prova è la modalità con cui vengono assunti. Difatti i mezzi di ricerca di prova possono essere dispiegati non solo dal Giudice ma anche dal Pubblico Ministero. In alcuni casi particolari, individuati dagli artt. 352, 353 e 354 c.p.p. anche dalla polizia giudiziaria. Nello specifico nell'ambito informatico l'art. 352 c.p.p. permette che tale attività sia espletata dalla polizia giudiziaria durante perquisizioni nel caso di flagranza del reato ovvero per impedire l'alterazione dei dati. Quindi autorizza l'adozione di misure di sicurezza idonee a garantire l'inalterabilità della traccia probatoria.

Nel caso dell'art. 353 c.p.p. riguarda il caso della necessità di aprire plichi sigillati e la corrispondenza anche telematica. Ciò può avvenire solo laddove vi sia il fondato motivo che essa possa contenere elementi rilevanti ai fini probatori.

Infine l'art. 354 c.p.p. autorizza la polizia giudiziaria a procedere agli accertamenti urgenti qualora sia indispensabile per conservare tracce che, altrimenti, rischierebbero di essere inquinate od irrimediabilmente perse. In quest'ultimo caso la polizia giudiziaria può procedere solo nella specifica situazione in cui la tempestività è così irrinunciabile da non permettere neppure l'attesa dell'intervento del Pubblico Ministero.

L'acquisizione dei mezzi di prova, invece, deve sempre realizzarsi nel contraddittorio delle parti in un giudizio davanti ad un Giudice terzo ed imparziale. Nel concreto l'art 190 c.p.p. comma 1 prevede che «le prove sono ammesse a richiesta di parte». Tuttavia questo principio è temperato dal disposto del comma successivo che, in ossequio all'art. 112 Cost., consente l'acquisizione di prove d'ufficio nel rispetto del principio di obbligatorietà dell'azione penale.

Tornando ai mezzi di ricerca di prova informatica, si diceva che hanno peculiari esigenze che sono state abilmente decifrate dalla dottrina e dalla giurisprudenza di merito. Il punto cruciale ed imprescindibile riguarda l'esigenza di rispettare la garanzia dei diritti e, contestualmente, produrre un elemento di prova correttamente acquisita. In ossequio a tale obbiettivo sono stati elaborati alcuni parametri guida sull'attività degli inquirenti.

Quest'ultimi, infatti, devono adottare misure idonee a conservare l'originale del dato informatico in modo che non sia compromessa l'originalità. Laddove l'azione non sia possibile si dovrà procedere con accertamenti di tipo irripetibili nel contraddittorio delle parti come previsto dall'art. 360 c.p.p.

Ulteriore necessità è di mettere al sicuro il dato informatico predisponendo dei sistemi di garanzia che assicurino l'interdizione da azioni che possano alterare il dato informatico.

Nell'ipotesi in cui si realizzi una copia forense dei dati, sarà doveroso fare in modo che la stessa sia assolutamente conforme all'originale, quindi, realizzando una copia di *bit stream image* od altra tecnica forense che assicuri la corrispondenza fra originale e copia forense.

A questo punto servirà usare appositi sigilli di garanzia come sistemi crittografici basati su marcatori e codici di *hash*. L'intento è chiaramente di evitare possibili inquinamenti della prova informatica.

Infine è sempre doveroso eseguire una corretta indicazione dei dati acquisiti e garantire una lineare catena di custodia che possa, in ogni momento, dimostrare che il dato informatico non è stato esposto a situazioni che possa pregiudicarne la validità.

Osservato quanto precede, sembra utile ricordare che nella fase delle indagini preliminari, l'attività di ricerca delle prove vede come attore principale il Pubblico Ministero che, informato della *notitia criminis*, ha facoltà di avvalersi della polizia giudiziaria per svolgere gli accertamenti necessari. Tuttavia potrebbe anche ritenere che le indagini non siano indispensabili perché la notizia di reato è già suffragata da elementi idonei a sostenerla in giudizio oppure, al contrario, si riveli *ictu oculi* nettamente infondata.

Differente è il ruolo del Giudice che è preposto all'esercizio della funzione giurisdizionale, pertanto deve operare quale soggetto terzo ed imparziale nel rispetto dell'art. 111, comma 2 della Costituzione.

Entrando nello specifico dei mezzi di prova declinati dalla L. 48/2008 si deve accennare all'esistenza di tre differenti modalità di acquisizione: le ispezioni, le perquisizioni ed i sequestri.

La disciplina delle ispezioni è dettata dall'art. 244 c.p.p. che prevede la possibilità di procedere ad ispezioni della persona, dei luoghi e delle cose, laddove vi sia un decreto motivato dall'esigenza di accertare tratte od effetti del reato.

Poiché l'ispezione è un mezzo di ricerca della prova a carattere descrittivo esso dovrebbe avere ad oggetto non sistemi informatici o telematici ma solamente i dati, le informazioni ed i programmi.

Tant'è che il legislatore si è preoccupato di garantire la genuinità dei dati raccolti in quanto si tratta di elementi dematerializzati che possono essere modificati, alterati e cancellati con grande facilità. Ciò potrebbe avvenire anche per una mera disattenzione degli inquirenti che, tralasciando le *best practices* potrebbero esporre le tracce all'inutilizzabilità processuale.

Si deve rilevare che la natura propriamente descrittiva dell'ispezione quale mezzo di ricerca della prova, quindi volto ad accertare tracce ed effetti materiali del reato, dovrebbe azionarsi su un dato statico off-line (Felicioni 2019).

In realtà, però, sembra possibile ritenere che l'ispezione possa anche acquisire carattere di maggiore atipicità. Questo in ragione della natura particolare del dato informatico che, ovviamente può avere ad oggetto anche il dato on-line. Potrebbe esser il caso dell'uso del c.d. captatore informatico. Una fattispecie che permetterebbe di realizzare una ispezione live del dato al momento stesso della sua formazione (c.d. sorveglianza on-line). In tal guisa non si può escludere la possibilità di ricondurre le ispezioni on-line realizzate in modalità live anche nell'alveo delle attività atipiche.

In altri termini, sarebbe più corretto affermare che in questi casi l'attività svolta, per la sua atipicità rispetto al modello normativo di cui all'art. 244 c.p.p., rientri tra gli atti di indagine atipica di cui agli artt. 55 e 358 c.p.p. per poi assurgere nel giudizio a prova atipica ai sensi dell'art. 189 c.p.p.

Per quanto attiene alle perquisizioni informatiche occorre far riferimento all'art. 247 c.p.p. e più precisamente al comma 1 bis che prevede la possibilità di procedere a perquisizioni di sistemi informatici o telematici qualora si ritenga che ivi si trovino dati, informazioni, programmi informatici o tracce comunque pertinenti al reato, purché ciò avvenga adottando le misure tecniche idonee a garantire la conservazione dei dati originali e ad impedirne l'alterazione.

Appare utile ricordare la definizione di sistema informatico elaborato dalla Cassazione

> deve ritenersi sistema informatico secondo la ricorrente espressione utilizzata dalla l. 23.12.1993 n. 547, che ha introdotto nel codice penale i c.d. computer's crimes, un complesso di apparecchiature destinate a compiere una qualsiasi funzione utile all'uomo, attraverso l'utilizzazione, anche parziale, di tecnologie informatiche che sono caratterizzate – per mezzo di un'attività di 'codificazione' o 'decodificazione' – della 'registrazione' o 'memorizzazione', per mezzo di impulsi elettronici, su supporti adeguati, di 'dati' cioè di rappresentazioni elementari di un fatto, effettuata attraverso simboli (bit), in combinazioni diverse, e dall'elaborazione automatica di tali dati, in modo da generare 'informazioni' costituite da un sistema più o meno vasto di dati organizzati secondo una logica che consenta loro di esprimere un particolare significato per l'utente (Cass. Pen., 4/10/1999, n. 3067).

Nello specifico si rammenta che anche le Sezioni Unite della Cassazione hanno elaborato una definizione affermando che

> un dispositivo elettronico assurge al rango di sistema informatico o telematico se si caratterizza per l'installazione di un software che ne sovrintende il funzionamento, per la capacità di utilizzare periferiche o dispositivi esterni, per l'interconnessione con altri apparecchi e per la molteplicità dei dati oggetto di trattamento (Cass., S.U., 26.3.15, n. 17325).

Anche nel caso delle perquisizioni è comunque necessaria la presenza di un decreto motivato che attesti il fondato sospetto che, le tracce di informazioni o elementi pertinenti al reato, siano rilevabili nel luogo oggetto di perquisizione. Analoga considerazione deve porsi nel caso di applicazione dell'art. 248 c.p.p. nell'ipotesi di richiesta di consegna di cosa. In quest'ultimo caso, infatti, è possibile procedere anche nell'ipotesi di dati presenti su banche dati e documenti informatici.

Con particolare riferimento alle perquisizioni on line si osserva che consistono in quel metodo investigativo con cui

> l'inquirente si introduce da remoto nel sistema informatico o telematico del soggetto che si presuppone essere l'indagato, al fine di compiere una vera e propria perquisizione, ad esempio, effettuando copia dei file presenti, analizzando la navigazione web (anche in tempo reale), captando i tasti che vengono digitati al fine di recuperare password o codici identificativi che possono tornare utili per l'indagine in corso (Perri 2011)

Alla luce di quanto fin qui detto, allora, si può ritenere che le perquisizioni on-line consentono di realizzare una copia, parziale o totale, delle unità di memoria del sistema informatico. Il cui fine è di rilevare e registrare nel tempo quali siti web vengono visitati attraverso quel sistema od attraverso i particolari account che si riferiscono a quel sistema (*on line surveillance*).

Quanto alla fattispecie del sequestro trova applicazione nell'ipotesi in cui si abbia già contezza di un elemento specifico, di un corpo del reato ovvero di cosa pertinente allo stesso. Nell'ambito del sequestro informatico ci sono opinioni che mostrano che si può procedere con detto provvedimento solo se non è possibile cristallizzare la prova e, quindi, acquisire una copia forense. In realtà, però, il sequestro deve essere disposto anche nell'ipotesi in cui il dispositivo hardware sia il frutto del crimine ovvero il mezzo attraverso il quale sia stato realizzato (Costabile 2005).

Appare utile ricordare che il decreto di sequestro, anche laddove riguardi elementi informatici, deve sempre esser supportato da idonea motivazione così come espressamente stabilito dall'art. 253 co. 1 c.p.p., che la richiede tanto per il corpo del reato che le cose pertinenti al reato.

Vi è più, infatti, l'art. 253 co. 1 c.p.p. deve esser letto nel combinato disposto con l'art. 125 co. 3 c.p.p. che stabilisce che i decreti, ivi compresi quelli di sequestro, devono essere motivati a pena di nullità (Cass. Pen., Sez. Un., Sent. n. 2/1994 e Cass. Pen., Sez. Un., sent. n. 36072/2018).

Infatti la Suprema Corte ha avuto modo di chiarire che

> anche per le cose che costituiscono corpo di reato il decreto di sequestro a fini di prova deve essere sorretto, a pena di nullità, da idonea motivazione sia in ordine alla rilevanza probatoria del bene assoggettato a sequestro, sia con riguardo al nesso di pertinenzialità fra "res" e reato" (Cass. Pen., 10/03/2017, n. 11817).

Occorre, infine ricordare che recentemente la Suprema Corte, chiamata a dirimere una controversia su un sequestro informatico, ha precisato che il Pubblico Ministero deve sempre supportare le sue attività investigative su una idonea motivazione

> atteso che, diversamente, il mezzo di ricerca si trasforma in uno strumento di illegittima compressione di diritti, con conseguente ingiustificata "rincorsa" del soggetto a cui le cose sono sequestrate al fine di ottenere la restituzione di ciò che sin dall'inizio non avrebbe dovuto essere sequestrato (Cass. Pen., n. 34625/2020).

5. Le intercettazioni informatiche

La materia è molto delicata ed in costante mutamento giacché deve bilanciare esigenze in contrapposizione come l'acquisizione di elementi utili ai fini probatori e la garanzia dei diritti fondamentali previsti in costituzione. In questo paragrafo si cercherà di tratteggiare gli elementi più rilevanti ai fini della *digital forensics*, rinviando ogni eventuale approfondimento alle idonee trattazioni.

Per i nostri fini emerge l'esigenza di assodare la necessità di rispettare i diritti della difesa che, fino al momento in cui il Giudice per le indagini preliminari non seleziona le risultanze rilevanti da inserire nel fascicolo per il dibattimento, ha solo la facoltà di esaminare e prendere visione degli atti, di ascoltare le registrazioni e prendere conoscenza delle informazioni in esse contenute. In particolar modo non può estrarre copia e ottenere una trasposizione su supporto informatico di tali dati. Chiaramente questa situazione mostra una delicata situazione che può configurarsi come poco integrata con il dettato dell'art. 111 Cost. che assicurano la pienezza del contraddittorio sin dalla prima fase processuale delle indagini.

Altro tema centrale è la gestione dell'archivio riservato delle intercettazioni in tema di obbligo al segreto degli atti ed il divieto di pubblicazione e divulgazione degli stessi.

L'argomento presenta anche altri due aspetti di criticità che non si possono tacere. In primo luogo le modalità di conservazione ed il luogo in cui custodire i dati estrapolati da intercettazioni che, tuttavia, non siano acquisite perché ritenute non rilevanti ai fini probatori.

Infine, sembra interessante ricordate l'esigenza di utilizzare in modo corretto il c.d. *captatore informatico*. Spesso adottato come mero strumento per la ricerca della prova informatica ma che, tuttavia, si presta facilmente a generare ingenti flussi di informazioni personali che esulano dalle indagini. In questo caso diventano, quindi, non protette dal segreto istruttorio o comunque rischiano di emergere in ambienti esterni al procedimento.

Come si può facilmente vedere i quesiti sono molteplici e nel corso di questa trattazione si cercherà, seppur nella brevità richiesta, di trovare delle risposte.

Andando con ordine occorre dire che la disciplina delle intercettazioni telematiche è stata modificata dal D. L. 30 dicembre 2019 n. 161 recante *Modifiche urgenti alla disciplina delle intercettazioni di conversazioni o comunicazioni* in vigore dal 1° settembre 2020, convertito con modifiche con la legge 28 febbraio 2020 n. 7.

In particolare sono state apportate modifiche all'uso dei c.d. captatori informatici, la gestione delle intercettazioni vietate, le operazioni di acquisizione delle stesse ed i diritti della difesa.

Per quanto attiene al captatore informatico occorre dire che può essere definito come un programma informatico che viene inoculato all'interno del sistema "da attenzionare" con modalità remote. In questo caso, previa autorizzazione del magistrato, si invia una mail, un SMS ovvero un aggiornamento che permette l'analisi dei dati. Il software è formato da due parti: da un lato il virus informatico ovvero il trojan horse che è un programma di modeste dimensioni che deve essere inviato all'indagato tramite server. Il secondo è un programma applicativo che opera sul client dell'utente per mettere sotto controllo il dispositivo.

Il software consente di captare tutto il traffico dati in arrivo o in uscita dal dispositivo su cui è stato inserito (navigazione, posta elettronica, notifiche, chiamate ecc.). Permette anche di attivare il microfono e, quindi fare intercettazioni ambientali. Può, altresì, azionare la telecamera e raccogliere immagini e video. Il captatore consente di effettuare delle perquisizioni della memoria del dispositivo ed estrarne copia. Attraverso dei meccanismi particolari può anche operare come un keylogger per decifrare password e dati di accesso a servizi. Ulteriormente può effettuare degli screenshot e cercare di occultarsi agli antivirus tradizionali.

Come si può vedere le funzionalità e gli ambiti di "invasione" nella sfera personale e riservata sono molteplici. È necessaria pertanto una particolare cautela nell'uso dello strumento. Sull'argomento è stato anche affermato l'esigenza di usare una «motivazione rafforzata» prima di disporne l'uso.

Dal punto di vista procedurale, il codice disciplina il captatore informatico con gli artt. 266 e 266 bis c.p.p. prevedendo dei limiti all'utilizzo. In primo luogo l'art. 266 circoscrive che può esserne disposto l'uso solo nell'ambito di procedimenti per determinati reati: a) delitti non colposi con pene dell'ergastolo o della reclusione superiore nel massimo a cinque anni; b) delitti contro la PA con pena non inferiore nel massimo a cinque anni; c) delitti connessi a sostanze stupefacenti; d) delitti collegati ad armi o sostanze esplosive; e) contrabbando; f) reati di ingiuria, minaccia, usura, reati finanziari o molestie realizzati con sistemi telefonici; g) reati connessi ad attività di pedopornografia minorile; h) terrorismo.

Inoltre è previsto l'ulteriore vincolo che l'intercettazione (sia di conversazioni telefoniche che di altre forme di comunicazione fra presenti) debba essere appositamente motivata. Ovvero si dovrà specificare la *ratio* che rende necessaria l'intercettazione ambientale a mezzo di captatore informatico in tutti quei casi in cui si procede per delitti diversi da quelli di cui all'articolo 51, commi 3-*bis* e 3-*quater* c.p.p. Inoltre è indispensabile che il provvedimento autorizzativo indichi anche i luoghi e il tempo nel quale è consentita l'attivazione del microfono.

Quanto all'art. 266-bis c.p.p. esso si occupa di estendere le disposizioni del precedente articolo anche alle comunicazioni telematiche ed informatiche.

Dal punto di vista pratico emerge un diverso problema sulle intercettazioni ambientali effettuate con queste dotazioni tecnologiche. Il captatore informatico non è uno strumento di *live surveillance* ambientale ma funziona in modalità asincrona. Ovvero dapprima registrerà tutte le conversazioni e solo in un secondo momento, inviando le stesse al *server*, sarà possibile ascoltarle. In questo modo, però, potrebbe accadere che si intercettino voci di persone non assoggettate a misure investigative; possono, infatti, essere registrate conversazioni personali oppure intercettazioni ambientali di luoghi non autorizzati ma che, a causa dello spostamento del dispositivo, sono state oggetto di registrazione.

Dunque, qualora ci siano audio di soggetti esterni all'indagine, occorrerà tutelare la loro riservatezza, questo ancor più se le conversazioni sono di natura personale e del tutto estranea alle vicende penali.

A fronte di tale questione interviene l'art. 267 c.p.p. che stabilisce che le motivazioni delle intercettazioni ambientali siano specifiche. Questo per ovviare alla situazione di una attività di sorveglianza esplorativa alla ricerca di eventuali reati che, tuttavia, non erano presenti nella *notitia criminis*. Qualora emergano intercettazioni al di fuori da quanto esplicitamente autorizzato sono sempre da considerarsi inutilizzabili ai fini processuali.

Ciò comporta che, nel decreto autorizzativo dell'intercettazione, dovrà essere previamente contemplata la possibilità di intercettare le comunicazioni nei luoghi così come confermato anche dalle Sezioni Unite (Cass. S.U., 28/04/2016, n. 26889).

Altro profilo rilevante è l'archiviazione dei dati e la possibilità di accesso allo stesso.

La riforma apportata dal D. L. n. 161/2019 ha permesso alla difesa di accedere immediatamente all'archivio, quindi si è anticipato nettamente tale tempistica che, in precedenza, non era possibile nel caso di custodia cautelare. In questo modo ora la difesa può partecipare all'analisi delle intercettazioni permettendo un più incisivo ruolo nella richiesta di espungere tutto ciò che non risulta rilevante ai fini processuali.

Risulta interessante ricordare che l'archivio digitale è previsto dall'art. 269 comma 1 c.p.p. nel quale si chiarisce che deve esser, tenuto sotto la direzione e la sorveglianza del Procuratore della Repubblica. Questo archivio deve custodire i verbali, gli atti e le registrazioni delle intercettazioni a cui afferiscono. L'archivio in parola è gestito con modalità tali da assicurare la segretezza della documentazione relativa alle intercettazioni non necessarie per il procedimento. Riguardo alle informazioni irrilevanti o di cui è vietata l'utilizzazione, ovvero riguardanti categorie particolari di dati personali come definiti dalla legge o dal regolamento in materia, è previsto lo stralcio. Il Procuratore della Repubblica ha il dovere di impartire specifiche limitazioni alle modalità di accesso e di riproduzione, onde garantire la tutela del segreto su quanto viene custodito nell'archivio. Sarà, quindi, doveroso avere dei registri che rilevino l'accesso all'archivio annotando chi li ha consultati e quando grazie all'uso di file di log.

Tutto ciò però pone, come evidenziato già all'inizio del presente paragrafo, un limite alla difesa. Quest'ultima, infatti, non potrà estrarre copia di quanto presente nell'archivio. Rimane, parimenti problematica la situazione relativa alla conservazione dei dati non acquisiti ai fini probatori. Infatti non è tutt'ora chiaro se, nonostante la loro estromissione dal processo, debbano essere comunque conservati ed in quale modalità.

Ulteriore argomento rilevante per la nostra trattazione è l'uso dei c.d. criptofonini ovvero dei dispositivi che nascono con sistemi di criptaggio che bloccano le intercettazioni.

In primo luogo esistono delle app che vengono a cifrare su più livelli con vari meccanismi. Per esempio con i Diffie-Hellman a curve ellittiche (ECC) o Pretty Good Privacy (PGP) per mail, od ancora con il protocollo Off the Record per le chat e Zimmermann Real Time Trasport Protocol per le chiamate. Tuttavia questi sistemi funzionano solo laddove vi siano due device che utilizzano la stessa modalità di cifratura. Negli altri casi il sistema non riuscirà a proteggere le conversazioni.

Un secondo sistema prevede l'uso di app coadiuvate da una infrastruttura server, es. Encrochat, che a fronte di un abbonamento di qualche migliaio d'euro l'anno, consentono la gestione de flussi di dati *off-shore*. Ovvero in paesi che non sono collaborativi con le autorità.

Inoltre, questi servizi, spesso garantiscono un secondo sistema operativo dedicato che viene a criptare i dati in partizioni nascoste del dispositivo. A maggiore garanzia mettono anche a disposizione la funzione *wiping* che permette di cancellare, rapidamente, tutto il sistema cifrato in modo tale che, in caso di sequestro del dispositivo, esso possa esser "sanificato" evitando la rilevazione dei dati.

Si rileva che, secondo una inchiesta giornalistica, circa il 90% degli utilizzatori di questi dispositivi è rappresentato da criminali.

6. La prova informatica in ambito penale

L'indagine su di un dispositivo tecnologico si compone, essenzialmente, di due distinte questioni investigative che, per le loro specifiche peculiarità, fanno capo a strumenti radicalmente diversi.

Da un lato troviamo l'analisi fisica che richiama ai concetti più tradizionali di indagine forense. Un computer, ovvero un qualunque altro dispositivo tecnologico, può avere tracce che lo accomunano alle più note forme di investigazione. Può essere il caso di impronte dattiloscopiche, oppure può contenere residui organici, polveri ed altre tracce biologiche.

Come si può facilmente intuire, questa forma di investigazione fa riferimento ad un autonomo e più noto filone di tecniche per la ricerca dei mezzi di prova. Tuttavia, esulando dalla nostra trattazione, non ci è permesso esaminare con la dovuta cura tale argomento, pertanto per approfondimenti si rimanda a più idonee trattazioni.

La seconda sfera investigativa è afferente alle analisi di tracce su di un dispositivo tecnologico, riguarda l'analisi logica basata sullo studio degli elementi digitali, quali i file ed in generale i dati presenti sul dispositivo o in altri luoghi.

In questa circostanza perde di rilevanza la materialità del supporto fisico utilizzato in quanto, l'informazione utile, non è relativa ad una traccia organica o biologica ma è la sequenza di bit. Quel che assurge ad elemento cardine in questa tipologia di investigazione è la ricerca del dato, inteso nella sua forma digitale presente nelle memorie informatiche.

Dunque, come si può vedere, la prova informatica ha delle sue specifiche peculiarità che si possono cercare di riassumere nel seguente schema:

1. Immaterialità. La prova va scissa dal supporto nel quale è racchiusa. Quest'ultimo deve essere inteso come un mero involucro. Esistono casi in cui il dato è presente on-line oppure sui server o nel cloud. Ciò non può che confermare che la prova informatica è totalmente dematerializzata.
2. Modificabilità. La prova informatica nasce come sequenza binaria e, come tale, è riproducibile e modificabile. Questo impone la fragilità della prova che può esser manipolata. A tal proposito serve una corretta gestione del dato informatico per garantirne l'immodificabilità e cristallizzare la situazione. Appare altresì rilevante garantire una catena di custodia della prova per preservarne i caratteri fondamentali e rilevare eventuali alterazioni.
3. Promiscuità. La prova è concatenata in grosse mole di dati che spesso sono del tutto estranei al procedimento giudiziario. Serve isolare i dati rilevanti all'interno del loro contesto ma senza eccedere in attività di tipo esplorativo che, altrimenti, rischierebbero di invadere la sfera personale e la riservatezza. Altrettanto importante è garantire la proporzionalità fra quanto utile ai fini investigativi e ciò che, invece, esula dagli stessi.
4. Riproducibilità. Il dato informatico può esser facilmente duplicato e questo può render difficile individuare il collegamento fra lo stesso e l'autore. Infatti, se in alcuni casi è possibile identificare colui che ha utilizzato quel dispositivo svolto

quell'attività, non è sempre così. In alcuni casi è necessario integrare le indagini digitali con altri elementi che permettano di capire chi materialmente stava usando il dispositivo.

Dal punto di vista processuale penale occorre rilevare che gli accertamenti di *digital forensics* sono disciplinati e codificati nella Convenzione di Budapest (di cui si parlerà nel prossimo capitolo). Tale disciplina è stata integrata nel codice di procedura penale. Differente è la situazione della prova digitale che, non avendo una specifica definizione, secondo alcuni può essere racchiusa nella c.d. *prova elettronica* individuata come

> l'insieme di tutti quei dati, inclusi quelli derivanti dalle risultanze registrate da apparati analogici e/o digitali, creati, processati, memorizzati o trasmessi da qualsiasi apparecchio, elaboratore elettronico o sistema elettronico, o comunque disseminati a mezzo di una rete di comunicazione, rilevanti ai fini di un processo decisionale (Mason 2007).

Altri autori, invece, hanno preferito inquadrare la prova informatica usando l'espressione anglosassone di *digital evidence* definendola come

> informazione probatoria la cui rilevanza processuale dipende dal contenuto del dato o dalla particolare allocazione su di una determinata periferica, oppure dal fatto di essere stata trasmessa secondo modalità informatiche o telematiche (Marafioti 2011).

Parte della dottrina ha tentato di tradurre la definizione di *digital evidence* con l'espressione "prova digitale" ricollegandola ad un elemento probatorio realizzato a seguito di manipolazione di numeri binari ed impulsi elettrici (Daniele 2011). Tuttavia non mancano le opinioni dissenzienti (Costabile 2005) che, invece, ritengono che la prova digitale sia da inserirsi esternamente ai tradizionali canoni basati sui cinque sensi inserendola in un "meta-territorio" a sé stante.

In realtà sia la dottrina che la giurisprudenza di merito hanno più volte usato espressioni come "prova informatica" (Di Paolo 2013) ovvero "prova elettronica" (Kostoris 2011).

In definitiva, nonostante i molteplici sforzi, non c'è una definizione univoca che è stata in grado di appianare tutte le differenti ideologie sottese. Ciò che emerge è la indiscussa difficoltà ontologica di etichettare e racchiudere la prova informatica in uno schema rigido giacché è, per sua natura, è integrata in un ambiente "virtuale".

In particolare, quale ulteriore elemento di complessità, deve rilevarsi che la prova informatica può essere sia elemento diretto del *thema probandum* che un elemento accessorio, ovvero un mero mezzo con cui si dimostrerà il fatto contestato. Giusto per fare qualche esempio, nel primo caso si può ipotizzare il dispositivo su cui è contenuto un file informatico che dimostra la consumazione del reato (si immagini un video inviato dal *cyberstalker*). In questa situazione l'analisi del reperto informatico sarà determinante per risolvere il caso, infatti tutta l'attività investigativa ruoterà attorno all'ambito informatico.

Nel secondo caso si immagini il rinvenimento di un file di log che potrebbe dimostrare che il dispositivo era collegato al wi-fi nelle prossimità del luogo del reato. In questa ipotesi l'indagine si dispiegherà su altri ambiti e la traccia informatica servirà unicamente a dimostrare che quel soggetto potrebbe esser l'autore del reato, una persona informata sui fatti oppure del tutto estraneo perché, magari, aveva lasciato inavvertitamente il dispositivo in quel luogo. Quindi le indagini informatiche avranno un peso molto più ridotto e circoscritto.

In ogni caso sul tema della prova informatica vi è la pacifica convergenza dottrinale e giurisprudenziale che serve una particolare attenzione per salvaguardare la conservazione del dato ed impedirne l'alterazione. Orbene diventa essenziale porre la massima attenzione sulla natura alterabile e sulla fragilità della fonte di prova digitale. A tal proposito non può stupire se il codice di rito prevede delle particolari cautele come nel caso di duplicazione del dato ai sensi dell'art. 260 c.p.p.

L'intento è di utilizzare metodi di preservazione tradizionali anche nell'ambito digitale. Quindi si prevede l'estrazione di copia dei documenti digitali in modo da garantirne l'originalità e la non alterabilità. In tale direzione opera l'art. 354 c.p.p., secondo cui, gli agenti di polizia giudiziaria, qualora posti dinnanzi al dato informatico, devono immediatamente assicurare la conservazione o l'immediata duplicazione del dato su adeguati supporti. Ovvero qualora non possibile nell'immediato devono provvedere al sequestro. Si tratta, anche in questo caso, di una disposizione legata a doppio filo alle peculiarità della fonte di prova informatica.

Si può notare che diventa rilevante è il rispetto dei principi cardine racchiusi nella Convenzione di Budapest affinché la prova digitale sia considerata valida. In primo luogo occorre *preservare la genuinità del dato* ovvero adottare quelle misure idonee per fare in modo che sia isolato da elementi che possano alternarne la validità come originale. In secondo luogo *impedire l'alterazione*, ovvero evitare che il dato possa essere contraffatto, modificato, trasferito, copiato o cancellato.

Infine *acquisire il dato in modalità conforme all'originale* ovvero utilizzare sistemi che permettano di riprodurre, fedelmente, una copia forense del dato. Intesa quale clone sovrapponibile all'originale da cui è stata estratta.

La conseguenza più diretta è la realizzazione di una copia che abbia un c.d. blocco di scrittura e disponga di un sistema di validazione verificabile con un algoritmo di hash. Tali strumenti sono indispensabili e sempre previsti nel caso di ispezioni, perquisizioni e sequestri digitali. Ciò anche qualora il sequestro debba realizzarsi presso i fornitori di servizi digitali come gli ISP.

I tre parametri poc'anzi descritti assurgono a veri e propri baluardi per la valenza probatoria giacché il loro mancato rispetto comporta un diretto inutilizzabilità patologica (La Muscatella 2011). In tale fattispecie, infatti, non troverebbe applicazione alcuno spezio discrezionale da parte del giudicante che, quindi, potrebbe solo attenersi all'inutilizzabilità della prova prodotta in violazione dei tre parametri.

A questo punto si può ricordare come il documento informatico si qualifichi come prova documentale ai sensi dell'art. 234 comma 1 c.p.p. che lo racchiude fra gli «altri documenti che rappresentano fatti, persone o cose mediante la fotografia, la cinematografia, la fonografia o qualsiasi altro mezzo». Il documento informatico, quindi, è classificabile come un documento che permette di rappresentare nozioni di conoscenza, fatti, persone o cose comunque incorporate in qualsiasi base materiale. Tutto ciò sul presupposto che, la differenza fra un documento tradizionale e uno informatico, appare colmabile solo se si riesce ad attestare la genuinità del documento digitale. In realtà già la Corte Costituzionale aveva sostenuto che la definizione data dall'art. 234 c.p.p. identifica il documento in ragione della sua attitudine a rappresentare, essendo irrilevante la differenza «tra i diversi mezzi di rappresentazione e le differenti realtà rappresentate» (C. Cost. n. 142/92).

Anche la giurisprudenza di legittimità ha accolto la teoria ora riferita quando ha affermato che «i dati contenuti nel computer costituiscono prova documentale ai sensi dell'art. 234 comma 2 cpp, trattandosi della rappresentazione di cose, termine cui deve attribuirsi la più ampia estensione, effettuata mediante mezzi diversi da quelli tradizionali, così come previsto dalla norma» (Cass. pen., sez. III, 12 luglio 2012).

7. L'acquisizione della prova informatica nella fase istruttoria

Riguardo alle metodologie di acquisizione della prova informatica va chiarito che possono esserci differenti modalità. Innanzi tutto è possibile che la prova sia acquisita nella fase dibattimentale a seguito di consegna *ex* art. 248 c.p.p. In questo caso l'Autorità Giudiziaria può invitare l'interessato a consegnare la cosa, evitando così le perquisizioni. La dottrina sembra conforme nel ritenere che si possa procedere con azioni più invasive, come la perquisizione ed il sequestro, laddove l'interessato palesi il suo diniego alla consegna.

In modo analogo opera l'art. 256 c.p.p. stabilendo che i soggetti tenuti al segreto professionale di cui agli artt. 200 e 201 c.p.p. devono consegnare immediatamente gli atti, i documenti ed i dati richiesti alle Autorità Giudiziarie. Laddove ciò non avvenga, salvo una dichiarazione scritta attestante che si tratti di Segreto di Stato, si potrà procedere al sequestro.

In entrambe le situazioni ora indicate si potrà, al posto del sequestro, provvedere a realizzare una copia forense. Nel concreto si realizzerà un clone del supporto di memoria bloccandone la copia ed imprimendovi un codice di hash per validazione. Ottenuta questa *bit stream image* si potrà estrarre una copia usata per le indagini.

Tuttavia, la vera e propria acquisizione dei documenti consegnati *ex* artt. 248 e 256 c.p.p., avverrà solo in sede dibattimentale come previsto dall'art. 190 c.p.p. e secondo le modalità stabilite dagli artt. 493 e 495 c.p.p. ovvero su richiesta di ammissione su istanza di parte oppure su disposizione del giudice.

Per quanto attiene ai documenti informatici oggetto di sequestro, occorre dividerli in due filoni.

Da un lato possiamo inserire tutto ciò che può essere identificato come "corpo del reato" (es. il mezzo con cui è stato realizzato) ovvero "prezzo del reato" (es. il profitto ottenuto dal reato). In questo caso devono essere inseriti nel fascicolo per il dibattimento ai sensi dell'art. 431 co. 3 lett. h). Tale disposizione riguarda anche le cose pertinenti al reato ma, queste ultime devono comunque essere acquisite dopo un contraddittorio fra le parti. Tant'è vero che nel secondo filone possiamo inserire proprio quelle cose "pertinenti al reato" che, per loro natura, sono connesse al reato ma in modo meno diretto. In questo caso devono essere acquisite con la procedura delineata in precedenza con l'art. 190 c.p.p.

Il verbale di sequestro di un computer, dell'hard disk o del documento informatico, però, essendo un atto irripetibile, deve essere inserito per questo motivo nel fascicolo per il dibattimento a norma dell'art. 431 c.p.p.

Una volta completato il fascicolo per il dibattimento, il Giudice, ai sensi dell'art. 511 c.p.p. dovrà darne lettura. In questo modo le parti avranno contezza del suo contenuto e, secondo tradizione, gli atti ivi inseriti acquisteranno efficacia probatoria accertando la legittima acquisizione. Sulla valutazione e sull'efficacia probatoria si deciderà poi in fase dibattimentale.

8. L'opposizione all'acquisizione

A questo punto della trattazione è bene chiarire che gli elementi informatici fin qui indicati non sono ancora delle "prove" ma delle "fonti di prova" come previsto dall'art. 55 c.p.p.. Infatti il sistema processuale penale è strutturato secondo il modello accusatorio, ovvero su una dinamica che vede le parti attive nell'esame investigativp; ma la naturale acquisizione delle prove avverrà in sede dibattimentale, così come previsto dagli artt. 496 e ss. c.p.p.

In questo corollario gli elementi informatici di interesse sono un qualcosa che potrà, una volta inseriti nel fascicolo dibattimentale, essere valutato e diventare utile ai fini probatori.

Per l'intento della nostra trattazione interessa evidenziare che la parte avversa ai documenti informatici acquisiti, ha diritto di dedurre la controprova, diretta, e la prova contraria indiretta, riguardo al merito, al contenuto rappresentativo del documento od al fatto rappresentato.

Questo serve a bilanciare il ruolo delle parti e permettere che, il Giudice tenga conto di quanto contestato dalle stesse e, quindi, disporre dei provvedimenti motivati. In particolare nell'emanazione della sentenza sarà necessario il rispetto dell'art. 192 c.p.p. dove si precisa che «il giudice valuta la prova dandone conto nella motivazione dei risultati acquisiti e dei criteri adottati». Inoltre dovrà provvedere ad indicare quali sono le prove che ha considerato determinanti nel pronunciare la decisione. Non solo, in base all'art. 546 c.p.p. dovrà anche spiegare le ragioni per cui ha considerato attendibili certe risultanze invece di altre.

Un primo tipo di censure, che la parte può levare contro il contenuto del documento informatico, attiene alle modalità di acquisizione dello stesso. Infatti fra i sistemi più usati e maggiormente efficaci per "demolire" le risultanze informatiche c'è proprio la dimostrazione dell'inaffidabilità del documento.

Alla luce delle fragilità del dato informatico di cui si è parlato in precedenza, ciò non può stupire. Il momento cardine per stabilire la validità di tali produzioni documentali è nella fase investigativa. Ed invero un errore in quel momento può alterare o danneggiare irreparabilmente il dato o, altrimenti, renderlo non più genuino ai fini probatori.

Questo deve rafforzare il concetto che il dato informatico deve essere sempre maneggiato con tecniche precise e scientificamente corrette. Parimenti la gestione e la conservazione dell'evidenza digitale deve essere ineccepibile.

Naturalmente colui che lamenta tali vizi dovrà dimostrare la valenza delle sue argomentazioni fornendo anche elementi specifici a suffragio della propria tesi. Quindi indicando e allegando linee guida, regole tecniche e protocolli comunemente accettati dagli ambienti scientifici, e deducendo che essi sono stati violati nel corso della raccolta della prova e hanno determinato una precisa distorsione del dato informatico. A tal riguardo, la giurisprudenza di merito, fra l'altro in tempo tecnologicamente molto lontani, ha saputo sapientemente circoscrivere i termini della contestazione al dato informatico. Ciò è avvenuto con la pronuncia, avvenuta nel 2005, del Tribunale Penale di Bologna:

> non è permesso al Tribunale escludere a priori i risultati di una tecnica informatica utilizzata a fini forensi solo perché alcune fonti ritengono ve ne siano di più scientificamente corrette, in assenza della allegazione di fatti che suggeriscano che si possa essere astrattamente verificata nel caso concreto una qualsiasi forma di alterazione dei dati e senza che venga indicata la fase delle procedure durante la quale si ritiene essere avvenuta la possibile alterazione [...] La difesa si è limitata a porre suggestivamente la questione in ordine alla metodologia di sequestro del programma: non ha, invece, allegato la sua avvenuta alterazione in concreto, nonostante la disponibilità della versione da cui fu copiato il programma successivamente analizzato dalla

p.g., rimasta nel possesso dell'imputato, le avrebbe permesso l'accertamento e l'allegazione di eventuali anomalie (Trib. Bologna, Sez. I Pen., 21/07/2005, n. 1823).

9. L'ammissione del documento informatico

Il disposto dell'art. 190 c.p.p. prevede che il Giudice debba ammettere le prove richieste dalle parti solamente se esse non siano "manifestamente superflue o irrilevanti". Inoltre se, dopo l'esame preliminare all'ammissione delle prove in dibattimento, non emergono i vizi già contestati dalla parte che li ha eccepiti, il Giudice deve accogliere la richiesta di ammissione del documento.

La decisione sulla fondatezza dell'eccezione levata contro il documento informatico, sarà eseguita quando si provvederà alla valutazione del compendio probatorio acquisito nell'istruzione dibattimentale, ovvero prima dell'adozione del provvedimento definitivo.

Secondo taluni autori

> si delinea una scarsa sensibilità dei giudici nel riconoscere eventuali profili di invalidità della *digital evidence*. Secondo un percorso comune anche ad altri campi della *scientific evidence*, il libero convincimento diventa il viatico per legittimare un approccio antiformalistico in tema di prova, In quest'ottica, seppur considerato difforme dalle *best practices*, il metodo utilizzato dalla polizia giudiziaria può condurre a risultati "liberamente valutabili" dall'organo giurisdizionale "alla luce del contesto probatorio", in difetto di prova concreta di un alterazione del dato, da fornire per giunta ad opera della difesa (Marafioti 2011).

Dunque, di fronte a codesta situazione, l'unica possibile soluzione dovrebbe palesarsi con la declaratoria di inutilizzabilità della prova *ex* art. 191 c.p.p. Infatti il testo normativo dell'art. 191 c.p.p. chiarisce che «Le prove acquisite in violazione dei divieti stabiliti dalla legge non possono essere utilizzate. L'inutilizzabilità è rilevabile anche di ufficio in ogni stato e grado del procedimento».

Quanto ai limiti di applicabilità dell'applicabilità dell'art. 191 c.p.p., che altrimenti potrebbe essere invocato in modo esuberante rispetto alle sue reali funzioni, si è pronunciata la Suprema Corte:

> l'inosservanza delle formalità prescritte dalla legge ai fini della legittima acquisizione della prova nel processo non è, di per sé, sufficiente a rendere quest'ultima inutilizzabile, per effetto di quanto disposto dal primo comma dell'art. 191 c.p.p. Ed invero, quest'ultima norma, se ha previsto l'inutilizzabilità come sanzione di carattere generale, applicabile alle prove acquisite in violazione ai divieti probatori, non ha, per questo, eliminato lo strumento della nullità, in quanto le categorie della nullità e dell'inutilizzabilità, pur operando nell'area della patologia della prova, restano distinte e autonome, siccome correlate a diversi presupposti, la prima attenendo sempre e soltanto all'inosservanza di alcune formalità di assunzione della prova? Vizio

che non pone il procedimento formativo o acquisitivo completamente al di fuori del parametro normativo di riferimento, ma questo non rispetta in alcuni dei suoi peculiari presupposti? La seconda presupponendo, invece, la presenza di una prova "vietata" per la sua intrinseca illegittimità oggettiva, ovvero per effetto del procedimento acquisitivo, la cui manifesta illegittimità lo pone certamente al di fuori del sistema processuale (Cass. sez. un. n. 5021/1996).

Quindi, laddove si parla di prova informatica è sempre indispensabile ricollegarla nell'alveo delle prove scientifiche. Quindi serve prestare la massima attenzione all'integrità della prova, pena l'inutilizzabilità della stessa. Più specificamente, l'integrità può essere definita come «quella proprietà per effetto della quale si escludono alterazioni indebite delle tracce informatiche intervenute in epoca successiva alla creazione, trasmissione o allocazione in un supporto autorizzato» (Costabile 2005).

10. Accertamenti tecnici e rilievi

Analizzando il funzionamento delle investigazioni informatiche è sempre bene avere chiara la distinzione che in giurisprudenza esiste fra gli accertamenti tecnici ed i rilievi.

Infatti la delicatezza del dato informatico impone di rispettare in modo tassativo le regole. In particolare si rileva che anche al di fuori dell'ambito informatico:

> nella parte del codice di procedura penale relativa alla fase di indagini preliminare, il cui fine, è quello di acquisire gli elementi necessari ai fini della decisione relativa all'esercizio dell'azione penale, sono numerose le disposizioni in cui sono disciplinati i rilievi e gli accertamenti tecnici di cui, tuttavia, il legislatore omette di fornire definizione (Brescia 2015).

Occorre anche dire che, essendo le attività di ricerca della prova elementi essenziali sui quali poi poggerà gran parte dell'intero impianto probatorio, il codice di procedura penale ha coerentemente previsto nel 4° co. dell'art. 348 che «la polizia giudiziaria, quando, di propria iniziativa o a seguito di delega del pubblico ministero, compie atti od operazioni che richiedono specifiche competenze tecniche, può avvalersi di persone idonee le quali non possono rifiutare la propria opera».

Tale norma serve proprio a favorire una maggior garanzia nell'acquisizione di elementi di prova che, per la loro specificità tecnica, possono richiedere l'intervento di personale altamente qualificato.

Appare, altresì, interessante coadiuvare ed integrare quanto fin qui detto con il 2° co. dell'art. 349 c.p.p. che, interessandosi dell'identificazione della persona nei cui confronti vengono svolte le indagini, stabilisce che «alla identificazione della persona nei cui confronti vengono svolte le indagini può procedersi anche eseguendo, ove occorra, rilievi dattiloscopici, fotografici e antropometrici nonché altri accertamenti».

L'attività svolta dal *digital forensics expert*, pertanto, sembrerebbe trovare un varco proprio grazie all'affermazione di apertura che consente l'ausilio di «altri accertamenti». In questo modo sarà possibile l'utilizzo di quelle tecniche utili per raggiungere gli scopi indicati dall'art. 349 c.p.p.

Tornando ad occuparci dei rilievi, sembra d'obbligo prodigarsi nella ricerca di una idonea definizione degli stessi, così da permetterne la cristallina identificazione. Si può, quindi, definire come rilievi quelle attività di osservazione del fenomeno, individuazione ed acquisizione dei dati materiali presenti in un dato luogo. In altri termini i rilievi sono la constatazione ovvero la raccolta di elementi materiali pertinenti al reato intesi quali attività diretta alla precisa fissazione degli elementi probatori al fine del loro raccoglimento, senza alcuna rielaborazione critica.

Tendenzialmente i rilievi sono attività prodromiche che anticipano gli accertamenti tecnici. Data la loro funzione nonché la loro natura, i rilievi, possono essere considerati come un insieme di attività irripetibili. Tuttavia, nonostante ciò, sembrano essere esclusi dalla disciplina dell'art. 360 c.p.p. (del quale ci occuperemo fra poco) che raffigura la sua operatività unicamente rispetto agli accertamenti tecnici.

Al fine di comprendere bene la distinzione fra i rilievi e gli accertamenti tecnici è il caso trovare una definizione di accertamento tecnico. In questo senso si può dire che quest'ultimo si relaziona ad una attività di studio critico, di elaborazione valutativa e di giudizio sui dati basata su elementi tecnico-scientifici. Sicché l'attività distintiva fra i due strumenti appare dal disposto dagli artt. 354, 359 e 360 c.p.p. che menzionano separatamente i due termini e le finalità preposte all'uso degli stessi. Distinzione che è stata oggetto di accurato esame da parte della Suprema Corte con la sentenza n. 301 del 14 marzo 1990. È giusto il caso di ricordare che successivamente la Cassazione ha avuto modo di intervenire anche in relazione alla distinzione fra consulenza tecnica e rilievi, stabilendo che esulano dalla attività tipica della consulenza tecnica quelle attività dedite al rilievo di dati che si esauriscono nella semplice operatività acritica (Cass. Pen., 27/11/1992, n. 4523).

A questo punto è bene ricordare che il titolo V del codice di rito divide gli accertamenti tecnici in due modalità, da un lato ci sono gli accertamenti tecnici ripetibili di cui all'art. 359 c.p.p.; dall'altro quelli irripetibili di cui all'art. 360 c.p.p.

La distinzione è fondamentale, specie se ci sono attività di tipo irripetibile che, per loro natura, devono essere realizzate con procedure che garantiscano i diritti della difesa, primo fra tutti il contraddittorio.

Secondo un consolidato orientamento della Cassazione, laddove si tratti di mera estrazione dei dati informatici, vanno ritenute operazioni ripetibili per tali dovendosi intendere

> l'atto contraddistinto da un risultato estrinseco ed ulteriore rispetto alla mera attività investigativa, non più riproducibile in dibattimento se non con la perdita dell'informazione probatoria o

della sua genuinità. Sotto tale profilo gli accertamenti ex art. 360 c.p.p. consistono in attività di carattere valutativo su base tecnico-scientifica e non in attività di constatazione, raccolta, prelievo dei dati materiali pertinenti al reato [...] Ciò posto, è da escludere che l'attività di estrazione di copia di file da un computer costituisca un atto irripetibile (nel senso in precedenza indicato), atteso che non comporta alcuna attività di carattere valutativo su base tecnico- scientifica né determina alcuna alterazione dello stato delle cose, tale da recare pregiudizio alla genuinità del contributo conoscitivo nella prospettiva dibattimentale, essendo sempre comunque assicurata la riproducibilità di informazioni identiche a quelle contenute nell'originale (Cass. Pen., sent. n. 14511/2009).

In altra pronuncia la Cassazione ha chiarito che

gli accertamenti *ex* art. 360 cod. proc. pen. devono connotarsi per il loro avere carattere valutativo su base tecnico-scientifica; in tal senso depone ormai datata giurisprudenza di questa Corte secondo cui la nozione di "accertamento" non riguarda la constatazione o la raccolta di dati materiali pertinenti al reato ed alla sua prova, che si esauriscono nei semplici rilievi, ma il loro studio e la relativa elaborazione critica, necessariamente soggettivi e per lo più su base tecnico-scientifica; tale distinzione trova testuale conferma normativa negli artt. 354, 359 e 360 cod. proc. pen. che menzionano separatamente i termini "rilievi" e "accertamenti" (Cass. Pen, 9/02/1990, n. 301).

Partendo dal concetto di irripetibilità, così come previsto dall'art. 360 c.p.p., si può osservare che quando gli accertamenti tecnici coinvolgono cose che nell'attività subiranno un processo di distruttivo o modificativo del reperto occorre usare determinate cautele. Si pensi ad attività indirizzare al recupero di un *hard disk* rinvenuto dopo un rogo, oppure di una scatola nera recuperata dopo un disastro aereo. È chiaro che le operazioni volte al rinvenimento di dati da questi supporti è una attività che può essere effettuata unicamente una volta. In quanto, probabilmente, il supporto subirà delle manomissioni meccaniche, logiche od elettroniche tali da renderne irripetibile l'accertamento.

Questa situazione, tuttavia, viene a scontrarsi con la necessità di garantire un giusto processo e la possibilità di assistere alle operazioni da parte della difesa. D'altronde quest'ultima, se fosse esclusa dall'attività, potrebbe trovarsi in una situazione di evidente svantaggio non potendo verificare le modalità con cui si sono svolte le attività.

Pertanto è prevista una particolare procedura volta a consentire idonee garanzie difensive. In questo caso il Pubblico Ministero deve avvertire senza ritardo la persona sottoposta alle indagini, la persona offesa e i difensori che, quindi, possono nominare un proprio consulente tecnico per controllare le operazioni o verificarne le risultanze.

Dunque non può stupire la lettura del 3° co. dell'art. 360 c.p.p. il quale prevede esplicitamente che «i difensori nonché i consulenti tecnici eventualmente nominati hanno diritto di assistere al conferimento dell'incarico, di partecipare agli accertamenti e di formulare osservazioni e riserve». Ovviamente occorre escludere dalla disciplina ora descritta le operazioni svolte *ex* art. 354 c.p.p. relative agli accertamenti tecnici di urgenza di cui si è già accennato in precedenza.

Questa procedura, appare ben distinta rispetto a quella prevista tipicamente per le prove ripetibili di cui all'art. 359 c.p.p. che, proprio per la loro natura non necessitano delle medesime forme di tutela. Infatti, essendo attività che possono essere ripetute più volte senza danneggiare le risultanze probatorie, possono essere verificate anche successivamente.

Dal punto di vista pratico nella maggioranza dei casi, i dati memorizzati su un dispositivo di archiviazione dati (hard disk, USB ecc.), vi rimarranno fino a che non interverrà un ordine esplicito di cancellazione o modifica o un danneggiamento. Inoltre anche in caso di cancellazione, il file potrebbe comunque esser recuperato se non sono avvenute operazioni di sovrascrittura.

Pertanto, l'attività del *digital forensics expert* deve sempre operare sul filo della distinzione fra ripetibilità ed irripetibilità dell'accertamento tecnico.

Riferimenti bibliografici

Costabile G. (2005), *Scena criminis, documento informatico e formazione della prova penale*, in «Dir. inf.», 3.

Daniele M. (2011), *La prova digitale nel processo penale*, in «Riv. dir. proc.», 2011, 2.

Di Paolo G. (2013), voce Prova informatica (diritto processuale penale), in *Enc. dir.*, Annali, VI, Giuffrè, Milano.

Felicioni P. (2019), *Le ispezioni e perquisizioni di dati e sistemi*, in *Cybercrime*, 1380.

Ghirardini A., Fagioli G. (2013), *Digital Forensics*, Milano, Apogeo.

Kostoris V. R. (2011), *Ricerca e formazione della prova elettronica: qualche considerazione introduttiva*, in F. Ruggieri F. e L. Picotti (a cura di), *Nuove tendenze della giustizia penale di fronte alla criminalità informatica: aspetti sostanziali e processuali*, Torino, Giappichelli.

La Muscatella D. (2011), *La ricerca della prova digitale e la violazione delle best practices: un'attività investigativa complessa tra recenti riforme e principi consolidati*, in «Ciberspazio e diritto», 2.

Luparia L., Marafioti L. e Paolozzi G. (2019) (a cura di), *Dimensione tecnologica e prova penale*, Torino, Giappichelli.

Marafioti L. (2011), *Digital evidence e processo penale*, in «Cass. pen.», 2011, 12.

Perri P. (2011), voce Computer forensics (indagini informatiche), in «Digesto disc. pen.», Torino, UTET.

Ziccardi G. (2012), *Informatica giuridica. Privacy, sicurezza informatica, computer forensics e investigazioni digitali*, vol. 2, Milano, Giuffrè.

Capitolo III
Tecniche investigative e metodologie di occultamento usate dalla criminalità digitale

Flaviano Peluso

1. I reati informatici nella Convenzione di Budapest

Parlando di informatica forense, non si può evitare di richiamare una convenzione che ha fortemente influenzato il sistema penale internazionale, ivi compreso quello italiano.

La Convenzione di Budapest, stipulata il 23 novembre 2001 dal Consiglio d'Europa, rappresenta la prima vera grande occasione di confronto internazionale sui temi della criminalità informatica.

Benché ratificata dall'Italia a distanza di vari anni con L. 18 marzo 2008 n. 48, è lo spartiacque fra una visione astratta ed arcaica dei crimini informatici e la nascita di una regolamentazione strutturata. Tale da potersi, finalmente, definire condivisa a livello globale.

Occorre dire che la forza innovatrice della Convenzione è stata di aver prodotto uno spazio di riflessione he ha permesso, per la prima volta, di porre l'attenzione su di un fenomeno, che fino a quel momento era stato considerato e trattato in maniera sommaria. Infatti, non c'erano particolari norme che punivano i crimini informatici. I quali venivano considerati come una modalità alternativa di realizzare le tradizionali fattispecie penalmente rilevanti. Non c'era, dunque, una visione precisa che potesse permettere quella divisione fra *cyber crimes* e *computer crimes.* Dove i primi sono una fattispecie nuova, realizzabile solo attraverso i sistemi informatici. Si pensi all'uso di droni militari automatizzati, oppure ad un attacco ad un sistema informatico in grado di bloccare un apparato strategico (per esempio l'attacco hacker alla piattaforma di DAD avvenuto nell'aprile del 2021).

I secondi, invece, sono la trasposizione di reati già esistenti nel mondo analogico. Una truffa on-line oppure la falsificazione di un documento digitale.

Dunque la Convenzione di Budapest è venuta a colmare l'esigenza di risolvere nuovi problemi che oggi sono all'ordine del giorno. L'importanza di questo intervento è desumibile già dal tenore del preambolo della Convenzione dove si evidenzia che:

lo scopo del Consiglio d'Europa è quello di ottenere un legame più stretto fra i propri membri; riconoscendo l'interesse ad intensificare la collaborazione con gli altri Stati parte in questa Convenzione; convinti della necessità di perseguire, come questione prioritaria, una politica comune in campo penale finalizzata alla protezione della società contro la criminalità informatica, adottando una legislazione appropriata e sviluppando la cooperazione internazionale.

Sempre nel Preambolo si possono individuare le intenzioni di protezione degli spazi digitali

convinti che la presente Convenzione sia necessaria come deterrente per azioni dirette contro la segretezza, l'integrità e la disponibilità dei sistemi informatici, delle reti e dei dati informatici, così come per l'uso improprio di questi sistemi, reti ed informazioni, attraverso la criminalizzazione di questi comportamenti, come descritto nella presente Convenzione, e attraverso l'adozione di poteri sufficienti per combattere realmente questi reati, facilitando la loro individuazione, investigazione e l'esercizio dell'azione penale a livello sia nazionale che internazionale e prevedendo accordi per una cooperazione internazionale più veloce e affidabile.

Quindi obbiettivi importanti che spingono verso la consapevolezza del progresso tecnologico ed il passaggio verso una società digitalizzata. In tal senso la Convenzione di Budapest si dipana su tre grandi filoni d'intervento che ne caratterizzano la portata innovativa (Bravo 2010)

In primo luogo l'ambito di applicazione delle disposizioni processuali (art. 14). In questo modo è stato possibile ricomprendere, oltre ai reati informatici c.d. *puri*, anche tutte quelle tipologie di reati *spuri* che, seppur esistenti in ambienti esterni al mondo digitale possono essere riprodotte anche attraverso supporti informatici. Ovvero la dicotomia fra *cyber crimes* e *computer crimes* di cui si diceva prima.

Nello specifico, la Convenzione fa un esplicito riferimento al reato di accesso abusivo ad un sistema informatico (art. 2), qualora vi sia una attività volta a violare le misure di sicurezza per carpire informazioni presenti in un computer, ovvero con altro intento illegale connesso ad un sistema informatico. In questo modo si abbandona il dualismo che in precedenza esisteva fra sistemi informatici e sistemi telematici.

La definizione di sistema informatico è precisata nell'art. 1 della Convenzione in questi termini «qualsiasi apparecchiatura o gruppo di apparecchiature interconnesse o collegate, una o più delle quali, in base ad un programma, compiono l'elaborazione automatica di dati».

La Convenzione ha previsto l'applicabilità di tale disciplina anche al reato tentato ed alla complicità di terze persone (art. 11). In questo caso, però, i singoli stati aderenti alla Convenzione hanno facoltà di adottare le misure previste dalla propria legislazione nazionale. Altrettanto determinante è stato il rafforzamento della valenza delle prove elettroniche.

Un secondo filone riguarda le modalità di acquisizione dei dati informatici, prevedendo la possibilità di misure investigative operanti in tempo reale attraverso i meccanismi delle intercettazioni (art. 20).

Sul punto occorre precisare che i fornitori dei servizi digitali sono tenuti ad adottare misure tecniche idonee a permettere la tracciabilità e la raccolta delle informazioni per fini di indagine giudiziaria. Tuttavia, ciò deve essere effettuato con strumenti che, benché in grado di registrare in tempo reale i flussi di dati, garantiscano alti livelli di tutela della privacy. Dunque sono richiesti dei sistemi di raccolta dei dati che siano automatizzati e che, quindi, non necessitino dell'intervento di personale umano a contatto diretto con il dato raccolto.

Altra previsione sulle prove elettroniche è dettata dalla possibilità di intercettare i dati relativi al contenuto delle comunicazioni o delle trasmissioni di dati (art. 21). Anche in questo caso sono previsti strumenti tecnici idonei a garantire, da un lato, la possibilità di tracciare i flussi di dati (e identificare il contenuto degli stessi), dall'altro l'automazione, in modo da salvaguardare alti livelli di sicurezza rispetto ad una invasiva attività di raccolta dati in violazione della riservatezza delle comunicazioni private.

Il terzo ambito di applicazione è indirizzato alla predisposizione di misure coattive per l'ottenimento di dati da soggetti terzi (artt. 16, 17 e 18), qualora vi sia un rifiuto di quest'ultimi. In sostanza, sono stati previsti degli obblighi che permettono di garantire la conservazione di dati informatici, anche se detenuti presso terzi (in particolare presso i provider). Pertanto sorge un obbligo in capo al soggetto terzo di proteggere e mantenere l'integrità dei dati per il periodo di tempo necessario alle autorità competenti.

Analizzando la Convenzione si può rilevare che essa è indirizzata a garantire due aspetti essenziali. Da un lato l'integrità del dato e, dall'altro, la protezione della privacy. Come si può facilmente osservare, il dato viene scomposto in due distinti elementi entrambi degni di protezione giuridica.

Da un lato, si vuole imperniare la tutela del dato, inteso quale informazione riservata e confidenziale, riconducendolo nell'ambito di applicabilità della disciplina a tutela della propria libertà. Questo indipendentemente dal fatto che l'intromissione possa palesarsi quale captazione di comunicazioni riservate, ovvero che la stessa possa, analogamente, esser indirizzata alla scoperta di dati (intesi quali immagini, formule, documenti, video, ecc.) di rilevanza personale o professionale per l'individuo.

In secondo luogo, la tutela deve essere garantita per consentire la protezione dalle attività di trasformazione, alterazione, contraffazione o disgregazione del dato. Eventi che potrebbero comportare gravissimi danni, sia nella sfera intimamente personale che in quella patrimoniale. Tant'è vero che il dato, in quanto elemento contenente informazioni, ha un suo valore che può prescindere dall'effettiva valenza oggettiva. Quindi può riflettersi anche in aspetti prettamente soggettivi. Sicché deve essere prestata la massima garanzia affinché non vi siano ingerenze che possano manipolare il dato, ovvero interrompere la disponibilità dello stesso.

Si immagini, per esempio, il caso di una infezione da *ransomware* che, richiedendo un riscatto per riottenere la libera disponibilità dei propri dati informatici, può cagionare danni rilevantissimi.

La questione viene ancor di più a complicarsi laddove l'indisponibilità dei sistemi informatici sia afferente alle c.d. infrastrutture critiche (Contaldo e Peluso 2015). L'interruzione di queste ultime, per la loro natura, può comportare danni di incalcolabile gravità.

Infine, la Convenzione ha implementato delle misure coattive per garantire la conservazione di dati, in particolar modo se gestiti da soggetti terzi come gli *internet service provider*. Pertanto, i fornitori di servizi possono essere obbligati a comunicare agli inquirenti ogni informazione relativa dei servizi erogati agli abbonati. In tal caso possono essere notizie sia sul servizio di comunicazione utilizzato che qualunque altro elemento relativo all'identità dell'abbonato stesso.

1.1 Focus: le principali categorie di reati informatici confluiti nella Convenzione

Occorre dire che l'esigenza di punire e reprimere la diffusione delle condotte legate ai reati informatici iniziò ad infiammare le discussioni già alla fine degli anni Ottanta. Il 13 settembre 1989, il Consiglio d'Europa decise di intervenire dettando una specifica disciplina prevista dalla Raccomandazione n. 9 in tema di Criminalità Informatica. Attraverso quest'ultima vennero discusse le condotte digitali ritenute abusive e, pertanto, i reati informatici vennero divisi in due liste distinte poi confluite nella Convenzione di Budapest.

La prima era la c.d. *lista minima* nella quale si contemplavano quelle condotte illegali che si invitava a contrastare con provvedimenti penali. In questo filone possiamo evidenziare:

1. La frode informatica (art. 640 c.p.), che consiste nell'alterare un procedimento di elaborazione dati in un sistema informatico o telematico, allo scopo di procurarsi un ingiusto profitto con altrui danno;
2. Il falso in documento informatico (art. 491 *bis* c.p.), parificandolo al falso in atto pubblico;
3. Il danneggiamento di sistemi informatici e telematici (art. 635 *bis* c.p.) che si realizza con la distruzione, il deterioramento, la cancellazione, l'alterazione o la soppressione di dati informatici o programmi di terzi;
4. Il c.d. sabotaggio informatico, ricondotto nell'alveo dell'art. 635 c.p., afferente al danneggiamento di cosa mobile od immobile altrui.

5. L'accesso abusivo a sistema informatico (art. 615 c.p.), associato alla violazione delle misure di sicurezza del sistema, ovvero al mantenimento nel medesimo contro la volontà espressa di chi ha diritto ad impedirlo;
6. L'intercettazione, l'impedimento o l'interruzione illecita di comunicazioni informatiche e telematiche (art. 617 *quater* c.p.);
7. La riproduzione non autorizzata di programmi in violazione delle norme sul diritto d'autore (L. 633/41).

La seconda lista, invece, riguardava le condotte ritenute incriminabili solo in via eventuale fra cui:

- L'alterazione di dati o programmi non autorizzata, purché non rientrante nel danneggiamento;
- Lo spionaggio informatico (art. 621 c.p.) legato al segreto industriale o commerciale;
- L'utilizzo non autorizzato di un elaboratore o di una rete informatica;
- L'utilizzo non autorizzato di un programma informatico protetto;

Successivamente, in occasione del XV Congresso dell'Associazione Internazionale di Diritto Penale del 1990, emerse la necessità di estendere la protezione contro i reati informatici stabilendo di incriminare, non solo i reati previsti dalla lista minima ma anche tutte le condotte descritte nella lista facoltativa.

Ulteriore ampliamento avvenne con una raccomandazione del settembre 1994 con cui il Consiglio d'Europa ha introdotto due nuove tipologie di reato. La prima legata al commercio di codici d'accesso ottenuti illegalmente (art. 615 *quater*) e, la seconda, alla diffusione di virus e malware (art. 615 *quinquies*).

Occorre dire che la prima vera e propria testimonianza dell'utilizzo del termine di *cybercrime* è emersa grazie al trattato del Consiglio d'Europa sulla criminalità informatica del 1989. In tale occasione, infatti, venne descritto come una condotta criminale indirizzata alla diffusione di dati riservati, alla violazione di contenuti e del diritto d'autore (Krone 2005). Altri autori (Zeviar-Geese 1997) sembrano propendere per una definizione più estesa che comprende attività criminose come la frode, l'accesso non autorizzato, la pedopornografia e il *cyberstalking*. Nel 1995 il manuale delle Nazioni Unite sulla prevenzione e il controllo del crimine informatico (*The United Nations Manual on the Prevention and Control of Computer Related Crime*), ampliò ulteriormente la definizione di crimine informatico includendovi la frode, la contraffazione e l'accesso non autorizzato (Norton 2017).

Come si può vedere da queste definizioni, il crimine informatico può coprire una gamma molto ampia di attacchi. Pertanto, è importante comprendere le differenze tra i vari tipi di crimine informatico, in quanto ciascuno richiede un approccio diverso per migliorare la sicurezza del computer. Queste considerazioni sono poi confluite nella Convenzione di Budapest, che ne ha rimodulato e ampliato i concetti.

Occorre precisare che le differenti categorie di reato trattate dalla Convenzione sono state divise in cinque blocchi omogenei di attività criminose.

Il primo blocco può essere individuato nei reati contro la riservatezza, l'integrità e la disponibilità dei dati e dei sistemi informatici, di cui già si è detto poc'anzi e di cui fanno parte le fattispecie previste dagli artt. 2-6 della Convenzione.

Il secondo blocco è rappresentato dai reati informatici che potremmo definire "puri", in quanto realizzabili unicamente avvalendosi di strumenti tecnologici. Questa categoria è stata individuata nelle fattispecie previste dagli artt. 7 e 8 della Convenzione. Per esser più precisi si parla di falsificazioni informatiche e la frode informatica. Tuttavia, non veniva ancora prevista una linea di demarcazione fra attività fraudolente indirizzate ad ingannare l'operatore umano oppure il dispositivo informatico. Nel primo caso, infatti, ci sarebbe un'attività criminale che, adoperando tecniche di *social engineering,* si attiverebbe per raggirare l'uomo. Quindi uno schema molto simile alle fattispecie analogiche. Nel secondo, invece, ci sarebbe una azione diretta a raggirare i sistemi informatici stessi.

Nel caso di azione indirizzata contro l'uomo, si può pensare alla trasmissione di un documento scansionato che, benché, presenti una firma identica all'originale, è solamente un'abile attività di falsificazione, realizzata con programmi di grafica digitale mediante un "copia e incolla" della sottoscrizione originale presa da altri dati. L'intento, pertanto, è di indurre l'umano a ritenere sottoscritto quel documento in quanto copia conforme all'originale.

Nel secondo si immagini la clonazione di un codice PIN di una carta di credito. In questa situazione il criminale non vuole ingannare la banca ma, al contrario, indurre il software che gestisce l'identificazione delle credenziali, che colui che sta immettendo il codice è autorizzato.

Come si può vedere le differenze sono piuttosto marcate e, chiaramente, rilevanti ai fini processuali.

Un terzo blocco è costituito dai reati informatici che si palesano attraverso i contenuti dei dati trasmessi o visualizzati attraverso i sistemi informatici, nello specifico si è identificato questa tipologia di reato con la pornografia infantile di cui all'art. 9 della Convenzione.

Il quarto blocco di reati è basato sulla violazione della proprietà intellettuale e dei diritti ad essa collegati. La Convenzione riserva a questa tipologia di reati indicati nell'art. 10.

Infine, si può identificare il quinto blocco nelle altre forme di responsabilità che permettono la configurazione, nonché la punibilità, del reato tentato così come previsto dall'art. 11 della Convenzione.

Analizzando, seppur in modo sintetico, le varie fattispecie. Occorre dire che l'art. 2 si occupa di disciplinare le misure legislative idonee a contrastare l'accesso abusivo a sistema informatico. Benché lasci libertà ai singoli stati di identificare gli elementi cardine per la realizzazione dell'illecito, appare evidente il requisito della violazione delle misure di sicurezza. In Italia questa fattispecie di reato, prevista e punita dall'art 615 *ter* c.p., viene a manifestarsi, non solo con l'atto dell'accesso contro la volontà di colui che ha il diritto di escludere terzi soggetti ma, ulteriormente, anche qualora un soggetto, legalmente autorizzato, vi si mantenga illecitamente. Si pensi all'ipotesi di un funzionario governativo che, al di fuori degli obblighi professionali, acceda alla banca dati per fini strettamente personali.

L'art. 3 individua la fattispecie dell'intercettazione abusiva, ovvero quando vengono captate le emissioni elettromagnetiche di un sistema informatico. In questi casi, il bene tutelato è la segretezza della corrispondenza e la garanzia della privacy.

L'art. 4 riguarda il reato di attentato all'integrità dei dati. In un certo senso è una forma di tutela nuova rispetto a quelle preesistenti, in quanto contempla la possibilità di alterare un dato informatico. Situazione che può avere particolari implicazioni sia di natura tecnica che effetti materiali.

Come si è avuto modo di dire nel corso della nostra trattazione, l'alterazione di un dato informatico può generare una trasformazione dei metadati e, quindi, comportare una difformità capace di rendere giuridicamente invalido un documento informatico.

Analogamente, l'art. 5 della Convenzione viene a prevedere il reato di attento all'integrità di un sistema informatico. In questo caso si prevede una situazione assimilabile a quella prevista dal precedente articolo che, tuttavia, si differenzia perché viene ad interessare, anziché un singolo dato, un intero sistema informatico.

Dell'abuso di apparecchiature se ne occupa l'art. 6 che stabilisce l'illiceità delle attività realizzate per:

a) la fabbricazione, la vendita, l'approvvigionamento per l'uso, l'importazione, la distribuzione o l'utilizzo di:

1. un'apparecchiatura (anche un software) destinata ovvero utilizzata al fine di commettere un qualsiasi reato;
2. una password di un computer, un codice d'accesso, o informazioni simili con le quali l'intero sistema informatico o una sua parte sono accessibili, con l'intento di commettere qualsiasi reato;

b) il possesso di un elemento informatico, con l'intento di utilizzarlo allo scopo di commettere qualche reato.

Appare interessante sottolineare che la Convenzione ha esplicitamente escluso la punibilità qualora le predette attrezzature siano utilizzate per scopi leciti.

L'art. 7 esplica la fattispecie della falsificazione informatica se «commessa intenzionalmente e senza alcun diritto, l'introduzione, l'alterazione, il possesso o la soppressione di dati informatici derivanti da dati non autentici con l'intento che essi siano presi in considerazione o utilizzati con fini legali come se fossero autentici, senza avere riguardo al fatto che i dati siano o meno direttamente leggibili o intelligibili».

Sostanzialmente sembra essere una variante del reato previsto e punito dall'art. 483 c.p. afferente alla falsità ideologica commessa dal privato in atto pubblico.

La frode informatica viene disciplinata dall'art. 8 della Convenzione che la inquadra come una attività volta a creare delle interferenze al funzionamento di un sistema informatico, ovvero l'alterazione, la cancellazione o la soppressione di dati, al fine di produrre per sé o per terzi un beneficio economico. Ciò che appare interessante è che la norma, curiosamente, non preveda la possibilità che il vantaggio possa essere di natura differente da quello economico. Situazione che, di fatto, lascerebbe esposti ad una lunga possibilità di attività illecite rivolte a far conseguire un vantaggio di natura diversa ma egualmente ingiusto.

Passando ora ai reati relativi alla diffusione di contenuti illegali, si deve far menzione dell'art. 9 della Convenzione che si interessa di contrastare la pornografia infantile. Questa fattispecie di reato viene individuata in una attività intenzionale e si manifesta con:

a. la produzione di pornografia infantile allo scopo della sua diffusione attraverso un sistema informatico;
b. l'offerta o la messa a disposizione di pornografia infantile attraverso un sistema informatico;
c. la distribuzione o la trasmissione di pornografia infantile attraverso un sistema informatico;
d. il procurare pornografia infantile attraverso un sistema informatico per sé stessi o altri;
e. il possesso di pornografia infantile attraverso un sistema informatico o uno strumento di archiviazione di dati informatici.

La Convenzione è attenta a precisare che con l'espressione "pornografia infantile" si intende includere il materiale pornografico che raffigura:

a. un minore coinvolto in un comportamento sessuale esplicito;
b. un soggetto che sembra essere un minore coinvolto in un comportamento sessuale esplicito;

c. immagini realistiche raffiguranti un minore coinvolto in un comportamento sessuale esplicito.

Quanto ai reati commessi in violazione della proprietà intellettuale ed i diritti collegati si deve esaminare l'art. 10 della Convenzione che, seppur non potendo indicare specificamente tutte le diverse forme di violazione, si ricollega ai diritti della proprietà intellettuale così come previsti dal *Paris Act* del 1971. Quest'ultimo, a sua volta, ha modificato la preesistente Convenzione di Berna sulla protezione delle opere letterarie ed artistiche.

Infine, l'art.11 della Convenzione viene a contrastare anche la fattispecie del reato tentato stabilendo che le parti firmatarie dovranno dotarsi di misure necessarie a contrastare, sia condotte inquadrabili come tentativo di allo illecito informatico che, parimenti, attività di complicità e supporto alla commissione del reato.

1.2 Focus: Cenni ai nuovi reati digitali

Dopo circa venti anni dalla stesura della Convenzione di Budapest il panorama generale sui reati informatici è chiaramente stravolto. Questa genetica trasformazione è dovuta ad una pluralità di eventi che, tuttavia, si possono riassumere in tre motivi.

In primo luogo l'evoluzione della tecnologia ha portato nuove innovazioni, basti pensare che nel 2001 (anno di stipula della Convenzione) era in corso il passaggio dai cellulari di seconda generazione a quelli di terza che permettevano una connessione internet di tipo WAP che si pagava al consumo. Inoltre la velocità media di download era 2.000 volte più lenta di quella attuale, infatti era circa 0,1 Mbit/s contro i 200 Mbit/s dell'odierna tecnologia 5G. Le fotocamere erano appena in fase sperimentale (avevano risoluzione 0,1 Megapixel) ed erano state introdotte da pochissimi mesi. Il display dei cellulari era monocromatico e non c'erano app. Per la prima volta nel 2001 l'antenna era integrata del dispositivo e non sporgeva ma i dispositivi erano privi di wi-fi. Questo per far capire il balzo tecnologico che ha portato a nuove problematiche e nuove modalità di aggressione informatica non direttamente contemplate nella Convenzione.

In secondo luogo la società e la stessa criminalità sono profondamente cambiate negli ultimi 20 anni. Basti pensare che all'epoca della Convenzione di Budapest non era c'era Facebook, Wikipedia debuttava on-line, infine Google iniziava a permettere di cercare immagini con il suo motore di ricerca. Questo può farci capire che è cambiato lo stile di vita, i business, le relazioni sociali e le regole di comunicazione. Tutto ciò si ripercuote, ovviamente, anche sulle tipologie di reati. Se all'epoca della Convenzione la criminalità on-line era disorganizzata oggi non è più così. Esistono strutture malavitose professionalizzate al crimine informatico.

In terzo luogo le trasformazioni della società dovuta ed eventi al di fuori del digitale. Solo a titolo esemplificativo, la Convenzione non menzionava il cyberterrorismo oppure il cyberbullismo. Queste trasformazioni hanno, inoltre, comportato la produzione di nuove normative *ad hoc* su temi innovativi.

Non potendo in questa trattazione spingerci troppo nell'analisi delle fattispecie, per le quali si rimanda a più idonea trattazione (Peluso 2020), ci si limiterà a citarli in modo generale raggruppandoli in cinque blocchi.

Reati relativi a violazione della privacy

In questo caso ci si riferisce a nuove fattispecie che si sono dipanate sia sulla scia dei provvedimenti del Garante per la tutela dei dati personali, che a seguito delle innovazioni tecnologiche.

Infatti l'uso massiccio di dispositivi, app e sistemi di raccolta di dati personali e profilazione ha generato nuove problematiche. Molte delle quali sono state regolate dal Regolamento Generale per la Protezione dei Dati Personali (GDPR) di cui al Regolamento UE 2016/679 recepito in Italia con D.Lgs. 101/2018.

Le principali fattispecie sono:

1. Il trattamento illecito di dati che è punito dall'art. 167 del Codice privacy. Il reato si realizza quando un qualunque soggetto, al fine di trarre per sé od altri un profitto, cagiona un danno trasferendo i dati personali verso un paese estero, ovvero ad organizzazioni internazionali senza autorizzazione dell'interessato (ovvero dell'utente).
2. La comunicazione e diffusione illecita di dati personali è punita dall'art. 167-*bis* del Codice privacy. In questo caso, fermo restando l'intento di trarne profitto per sé od altri, la violazione al trattamento dei dati deve essere effettuata comunicando, ovvero diffondendo, dati estrapolati da archivi automatizzati.
3. L'acquisizione fraudolenta di dati personali è punita dall'art. 167-ter del Codice privacy ed è contestata nei confronti di coloro che, senza autorizzazione, si impossessano di dati personali da archivi automatizzati in modo illecito. Anche in questo caso è necessario l'obbiettivo di trarne un profitto personale o per terzi.
4. Le false dichiarazioni al Garante sono punite dall'art. 168 del Codice privacy. Nello specifico riguarda il caso di attività che vengano ad impedire, ovvero mistificare, la realtà fattuale dinnanzi al Garante per la privacy.
5. L'inosservanza dei provvedimenti del Garante è punita dall'art. 170 del Codice privacy laddove non si ottemperi ai predetti provvedimenti.

6. Violazioni sulle disposizioni per il controllo da remoto dei lavoratori. In questo caso l'infrazione riguarda lo Statuto dei Lavoratori. In particolare il mancato coinvolgimento delle rappresentanze sindacali.
7. L'interferenza illecita nella vita privata è punita dall'art. 615 bis c.p. intesa come violazione dell'intimità personale. Il reato punisce chiunque si procura o distribuisce video, audio, immagini o notizie relative alla vita privata che si svolge in abitazioni od altri luoghi privati.

Reati realizzati nei social network e social media

Trattasi di nuove situazioni che si sono generate con l'implementazione dei nuovi sistemi di socializzazione usati nel mondo dei social. In particolar modo con lo sviluppo del concetto di identità digitale che ha provocato una rimodulazione di molti aspetti della vita quotidiana. In questo caso non c'è una specifica normativa di riferimento ma vari provvedimenti realizzati per tamponare l'emergere di nuove problematiche.

Le principali fattispecie sono:

1. La sostituzione di persona on-line ovvero il furto d'identità digitale. Il reato di sostituzione di persona è previsto dall'art. 494 c.p. La fattispecie penalmente rilevante è configurabile in una variegata modalità di azioni criminali diverse. Esse spaziano dall'uso di profili *fake*, alla falsificazione di identità come nel *phishing* od ancora nella falsificazione di documenti d'identità (art. 497 *bis* c.p.).
2. I reati d'odio si configurano come nuove modalità di denigrazione ed emarginazione perpetrati anche con mezzi digitali come nel caso dell'*hate speech*. In questo caso l'aggressione si palesa come offese basate su stereotipi, pregiudizi, offese, incitazioni al suicidio ecc. Queste condotte sono punite dall'art. 595 c.p. nonché da specifiche disposizioni come nel caso della L. 71/2017 in tema di cyberbullismo.
3. La diffamazione on-line si configura come una trasposizione del reato analogico che risulta, come il precedente, punito dall'art. 595 c.p. In questo caso è un reato realizzato in assenza della persona offesa tramite una comunicazione a più persone.
4. Il cyberbullismo merita una sua autonoma configurazione perché oltre alle incitazioni d'odio od alle possibili diffamazioni può contenere anche altre condotte penalmente rilevanti. Per esempio il cyberstalking (art. 612 *bis* c.p.), le molestie (612 c.p.).
5. Il *sexting* è un neologismo che individua la pratica di diffusione di contenuti sessualmente espliciti attraverso messaggi di testo, audio o video. In particolare, riguardando spesso minori, può comportare reati collegati alla pedopornografia di cui agli art. 414 *bis* c.p. e 416 c.p.

6. Dal punto di vista penalistico spesso è collegato all'art. 528 c.p. relativo alla pubblicazione e spettacoli osceni.
7. Il *revenge porn* consiste in una vera e propria vendetta perpetrata con la diffusione illecita di materiale *hot* della vittima. Spesso è una diretta conseguenza alla condivisione di contenuti di *sexting*. Questa fattispecie è stata recentemente introdotto nel codice penale con l'art. 612 *ter* c.p. inserito nell'aprile 2019.

Reati intrusivi e distruttivi di sistemi informatici

In questa categoria si possono annoverare tutte quelle attività già in parte indicate nell'art. 6 della Convenzione di Budapest. Si tratta di azioni criminali che cercano di danneggiare i dispositivi informatici ovvero romperne i sistemi di sicurezza per carpirne dati. L'ambito di applicazione riguarda la creazione e l'inoculazione di virus informatici oppure l'uso di tecniche per raggirare o il sistema informatico ovvero l'operatore umano al fine di trarne un profitto.

Le principali fattispecie sono:

1. La diffusione dei malware (i. c.d. virus informatici) che rappresentano una condotta punita dall'art. 615 *quinquies* c.p. In questo caso il bene tutelato è la riservatezza dei dati nonché il domicilio informatico. Ai fini della configurabilità del reato è richiesta la presenza di un dolo specifico, ovvero la volontà di danneggiare ovvero interrompere (anche temporaneamente) l'afflusso dei dati.
2. La detenzione abusiva di password od altri codici di accesso relativi a sistemi informatici di cui all'art. 615 *quater* c.p. Il reato si consuma anche con la sola detenzione o la messa in disposizione di apparecchiature in grado di infrangere i sistemi di sicurezza.
3. Violazioni della Legge sul diritto d'autore (artt. 171 *bis* e ss.) che non riguardano solo atti di pirateria informatica ma anche differenti situazioni. Per esempio lo spoglio del diritto di esser riconosciuto quale autore dell'opera. In alcuni casi può anche configurarsi con reati di spionaggio industriale.
4. Il danneggiamento o la cancellazione di informazioni, ovvero di programmi sono fattispecie previste e punite dagli artt. 635 *bis* e 635 *ter* c.p. La giurisprudenza di merito ha precisato che, ai fini della rilevanza penale, la cancellazione dei dati o delle informazioni può anche essere temporanea.
5. In alcuni casi si può giungere a realizzare fattispecie come l'estorsione di cui all'art. 629 c.p. Riguarda le situazioni in cui attraverso l'uso di virus particolari (es. i *ransomware*) si chiede un riscatto ovvero, forme di remunerazione per sbloccare il dispositivo sottoposto a restrizioni da parte del criminale informatico.

Reati con finalità cyberterrostiche

Trattasi di situazioni che vedono l'impiego di tecniche informatiche per effettuare operazioni di propaganda, adescamento ovvero organizzazione del terrorismo. Anche in questo caso la normativa di riferimento è piuttosto recente in quanto introdotta con la Direttiva 2017/541 del Parlamento e del Consiglio Europeo del 15 marzo 2017.

Le principali fattispecie sono:

1. L'arruolamento, l'adescamento e l'addestramento con finalità terroristiche di cui all'art. 270 *quater* c.p. e ss. che puniscono tanto i soggetti che propongono dette attività che coloro che le accettano. In questo caso si può prevedere anche la fattispecie di cui all'art. 270 *bis* c.p. sull'associazione per finalità terroristiche.
2. L'istigazione a delinquere, di cui all'art. 414 c.p., che punisce sia l'astratta possibilità di incitare a realizzare una fattispecie penalmente rilevante che, altresì, la condotta dell'apologia intesa come esaltazione finalizzata a produrre l'emulazione.

Reati commessi nel dark web

Riguardano le fattispecie delittuose che sono realizzare in aree del web che necessitano di particolari conoscenze e software per essere raggiunte in quanto non indicizzate. Talvolta si possono trovare piattaforme di e-commerce totalmente illegali che vendono prodotti non commerciabili.

Le principali fattispecie sono:

1. La ricettazione di cui all'art. 648 c.p. relativa alla vendita di beni provenienti da fonti illegali. Trattasi di un reato a forma vincolata perché può realizzarsi unicamente con l'acquisto, la ricezione, l'occultamento di danaro o cose mobili. Alla stessa può affiancarsi il c.d. acquisto incauto di cui all'art. 712 c.p. che si configura qualora l'acquirente del bene non abbia accertato la legittima provenienza della cosa, la riceva, quando per la qualità o la condizione di chi la offre o per l'entità del prezzo avrebbe avuto motivo di sospettare che provenisse da reato.
2. Il traffico di armi o la vendita di sostanze stupefacenti e psicotrope. In questo caso riguarda le fattispecie previste dagli art. 695 (per il traffico di armi) e l'art. 73 del D.P.R. 309/1990 relativo al testo unico in materia di sostanze stupefacenti.
3. La cyberpedofila prevista e punita dagli artt. 600 *ter* e ss. In questo caso riguarda la detenzione, la condivisione, la distribuzione del materiale pedopornografico, l'organizzazione di attività turistiche a scopo sessuale. Nell'ottica di rafforzare la tutela contro le forme di sfruttamento sessuale dei minori, l'art. 600 *quater* 1 c.p.

prevedere la punibilità del reato di pedopornografia virtuale che si realizza con immagini virtuali od elaborazioni grafiche.

4. Il *cyberlundering* o riciclaggio digitale è un reato che si realizza con tecniche per ripulire il denaro "sporco" proveniente da attività illecite. Dal punto di vista della disciplina penalistica il reato di riciclaggio, parimenti a quello di autoriciclaggio è previsto e punito dagli artt. 648 *bis* e 648 *ter*-1 c.p.

2. Le tipologie di criminali informatici

Il progresso tecnologico ha comportato importanti trasformazioni anche dal punto di vista sociologico e criminologico. L'ausilio di nuovi strumenti informatici ha provocato un'evoluzione della criminalità che, infatti, ha visto nuove opportunità del mondo digitale. Come è facile immaginarsi, la criminalità, in particolare se organizzata, segue i flussi di denaro. Così, l'esponenziale crescita dei servizi on-line, dell'e-commerce e delle transazioni di denaro attraverso strumenti che utilizzano la moneta elettronica hanno stimolato un nuovo filone di criminalità.

Il mondo del crimine, infatti, ha facilmente intuito che la nuova frontiera da conquistare era la rete. Essa presenta degli aspetti del tutto peculiari che permettono di facilitare le possibilità di profitto e minimizzare i rischi connessi. In un certo senso, la criminalità sta guardando al mondo digitale come uno spazio libero privo di effettive frontiere, un luogo in cui investire senza essere sottoposti ai tradizionali pericoli delle attività illecite.

Difatti la criminalità informatica ha saputo far tesoro della forza rivoluzionaria di internet. Se i nuovi mezzi di comunicazione permettono di essere interconnessi con miliardi di persone in tutto il mondo, la platea di soggetti da truffare, raggirare, ricattare o sottoporre a qualunque altra condotta illecita diventa, purtroppo, altrettanto vasta. Non solo, attraverso i canali informatici è possibile massimizzare l'offensiva nei confronti degli ignari utenti o delle aziende minimizzando i costi, aggredendo decine, se non centinaia di migliaia di persone fisiche, giuridiche od enti nello stesso momento. Al contempo, la presenza del mezzo digitale rendere quasi impossibile l'identificazione dei criminali. Per meglio comprendere quanto fin qui detto basta fare un esempio pratico.

Si immagini uno scippatore vecchio stile, esso avrà bisogno di un veicolo (talvolta rubato anch'esso mediante un'attività che ha sottoposto lo scippatore al pericolo di essere arrestato) che potrebbe, già di per sé, provocare l'identificazione della targa. Sarà necessario un complice che guidi il mezzo o che faccia da palo durante il compimento del reato. Quindi ci sarà sicuramente un testimone che, può comunque redimersi e trasformarsi in un collaboratore di giustizia. Potrebbero esserci testimoni in grado di identificare i criminali o forze dell'ordine pronte ad intervenire. Senza dimenticare che i reati predatori provocano allarme sociale e, quindi, da un lato preoccupazione e dall'altro prevenzione.

Non si può nemmeno ignorare la possibilità che, nonostante il malaugurato successo nel criminale, la refurtiva potrebbe essere di scarso valore (si pensi al furto di un portafogli vuoto).

Il *modus operandi* di un criminale informatico può essere molto diverso poiché, le possibilità di successo, sono spesso legate a calcoli probabilistici. Infatti, non v'è dubbio che, se il criminale informatico può aggredire centomila persone con un click, qualcuno certamente cadrà nella trappola. Inoltre, per realizzare tale attività, il criminale potrebbe restar seduto nella scrivania di casa decidendo di utilizzare un IP o dei servizi di rete che gli permettono di far apparire che egli si trovi nelle Seychelles ed inviare un messaggio di *phishing* ad una moltitudine di persone. Nello specifico il *phishing* è una tecnica che usa meccanismi di ingegneria sociale per spaventare l'utente spingendolo a comportarsi in modo prevedibile. In concreto potrebbe realizzarsi con un messaggio che, sulla falsa minaccia di sicurezza delle credenziali bancarie, invita l'ignaro utente a fornire i codici di accesso al truffatore. In realtà, però, possono esserci tanti altri sistemi. Per esempio l'invio di false mail di corrieri, ecc. In questi casi i rischi per il criminale verrebbero a ridursi sensibilmente. Nessuno può vederlo o riconoscerlo, non dovrà sforzarsi a compiere più tentativi giacché l'azione criminale sarà unica. Inoltre, operando sui grandi numeri, al malvivente basterebbe far cadere nella sua meschina trappola una piccolissima percentuale di vittime per ottenuto il prezzo del reato.

D'altronde, come si è avuto modo di dire nei capitoli che precedono, l'evoluzione degli strumenti tecnologici e soprattutto l'esplosione di internet ha radicalmente cambiato gli stili di vita e le abitudini della società. In passato i pericoli collegati ai reati informatici erano essenzialmente prodotti da accesso abusivo a sistema informatico, oggi punito dall'art. 615 *ter* c.p., od il danneggiamento dei sistemi informatici, oggi punito dall'art. 615 *quinquies* c.p. (Galdieri 1996). L'avvento di internet e del c.d. "villaggio globale" (Mcluhan 1964) ha portato tutta una serie di nuove minacce.

Nel passato le minacce informatiche provenivano da pochi "smanettoni" che, con attrezzature primordiali, erano in grado di penetrare i sistemi di sicurezza di organizzazioni governative per perseguire i loro scopi imprevisti ed inattesi (Arvidsson e Delfanti 2016). Spesso erano motivazioni ideologiche dettate da movimenti contro-culturali che dominavano i campus universitari americani sul finire degli anni sessanta (Levy 2001).

Quest'immagine vintage di un criminale "nerd" che opera nell'oscurità come fosse un vampiro asociale non è più contemporanea. Il web è popolato da *millenials* ovvero da ragazzi che hanno una vita sociale sia nell'off-line che nell'on-line. Possono scambiarsi informazioni e notizie sui social media e quindi, formare delle comunità. Anche la criminalità digitale è mutata radicalmente perché si è professionalizzata. Organizzazioni criminali a stampo mafioso, terroristico od eversivo operano quotidianamente nel web.

Giunti a questo punto della nostra trattazione sembra opportuno illustrate, seppur concisamente, la distinzione fra alcune terminologie tecniche utilizzate per identificare autori di determinate condotte *contra legem* attraverso i sistemi informatici.

Hacker

Il termine "hacker" trova origine nel Massachusetts Institute of Technology di Boston (MIT). Nel corso degli anni venti del secolo scorso, gli studenti di detto ateneo, gareggiavano per esplorare l'enorme struttura universitaria che era dotata di una infinità di corridoi e percorsi sotterranei. La competizione si chiamava *tunnel hacking*. Il gioco era farsi vedere in una zona del campus, per poi riapparire magicamente all'altro estremo. L'alta competitività fra i ragazzi e la costante sperimentazione fecero nascere nuove tecnologie come i walkie-talkie, utili per restare in contatto durante le esplorazioni. In seguito, i primi hacker cercarono di sviluppare degli strumenti che, sempre ai fini goliardici, riuscivano a controllare dei trenini elettrici attraverso dei telefoni e delle particolari tecniche di saldatura.

Solo nel corso degli anni sessanta, con lo sviluppo dei primi sistemi computerizzati, gli studenti del MIT deviarono il loro interesse in ambito informatico. In quest'epoca, infatti, il gergo "*to hack*" non indicava più l'attività di saldare circuiti ma l'attività di comporre vari software discostandosi dai sistemi accademici. Tant'è vero che il verbo "*to hack*" che significa "tagliare" o "ridurre". Un hacker, quindi, era un esperto informatico capace di ridurre la complessità e la lunghezza del codice sorgente (Sansotta 2011).

I primi veri e propri hacker, nell'accezione moderna del termine, iniziarono ad operare sul finire degli anni Sessanta negli Stati Uniti. Il loro obbiettivo originario era di creare delle comunità studentesche che promuovessero un approccio attivo alla tecnologia permettendo di modificare il computer per scopi imprevisti ed inattesi, fra cui creare i primi videogames (Arvidsson e Delfanti 2016).

In seguito la comunità *hacker* si estese inglobando anche famosi programmatori quali Steve Jobs e Steve Wozniak, fondatori della Apple, Richard Stallman, ideatore di GNU-LINUX e dell'idea di software libero, nonché Bill Gates fondatore della Microsoft (*ibidem*).

Nel corso degli anni ottanta venne anche pubblicato un libro che, esaltando l'attività degli hacker, individuava cinque principi fondamentali per mantenere la loro attività in termini *eticamente corretti*. Secondo queste teorie gli *hacker* dovevano: 1) permettere la condivisione; 2) garantire l'accesso a chiunque; 3) decentralizzare le informazioni; 4) favorire l'apertura degli ambienti informatici e permetterne lo studio e l'utilizzo; 5) migliorare la società attraverso lo sviluppo di nuovi software e la condivisione di informazioni (Levy 1984).

Tuttavia, nel corso del tempo, nacquero nuovi filoni di pensiero e gli *hacker* si diversificarono iniziando a realizzare condotte molto più variegate e, spesso in grado di passare nettamente il limite fra liceità e crimine. Tant'è che oggi, al termine hacker si attribuisce un significato negativo.

Infatti, nel corso degli anni si creò una biforcazione fra *hacker* c.d. *etici* (c.d. *white hat hacker*) le cui attività restano comunque illegali e *black hat hacker* intesi come veri e propri criminali informatici.

Cracker

Il termine cracker (c.d. *black hat hacker*) individua una persona specializzata nell'eludere o rompere blocchi imposti da qualsiasi sistema informatico al fine di trarne profitto o creare danni. Questa terminologia è stata introdotta nel 1985 per distinguerla dal concetto di hacker.

Questi soggetti sono, in linea di principio, spinti da varie motivazioni, prima fra tutte il guadagno economico derivante dal coinvolgimento in operazioni di spionaggio industriale o in frodi a sistemi informatici.

Gli attacchi possono essere realizzati attraverso due differenti modalità: dall'esterno, quindi attraverso *backdoor* o vulnerabilità del sistema, ovvero bug; oppure con attacchi locali cioè attraverso l'utilizzo fisico dell'elaboratore aggredito. Spesso, in alternativa, si può utilizzare la modalità di controllo del dispositivo da remoto.

L'esigenza di eliminare le tracce del proprio attacco o della propria presenza nel sistema è essenziale, e peculiare dei cracker. Infatti, a differenza degli hacker, che spesso lasciano volontariamente tracce del loro passaggio od una sorta di firma così da dimostrare la loro bravura, i cracker devono cercare di rimanere occultati così da mantenere il controllo del sistema aggredito e, contemporaneamente, nascondere la propria identità.

Lamer

Il termine nasce nella metà degli anni Ottanta quando, utenti che usavano computer quali i Commodore 64 idearono degli strumenti di danneggiamento dei sistemi informatici.

L'esplosione del termine, tuttavia, si ebbe a partire dal 1989 con la diffusione del famosissimo virus informatico per computer Amiga, noto come "*Lamer Exterminator*". Quest'ultimo era un malware presente nei floppy disk che gradualmente infestava il settore di avvio dell'Amiga. I settori corrotti, se letti, apparivano sovrascritti con la ripetizione, per 84 volte, della stringa "LAMER!"

Oggi il termine lamer è rimasto ed è utilizzato per indicare tutti i soggetti che si adoperano per la creazione e diffusione di malware. I lamer tipicamente considerati come adolescenti dediti ad attività di vandalismo che cercano di provocare danno. Ciò può avvenire nei casi più raffinati attraverso l'invio di trojan (virus) ad altri utenti al fine di avere accesso ai loro sistemi, per poi eventualmente danneggiare o distruggere informazioni; oppure attraverso l'utilizzo di piccoli programmi, che i lamer reperiscono nel web, per attuare attacchi ai siti Internet, allo scopo di danneggiarli o sfregiarli.

I lamer vengono tradizionalmente disprezzati dagli hacker perché sono ritenuti, almeno in parte, responsabili della connotazione negativa del termine hacker, che viene tutt'oggi associato alla criminalità informatica e alla diffusione di malware.

Pirata informatico

La definizione iniziò ad emergere nel corso della seconda metà degli anni Ottanta, con la diffusione dei PC nelle abitazioni private. L'intento dei pirati informatici era di ottenere delle copie di programmi senza pagarne il costo della relativa licenza d'uso. Il fenomeno si è particolarmente sviluppato dalla seconda metà degli anni Duemila quando iniziarono a diffondersi software appositamente progettati per realizzare la condivisione illegale di materiale protetto dal diritto d'autore. Si possono ricordare programmi come Napster, eMule e Torrent. Nel corso del 2010, venne stimato, che circa il 40% delle aziende utilizzava almeno un software di dubbia provenienza. In alcuni stati, fra cui l'Italia, il mercato dei videogames era occupato da circa il 75% di programmi illegali.

Lo sviluppo di modelli di protezione più efficienti e soprattutto l'uso di nuovi modelli di erogazione, quali ad esempio le app, ha nettamente ridimensionato il fenomeno.

3. La tripartizione del web

Il Word Wide Web, così come è comunemente conosciuto, è la "ragnatela mondiale" e costituisce il principale servizio internet permettendo al contempo di navigare, utilizzare contenuti multimediali, comunicare, usufruire dei collegamenti ipertestuali per muoversi attraverso i siti e molto altro ancora.

Quindi si tratta di uno spazio virtuale, in costante evoluzione, dove sono presenti miliardi di siti internet che possono esser facilmente raggiunti, anzi nella quasi totalità dei casi, l'obbiettivo principale è proprio ottenere una certa rilevanza ed autorevolezza.

Un maggior traffico di utenti vuole dire più ampi spazi di accrescimento del business, un rientro importante anche dal punto di vista dell'immagine e del posizionamento nei motori di ricerca.

Apparentemente sembra che l'ecosistema di siti web sia sconfinato, un mondo che si dilata espandendosi ogni giorno includendo nuovi contenuti, nuove esperienze di vita, nuove idee.

Non vi sono dubbi che le attività sul web possano essere di grande utilità sociale, possono permettere un accrescimento culturale, la socializzazione e le attività di svago. Le prospettive economiche e le opportunità sembrano essere senza limite e questo, ovviamente, alimenta il volano espansivo. Come ovvio, laddove si rinviene un grande afflusso di capitali, di persone e di opportunità, si dispiegano anche attività criminali. Alcune delle quali sono state tratteggiate nei paragrafi che precedono.

Eppure, quando si pensa a queste attività, si tende a farle confluire, o per meglio dire, ad identificarle esclusivamente nel contesto ben noto a tutti: ovvero nel web liberamente accessibile attraverso i canali tradizionali.

Quindi, è ovvio includere tutte le attività illegali nell'alveo di quei luoghi virtuali che sono rintracciabili mediante la ricerca con i motori di ricerca (es. Google, Yahoo!, Bing, YouTube, ecc.), tramite i link, ovvero attraverso la digitazione dell'URL del sito internet così da raggiungerlo rapidamente.

Eppure tutto questo sconfinato mondo, visibile e liberamente accessibile rappresenta solo una porzione di quel che in realtà avviene in rete.

Infatti, è stato stimato che solamente il 4% di tutto ciò che è presente sul web sia liberamente accessibile ovvero indicizzato. Un famosissimo studio condotto nel 2000 dalla Bright Planet, che tuttavia vista l'esponenziale crescita del web risulta ormai ben lontano dall'attualità, stimò che nel web vi fossero oltre 550 miliardi di documenti, mentre Google, quale motore di ricerca più diffuso, né indicizzava solamente 2 miliardi, ossia meno dell'uno per cento del totale. Oggi le capacità di analisi dei motori di ricerca sono nettamente più raffinate, tuttavia, restano lontanissime dall'ammontare complessivo di contenuti presenti nel web.

Questo insolito studio, iniziò ad alimentare diverse teorie che portarono ad interrogarsi sull'ubicazione di tutto ciò che era sicuramente presente nel web ma, per diverse ragioni, risultava apparentemente invisibile.

Giocando su alcune terminologie, prelevate impropriamente da ambiti scientifici cosmologici, sembrerebbe che, così come un tempo si stimava (Panek R.) che il 96% della materia dell'universo fosse materia oscura, una quasi equivalente percentuale di materiale presente sul web potesse esser definito in maniera analoga.

In realtà il web, ha una strutturazione molto complessa, certamente immensa e contraddistinta da molte diverse variabili che ne rendono difficile l'analisi. Tuttavia può essere sommariamente diviso in tre differenti strati, che possono agevolmente essere pensati come autonomi ecosistemi. Ciascuno con proprie finalità, autonomi utenti e spesso usi.

Partendo da questo concetto si può iniziare a dire che il web, inteso come quello spazio digitale dove chiunque può accedere ad ogni risorsa, ad ogni contenuto, commento, o pagina, rappresenta solamente la c.d. punta dell'iceberg. Una minima parte che, tuttavia, ha un ruolo assolutamente significativo. In questo ecosistema si svolgono gran parte delle attività economiche, qui i *brand* competono per ottenere visibilità. In questo segmento superficiale del web si svolge una feroce guerra quotidiana per cercare di ottenere il massimo risalto possibile. Idealmente può essere raffigurato come una sorta di vetrina, costantemente illuminata, che tenta di attirare l'attenzione degli internauti.

Vi possiamo trovare informazioni, conoscenze, proposte commerciali e tantissimi altri contenuti sia testuali che multimediali. Un luogo di libero scambio di idee e conoscenze pensato appositamente per essere esplorato da tutti.

Oltre a questo strato di superficie, però, si trovano altri differenti modelli con obbiettivi e funzioni molto diverse ma procediamo con ordine.

Sembra giunto il momento di ricordare che si suole dividere il web in tre macro aree: il *surface web* (rete di superficie); *deep web* (rete di profondità); *dark web* (rete oscura).

Come si vedrà fra poco, la differenza fra queste aree è netta benché, talvolta, identificare con precisione il confine dell'una e l'inizio dell'altra può apparire incerto.

Lo strato superiore, per così dire il primo ecosistema di cui si è parlato fin d'ora, è il surface web. Chiaramente attinente a tutte quelle attività che, indipendentemente dalla loro liceità, possono essere facilmente raggiungibili attraverso l'indicizzazione nei motori di ricerca ovvero mediante la digitazione dell'indirizzo URL o con i collegamenti ipertestuali. Come si è accennato in precedenza è un luogo dove la visibilità ha un ruolo chiave. Spesso può essere identificato come il punto di incontro fra aziende e consumatori. Ormai quando dobbiamo acquistare qualcosa abbiamo l'abitudine di reperire informazioni sul web. Indipendentemente che si tratti di un bene materiale, di un servizio, di un professionista, andiamo subito a ricercare notizie nel web. Cioè che ci appare dai risultati dei motori di ricerca sono i contenuti presenti nel web di superficie. Tant'è vero che riusciamo, salvo rare eccezioni, a utilizzarli per estrapolarne conoscenze.

Diversa struttura ha deep web che costituisce un autonomo mondo digitale. La sua funzione è ben diversa da quella illustrata poc'anzi. Difatti il deep web è usato per contenere quell'insieme eterogeneo di documenti, pagine, offerte promozionali e contenuti multimediali, che hanno come destinatari un ristretto o ben specifico numero di persone. Questo può avvenire per varie ragioni che, in linea di principio, nulla hanno a che vedere con attività illecite.

Il ruolo del deep web è di garantire l'accessibilità di risorse personalizzate ovvero dedicate al singolo utente. D'altronde è indubbio che se qualcosa è nel web di superficie, quindi liberamente accessibile a tutti, non può creare quel senso di scarsità o di percepito valore che ne giustifica l'esclusività. In pratica il deep web racchiude quei contenuti riservati ad abbonati, oppure a soggetti qualificati e/o selezionati che possono accedere a banche dati, a informazioni, oppure a risorse informatiche specifiche. Si pensi alla possibilità di accesso per uno studente al materiale didattico caricato sul portale del proprio ateneo, oppure la possibilità di prenotarsi ad un esame on-line.

Sono contenuti che non appaiono accessibili a chiunque ma solo agli utenti che rappresentano una *élite*. Stessa cosa può dirsi per la possibilità di vedere dei contenuti multimediali magari acquistati con un abbonamento, od ancora tutti quei sistemi che permettono di giocare, anche gratuitamente, on-line previa autenticazione dell'utente. Sono risorse, servizi e beni messi nella disponibilità di alcuni utenti selezionati. Indipendentemente che siano paganti o meno.

Analogamente, benché in modo più temperato, può dirsi di un social network, solo gli iscritti e precisamente gli iscritti che sono nostri amici (ipotizzando di aver inserito alcune restrizioni alla visualizzazione dei nostri contenuti) potranno visionare ciò che carichiamo sul portale.

Nella maggior parte dei casi, questi servizi, questi contenuti, proprio perché personalizzati o rivolti ad un numero ristretto di utenti, non sono indicizzati. Sicché non sempre compaiono nelle ricerche effettuate con i motori di ricerca. Spesso sono risorse che richiedono dei sistemi di autenticazione, pongono, quindi, una barriera che scinde i soggetti autorizzati da quelli che non possono usufruire del servizio.

Andando più nello specifico il deep web è rappresentato, sia da tutte quelle attività svolte su internet che non risultano indicizzate dai motori di ricerca, che da quei siti o pagine con accesso limitato. Laddove per aree ad accesso limitato si intende uno spazio unico a cui l'utente può accedere tramite l'identificazione con uno username e una password, pertanto, si tratta di un'area che è unicamente accessibile ad utenti già registrati.

Risulta evidente che, in ambienti dove c'è una misura di protezione che interdice l'accesso ai soggetti non autorizzati, è più facile che possano ipoteticamente verificarsi attività illecite.

Tuttavia le attività illegali continuano a rappresentare delle eccezioni, le fattispecie più diffuse sono reati d'opinione con attività che possono giungere a diffamare o svolgere altri reati, altamente dannosi per la vittima e parimenti riprovevoli ma che, comunque, generano (a torto) una bassa sensazione di pericolo nell'immaginario collettivo.

In realtà il deep web può prestarsi ad attività illecite, è dunque possibile che organizzazioni criminali con limitate capacità tecnologiche ovvero singoli gruppi criminali possano utilizzare gli strumenti base del deep web. Tuttavia la gran parte delle attività svolte in quest'area del web non è indirizzata a condotte criminali e, laddove ciò avvenga, si tratta prevalentemente di attività di pericolosità sociale contenuta. Quali, ad esempio, la condivisione illegale di materiale soggetto al diritto d'autore, reati contro l'onore, ideologie razziste ecc.

Possono essere presenti anche condotte sicuramente più gravi, giusto per fare alcune ipotesi si pensi alla condivisione di materiale pedopornografico od attività di organizzazione di sabotaggio informatico mediante la realizzazione di virus, intesi nella accezione atecnica e quanto più generica possibile per comprendervi tutte le differenti tipologie di software dannosi.

Cercando di raffinare la nostra analisi sul deep web, occorre dire che esso si compone di una vasta serie categorie differenti di documenti che, per la loro strutturazione, appaiono tipicamente invisibili, o per meglio dire, nascosti. Pertanto possiamo parlare di:

1. *Contenuti dinamici*, ovvero pagine dinamiche che, per la loro natura di essere basate su contenuti generati di volta in volta sul *server* in base a specifiche richieste dell'utente, sono inaccessibili a terzi soggetti. Per fare qualche esempio, la creazione delle pagine a seguito di una ricerca su un qualunque motore di ricerca, ivi compresa gran parte dell'indicizzazione; ovvero le aree private di siti che operano l'e-commerce dove, ciascun utente, troverà i propri dati e l'elenco dei propri ordini.
2. *Pagine non collegate* ovvero delle pagine *web* che non presentano nessun collegamento con altre pagine. Esse sono generalmente accessibili digitando manualmente, nel campo URL alcune specifiche combinazioni di caratteri alfanumerici. Pertanto non risultano indicizzate nei normali motori di ricerca.
3. *Contenuti ed aree ad accesso ristretto* che, come abbiamo già avuto modo di spiegare in precedenza, sono siti che richiedono una registrazione per l'accesso a determinate aree, ovvero specifiche autorizzazioni concesse dal gestore del sito.
4. *Script* in questo caso trattasi di pagine che risultano di difficile identificazione in quanto possono essere raggiunte solo attraverso l'utilizzo di link realizzati nel linguaggio di scrittura Javascript o in Flash e che quindi necessitano di procedure peculiari.
5. *Contenuti non testuali* ovvero *file* multimediali. Tuttavia, alcuni motori di ricerca quali, Google, sembra siano ormai in grado di effettuare una indicizzazione di molti di questi contenuti.
6. *Contenuti banditi* dai comuni motori di ricerca in quanto illegali: di questa categoria fanno parte siti pedo-pornografico, commercio e produzione illegale di droghe e armi ovvero siti sottoposti a censure governative.

A questo punto della trattazione, chiarificato il concetto di deep web, possiamo scendere più in profondità per esaminare gli abissi del web. Ubicazione dove, a differenza di quanto detto in precedenza, l'illiceità è la regola e non l'eccezione.

Il dark web (Fedriani 2014), in effetti, è circondato dall'oscurità del mistero e la sua semplice concettualizzazione è praticamente assente nella visione ideologica di coloro che navigano normalmente nel web. D'altronde non potrebbe essere diversamente in quanto, salvo uno specifico interesse dell'utente, che quindi si adopererà attivamente per navigare nel dark web, non avrà mai modo di intrufolarsi, anche solo per curiosare, nelle profondità del web.

La funzione del dark web è tipicamente di creare un ecosistema occultato ed inaccessibile. Le motivazioni per le quali si può operare in questo luogo possono essere molto varie. Potrebbero esserci motivi di segretezza, attività di informazione in opposizione a regimi dittatoriali, attività di intelligence. In realtà, però, la maggior parte delle volte l'uso del dark web serve a preservare l'animato in attività totalmente illecite.

Prima di tutto, va chiarito che per navigare nel dark web, è necessario l'utilizzo di strumenti, soprattutto software, oltre a determinate conoscenze dei meccanismi del sistema.

Le prerogative principali del dark web sono da individuarsi, da un lato nella navigazione in incognito, ovvero una serie di accorgimenti che permettono di muoversi nel web senza lasciare tracce (o quasi), dall'altro l'accessibilità a siti, contenuti ed attività fortemente legati alla criminalità ed alla illegalità.

Nel dark web, infatti, per le sue prerogative occulte (Trua 2014), sono presente innumerevoli attività illegali quali *black market* dove è possibile trovare ogni sorta di oggetto in vendita, sito con immagini pedopornografiche a volte anche di minori, il commercio di armi, offerte di farmaci proibiti, siti rivolti a pedofili, fino a giungere alla tratta di esseri umani e la vendita di organi umani.

Nel dark web possono essere anche rinvenute attività quali servizi turistici sessuali, servizi di hacking e cracking, kit per clonare carte di credito, documenti falsi, inserzioni per l'arruolamento per attività terroristiche, attività estorsive e furto di dati ed identità digitali, sette sataniche e qualunque altra attività illecita possa venire in mente.

Questo "lato oscuro del web", tuttavia, appare del tutto invisibile per chi si muove normalmente nel surface web e nel deep web. Difatti è praticamente certo che una persona che naviga nel web non finirà mai in vita sua a contatto col dark web salvo non né conosca l'esistenza e non abbia un rilevante motivo di navigarci.

I siti del dark web sono, ovviamente, fuori da ogni indicizzazione dei motori di ricerca e presentano delle peculiari caratteristiche di progettazione, che vedremo in seguito, capaci di occultare l'esistenza del sito ai normali strumenti di rilevamento adottati dai motori di ricerca.

Per queste ragioni alcuni stati si sono già dotati di apposite unità preposte alle attività di intelligence e setacciamento del dark web. Si pensi alla Joint Operation Cell che, dal novembre 2015 nel Regno Unito, svolge per conto della British intelligence agency e per la National Crime Agency attività unicamente rivolte alla vigilanza sul dark web.

Nel dark web è possibile nascondere il proprio IP e la nazionalità dello stesso, analogamente, attraverso dei sistemi crittografici ed appositi software e browser, si possono occultare interi siti web.

Infatti, affinché l'utente possa identificare il sito presente nel dark web, è necessario che disponga degli stessi strumenti di crittografia utilizzati per occultare il sito, inoltre, deve avere contezza dell'indirizzo URL, dell'esatto dominio del sito e del percorso che deve indicare per raggiungerlo.

Tuttavia, anche in questo caso, conoscendo le adeguate informazioni è possibile adoperare degli strumenti, come ad esempio appositi motori di ricerca per il dark web (Ahmia.fi, Hidden wiki, Torch, Tordir, Grams ecc.) ma essi funzionano unicamente attraverso l'ausilio di tecnologie idonee quali, per esempio, l'uso di appositi browser. Va anche chiarito che questi strumenti hanno spesso vita molto breve e possono rapidamente svanire dal mercato.

L'impianto del dark web tuttavia, ha ulteriori risorse nascoste come la duttilità che permette ai mercati neri ed i punti di aggregazione criminale di apparire e svanire con grande rapidità.

Infatti, se esistesse un mercato stabile e duraturo, comporterebbe grandi rischi di infiltrazione da parte di autorità di polizia giudiziaria. Dunque la realtà del dark web si sedimenta su strutture mobilissime, dove i mercati tendono ad avere vita breve, in genere non più di sei mesi od un anno. Quindi vengono rimpiazzati e sostituiti da nuove strutture così da renderne più difficile l'identificazione.

3.1 Le caratteristiche del dark web

I siti presenti nel dark web sono fuori da ogni indicizzazione dei motori di ricerca, inoltre presentano delle peculiari funzioni di progettazione capaci di occultare l'esistenza del sito ai normali strumenti di rilevamento.

Caratteristica basica del dark web è l'implementazione di siti che usano dei domini di primo livello di tipo ".onion". Il termine deriva proprio dal sistema di protezione "a strati" come fosse una "cipolla". Rimuovendo i vari strati protettivi esterni ci saranno nuovi livelli di cifratura e di rimbalzo dell'indirizzo IP a difesa dell'anonimato dell'utente.

Le origini della navigazione anonima nonché del più noto browser utilizzato nel web a questo scopo, è da individuarsi nelle ricerche svolte da Paul Syverson e Micheal

Reed. I quali, su commissione della US Naval Research Laboratory, progettarono un sistema di navigazione con lo scopo di proteggere le trasmissioni dei dati e delle comunicazioni dei servizi segreti americani. In seguito, il progetto fu acquisito e sviluppato dalla DARPA (Defense Advanced Research Projects Agency) che, a partire dal 1997, ha continuano a curarne lo sviluppo.

Nel 2002 venne rilasciata la versione alpha di questo software di navigazione in incognito, che fu chiamato The Onion Routing project, meglio noto come TOR.

Tale denominazione che, ovviamente, si ispirava al termine inglese *onion* (cipolla), era stata scelta per richiamare l'azione crittografica "a strati", che veniva operata sull'attività del router.

Infatti, in una classica sessione di navigazione nel web, le tracce di ciò che ricerchiamo, dei siti che visitiamo e delle attività svolte, vengono trasferite dal nostro computer (Client) al Server attraverso una trasmissione che potremmo definire "in chiaro", ovvero senza alcuna modalità di cifratura né protezione particolare.

Dunque, la navigazione usuale lascia tracce visibili sia sul proprio computer che sui dati del server. Questo consente, quindi, l'identificazione dell'IP da parte del gestore del sito internet visitato. In tal maniera è possibile individuare con precisione quale connessione è stata utilizzata e, laddove sulla stessa non vi sia una rete locale o rete aziendale, il singolo PC usato.

Pertanto, ogni attività svolta con queste modalità può essere identificata dalle autorità di polizia giudiziaria che, sulla base di precisi precetti di Legge, laddove autorizzati dal Giudice nel corso di una indagine di *digital forensics*, possono operare per la ricerca e la raccolta di indizi, fonti di prova.

Al contrario, nel caso in cui si utilizzi un browser come Tor, il segnale iniziale, invece di palesarsi con il proprio IP, attraversa una moltitudine di nodi viene a confondersi rendendone quasi impossibile l'identificazione.

In aggiunta le informazioni ovvero i messaggi immessi attraverso la navigazione con questi browser, vengono cifrati attraverso un meccanismo di criptazione dinamica a più strati.

Ogni nodo interessato da questa operazione viene a ritrasmettere, in modo del tutto casuale, ad altri nodi che processano una parte di informazioni prima di effettuare, a loro volta, una nuova trasmissione attraverso una chiave di criptazione, sempre diversa, basata sull'utilizzo di codici hash.

Occorre dice che il sistema di trasmissione di dati utilizzato da TOR si basa su due parti: da un lato circa 6.700 computer resi disponibili da volontari che formano una rete mondiale di nodi, per l'appunto chiamata, Tor Network; dall'altro un software gratuito che consente di accedere al browser. Quindi i dati degli utenti sono criptati con un sistema di livelli multipli che coinvolge almeno tre nodi, prima di raggiungere la destinazione.

Ogni nodo esegue una operazione di de-criptaggio di un solo livello prima di passare i dati al nuovo nodo. Quindi ogni nodo conosce il percorso del precedente nodo e del successivo ma non gli altri nodi interessati nella trasmissione né, peraltro, è in grado di stabilire chi sia il primo nodo.

Pertanto l'IP finale che immancabilmente risulterà non sarà quello dell'utente che ha utilizzato Tor, ma bensì un IP casuale identificativo di un qualunque nodo che può risultare ubicato in qualsiasi parte del mondo.

Questo sistema, inoltre, appare tanto più roccioso quanti più sono gli utilizzatori. Infatti, l'utilizzo massivo di Tor consente di interessare molti più nodi e, pertanto, permette una complessa rete di trasferimento di dati fra un nodo e l'altro.

Tuttavia, va detto che mediante l'ausilio dei programmi trojan, mediante lo sniffing ed attraverso i captatori informatici è possibile effettuare alcune forme, non sempre perfette, di tracciamento. In ogni modo, per ragioni di chiarezza espositiva, la trattazione di questi argomenti, oltre all'indicazione di alcune operazioni svolte dalla polizia nonché le attività di ricerca.

Una differente metodologia di accesso per la navigazione anonima è costituita dall'utilizzo dell'Invisible Internet Project, meglio noto con l'acronimo di I2P.

Questo sistema si basa, anch'esso, sull'uso di nodi e permette alte funzionalità che garantiscono forti livelli di anonimato. Alla data attuale sono conteggiati circa 55.000 nodi, elemento che rende ancora più complessa l'identificazione degli IP degli utenti. Secondo taluni è possibile la presenza di fragilità che, quindi, possono potenzialmente permettere ipotetici exploit (in informatica, con codesta definizione, si vuole indicare un codice che, idoneamente iniettato nel codice di programmazione, sfruttando un bug od altre vulnerabilità di sistema, è in grado di portare all'esecuzione di codice non previsto. In questo modo è possibile, per l'hacker, ottenere dei privilegi su un determinato strumento informatico, ovvero sito, sino a prenderne il controllo).

Il meccanismo di funzionamento di I2P si sostanzia nell'assenza di librerie ed inoltre, ogni trasmissione di dati, è codifica mediante un sistema che prevede quattro livelli di crittografia.

In particolare la tecnica di trasmissione utilizza il sistema del peer-to-peer per realizzare dei tunnel (Il tunnel è identificato con una procedura di trasmissione che filtra i dati attraverso il c.d. I2PTunnel HTTP proxy "eepproxy". Ovvero una modalità di criptaggio dei dati che consente, passando attraverso un server che si interpone fra client e server di destinazione, di attuare un migliorare il livello di protezione dell'identità dell'utente del dark web.

Esistono poi, dei siti internet che permettono di eseguire ulteriori servizi per anonimizzare. Essi funzionano grazie alla composizione dell'indirizzo URL che si vuole ricercare mediante una finestra e, quindi, il sito non sarà immesso direttamente nella barra degli indirizzi ma passerà attraverso il server permettendo la navigazione senza lasciare traccia. Infatti le attività di ricerca ed i siti visitati, vengono, per l'appunto visitati, attraverso un meccanismo che oscura ogni riferimento dell'IP dell'utente ed evita il tracciamento sui motori di ricerca.

In sostanza è come se il sito intermediario "cercasse" nel web con il proprio IP oscurando ogni riferimento agli IP degli utenti.

Analogamente esistono altri software in grado da garantire l'anonimato per specifiche attività, quali, ad esempio, la condivisione peer-to-peer quali Rshare.

Ulteriormente, sono disponibili dei servizi che, ricalcando il modello dell'ormai scomparso ninjacloack.com, permettono la navigazione anonima anche attraverso l'utilizzo di reti aziendali e/o pubbliche.

In sostanza, il servizio funziona attraverso l'ausilio di un proxy anonimo garantisce alti livelli di anonimato a tal punto da evitare l'infezione da parte di trojan, worm od altri virus informatici.

Altri sistemi di occultamento possono essere applicati manovrando i DSN (Domain Name System). In questo caso si tratta di server che, grazie a complesse operazioni, permettono di commutare il nome identificativo di un sito internet da numeri ad un nome per noi comprensibile. Ogni DNS ha delle differenti configurazioni nonché delle specifiche regole. Si possono scegliere dei server che bloccano indesiderati, altri che prevengono siti phishing oppure si può scegliere un server stabile, ovvero un server che favorisca la sicurezza rispetto ad eventuali tentativi di tracciamento.

Per la nostra trattazione interessano unicamente i DNS che possono garantire una migliore capacità di anonimizzare come nel caso di anonimoX per il browser Firefox e Proxy SwicthySharp e Proxy SwitchyOmega per il browser Chrome.

Attraverso i quali, come detto in precedenza, è possibile ingannare i software e rendere più complesso il tracciamento.

Per completezza espositiva, appare interessante accennare alla navigazione anonima attraverso l'uso di una Virtual Private Network (VPN). Essa consiste in una rete di telecomunicazioni privata, attraverso cui è possibile collegarsi, da remoto alla rete informatica e sfruttare la trasmissione anonima. Essa sarà protetta attraverso un tunnel virtuale che, di fatto, permette di operare sul web come se si fosse fisicamente collegati via cavo al server. Per la nostra analisi e interessante ricordare l'esistenza delle modalità più tecnologicamente avanzate di VPN rappresentate dal Secure VPN.

Il limite della capacità di restare anonimi risiede quasi totalmente al fattore umano. Occorrendo importanti procedure per garantire la totale riservatezza dell'utente, è facile che si dimentichi qualche passaggio rendendo possibile l'identificazione.

4. Cenni sulle criptovalute: dall'ECash ai moderni Bitcoin e Dash

Giunti a questo punto della trattazione sembra doveroso fare qualche breve appunto su queste monete virtuali che, come abbiamo accennato in precedenza, rappresentano il mezzo di pagamento preferito per il traffico illecito perpetrato attraverso i canali informatici. Si ricorda, comunque, che le criptovalute sono, comunque, uno strumento assolutamente lecito utilizzabile per effettuare operazioni nella piena regolarità legale.

L'origine delle criptovalute è individuabile nei primi anni Novanta. Più precisamente nel 1990 quando David Chaum, noto per aver inventato numerosi protocolli di protezione crittografici dei dati, decise di fondare la DigiCash Inc.

Lo scopo di questa giovane startup era di creare un sistema pubblico di pagamenti on-line. Ciò doveva realizzarsi grazie ad avanzati protocolli crittografici in grado di garantire la sicurezza delle transazioni evitando, sia alle banche che alle istituzioni governative, di seguire le tracce personali dei fruitori del servizio. In sostanza l'obbiettivo era riuscire a generare un sistema di transazioni protetto ed economico che, sfruttando la tecnologia delle reti informatiche, riuscisse ad eludere ogni forma di tracciabilità sui dati personali.

Il progetto iniziale prese il nome di DigiCash (contrazione di Digital Cash ovvero denaro digitale) successivamente sostituito dalla denominazione ECash.

Il modello pensato da Chaum si basava sull'adozione di specifiche tecnologie ed appositi strumenti software. In questo modo si riusciva ad ottenere una forma di pagamento elettronico anticipato che richiedeva permetteva per di trasferire denaro in sicurezza, senza però, passare per il sistema bancario tradizionale. Il modello si basava su chiavi di cifratura crittografica multilivello.

Il sistema creato dalla nuova criptovaluta sembrò in grande ascesa tanto da riuscire, nel corso del 1998, a sviluppare nuove intese commerciali con importanti gruppi bancari europei come avvenuto con: Deutsche Bank (Germania), Credit Suisse (Svizzera), Bank Austria (Austria), Posten AB (Svezia), Den Norske Bank (Norvegia) e Merita Bank (Finlandia).

Tuttavia, proprio all'apice del successo, il sistema di controllo delle transazioni andò in collasso in quanto risultò incapace di gestire l'enorme quantità di dati necessari. Infatti, per garantire l'efficiente funzionamento dei meccanismi di trasmissione delle operazioni concluse, sarebbe stata necessari la blockchain ma, all'epoca, ancora non era utilizzata. Sicché nei primi mesi del 1999 la DigiCash Inc. finì in bancarotta e venne definitivamente liquidata nel 2002.

Un secondo importante tentativo di creazione di una moneta virtuale avvenne nel 1998 con il Beenz. Questa nuova criptovaluta ottenne subito un grande successo con gli utenti e con le imprese che deciso di accettarla come mezzo di pagamento. Il meccanismo di funzionamento era basato sulla necessità di registrazione da parte dell'utente su di un apposito sito internet ed aprirvi un conto corrente virtuale. Al fine di favorire l'utilizzo della moneta, i nuovi iscritti ricevevano una piccola quantità di Beenz subito spendibili in negozi (principalmente on-line) o piattaforme di e-commerce. La fine della moneta fu decretata dall'improvvisa esplosione della bolla speculativa Dot-com del 2000 che travolse anche la piattaforma (NEVAER L. E. V.).

Seguirono altri tentativi di creazione di monete virtuali ma sicuramente la prima ad aver un successo planetario fu il Bitcoin creato nel 2009. Le origini di questa criptovaluta sono da collegarsi al nome di fantasia Satoshi Nakamoto.

Fra le caratteristiche principali di codesta valuta, spicca immediatamente l'assenza di un ente centrale che ne gestisca la diffusione e svolga quelle classiche operazioni di politica monetaria. I Bitcoin si fondano su un database distribuito, ovvero su una pluralità di elaboratori server e PC (chiamati nodi) che sono dislocati in varie parti del mondo e che tracciano le transazioni. I sistemi di protezione adottati sono di tipo crittografico con la presenza di chiavi pubbliche di protezione.

I Bitcoin vengono "depositati" in portafogli digitali (*wallet*) che, attraverso la blockchain, consentono di evitare il rischio di perdere tutto il denaro in caso di furto o smarrimento del PC o del dispositivo mobile associato.

L'assenza di una istituzione centrale, nonché la diffusione peer-to-peer, rende impossibile effettuare sequestri sui Bitcoin; inoltre, stanti particolari meccanismi di protezione della privacy, è complesso identificare le generalità di coloro che hanno effettuato le transazioni. Motivo per cui sono alti i timori legati a possibili contaminazioni di organizzazioni dedite al riciclaggio di denaro. Peraltro si regista che nel corso del tempo sono state sviluppate diverse normative per contrastare le operazioni di anti-riciclaggio.

L'altra grande tematica legata all'assenza di una banca centrale è la protezione dall'annoso problema del *double spending,* tipicamente risolto nelle piattaforme di e-commerce. Detto problema si sostanzia nell'ipotesi in cui un utente decida di spendere più volte lo stesso denaro attraverso transazioni on-line.

La soluzione trovata dalla tecnologia Bitcoin è nel registro pubblico delle transazioni, c.d. blockchain, che viene costantemente validata onde evitare che avvengano azioni fraudolente. La blockchain altro non è che una catena di blocchi di operazioni che vengono elaborate dai *miners* (minatori). Con quest'ultima definizione si indicano utenti che mettono a disposizione la capacità di calcolo dei propri elaboratori ottenendo, in cambio, la possibilità di ottenere dei Bitcoin gratuiti.

Tutti questi elementi appena mostrati, come e facile immaginarsi, appaiono molto appetibili per la criminalità organizzata che, pertanto, è sempre più indirizzata all'uso di questi nuovi strumenti di pagamento.

Riguardo ai Bitcoin occorre dire che sono un mezzo di pagamento preferenziale dalla criminalità informatica ma, restano comunque una valuta lecitamente distribuita e riconosciuta in molti paesi.

Dunque i Bitcoin, ad oggi, possono essere scambiati con molte valute nazionali e moltissime organizzazioni ed associazioni accettano, ormai, donazioni in Bitcoin come ad esempio la Free Software Foundation e Wikimedia Foundation. Tuttavia anche colossi dell'e-commerce come Amazon oppure eBay hanno aperto ai Bitcoin. Dal novembre 2013 nell'Isola di Cipro, l'Università di Nicosia ha deciso di accettare i Bitcoin come strumento di pagamento delle tasse universitaria.

Nell'aprile 2013 Bloomberg ha stimato che l'economia legata ai Bitcoin ammonterebbe a circa 1,4 miliardi di dollari.

Tuttavia, questa valuta ha destato anche molte preoccupazioni. Infatti, qualche anno fa la Banca d'Italia ha preso posizione ritenendo "troppo rischiose" le operazioni effettuate in Bitcoin, sconsigliandone l'uso. La Banca d'Italia, inoltre, ha invocato un intervento legislativo di regolamentazione del mercato dei Bitcoin.

In ogni caso, nonostante le forti, seppur giustificate, ritrosie delle banche centrali, l'evoluzione del Bitcoin sembra molto forte, si pensi che dal giugno 2015 è quotato, presso la Borsa di New York, con un apposito indice "NYSE Bitcoin Index" (NYXBT) che rappresenta il cambio tra dollaro americano e Bitcoin.

Premesso quanto fin qui accennato sulla liceità delle operazioni effettuate in Bitcoin, non è certo mistero che detta valuta virtuale ben si presti ad attività oscure svolte nel dark web. Infatti i Bitcoin, oltre a non essere sequestrabili giacché manca una autorità centrale, garantiscono un alto grado di anonimato. Infatti, ciascun possessore di Bitcoin può, agevolmente, creare infiniti *wallet* (portafogli/conti) che, a differenza degli IBAN bancari, non sono riconducibili al titolare, dunque restano anonimi e pressoché irrintracciabili.

Il sistema di transazioni, poi, è affidato ad un meccanismo detto mining, che consiste nell'effettuare operazioni mediante una rete di nodi formata dai PC di utenti (detti minatori) che, dietro una piccola percentuale (solitamente molto inferiore all'1% del valore della transazione), mettono a disposizione il loro computer per svolgere parte delle operazioni necessarie alla transazione. Questo sistema, tuttavia, necessita di innumerevoli calcoli perché la transazione verrà spezzettata in tante piccole operazioni e distribuita su molteplici PC di utenti/minatori. Pertanto, saranno necessari diversi nodi e ciò, di fatto, renderà impossibile determinare da dove è partita la transazione e dove è arrivato il flusso di Bitcoin.

L'unica cosa che, effettivamente, sarà possibile individuare è l'ubicazione, non sempre esatta, dell'ultimo nodo ma, di fatto, tale dato risulta del tutto irrilevante in quanto la mera individuazione dell'ultimo minatore non permette di risalire a tutte le operazioni. Pertanto, quanto più frammentata sarà la modalità di trasmissione dei bit che veicolano la transazione e maggiore sarà la sicurezza di non essere tracciati.

Quanto al Dash, noto fino al marzo 2015 anche come Darkcoin, si può dire che rappresenta una evoluzione del Bitcoin, infatti è una criptomoneta che utilizza i canali del peer-to-peer per effettuare le transazioni.

In altri termini è una moneta virtuale che, acquistata attraverso un cambio di valuta fra Bitcoin e Dash, si trasforma in una valuta virtuale criptata (Attraverso un algoritmo che adotta il codice di hash, noto come X11) con sofisticati sistemi che ne escludono, ad oggi, ogni forma di tracciabilità.

Infatti, oltre al sistema di criptaggio, le disposizioni di pagamento effettuate da più utenti vengono convogliate in un'unica transazione che, passando per una sorta di tunnel, infine, sfocia verso i rispettivi punti finali di destinazione. Pertanto è assolutamente impossibile, con le tecnologie attuali, identificare i flussi monetare che vengono a disperdersi nel tunnel di dati.

Inoltre, laddove attraverso delle avanzate tecnologie euristiche, fosse possibile ipotizzare l'identificazione di alcuni flussi resterebbe, comunque, il problema di decriptare delle operazioni effettuate. Questione decisamente di non banale soluzione visto che il sistema di criptaggio utilizza una fra le varie tipologie di algoritmo *SHA* che consente una chiave protetta da 256 bit. Per comprendere la portata di sicurezza basti pensare che nell'ambito del progetto *distributed.net* si riuscì a trovare la chiave di soluzione di alcuni sistemi criptati a 56 bit in circa 5 anni di dure ricerche.

Quindi, quando si parla di deep web, di dark web ed attività di criminalità organizzata o terrorismo, è indispensabile lo studio delle reti sociali. Infatti, una parte delle operazioni di intelligence avviene proprio attraverso la *social network analysis*. Ciò consente di trovare quelle vaghe tracce di ciò che avviene nelle profondità del web. Infatti, nonostante le molte cautele, sono proprio le relazioni ed i sociali network a consentire di comprendere i legami fra soggetti inseriti nella criminalità che opera nelle profondità del dark web.

4.1 Approfondimento su alcune fra le principali criptovalute: Ethereum e Ripple

Osservando le differenti criptovalute, la grande antagonista dei Bitcoin, è l'Ethereum. Questa moneta trae origine dall'intuizione di Vitalik Buterin. Benché meno conosciuta al grande pubblico, la moneta Ethereum è largamente utilizzata ed oggi ha raggiunto un livello di diffusione estremamente vasto, capace trasformare la giovane criptovaluta nell'antagonista per eccellenza del Bitcoin.

L'Ethereum, al pari dei Bitcoin, si basa su di un network di scambi di valore monetario che si pone come autonomo e indipendente da un'autorità centrale. La strutturazione dell'Ethereum fa capo, così come i Bitcoin, ad una piattaforma blockchain definita di nuova generazione 2.0. Tuttavia le affinità con i Bitcoin si fermano a queste nozioni prodromiche.

Infatti Ethereum, è anche una piattaforma decentralizzata che gestisce i c.d. *smart contract*. In sostanza si possono creare degli appositi contratti utili per effettuare qualsivoglia operazione transattivi, in particolar modo attività legate ai servizi.

La locuzione *smart contract* (o contratti intelligenti) viene utilizzata per descrivere il codice informato che può facilitare lo scambio di denaro, contenuti, proprietà, di azioni o di qualsiasi altro valore. Quando si esegue sulla blockchain un contratto intelligente, diventa un programma autonomo che viene eseguito automaticamente, ma solo quando vengono soddisfatte determinate condizioni previste nell'accordo. Pertanto il metodo di pagamento di questi contratti avviene mediante la piattaforma usufruendo dei canali peer-to-peer.

Appare interessante sottolineare che nessuna delle due parti di un contratto intelligente potrà intervenire per modificare le clausole contrattuali che, di fatto, entreranno a far parte della blockchain. Questa forma di garanzia è il più grande vantaggio esclusivo offerto dal sistema e le sue applicazioni possono essere molteplici. Si sottolinea, in particolare che questa criptomoneta è spesso usata per gestire le scommesse online di ogni genere ed è anche usata sul mercato finanziario e speculativo.

I limiti dell'Ethereum sono legati alla regolamentazione, non essendovi alcun riferimento a normative internazionali o nazionali, la gestione delle controversie legate agli Ethereum appare di difficile soluzione. In particolare ci si domanda come siano da qualificare, dal punto di vista giuridico, i contratti intelligenti. Sul tema si segnalano delle normative sulla gestione degli smart contract introdotta in Italia con il D.L. 14 dicembre 2018, n. 135 convertito con modificazioni dalla L. 11 febbraio 2019, n. 12.

I Ripple sono la terza moneta virtuale più diffusa dopo i Bitcoin e l'Ethereum.

Nel 2004 Ray Fugger, ideatore della criptovaluta in esame, aveva pensato il Ripple quale moneta virtuale capace di decentralizzare il sistema di gestione permettendo agli individui, senza l'esigenza di una banca centrale od intermediari, di scambiare moneta grazie alle peculiarità della rete. A partire dal 2005 la nuova valuta divenne operativa assieme al suo sistema di pagamenti agganciato alla piattaforma Ripplepay.com ma, per la verità, nei primi anni di vita la nuova criptovaluta non riuscì ad imporsi sul mercato.

L'espansione ci fu nella seconda metà del 2011 quando alla guida dello sviluppo del Ripple arrivarono Chris Larsen e Jed McCaleb. La loro innovazione maggiore fu di implementare un autonomo sistema di mining (staccandolo dal Bitcoin) ed il meccanismo della blockchain.

Lo scopo del Ripple, secondo quanto affermato dai suoi creatori, è quello di eliminare e superare le difficoltà e gli svantaggi del Bitcoin, pur condividendone molti aspetti.

Una sostanziale distinzione rispetto ai Bitcoin è la presenza, nella rete Ripple, di registri di transazioni che permettono di monitorare gli scambi e completare le transazioni entro pochissimi secondi. Un altro elemento caratteristico della rete Ripple è la possibilità di scambiare facilmente denaro utilizzando diverse valute, sicché è possibile trasferire dollari ad un destinatario che invece riceverà euro.

Il funzionamento della rete Ripple si basa sul meccanismo della fiducia rappresentata dai crediti IOU (I Owe You) che rappresentano le valute reali. Ciò che si invia e riceve sono proprio questi crediti che vengono convertiti in denaro "reale" nei cosiddetti gateway Ripple. La chiave sta nel capire che tutti i debiti, ossia le transazioni, avvengono solo tra soggetti che hanno instaurato un legame di fiducia. Le transazioni Ripple sono istantanee, gratuite e irreversibili.

5. I principali sistemi di occultamento delle tracce di navigazione

Oltre a quanto detto in precedenza, ai fini di oscurare le tracce di navigazione, esistono appositi software (per esempio Oracle VM Virtual Box) che consentono di creare delle *macchine virtuali* che, di fatto, realizzano una struttura capace di ingannare gli altri computer e la rete sull'esistenza di un dato computer.

In sostanza sono procedure che utilizzano una parte del disco rigido per simulare l'esistenza di computer in modo che qualora terzi cerchino di attaccare il dispositivo, aggrediranno unicamente una macchina virtuale. In questa maniera è possibile ingannare sia i computer di terzi che gli stessi virus informatici rendendo così, estremamente difficile per le forze di polizia giudiziaria, l'immissione di trojan od altri malware idonei ad effettuare le indagini di digital forensics. Infatti i malware andrebbero ad aggredire la struttura della macchina virtuale ma, essendo la stessa, per c.d. una sorta di ologramma, non l'infezione non produrrebbe effetti sul dispositivo.

Infine, per concludere le brevi descrizioni degli strumenti tecnologici e delle modalità più diffuse è il caso di accennare al funzionamento del sistema operativo attraverso l'avvio mediante il *LiveDistro*.

Questa modalità di avvio del computer consente di avviare l'operatività del terminale attraverso un sistema operativo presente su di un supporto esterno (chiavetta USB, CD, DVD, hard disk esterno).

In questo modo è possibile utilizzare un sistema operativo in incognito che, pertanto, inibirà ogni azione di identificazione del terminale, generando una barriera di assoluta sicurezza rispetto a tutto quello che si fa attraverso il computer, senza lasciare alcuna traccia.

Usualmente, il LiveDistro (è utilizzata per il ripristino ed il recupero di dati su terminali con problemi bastantemente gravi) viene effettuato mediante il sistema Debian derivante da Linux, come nei casi dei sistemi Tails, Privatix Linux, Lightweight

Portable Security. Quest'ultimo è stato sviluppato dal Dipartimento della Sicurezza degli Stati Uniti, consente una forma ulteriore di protezione con modalità di criptaggio avanzato delle trasmissioni. Infatti, oltre all'avvio anonimo consente di criptare i dati attraverso due modalità alternative, l'Advanced Encryption Standard, meglio noto come AES; oppure il Secure Hash Algorithm 2 noto come SHA-2 (realizzato dal National Security Agency Statunitense).

Occorre ricordare che molte delle tecniche in precedenza descritte possono essere cumulate senza alcun problema. Quindi, identificare un criminale che abbia conoscenze informatiche avanzate e che, per esempio, decida di utilizzare il proprio computer avviandolo con un LiveDistro, mentre utilizza la protezione di una macchina virtuale, combinandolo con un proxy modificato e la navigazione anonima, mentre, magari effettua una transazione utilizzando come valuta i Dash, connettendosi con I2P, risulta praticamente impossibile.

Quanto al terrorismo veicolato attraversi il web, il c.d. cyber-terrorismo, giunti a questo punto della trattazione, occorre ricordare che «In ambito accademico, secondo fonti istituzionali internazionali, è possibile riscontrare due orientamenti principali rispetto al problema di una definizione di cyber-terrorismo: nel primo, target oriented, la rete è intesa come obiettivo e come arma; nel secondo, tool oriented, la rete è intesa principalmente come strumento e come supporto» (Talihärm 2010).

Dunque la rete si rivela una risorsa indispensabile per la propaganda, l'adescamento e l'indottrinamento a fini terroristici poiché «the network of computer mediated communication (CMC) is ideal for terrorists-as-communicators: it is decentralized, it cannot be subjected to control or restriction, it is not censored, and it allows access to anyone who wants it» (TSFATI 2002).

Quindi non deve stupire se, nel 2005 il Consiglio dell'Unione Europea iniziò ad occuparsi del cyber-terrorismo affermando che era necessario costruire «un quadro giuridico solido per impedire l'incitamento alla violenza e il reclutamento, esaminando modi per impedire il reclutamento di terroristi tramite Internet» (Consiglio d'Europa 2005).

Pertanto, è palese che per contrastare sia la criminalità che il terrorismo sia necessario l'uso di strumenti di prevenzione e tecnologici combinati alla *social network analysis* ed alla *social engineering*.

Quanto agli strumenti di prevenzione è bene accennare che è doveroso svolgere delle attività di monitoraggio del web con una continuità sistemica al fine di scandagliare eventuali anomalie. Oltre a questo, come vedremo in seguito nel capitolo successivo, sono importantissime le attività sotto copertura così come previste dagli art. 4 D. L. 18 ottobre 2001 n. 374 convertito con modificazioni in Legge 15 dicembre 2001 n. 438. Inoltre l'art. 7 *bis.* 2° co. D L. 27 luglio 2005 n. 144 convertito in Legge il 31 luglio 2005 n. 155 ha posto dei limiti all'attività di erogazione di servizi di telefonia ed internet. Infatti prevede che gli internet point nonché i *phone center* siano subordinati alla concessione di licenza rilasciata dal Questore. Inoltre è previsto l'obbligo, in capo all'esercente, di procedere all'identificazione degli utenti e le postazioni che hanno utilizzato congiuntamente con la data e l'ora.

Per concludere questi accenni ai sistemi di prevenzione è bene spendere qualche parola sul *data retention* (Aterno 2014). Con codesta definizione si intende quell'obbligo di conservazione dei tabulati e dei traffici internet gravanti, gratuitamente, sui fornitori di servizi di comunicazione così come stabilito, da ultimo, dalla Direttiva 2006/24 c. d Direttiva Frattini recepita in Italia con Decreto Legislativo 30 maggio 2008, n. 109. Nella sostanza veniva stabilito che i gestori, per i fini di lotta al terrorismo e sicurezza nazionale, conservassero i dati relativi al traffico telefonico per 24 mesi e relativi al traffico telematico per 12 mesi.

Tuttavia la Corte di Giustizia dell'Unione Europea, con pronuncia dell'8 aprile 2014 per le cause congiunte (C-293/12 e C-594/12, anche chiamato *DRI judgment, Digital Right Ireland and Sietlinger*) con la quale invalidava la Data Retention Directive (Direttiva 2006/24/Ce, c.d. Direttiva Frattini) ha affermato una tutela effettiva a livello Europe del diritto alla protezione dei dati personali come diritto fondamentale. Inoltre precisava che la direttiva non aveva come scopo la protezione interna dal terrorismo ma, bensì, l'armonizzazione delle normative europee e la liberalizzazione del mercato. Pertanto la conservazione massiva dei dati di traffico telefonici e telematici era legittima solo e soltanto se la normativa comunitaria di riferimento prevedeva dettagliate garanzie necessarie per la tutela di tutti i cittadini. In sua assenza risultavano violati i limiti posti dal principio di proporzionalità che guida la legislazione comunitaria. Tuttavia, questa pronuncia, provoca ora una forte incertezza sulle attività della magistratura, le cui attività di investigazione, ivi comprese quelle già svolte, potrebbero essere messe in pericolo da una declaratoria di invalidità della data normativa europea.

6. Le "protezioni" malware e le diverse tipologie di virus

I siti legati al dark web sono spesso dotati di sistemi di protezione che, basandosi su tecnologie di malware, cercando di identificare i soggetti che entrano in contato con tali ambienti. Per tale motivo sembra utile analizzare, seppur brevemente, cos'è un malware e quali tipologie esistono.

Per prima cosa è utile richiamare una citazione del microbiologo e premio nobel per la medicina Joshua Leaderber. Costui coniò una affermazione che ben si sposa anche con gli ambienti informatici «I virus sono gli unici rivali nel controllo del nostro pianeta. Dobbiamo essere attenti a tenere il passo con loro».

I virus, intesi in ambito biologico, hanno la peculiarità di essere una sorta di sequenza genetica di DNA capace di autoreplicarsi, unicamente attraverso attività parassitarie, grazie al contagio di cellule ospiti. Si caratterizzano, inoltre per avere una altissima capacità di adattamento e riescono ad evolversi con una velocità assolutamente fuori dal comune. Tuttavia, sono privi di alcune importanti caratteristiche, come la struttura delle cellule, che sono generalmente considerate necessarie per essere classificati come "vivi". Poiché possiedono alcune, ma non tutte le caratteristiche, i virus sono stati spesso descritti come «organismi ai margini della vita» (Rybicki 1990).

Dal punto di vista dei virus informatici abbiamo caratteristiche molto simili e, per certi versi, sovrapponibili. L'unico limite, esistente, almeno fino ai giorni nostri, riguardo ai virus informatici è racchiuso nell'attuale incapacità di auto-evoluzione degli stessi.

Tuttavia non è affatto da escludersi che, entro tempi relativamente brevi, sarà possibile generare dei virus informatici capaci di evolversi in modo autonomo.

A questo punto della trattazione, è necessario fare un passo in avanti e chiarire che la definizione informatica di virus è tipicamente omnicomprensiva e spesso abusata nel linguaggio comune.

Le infezioni informatiche possono essere meglio definite con il termine ben più tecnico di malware. Questo termine indica un software malevolo che, una volta eseguito, infetta dei file in modo da fare copie di sé stesso, generalmente senza farsi rilevare dall'utente.

Il ciclo di vita di un "virus" informatico ha molti aspetti comuni con il suo analogo studiato in biologia:

- *creazione*: è la fase in cui lo sviluppatore progetta, programma e diffonde il malware. Solitamente i lamer generano dei virus utilizzano linguaggi di programmazione a basso livello in modo da ottenere un codice virale di poche centinaia di byte.
- *incubazione*: il virus è presente sul computer ma non compie alcuna attività. Rimane inerte fino a quando non si verificano le condizioni per la sua attivazione. In questa maniera l'utente non è in grado di collegare l'infezione informatica al momento della sua contrazione.
- *infezione*: il virus infetta il file e di conseguenza il sistema inizia a risentirne. In questa fase c'è un *placement* del virus nei settori strategici del dispositivo.
- *attivazione*: al verificarsi delle condizioni prestabilite dal lamer, il virus si innesca ed inizia l'azione dannosa sia essa rivolta nei confronti della macchina o del possessore della stessa.
- *propagazione*: il virus espande l'infezione riproducendosi e infettando sia file nella stessa macchina che altre macchine nella stessa rete.

- *riconoscimento*: l'antivirus riconosce un certo file come infetto. Tale riconoscimento può avvenire in più modi, a seconda di com'è fatto il virus e di quali algoritmi l'antivirus utilizza per la scansione del sistema e dei file che contiene. Il riconoscimento può anche avvenire da parte dell'operatore umano nel momento in cui si accorge che il suo dispositivo ha dei problemi.
- *estirpazione*: è l'ultima fase del ciclo vitale del virus. Il virus viene eliminato dal sistema. Questa operazione può essere eseguita direttamente dall'utente oppure da un software antivirus che cerca di fermare in qualche modo l'infezione. Ciò può avvenire con la messa in quarantena del file oppure con la rimozione vera e propria.

Nel 1949 John von Neumann dimostrò matematicamente la possibilità di costruire un programma per computer in grado di replicarsi autonomamente.

La prima definizione di "virus" connessa ad un problema informatico fu coniata nel 1984 dal professore di informatica presso la University of Southern Californ, Fred Cohen che affermò «Un virus informatico è un programma che ricorsivamente ed esplicitamente copia una versione possibilmente evoluta di sé stesso». In realtà la prima vera e propria citazione di un virus informatico avvenne grazie ad un libro di fantascienza del 1972 scritto da David Gerrold intitolato la Macchina di D.I.O. (titolo originale *When HARLIE Was One*).

Ora, sorvolando sulle specifiche dinamiche storiche ed evolutive nel campo dei malware, sembra opportuno introdurre i concetti base per l'identificazione delle differenti tipologie di infezioni e sulle loro peculiari caratteristiche.

6.1 Worm

Questa categoria di malware ha la peculiare caratteristica di essere in grado di auto-replicarsi senza l'esigenza di avere uno specifico file eseguibile. Pertanto può diffondersi autonomamente senza che l'utente decida di installare alcun file.

Il worm si attiva al momento dell'accensione dell'elaboratore e si replica attraverso la rete internet. Caratteristica dei worm è di auto-inviarsi attraverso messaggi di posta elettronica. Infatti il malware ricerca i contatti mail nella rubrica ed invia una copia di sé stesso a tutte le caselle e-mail che riesce a trovare.

Questo virus è spesso realizzato con l'uso di tecniche di *social engineering* per indurre le nuove vittime ad aprire le mail oppure gli allegati presenti.

Può causare danni diretti che derivano dall'azione del virus sulla macchina infettata ma anche danni secondari. In quest'ultimo caso possono essere identificati con il drenaggio di risorse del dispositivo per auto-inviarsi oppure può occupare spazio nelle caselle mail, rallentare il sistema ovvero la navigazione.

Il primo worm di cui si ha memoria è il famoso "Morris Worm", del quale un floppy disk è custodito nel museo delle scienze di Boston. Il suo obiettivo iniziale era di contaminare più computer possibili al fine di determinare quanti fossero connessi alla rete internet. Nella storia sono stati ravvisati molti casi di Worm pandemici. Si possono citare i seguenti casi:

- Melissa: nel 1999 si diffuse in modo impressionante del mondo rappresentando il primo virus a diffondersi in tutto il mondo.
- I love you: un worm diffusosi nel 2001 che infettò circa 50 milioni di dispositivi realizzando danni per circa 5 miliardi di dollari.
- My Doom: nel 2004 si stimò che era contenuto nel 25% di tutte le mail inviate al mondo. I danni furono stimati in oltre 30 miliardi di dollari.
- SQL Slammer: nel 2003 si garantì il primato di essere il virus più veloce della storia in quanto riuscì a contaminare circa 100 milioni di dispositivi in meno 15 minuti.

6.2 Trojan Horse

Questo virus riprende il nome dal noto stratagemma del cavallo di Troia pensato da Ulisse. Il programma malevolo, dunque, si nasconde all'interno di un software utile che viene liberamente messo nella disponibilità dell'utente. L'intento è di prepara un'esca per invogliare l'ignaro internauta a compiere una determinata azione che spesso è l'installazione.

Nel momento in cui avviene l'istallazione del programma utile si realizzerà, altresì, l'impianto del software dannoso. Le prime casistiche sono stare riscontrate a partire dal 1985 con il trojan Gotcha che, presentandosi come un programma gratuito per la grafica, conteneva un programma malevolo che cancellava i dati dal dispositivo della vittima.

Oggi esistono varie tipologie differenti di trojan ma sono quasi tutte incentrate sulla possibilità di controllare da remoto il dispositivo infettato.

L'evoluzione dei trojan ha portato a nuove modalità di aggressione, non è più necessaria l'istallazione del programma eseguibile nascosto nel software scaricato dall'ignaro utente. Infatti, i nuovi trojan usano dei sistemi collegati alle macro ed ai documenti Word, Excel e pdf.

Rimuovere un'infezione da trojan non è mai operazione semplice perché può attaccare il dispositivo in modalità molto differenti. Per esempio il captatore informatico utilizzato nelle investigazioni forensi si attiva in automatico, non richiede un'azione specifica da parte dell'utente, spesso basta che il file sia presente sul dispositivo.

Fra i trojan più famosi si può ricordare:

- Storm Worm: nonostante il nome è un trojan che si diffuse nel 2007. Gli utenti, invogliati da notizie di cronaca (richiamava ad una tempesta abbattutasi sull'Europa che aveva causato 230 morti, oppure informava di una presunta morte di Fidel Castro, ecc.), aprivano degli allegati ed attivavano il virus.
- Emotet: benché noto da alcuni anni al 2020 è il virus più diffuso al mondo. Si stimano oltre 1,6 milioni di dispositivi aziendali contagiati e più di 100 milioni di dollari di danni.

Il suo funzionamento è ibrido in quanto assomiglia molto ad un worm ma combina tecniche dei trojan e delle botnet (vedi oltre). Usa anche delle tecniche di occultamento per generare delle false macchine virtuali per ingannare i sistemi di rilevamento.

6.3 Spyware

Questo tipo di malware è specializzato nella raccolta di informazioni riguardanti le attività svolte degli utenti e, quindi, si concentra sulla profilazione dei medesimi ai fini pubblicitari, di *social engineering* oppure per carpire informazioni personali.

A differenza dei worm sia gli spyware che i trojan hanno bisogno della collaborazione dell'utente per replicarsi. Pertanto l'utente dovrà istallare un software che al suo interno nasconderà questo tipo di malware. Talvolta può essere accomunato al trojan perché si nasconde il altri software gratuiti.

L'operatività, seppur mutevole, si sostanzia in una azione sottotraccia che opera in *background* raccogliendo informazioni personali, dati sensibili, password e credenziali. Alternativamente può svolgere funzioni di monitoraggio delle attività svolte dall'utente ed inviare i dati a terzi.

Gli spyware si sono diffusi a partire dalla seconda metà degli anni Novanta. A differenza di altre infezioni informatiche che mostrano la propria presenza dannosa, gli spyware possono operare nel completo anonimato. Tant'è vero che nel 2004 la National Cybersecurity Alliance rese noto l'esito di un sondaggio da cui risultava che circa l'80% degli internauti era stato aggredito da spyware e di questi, oltre 89% non si era neppure accorto dell'attacco.

Recentemente si sta assistendo ad un fortissimo incremento degli attacchi su dispositivi Mac rivolti a frodare password e account.

Fra le aggressioni spyware più famose si può ricordare Dark Hotel, diffusosi nelle reti Wi-Fi di strutture ricettizie e commerciali nel 2007. Penetrava nei dispositivi degli ospiti di hotel attraverso un meccanismo che chiedeva un piccolo aggiornamento per far funzionare la rete.

6.4 Adware

La traduzione italiana del termine può aiutare alla comprensione del suo funzionamento: adware deriva dalla contrazione della definizione "*advertising support software*" ovvero software sovvenzionato da pubblicità.

Questi malware si mostrano come fastidiosi strumenti per stimolare l'utente ad acquistare on-line. Si presentano come finestre di pop-up che si aprono autonomamente e rallentano pesantemente la navigazione internet oppure reindirizzano verso siti esterni. Talvolta impongono all'utente di eseguire una determinata azione come cliccare in un dato punto così da far scattare il meccanismo dei *pay to click*.

L'adware può svolgere tutta una serie di attività indesiderate. Vi sono delle funzionalità dei software progettate per analizzare le posizioni e i siti internet visitati, per poi presentare pubblicità pertinente ai prodotti e ai servizi collegati. L'infezione informatica può essere contratta sia scaricando materiale da internet che visitando siti che, appositamente organizzati, sfruttano vulnerabilità nel browser per contaminare il dispositivo.

Queste minacce si sono diffuse a partire dalla seconda metà degli anni Novanta. Inizialmente favoriti dall'assenza di normative repressive e teorie che li ritenevano, paradossalmente, legittimi. A partire dalla seconda metà degli anni duemila sono stati fortemente contrastati.

Fra le aggressioni Adware più rilevanti si possono ricordare le seguenti:

- Fireball: venuta alla ribalta nel 2017 quando fu stimato che avesse contagiato circa 250 milioni di computer e circa il 20% delle reti aziendali. Emerse che fosse stato sviluppato da una agenzia di marketing cinese. La sua attività è di dirottamento della connessione su siti ai fini pubblicitari.
- DollarRevenue: Nel 2007 divenne uno fra i più noti adware contaminando circa 22 milioni di dispositivi al mondo. Il suo funzionamento riguarda l'istallazione di una barra degli strumenti per tracciare le ricerche ed inviare pubblicità mirata.

6.5 Keylogger

Utilizzato per operazioni di *sniffing*, ovvero di ricerca passiva dei dati immessi dall'utente. In sostanza è una infezione informatica che si interessa a registrare tutto ciò che viene digitato nel dispositivo con tasti logici o fisici. Talvolta sono utilizzati su reti remote per trasmettere i dati di carte di credito o codici di accesso per permetterne la clonazione.

Esistono sistemi di keylogger sia hardware che software. I primi sono i più pericolosi ma richiedono che il criminale inserisca un dispositivo (simile ad una chiavetta USB oppure ad un adattatore per la connessione dei cavi) nel PC della vittima. Quest'ultima difficilmente riuscirà ad accorgersi del malware in quanto non viene rilevato dai normali antivirus.

Situazione leggermente meno pericolosa per i keylogger software che, comunque, possono infettare sia PC che sistemi operativi mobile come Android e iOS.

La loro storia è molto più remota nel tempo in quanto usati per attività di spionaggio già nel corso della seconda metà degli anni '70.

Fra le aggressioni keylogger più rilevanti si possono ricordare le seguenti:

- Anthem: nel 2015 furono estrapolati i dati di circa 80 milioni di cartelle sanitarie custodite da una importante azienda statunitense. Ciò avvenne con un keylogger di tipo software.
- Olimpic Vision: nel 2016 fu scoperto l'uso massivo di questo virus per carpire dati riservati contenuti in archivi segreti di aziende. Il sistema funzionava similmente ad un worm ma era in grado di registrare password, immagini, appunti, chat, download e cronologie di ricerca salvate.

6.6 Rootkit

Questa categoria di malware è stata creata per ottenere i permessi di root ovvero l'accesso quale amministratore del sistema e controllare il funzionamento della macchina.

Rimuovere queste forme di infezione è molto complesso perché la loro prima preoccupazione è occultarsi ai normali sistemi di rilevamento antivirus. Spesso questo avviene con modalità di avvio che anticipano ed inibiscono le ordinarie modalità di attivazione dei sistemi di protezione.

Avendo accesso al nucleo del sistema operativo il rootkit può attivarsi ed operare per qualsiasi finalità, dal furto di codici di accesso alla clonazione di dati ecc.

Nei casi di infezione più grave è addirittura necessario reinstallare il sistema operativo.

Fra le aggressioni più rilevanti si possono ricordare:

- Stuxnet: diffuso del 2007 dai servizi segreti USA per attaccare le dotazioni tecnologiche iraniane fu scoperto ufficialmente solo nel 2010. Il sistema permetteva di spiare e gestire da remoto le attività dei dispositivi infettati. L'aggressione iniziava in modo subdolo, il sistema colpito non presentava sintomi (salvo occasionali riavvi del sistema) ma permetteva attacchi del tipo *man in the middle*. Ovvero di acquisire informazioni immesse o falsificare dati sfruttando il log-in fatto dai legittimi possessori.

- ZeroAccess: nel 2011 infettò circa 9 milioni di dispositivi al mondo con una strategia mista fra il trojan e il rootkit. Una volta entrato in funzione poteva controllare da remoto il dispositivo ed operare come una botnet (vedi oltre).

6.7 Conficker

Sono una forma di infezione informatica molto particolare che si distingue per la capacità di bloccare qualunque operazione afferente alla sicurezza del dispositivo.

Questo virus opera come se fosse un antivirus. In sostanza impedisce di accedere ai siti dei fornitori di antivirus per presunti motivi di sicurezza. Inoltre il conficker blocca il funzionare di molti antivirus e, contestualmente, gli sarà interdetto l'aggiornamento dei medesimi.

Salvo questo, il dispositivo infettato non presenta particolari anomalie di funzionamento. Tuttavia in alcuni casi può rallentare sensibilmente la navigazione internet.

Questa modalità di aggressione è spesso associata a worm e può carpire le credenziali di accesso al sistema di amministrazione del dispositivo.

Il conficker tende a sfruttare il comportamento dell'utente medio che, in genere molto pigro, attenderà del tempo prima di cercare una soluzione al problema. Quindi, questa forma di infezione informatica è molto pericolosa perché espone a tutti gli altri malware ed è estremamente complessa da rimuovere. Le procedure sono così difficili che spesso è più conveniente re-installare il sistema operativo.

Nel corso del tempo sono stati identificati vari programmi conficker che sono identificati con le lettere dell'alfabeto (A, B, C, D ed E). I meccanismi sono molto simili, quindi, si può dire che rappresentano degli upgrade della versione precedente del virus. Sono stati stimati circa 10 milioni di dispositivi contagiati.

6.8 Botnet

Questa forma di infezione di realizza attraverso la creazione di una rete informatica occulta con cui il botmaster riesce a controllare, con il suo PC da remoto, le funzionalità di tutti i PC infettati.

Accorgersi di essere infettati da questa forma di malware è piuttosto difficile soprattutto perché il botmaster eviterà di esporsi. In sostanza i PC infetti saranno come zombie ed opereranno in modo normale fintanto che il criminale non decida di mobilitarli tutti assieme.

In genere l'attività criminale legata a questi sistemi è connessa ad attacchi informatici a siti di infrastrutture informatiche o telematiche bloccandone i servizi. L'attacco avviene veicolando la richiesta di connessione ad un medesimo sito internet (o servizio) da parte di tutti i PC zombie della rete cercando di mandare in tilt il sito aggredito.

I primi attacchi di DoS (*Denial of Service*) furono operati nel corso del 1997 contro strutture della sicurezza nazionale americana mandandole off-line per oltre un'ora. Successivamente il meccanismo si è raffinato creando delle vere e proprie botnet in grado di generare gli attacchi DDoS (*Distribuited Denial of Service*).

Fra gli attacchi botnet più noti si segnalano i seguenti.

- Attacco all'Estonia: nel 2007 ci fu una gigantesca ondata di attacchi a siti istituzionali, banche, giornali e media estoni che rischiarono di paralizzare il paese. Come conseguenza l'Europa adottò nuove disposizioni in materia di cybersecurity.
- Mirai: nel 2016 ci fu una aggressione informatica che paralizzò servizi quali PayPall, Netflix, Twitter, Spotify, Playstation interessando circa 600.000 dispositivi connessi. L'infezione si propagò anche su dispositivi di domotica creando più di 100 milioni di dollari di danni.
- Attacco a Google: nel 2020 è stata segnalata una attività anomala contro il colosso americano che si trovò inondato da 167 milioni di pacchetti dati al secondo provenienti da 180.000 server sparsi per il mondo. Il volume di informazioni è stato stimato che fu quattro volte superiore alla fattispecie della botnet Mirai.
- Attacco a AWS: nel 2020 i servizi cloud gestiti da Amazon furono oggetto di una colossale aggressione che ha prodotto gravissimi danni ad alcune aziende fruitrici impedendone la funzionalità per circa 3 giorni. In particolare si segnalò che i siti oggetto di attacco ebbero oltre 2,3 terabyte di istanze al secondo.

6.9 Ransomware

I ransomware sono una tipologia di malware che si caratterizzano per la loro innata capacità di "sequestrare" i dati presenti in un dispositivo digitale chiedendo un riscatto per riottenerne la libera disponibilità. Al giorno d'oggi esistono varie tipologie di ransomware che prevedono differenti approcci. In ogni caso l'obiettivo è costringere l'ignaro utente a corrispondere una cospicua somma di denaro in cambio della restituzione della disponibilità dei dati.

I ransomware si sono molto evoluti nel corso degli ultimi anni integrando sistemi sempre più ingegnosi che si possono riassumere nelle seguenti modalità.

1. I *PC locker*: si caratterizzano per la capacità di bloccare integralmente il sistema operativo impedendone il funzionamento e l'accesso ai dati. Chiedono il pagamento di un riscatto da effettuarsi entro un determinato tempo minacciando che,

se ciò non avverrà, il computer verrà formattato con l'integrale perdita di tutti i dati in esso presente.

2. I *cryptolocker*: hanno la caratteristica di criptare, con complessi metodi di cifratura, l'accesso alle sole aree di memoria dei dischi fissi del dispositivo. In questo modo si rende impossibile l'apertura dei file con i dati più rilevanti. Anche in questo caso viene indicato un termine entro il quale sarà possibile pagare il riscatto dei propri dati, in caso contrario gli stessi verranno cancellati.
3. *Ransomware blocker*: si mostrano come una schermata di blocco che impedisce l'utilizzo del computer. Spesso la schermata di blocco è una sequenza di immagini pornografiche dove si invita a pagare il riscatto, spesso di importo di poche decine di euro, per ripristinare le funzionalità del PC. In altri casi possono proporre un servizio di assistenza per garantire di risolvere il problema informatico sul dispositivo. In questi casi la vittima può pagare il riscatto credendo di ottenere un servizio di assistenza.
4. I *ransomware simulatori di forze di polizia*: in questo caso il malware si basa su meccanismi psicologici più raffinati. Questa tipologia di infezione informatica si annida, solitamente, in siti con materiale pedopornografico ovvero all'interno di file scaricati illegalmente dal web, come nel caso del peer-to-peer. Questi ransomware si presentano sotto forma di una schermata simulante un avviso predisposto dalle forze di polizia che, richiamando disposizioni penali, minaccia provvedimenti penali se non verrà pagata una multa (che in realtà altro non è che il prezzo del riscatto) con le modalità ed entro i termini indicati.

I primi esempi di primordiale ransomware si possono rinvenire nel 1989 con il virus PC Cyborg che obbligava l'utente a pagare un riscatto sotto la minaccia di criptare i dati. Altri importanti esempi di virus con estorsione si svilupparono nella metà degli anni Duemila con alcuni trojan (es. Troj Ransom A) oppure alcuni worm (Gpcode oppure Cryzip).

Tuttavia la vera espansione dei sistemi che permetto una cifratura dei dati quasi impenetrabile si avrà nella seconda metà degli anni 2015-2020.

Fra gli attacchi ransomware più noti si segnalano i seguenti.

- Criptolocker: nel 2013 inaugurò questa nuova modalità di aggressione. Furono stimate circa 500.000 vittime con pagamenti di riscatti record di 100 milioni di dollari nei primi 100 giorni di diffusione.
- WannaCry: nel 2017 produsse danni per oltre 7 miliardi di dollari richiedendo il riscatto in dollari, bitcoin o conti correnti segretati off-shore. L'infezione si è propagata in oltre 150 stati.

Bibliografia

Faini F., Pietropaoli S. (2017), *Scienze giuridiche e tecniche informatiche,* Giappichelli.

Iaselli M., Corona F. (2021), *Manuale di diritto di internet,* EPC Editore.

Losato W. B. (2016), *Hacker: Manuale difensivo,* Ind. Publ.

Mitnick K. D. (2013), *L'arte dell'inganno*, Feltrinelli.

Novelli S. (2017), *Hacklog, manuale sulla sicurezza informatica & hacking etico,* Inforge.

Peluso F. (a cura di) (2020), *La responsabilità nei nuovi reati informatici*, Maggioli, Torino.

Sartor G. (2016), *L'informatica giuridica e le tecnologie dell'informazione,* Giappichelli.

Sinibaldi A. (2020), *Malwares: guida all'analisi,* Ind. Publ.

Capitolo IV
Strumenti e tecniche di *digital forensics*
Flaviano Peluso

1. Il ruolo del *digital forensics expert*

Come si è avuto modo di evidenziare in tutto il corso della nostra trattazione, le attività di indagine forense devono necessariamente essere svolte utilizzando le adeguate accortezze per garantire la genuinità della prova. Se ciò non avvenissi si rischierebbe di compromettere l'intero lavoro svolto per reperire il materiale informatico.

Per riuscire a realizzare gli obbiettivi predetti occorre gestire le operazioni da compiere con precisione e metodo. Infatti, benché un *digital forensics expert* dovrebbe esser dotato di spiccate capacità tecniche e pratiche, la perfetta esecuzione della procedura idonea richiede molta attenzione. La gestione della fase investigativa deve essere ineccepibile in tutto l'iter che si dipana dalla acquisizione, proseguendo per l'elaborazione e concludendosi con la preservazione della prova.

Ragion per cui, consci che errare sia umano, le attività di indagine forense devono sempre e comunque essere eseguite su di una copia forense della prova. In questa maniera anche le più piccole situazioni di errore non sarebbero comunque in grado di compromettere la valenza del dato che, altrimenti, potrebbe essere irrimediabilmente compromesso ovvero invalidato dal punto di vista legale.

Scendendo nel concreto bisogna analizzare quelle sgradevoli situazioni che, tipicamente, potrebbero venire a generarsi nella realtà empirica. Prima fra tutte la fattispecie in cui i dati oggetto di investigazione risultino infettati dai malware di ci si è parlato in precedenza.

Questa situazione rappresenta una casistica critica perché può comportare conseguenze irreversibili laddove gestita in modo sbagliato. Tuttavia è chiaro che in questi casi il *digital forensics expert* è posto dinnanzi all'atavica scelta di come comportarsi. Si badi bene che operare con un dispositivo infetto può rendere difficile lo svolgimento delle operazioni, inoltre può metter a repentaglio le stesse dotazioni tecnologiche dell'esperto forense.

Tant'è vero che si potrebbero addirittura rischiare eventi del tutto inattesi. Per esempio che il dispositivo del *digital forensics expert* possa esser controllato da remoto attraverso una botnet, oppure che il medesimo subisca una infezione da ransomware, con conseguente sequestro dei suoi dati.

Peraltro non si può nemmeno tralasciare la possibilità che, laddove non si rimuova prontamente il malware dal dispositivo sottoposto ad analisi, l'infezione informatica potrebbe compromettere le funzionalità del sistema analizzato rendendolo instabile, criptandone i dati o permettendone l'eliminazione da remoto.

In queste situazioni, oltre al danno, vi sarebbe anche la beffa di sottrarre i dati informatici sequestrati già immessi nella disponibilità del *digital forensics expert.*

Problemi pratici di questa natura possono essere all'ordine del giorno, quindi è doveroso avere, oltre ad una buona elasticità mentale, anche un metodo investigativo solido. Infatti, la soluzione tecnica si può escogitare ma il primo passo è sempre mettere in sicurezza il dato informatico. Una volta resa "stabile" la risultanza informatica ed averla isolata da eventi esterni che potrebbero comprometterla, si potrà cercare di risolvere i singoli problemi che, inevitabilmente, emergeranno di volta in volta.

Cerchiamo ora di risolvere il nostro dilemma sul dispositivo rinvenuto con una infezione da malware.

La questione appare delicatissima e fortemente capace di influenzare le risultanze legate alla validità legale della prova. Laddove la scelta fosse indirizzata alla bonifica del sistema informatico dalle infezioni si verrebbe, inequivocabilmente, a invalidare la prova perché l'operazione di rimozione di programmi malevoli comporta una trasformazione dei contenuti presenti su quel dispositivo. Tant'è che il termine "rimozione" chiarisce che si viene ad eliminare una data sequenza di bit presenti sul dispositivo. Attività che potrebbe, da un lato comportare operazioni di scrittura capaci di cancellare dati essenziali per l'indagine, dall'altra verrebbe ad alterare la prova.

Pertanto la decisione di eliminare il malware provocherebbe un vizio che difficilmente potrebbe essere sanato, pertanto la valenza della prova sarebbe messa in grave dubbio. Osservando l'evento dal punto di vista investigativo comporterebbe un inquinamento del dato informatico che verrebbe a rendere invalida la prova.

Inoltre la difesa riuscirebbe facilmente a contestare le modalità acquisitive del dato informatico giacché tutti gli elementi sintomatici di una interferenza esterna, a prescindere dal loro contesto di formazione, possono invalidare la fonte di prova. In via preliminare si deve evidenziare che qualora la prova sul dato informatico sia stata comunque ammessa, rientrerebbe nella fattispecie degli atti viziati dalla c.d. "inutilizzabilità patologica", ossia quegli atti nulli o inutilizzabili poiché raccolti in violazione di un divieto stabilito dalla legge di cui all'art. 191 c.p.p.

Dunque è vivamente sconsigliato procedere alla rimozione del malware.

L'alternativa, però, sembrerebbe una strada piuttosto sdrucciolevole perché, come si è accennato in precedenza, non è mai consigliabile operare su un dispositivo infetto dal malware.

La scelta di questa opzione presenta l'indubbio vantaggio di evitare l'alterazione della fonte di prova, anche se a ben vedere il virus potrebbe effettuare delle operazioni di sovrascrittura ed alterare il dato. Tuttavia non sarebbero da sottovalutarsi nemmeno i problemi di sicurezza, vulnerabilità ed instabilità sia del sistema analizzato che quello del *digital forensics expert*. Come noto le infezioni informatiche possono essere di diversa natura ma, sommariamente, tutte quante tendono a rendere il sistema più instabile e favoriscono la generazione di errori oppure spianare la strada ad exploit. Quest'ultimi, altro non sono che una tipologia di script, basato su programmi dannosi quali virus o worm che, sfruttando una specifica vulnerabilità presente in un sistema informatico, permettono l'esecuzione di codici malevoli nel dispositivo rendendo facile, per l'attaccante, l'acquisizione dei privilegi amministrativi e, infine, il controllo della macchina.

Va aggiunto che una azione di investigazione forense eseguita nei confronti di un dispositivo infetto può risultare dannatamente complesso. Basti immaginare un sistema operativo che nel bel mezzo dell'analisi decida di bloccarsi oppure di riavviarsi. Fattispecie che verrebbe ad assumere un carattere ancor più apocalittico se, per ipotesi, al ravvio del sistema apparisse una schermata che chiedesse l'immissione di un codice di blocco del sistema.

Davanti a questa situazione si potrebbe risolvere il problema all'origine, infatti è consigliabile mantenere una copia forense con la prova integra anche del virus informatico e, contestualmente, produrre una ulteriore copia "bonificata" per poterci lavorare con più semplicità ed in un ambiente più sicuro (Ghirardini 2013).

In questo caso, documentando le operazioni svolte sulla copia "bonificata" si potrebbero confrontare gli esiti con quanto emergerebbe con la copia "infetta" in modo da dimostrarne la sovrapponibilità.

Altra importante questione afferente alle attività svolte dal *digital forensics expert* riguarda le modalità di indagine. Difatti una fra le contestazioni più tipiche che vengono palesate contro le attività di indagine forense riguarda l'esistenza di una tecnica d'indagine migliore. La questione è stata oggetto di analisi da parte del Tribunale Penale di Bologna che con sentenza 1823/2005 ha chiarito che «non è permesso al Tribunale escludere a priori i risultati di una tecnica informatica utilizzata a fini forensi solo perché alcune fonti ritengono ve ne siano di più scientificamente corrette, in assenza della allegazione di fatti che suggeriscano che si possa essere astrattamente verificata nel caso concreto una qualsiasi forma di alterazione dei dati e senza che venga indicata la fase delle procedure durante la quale si ritiene essere avvenuta la possibile alterazione».

Si noti che il Tribunale ha avuto modo di evidenziare che in assenza di allegazione dei fatti comprovanti il vizio, non si può accettare la censura in quanto generica. Questione che, infatti è stata sapientemente sottolineata nella pronuncia in commento nella quale si è chiarito che «la difesa si è limitata a porre suggestivamente la questione in ordine alla metodologia di sequestro del programma: non ha, invece, allegato la sua avvenuta alterazione in concreto, nonostante la disponibilità della versione da cui fu copiato il programma successivamente analizzato dalla p.g., rimasta nel possesso dell'imputato, le avrebbe permesso l'accertamento e l'allegazione di eventuali anomalie».

Per ovviare alle contestazioni poc'anzi mostrate, il *digital forensics expert* dovrebbe sempre tenere traccia della continuità probatoria, ovvero dar modo di verificare tutti i passaggi eseguiti per giungere a quella specifica conclusione. In questo modo si potrà permettere la ripetibilità dell'azione (laddove possibile) e mostrare la solidità del ragionamento logico. D'altronde, dimostrando l'esatta sequenza di tutti i comandi e passaggi eseguiti, da un lato si evidenzia la precisione nell'esecuzione delle operazioni investigative, e dall'altro si garantisce un metodo d'analisi che non permette contestazioni sulla procedura eseguita.

Il 9 luglio 1993 la S. C. ha avuto modo di intervenire sulla vicenda chiarendo che «nel valutare i risultati di una perizia, il giudice deve verificare la stessa validità scientifica dei criteri e dei metodi di indagini utilizzati dal perito, allorché essi si presentino come nuovi e sperimentali e perciò non sottoposti al vaglio di una pluralità di casi ed al confronto critico tra gli esperti del settore, sì da non potersi considerare ancora acquisiti al patrimonio della comunità scientifica. Quando invece la perizia si fonda su cognizioni di comune dominio degli esperti e su tecniche d'indagine ormai consolidate, il giudice deve verificare unicamente la corretta applicazione delle suddette cognizioni e tecniche» (Arc. Nuova Proc. Pen. 1994).

Pertanto salvo l'ipotesi di errori clamorosi della polizia giudiziaria, non ha particolare importanza il metodo con cui viene acquisito l'elemento di prova purché risulti affidabile (Monti 2015).

Dunque la prova informatica va sempre trattata come se fosse un esperimento scientifico seguendo il metodo sperimentale ideato da Galileo Galilei:

1. Raccogliere le informazioni seguendo modalità che garantiscano la genuinità della prova
2. Osservare e descrivere il fenomeno, indicando tipologie e configurazioni hardware e software, metodi di protezione, reti usate ecc.
3. Formulare ipotesi le quali possono essere fatte dal Pubblico Ministero o dalla parte committente.
4. Verificare in modo sperimentale la validità di quanto elaborato, descrivendo con dovizia di particolari ogni azione o comando compiuto nel corso delle operazioni.
5. Produrre deduzioni o contestare quanto indicata da controparte.

Infatti seguendo le semplici accortezze ora evidenziate è possibile risolvere gran parte dei problemi legati alle tipiche criticità delle indagini informatiche.

2. L'analisi dei file di log

Ora appare proficuo introdurre un approfondimento sull'uso di metodologie di analisi che possano permettere di ottimizzare l'attività investigativa. Per ottenere questo risultato spesso si riscontra l'esigenza di porre in essere una analisi dei file di log. Infatti, attraverso la loro osservazione è possibile ottenere informazioni, altrimenti difficilmente rilevabili, che tuttavia possono rappresentare la chiave di volta nel corso di una attività d'indagine.

Prima di tutto, però, occorre richiamare brevemente il significato del termine file di log ed illustrarne, seppur brevemente, le potenzialità, in ambito di *digital forensics.*

Questo termine è utilizzato per indicare la tipologia di *file* contenenti una vasta gamma di informazioni relative a differenti elementi identificativi del dispositivo quali:

1. dati inerenti al sistema operativo, ivi compreso il kernel, i servizi e le applicazioni in funzione;
2. elementi indispensabili per l'identificazione del dispositivo utilizzato quale l'IP di provenienza;
3. dati idonei a verificare la data, l'ora di collegamento e quali pagine sono state visualizzare;
4. verificare la presenza di upload/download di flussi di dati;
5. l'osservazione della presenza di eventuali periferiche che sono state collegate al dispositivo oggetto di analisi.

Il file di log permette di avere una registrazione sequenziale della cronologia di tutte le operazioni effettuate attraverso un sistema informatico. Questo avviene indipendentemente che il sistema sia un server, un client, un'app oppure un diverso programma.

I record ottenuti con questi dati sono conservati all'interno del dispositivo e indicano sempre il momento in cui è stata effettuata l'operazione, il nome del dispositivo usato e il programma applicato. La loro funzione generale è di permettere le operazioni di manutenzione così da individuare eventuali errori del sistema. Tuttavia ha un'importanza strategica anche dal punto di vista della sicurezza informatica permettendo di rilevare coloro che hanno utilizzato il sistema.

Dunque l'analisi di questi elementi può rivelarsi di assoluta importanza nel corso di una indagine di informatica forense.

Si segnala che codesto tipo di operazioni possono essere effettuate sia dall'utente, ovvero in maniera del tutto automatizzata. Le procedure di *logging* (monitoraggio) sono tipicamente quelle attività attraverso cui un sistema operativo o un'applicazione registrano gli eventi e li memorizzano per eventuali riutilizzi successivi: queste registrazioni sono chiamate, per l'appunto, file di log (Jafari, Soleymani e Jamali 2013). Come si diceva, i record generati dai file di log permettono una vera e propria attività di profilaziane di quanto effettuato dall'utente e, perciò, consentono di monitorare la sequenza di processi posti in essere dall'elaboratore ed in particolare le registrazioni di errori.

Di fondamentale importanza, per la nostra trattazione, è l'osservazione della prima riga dei suddetti file, la quale prevede l'indicazione del momento in cui viene effettuata la registrazione nonché il nome del computer su cui viene lanciato in esecuzione il programma che ha generato il log, spesso anche il nome del programma stesso. Ovviamente, le informazioni estrapolabili attraverso i file di log variano a seconda del sistema di logging. Un file di log, dunque, è una elaborazione sequenziale e sempre aperta alla scrittura che viene chiuso e conservato a scadenze regolari e, successivamente, reso nella disponibilità per le funzionalità di amministrazione e monitoraggio.

Nell'alveo di queste attività di logging si possono evidenziare le seguenti:

- Analisi delle segnalazioni di errore,
- Produzione di statistiche di esercizio, come ad esempio quelle del traffico nei servizi web
- Ripristino di situazioni precedenti
- Analisi delle modifiche fatte nella base dati
- Analisi delle operazioni fatte e dei responsabili di tali operazioni
- Riassunto di quanto successo in un determinato arco di tempo ad esempio nelle chat

Leggendo i file di log, dunque, si ottengono dettagli importanti su quanto è stato posto in essere con quel determinato dispositivo. La gestione dei log, infatti, permette di monitorare una serie di attività fra cui gli accessi al sistema effettuati in un dato lasso temporale (evidenziando anche quelli avvenuti fuori dall'orario di lavoro, quelli non andati a buon fine o quelli tramite VPN), le transazioni fallite, eventuali anomalie (sia software che hardware) e possibili minacce malware.

Occorre anche ricordare che un tipico dispositivo informatico moderno presenta una variegata tipologia di file di log che possono essere sommariamente riassunti in Wikipedia:

- Log di registrazione, riconoscimento e accesso: meglio noti come attività di login, consentono di rilevale l'acceso del account di un utente (più precisamente il profilo informatico dell'utente) al sistema per la fruizione dei relativi servizi. Questi dati di accesso sono memorizzati e registrati su apposito file per l'eventuale analisi. Spesso anche l'attività di l'uscita o logout può essere memorizzata.

- Log di sistema: in passato era tipico dei mainframe, tuttavia oggi è utilizzato da tutti i server di rete. Questo log permette di memorizzare gli eventi significativi che intercorrono fra il server e le applicazioni attivate dal client (macchina usata dall'utente). Quindi permette la registrazione del momento di attivazione e chiusura del servizio attivato dall'utente e le operazioni eseguite con esso.
- Log di base dati: in questo caso è il sistema gestore di base dati (DBMS) che registra le operazioni fatte nelle memorie. Esse possono essere l'inserimento, l'aggiornamento ovvero la cancellazione di record. Nel casi di DBMS particolarmente evoluti, ovvero che forniscono servizi utili per le transazioni bancarie, il log è anche la base di riferimento per eseguire le funzioni di transazione completa (commit) o transazione annullata (rollback).
- Log di sicurezza: tipico di sistemi informatici complessi o destinati ad ospitare dati particolarmente sensibili, memorizza tutte le operazioni che sono considerate critiche per l'integrità di dati e sistema. Inoltre viene a monitorare i tentativi di accesso al sistema, siano essi autorizzati oppure abusivi.
- Log di applicazione: molte applicazioni prevedono i propri log su cui sono registrati eventi caratteristici del programma in esecuzione e che fungono, in certi casi, da vero e proprio protocollo di entrata e di uscita.

Come si può comprendere, l'utilizzo dei file di log ha una importanza strategica per consentire al *digital forensics expert* di scoprire l'identità del soggetto che ha usufruito di un servizio ovvero che ha compiuto determinate operazioni. Tuttavia si palesano alcuni problemi intimamente giuridici legati all'acquisizione dei file di log, in particolare relativo alle modalità per dimostrare che il file non sia stato modificato. Occorre anche ricordare che l'obbligo di conservazione dei file di log (data retention) risulta previsto unicamente in capo ai fornitori di servizi di comunicazione elettronica accessibili al pubblico. In passato, il 2° co. dell'art. 132 del Codice della Privacy prevedeva un apposito termine di conservazione di 24 mesi ma è stato abrogato dalla lett. c) dell'art. 2 del D. Lgs. 30 maggio 2008, n. 109. Ad ogni buon conto la situazione attuale mostra che, da un lato non vi è alcun obbligo in capo ai fornitori di altri servizi non elettronici di adoperarsi per avere una specifica strutturazione di file di log; dall'altra non vi è neppure un divieto nel loro utilizzo (purché in campo lavorativo vengano rispettati i limiti previsti dalle norme vigenti).

Ora la trattazione appare sufficientemente matura per esaminare, in modo più concreto, quali sono i dati che possono essere estratti dall'analisi dei *file di log* con i seguenti schemi:

a. Dati identificativi della fonte di comunicazione

Nell'ipotesi di	È possibile ottenere
Comunicazione telefonica	Numero telefono, generalità anagrafiche o ID (es. per Skype)
Accesso ad internet	Generalità anagrafiche o ID, IP o numero telefonico
Posta elettronica	Indirizzo IP e nome del dominio
Telefonia, fax, SMS e MMS via internet	Generalità anagrafiche o ID, IP o numero telefonico

Dati identificativi della destinazione della comunicazione

Nell'ipotesi di	È possibile ottenere
Telefonia fissa e mobile	Numero chiamato ovvero, in caso di trasferimento della chiamata, il numero di inoltro
Posta elettronica	Indirizzo e-mail di destinazione, IP e dominio dell'host che ha consegnato il messaggio
Telefonia, fax, SMS e MMS inviati tramite internet	IP, numero telefonico od altro mezzo identificativo ivi comprese le generalità anagrafiche dell'utente, ovvero, in caso di trasferimento della chiamata, il numero di inoltro

c. Dati utili per determinare data, ora e durata della comunicazione

Nell'ipotesi di	È possibile ottenere
Telefonia fissa e mobile	Data ed ora di inizio e fine della comunicazione
Accesso ad internet	Data ed ora di connessione e disconnessione (GMT), IP (dinamico/ statico), eventuali ID
Posta elettronica	Data ed ora di connessione e disconnessione (GMT), IP
Telefonia, fax, SMS e MMS inviati tramite internet	Data ed ora di connessione e disconnessione (GMT), IP (dinamico/ statico), eventuali ID

d. Dati utili per determinare il tipo di comunicazione

Nell'ipotesi di	È possibile ottenere
Telefonia fissa e mobile	Tipo di servizio telefonico utilizzato
Accesso ad internet	
Posta elettronica	Tipo di servizio internet utilizzato
Telefonia, fax, SMS e MMS inviati tramite internet	

e. Dati utili per l'identificazione dell'attrezzatura di comunicazione

Nell'ipotesi di	È possibile ottenere
Telefonia mobile	Numero telefonico chiamante e di ricezione, IMEI e IMSEI di entrambi i numeri, CELL ID
Telefonia fissa	Numero telefonico chiamante e di ricezione
Accesso ad internet	Numero telefonico chiamante e Digital Subscriver Line number DSL
Telefonia, fax, SMS e MMS inviati tramite internet	

f. Dati utili per identificare l'ubicazione dell'attrezzatura di comunicazione "mobile"

Nell'ipotesi di	È possibile ottenere
Cell ID della comunicazione	Identificazione GPS

3. L'analisi delle reti sociali

L'attività investigativa può contemplare anche una metodologia di indagine più pragmatica, quindi basata sulla consapevolezza delle modernità che permette di studiare elementi basati sui comportamenti sociali. Questi sistemi sono molto efficienti quando si opera nella scarsità di informazioni e, soprattutto, nei confronti di organizzazioni criminali evolute. Infatti, grazie a questa forma di analisi, è possibile stimare l'ambiente in cui è stata realizzata la condotta e produrre una strutturata profilazione del criminale. Ciò è utile, sia per identificare l'autore, che per ottenere elementi utili per individuare i componenti delle criminalità organizzata ed identificare la presenza di eventuali strutture.

L'utilità del meccanismo investigativo è ancor più rilevante tenendo a mente che, si potrebbe riuscire a determinare quale *device* sia stato usato per commettere la fattispecie criminosa. Il rovescio della medaglia è la difficoltà nell'identificare la persona fisica che ha utilizzato il terminale informatico.

Per far fronte a tale difficoltà, oltre alla profilazione criminale, di cui si parlerà più approfonditamente in un capitolo dedicato, può esser utile eseguire una analisi delle reti sociali. Questo metodo di investigazione prende le mosse da un approccio di tipo sociologico sviluppatosi sulle idee di Jacob Levi Moreno.

Quest'ultimo, già nel 1932 fondò le basi della *sociometria,* ovvero una moderna metodologia di analisi delle relazioni sociali che valuta anche i rapporti interpersonali.

La *social network analysis* ha trovato applicazione in diverse scienze sociali, quali la sociologia, l'antropologia, la psicologia e l'economia ma, indubbiamente, ha rilievi imprescindibili nell'alveo delle investigazioni forensi.

Secondo le teorie delle reti sociali, la struttura della società è equiparabile ad una fitta rete di relazioni estremamente complessa che, dipanandosi da persona a persona, crea un fitto intreccio di contatti, amicizie e conoscenze. Infatti, il concetto di partenza è che ogni singolo individuo ha un proprio insieme di rapporti sociali. Occorre precisare che sono connessioni di natura molto variegata (amicizie personali, conoscenze lavorative, conoscenze indirette, amicizie recenti, rapporti duraturi ecc.) che facilmente si trasformano nel corso del tempo. Nonostante ciò, questo groviglio di relazioni ma è meritevole di studio perché può permettere di collegare soggetti apparentemente estranei al fatto penalmente rilevante con lo stesso.

L'obbiettivo centrale dell'analisi delle reti sociali è proprio lo studio dei legami (c.d. *ties*) e capire le relazioni che intercorrono fra i vari soggetti (c.d. *nodi*). Attraverso questi rapporti sociali è possibile definire i legami fra individui. Dunque, per quanto di nostro diretto interesse, consente di prevenire od identificare organizzazioni criminali o terroristiche. Ulteriore base per la comprensione della *social network analysis* (di seguito anche SNA) è la conoscenza della natura, della forza e del tipo di legame che collega i soggetti.

Attività che deve comunque essere contestualizzata al momento storico di riferimento, poiché le relazioni possono evolversi repentinamente. Dunque, non è detto che soggetti che oggi non hanno contatti non possano esser stati complici nella commissione di un reato avvenuto mesi od anni addietro. La ricostruzione delle relazioni all'interno di questo scenario mutevole può risolvere casi complessi come si vedrà fra poco con alcuni esempi.

Da questa prospettiva, la struttura sociale è assunta come un modello persistente di relazioni fra posizioni sociali (Laumann). Il sistema si configura attraverso connessioni ovvero nodi (persone) che sono inserite nella rete sociale sulla base di *legami* che indicano le loro interconnessioni (Berkowitz). Dunque la prospettiva investigativa basata su questi concetti muove dalle idee di cerchie sociali proposta da Georg Simmel. Tant'è vero che possiamo dire che la SNA vede gli attori muoversi fra spazi sociali, generati dall'intersecazione dei diversi ambiti relazionali, in ognuno dei quali il soggetto gioca ruoli sociali differenziati e assume posizioni diverse.

Argomento che è stato approfondito con studi interessanti «Con riferimento al contenuto della relazione e possibile cogliere ed individuare alcune particolari che reti che, per il tipo di legami che costituiscono, si caratterizzano per essere reti di sostegno (supporto sociale), reti formali, costituite dalle istituzioni sociali, reti informali, reti che non presentano una veste istituzionalmente definita, reti primarie costituite da relazioni "faccia a faccia" in virtù dei legami naturali che accomunano gli individui – rapporti familiari, parentali, amicali, di vicinato –, reti secondarie, costituite da relazioni di conoscenza indiretta, reti complesse» (Univ. Pisa 2015).

Occorre sempre ricordare che, a prescindere dalla situazione «L'uomo è un essere sociale interagente, capace di manipolare gli altri così come di essere manipolato da loro [...] il postulato fondamentale del network approach è che le persone sono viste come interagenti con le altre persone, alcune delle quali a loro volta interagiscono fra di loro e con altri ancora, e che il network totale di relazioni che così si forma è in uno stato di fluidità» (Boissevain 1973). Dunque le relazioni sono sempre il costrutto di un processo evolutivo che pur trasformandosi permette di osservare i comportamenti e trarne elementi utili ai fini investigativi.

Questa attività investigativa è estremamente importante per studiare i rapporti sui *social network* e *social media*. Infatti, la modernità, ha portato a creare delle strutture sociali che interagiscono, non solo nel mondo reale, ma anche attraverso i canali digitali. Spesso, può accadere, che nel mondo reale i soggetti criminali mantengono rapporti più accorti mentre nei social potrebbero esser meno cauti.

In una rete sociale, in particolar modo se digitale, i componenti rispondono a due precise dinamiche. In primo luogo, in base al loro *status,* inteso come la posizione occupata nella struttura sociale indipendentemente dalla personalità. Un soggetto, identificato in un determinato livello valoriale, rimarrà tale salvo spiccati eventi abili a frantumare il suo *status.*

In secondo luogo, in base al loro *ruolo*, considerato come le relazioni sui cui poggia la propria personalità. In altre parole, ciascuno tenderà a seguire le "*regole non scritte*" su cui si è costruita la relazione.

Le reti sociali, in particolare sui social network, possono prestarsi a formare dei gruppi molto compatti ma, altrettanto facilmente, possono distaccarsi da valori socialmente condivisi. Infatti, non è raro lo sviluppo di dinamiche che possono scivolare in condotte antisociali o basate su regole della devianza criminale.

Tale fenomeno è particolarmente marcato nei giovani. Basti pensare che spesso, la primaria agenzia di socializzazione ovvero la famiglia, non è in grado (per varie ragioni quali il tempo, la scarsa conoscenza di determinati strumenti tecnologici ecc.) di esercitare funzioni di controllo. Se questo è difficile nel mondo reale, le esperienze e le frequentazioni che si realizzano nel *web* appaiono ancora più evanescenti e difficili da monitorare. Questo risulta ancora più evidente dopo l'introduzione della DAD (la didattica a distanza) che ha ridimensionato il ruolo istruttivo della scuola. Non tanto dal punto di vista dei contenuti studiati, ma per quanto riguarda la trasmissione di regole sociali di condotta che, se non tramandate dalla famiglia, rischiano di non esser correttamente assimilate.

Questi fenomeni sono stati già oggetto di studi con la c.d. *teoria delle subculture*, ideata nel corso degli anni cinquanta come spiegazione alla diffusione delle bande di delinquenza giovanile. Secondo questa teoria, per *subcultura* si intende un gruppo sociale molto compatto che, non riconoscendo determinati valori condivisi dalla società, genera nuovi modelli culturali propri.

Secondo la *teoria delle opportunità differenziali* (Cloward e Ohlin 1961) non esiste soltanto un insieme di mezzi leciti per raggiungere le mete culturali, ma anche una serie di mezzi illegittimi, detti struttura illegittima delle opportunità.

Situazione che, a ben vedere appare bastantemente realizzabile per i reati perpetrati da organizzazioni criminali che, mediante l'ausilio di strumenti tecnologici, possono ridurre i rischi di essere scoperti dalla autorità di Polizia. Circostanza che può far ritenere più agevole e meno rischioso lo svolgimento di attività illecite (Sutherland 1947).

Inoltre la costante condivisione di contenuti, idee ed informazioni, che attraverso il web interessa quotidianamente le fasce di età più giovani, può certamente rafforzare il senso di appartenenza a *subculture*. Si rivela che nell'ipotesi in cui essa fosse deviante, potrebbe favorire la formazione di intenti criminali benché potenzialmente occultati allo sguardo della famiglia. Situazione che appare, dunque, difficilmente controllabile. In realtà è vero che le attività svolte sui social network appaiono distaccate dal mondo reale, tuttavia, possono influenzare sul modo di pensare degli utenti.

Altri importanti interventi sullo studio della correlazione fra reti sociali e criminalità sono stati effettuati negli anni successivi.

Alla base delle relazioni sociali, ci sarebbe la creazione di norme e l'interpretazione delle stesse sulla volontà dei gruppi sociali dominanti. Da queste due variabili, vennero identificati (Turk A., 1969) quattro tipi potenziali di oppositori:

1. gruppi organizzati e raffinati (associazioni di stampo mafioso, criminalità organizzata);
2. gruppi organizzati ma non raffinati (bande giovanili);
3. gruppi non organizzati ma raffinati (truffatori);
4. gruppi non organizzati e non raffinati (gregari del gruppo).

Appare evidente che la mancanza di organizzazione e la eccessiva raffinatezza porta a una minore probabilità di conflitto fra le autorità e i sottoposti alla medesima.

Pertanto, la concezione delle *teorie del conflitto*, si poggiano su parametri radicalmente opposte a quelle precedenti, infatti «le teorie del conflitto si basano sul presupposto che è la personalità e non tanto il consenso a caratterizzare la società: quindi una posizione del tutto contraria a quella di Talcott Parsons che sosteneva che è l'ordine a che governa la società. Nelle teorie del conflitto, di conseguenza, si partirebbe dall'assunto che è il conflitto che governa la società» (Serafin 2012).

Quanto fin qui detto può far comprendere che, scoprire i rapporti sociali che intercorrono fra soggetti, può essere di grande utilità ai fini investigativi, specie in situazioni in cui si rileva la presenza di più soggetti coinvolti nel reato.

Partendo dalla breve introduzione fin qui esposta, occorre ora entrare più nello specifico ed introdurre il tema della struttura delle reti sociali e dei nodi.

Con il termine *nodo,* in ambito informatico, si intende genericamente un dispositivo hardware capace di mettersi in contatto con altri dispositivi all'interno di una rete. Tuttavia, ai fini della nostra analisi, la definizione di nodo richiama ai soggetti che interagiscono all'interno della propria comunità sociale di riferimento. Pertanto, ogni individuo con relazioni sociali può essere definito come un nodo.

I nodi, in ogni caso, possono presentare delle caratteristiche bastantemente differenti a seconda di alcuni parametri quali il *grado* e la *centralità.*

Con riferimento al *grado* del nodo si vuole intendere il numero di nodi (persone) che, all'interno della rete di riferimento, hanno una qualche connessione con il nodo di partenza. Più è elevato il grado di un nodo è maggiori, pertanto, saranno il numero di relazioni che il soggetto riesce a mantenere all'interno della comunità di riferimento. Tutto ciò a prescindere dall'impatto qualitativo delle relazioni, quindi, in una visione meramente quantitativa.

Studiando il grado del nodo cerchiamo di individuare quante relazioni sono presenti.

La centralità, invece, esprime il concetto dell'influenza del nodo nei rapporti con gli altri soggetti della rete di riferimento. In questo caso l'esame sarà focalizzato sugli aspetti qualitativi. Pertanto, in una rete sociale la centralità rappresenta un valore determinante per individuare se, quel dato nodo oggetto di analisi, ha una valenza strategica nelle relazioni.

Esistono diverse modalità per la misurazione della centralità di un nodo. Per rendere più agevole la comprensione si ritiene utile l'inserimento di una figura (Viralfacebook, 2015) che verrà richiamata nel proseguo della trattazione.

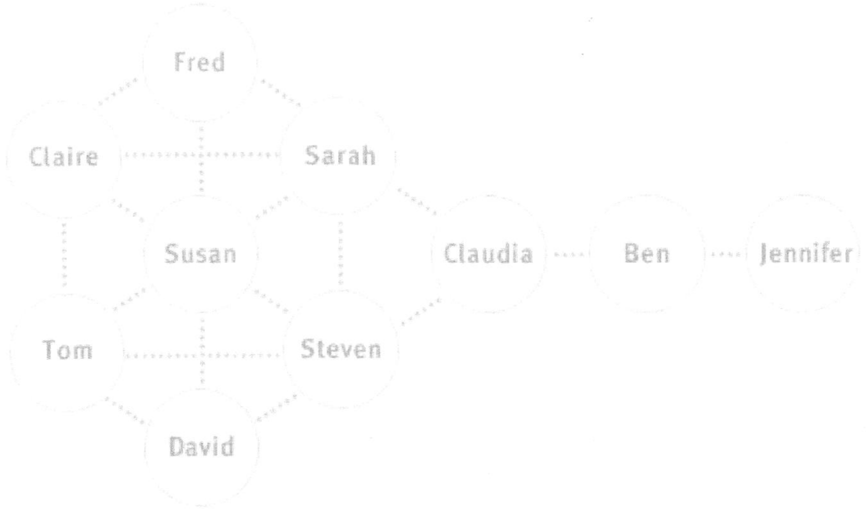

1. La *centralità di grado* valuta il numero di connessioni fra il nodo e la rete. Se si prende a modello la figura che precede, risulta agevole notare che Susan è il nodo che ha il maggior numero di connessioni dirette con altre persone. Pertanto, sarà un nodo che può essere definito l'*hub* all'interno della rete sociale di riferimento. Non sappiamo la qualità dei rapporti (Susan potrebbe essere il capo dell'organizzazione criminale oppure la rider che consegna le pizze a tutti i componenti della banda senza saper nulla di loro) ma possiamo stabilire che il soggetto è molto conosciuto. Questo può permetterci di decidere se serve investigare ulteriormente per verificare sia la qualità dei rapporti (c.d. *legami*) che per determinare se allargare la rete sociale di riferimento. Tant'è vero che Susan potrebbe relazionarsi con persone che non avevamo identificato, ma che potrebbero essere rilevanti ai fini investigativi.
2. La *betweenness centrality* è una misurazione che valuta l'influenza del singolo nodo nel mantenere le relazioni con altri nodi. In questo caso, non è importante il numero assoluto di contatti posseduti dal nodo, invece è rilevante la sua centralità nel mantenere attive le relazioni fra nodi che non hanno connessioni fra loro. In altri termini, identifica l'importanza del nodo nel collegare ramificazioni di contatti uniti dalla sola relazione con il nodo in esame. Nella figura, questo ruolo di collegamento è ricoperto dal nodo di Claudia dove, la sua eventuale assenza porterebbe Ben e Jennifer a distaccarsi da tutto il resto della rete. Pertanto, Claudia, può essere definito come il nodo (soggetto) che mantiene uniti alcuni "pezzi" della rete sociale. Dunque potrebbe essere un intermediario fra soggetti di interesse oppure un mero soggetto ininfluente. Collegando questa conoscenza con le altre si può decidere come procedere.
3. La *Closeness Centrality* misura la velocità di trasmissione dei nodi basandosi sulla posizione all'interno della rete sociale. Pertanto indica la capacità di controllare il flusso di informazioni. Nella figura è possibile notare che i nodi di Sarah e Steven dispongono di un numero limitato di connessioni rispetto a Susan, tuttavia, la loro posizione, permette loro di raggiungere ogni altro nodo più velocemente di chiunque altro. Infatti se Susan volesse veicolare le informazioni verso i nodi più periferici di Ben e Jennifer necessiterebbe di più tempo.
4. Nella fase investigativa può esser utile per determinare chi è in grado di trasferire le informazioni. Infatti un conto è conoscere tutta la rete sociale ma essere ininfluenti, un altro è essere in grado di notiziare tutti in pochissimo tempo. Rileva un ruolo differente ed un peso diverso nella comunità di riferimento.
5. La *Network Centralization* valuta il posizionamento dei nodi, quindi, se una rete è molto centralizzata vi saranno pochi nodi fondamentali posizionati in zone essenziali della rete e con molte connessioni. Per fare un esempio possiamo ipotizzare che i vertici di una organizzazione criminale siano i nodi centrali. Se questi nodi

dovessero venir rimossi, la rete si scinderebbe in varie sotto-reti prive di contatti le une con le altre. Nel caso in cui vi sia un nodo altamente centrale la sua eventuale rimozione rappresenterebbe un singolo punto di rottura in grado di disgregare la rete stessa. Al contrario, una rete non centralizzata, risulta molto più solida e priva di punti singoli di rottura. Dunque, anche se venissero eliminati molti nodi, i rimanenti continuerebbero a mantenere rapporti attraverso altri canali di collegamento della rete. Per rendere più chiaro il discorso si pensi a due reti terroristiche con caratteristiche molto diverse. Da un lato una rete con pochissimi nodi fortemente centralizzati in una struttura decisamente gerarchica quale Al-Qaida; dall'altra parte una rete molto decentrata, basata su di un sistema gerarchico che potremmo definire improntato su piccoli clan locali, dunque, priva di una organizzazione piramidale, quale ad esempio la rete dell'Isis.

6. La *Network Reach* misura la distanza fra vari nodi all'interno di una rete. Maggiore sarà la distanza fra nodi e minore l'importanza degli stessi. Quindi, secondo questo parametro di misurazione, i nodi molto ravvicinati fra loro sono preferibili, la comunicazione più efficiente ed i legami più forti rispetto ad altre strutture sociali più frastagliate. Tornando all'esempio, la relazione fra Tom e Jennifer potrebbe esser così eterea da non aver alcuna importanza ai fini investigativi. I nodi sono così distanti da lasciar presumere che la loro relazione sia vaga e superficiale. Teoricamente non è neppure detto che si conoscano.
7. *Peripheral Player* riguarda i nodi periferici che, tipicamente, sono valutati come meno importanti in quanto le loro connessioni, all'interno della rete di riferimento, sono limitate. Tuttavia questo vale solo nell'ambito della rete di riferimento, nulla vieta che, cambiando il campione di riferimento, non acquistino maggiore centralità. Si pensi, tornando alla figura, se si scoprisse che il nodo di Jennifer fosse un hub in connessione con altri nodi in precedenza non considerati.

3.1 Case study sulla social network analysis

Per meglio comprendere le funzionalità della SNA si preferisce indicare alcuni esempi nella speranza che possano giovare. Il primo riguarda uno studio inerente la rete sociale della nota organizzazione terroristica nota come a *Al-Queda* facente capo ad *Osama Bin Laden*.

Infatti, dopo l'attentato alle Torri Gemelle dell'11 settembre 2001 vennero fatti degli studi (ORGNET.COM, 2013) per verificare se, sulla base delle innumerevoli intercettazioni di soggetti potenzialmente collegati ad *Al-Qaeda,* sarebbe stato possibile anticipare l'evento e, quindi, prevenirlo. Pertanto, dapprima venne effettuato un tracciamento delle comunicazioni intercorse fra soggetti ritenuti appartenenti alla rete terroristica, in seguito fu esteso il lavoro di analisi includendovi anche la valutazione dei contenuti. I risultati furono sbalorditivi, perché attraverso questa operazione si riuscì a tracciare le connessioni che legavano i vari aderenti all'organizzazione terroristica. In particolare risultò evidente che se, tale attività fosse stata posta in essere prima dell'attentato, probabilmente sarebbe stato possibile evitarlo. Sulla base di questo lavoro venne ricostruita la *rete sociale,* inserendo i soggetti (*nodi*) e le relazioni *(ties*).

Vediamo come può essere analizzata la vicenda mediante l'uso della SNA.

Nel gennaio 2000 la CIA venne a conoscenza che due sospetti terroristi Nawaf Alhazmi e Khalid Almihdhar (nel riquadro centrale dell'immagine seguente) collegati ad Al-Qaeda erano stati osservati in un incontro con noti terroristi malesi prima di ritornare negli USA.

Attraverso una mirata analisi della loro rete sociale si può ricostruire la struttura dei loro rapporti. Si può mettere sotto attenzione il loro dispositivo, verificare le e-mail ricevute, osservare i contatti on-line e off-line, tracciare le loro transazioni economiche e gli spostamenti.

In questo modo si può osservare che fra i loro contatti ci sono soggetti che sembrano del tutto estranei ad intenti terroristici, come il caso di negozianti di generi alimentari in cui si rifornivano oppure altre persone insospettabili. Tuttavia finché non viene effettuato un esame qualitativo non è dato sapersi il loro ruolo che, in realtà, nel caso specifico, è risultato rilevante.

In particolare erano emersi dei contatti con Walid Ba' Attash, detto Khallad (nel riquadro più piccolo dell'immagine seguente). Quest'ultimo era sospettato di aver avuto un ruolo attivo nell'attentato terroristico al cacciatorpediniere USS Cole, nel quale erano morti 17 marinai e ne erano rimasti feriti altri 39. Da questo dato, si sarebbe poteva scoprire che, nell'incontro avvenuto in Malesia nel gennaio del 2000, Khallad era presente unitamente ad un altro soggetto sospettato per il medesimo atto terroristico.

Procedendo con l'analisi della rete sociale dei nuovi nodi identificati (gli altri sospetti terroristi incontrati in Malesia), si poteva già presagire qualche evento nefasto.

In ogni caso, proseguendo nell'analisi della rete sociale, si poteva scoprire l'identità di Mohamed Atta. Quest'ultimo, infatti, aveva avuto contatti con i sospetti incontrati in Malesia da Khallad.

Inoltre, lo stesso Atta era sospettato di far parte di strani ambienti al confine con il terrorismo.

Una ulteriore analisi avrebbe permesso di capire che quest'ultimo, nel 2000, si era trasferito da Amburgo negli USA con l'intento di ottenere un brevetto da pilota.

Proseguendo nell'esame delle relazioni sociali si poteva scoprire che tutti e 19 gli attentatori, coinvolti nell'attacco alle Torri Gemelle, erano a soli 2 nodi di distanza dai primi indiziati. Inoltre, tutti quanti erano fra loro connessi unicamente attraverso Mohamed Atta. Dunque se fosse stato arrestato Atta, molto probabilmente non sarebbe avvenuto l'attentato. Tutte queste informazioni sono emerse successivamente e furono utilizzare per identificare i componenti delle varie cellule terroristiche. Peraltro, in quest'occasione si scoprì che i primi due soggetti attenzionati erano stati entrambi autori dell'attentato conclusosi con lo schianto del velivolo sul Pentagono.

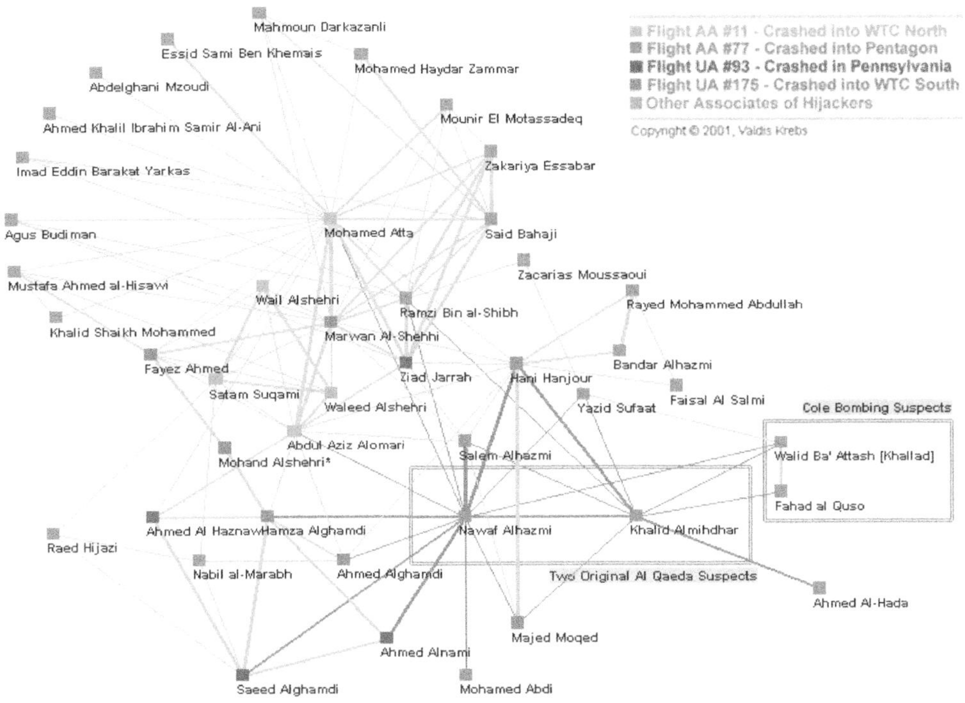

Figure 3 - All Nodes within 2 steps / degrees of original suspects

La prima cosa che venne alla luce era, certamente, la complessità delle relazioni ma la *Network Centralization* di alcuni *nodi,* in particolare del terrorista *Mohamed Atta.* Elemento che di per sé dimostra una certa fragilità della struttura organizzativa.

Infatti, neutralizzando quel soggetto, i legami all'interno della rete non sarebbero stati garantiti e si sarebbe giunti ad un disgregamento della rete medesima in sotto-reti.

Quindi si trattava di una rete diffusa con vari centri locali (cellule) che, tuttavia, erano connesse solo attraverso pochi individui.

Altro elemento che appare rilevante è l'evidenza che, differentemente da come inizialmente ipotizzato, l'organizzazione degli attentati non era basata su azioni individuali ma aveva richiesto l'intervento di numerose persone.

Venne anche scoperto che l'attività della rete era "*pulsante*", ovvero prima di determinati eventi cruciali, i *nodi* si attivavano con un massiccio trasferimento di informazioni seguendo sempre il medesimo schema. Al contrario, quando non erano in corso operazioni, le comunicazioni erano meno attive.

Dunque, in questo caso, se fosse stata studiata la struttura della rete sociale di *Al-Queda*, si sarebbe potuto scongiurare l'attentato semplicemente arrestando il terrorista *Mohamed Atta*.

Tutto ciò sarebbe stato possibile utilizzando alcune tecniche del *criminal profiing*, quali la metodologia della messa in sistema delle informazioni, parametrizzando le variabili e le loro interrelazioni, la c.d. *operationalization*. In altri termini, quindi, l'*operationalization* può essere definita il «passaggio dal piano dei modelli teorici al piano della ricerca sul campo» (Cavanna 2007).

Altro esempio interessante sull'applicazione della *social network analysis* in ambito di risposta alla criminalità può essere la c.d. *guerra fra gangs a Richmond* in Virginia, avvenuta nel 2008.

In questo caso l'FBI, su richiesta di un dipartimento di polizia (Johnson e Reitzel 2011), aveva avviato una attività di ricerca per identificare i componenti di due gang giovanili.

> Partendo da una piccola lista di componenti noti delle due bande (seeds), l'FBI ha identificato tutti gli individui con loro in frequente contatto telefonico o "elettronico" (ossia gli amici dei membri noti). Questo elenco di "amici dei membri noti" è stato parimenti utilizzato per recuperare il nominativo anche di altri individui, in frequente contatto con questi ultimi ("amici degli amici").
>
> L'insieme complessivo degli individui identificati (434) è stato poi connesso sulla base di legami di tipo positivo (amicizia, legami sentimentali, parentela, ecc.) o di tipo negativo (episodi di violenza, pestaggi, offesa, ecc.) (Bucci *et al.* 2014).

In questo modo è stato possibile distinguere i componenti delle due gang.

L'analisi riuscì anche a trovare i motivi dei brutali scontri fra le bande, indentificandoli in situazioni generatesi dopo interazioni negative fra un capo di una banda e una ragazza collegata al leader dell'altra gang. L'individuazione del motivo ha, così, permesso di restringere il campo di azione nelle ricerche.

Favorendo, dunque, le operazioni investigative della polizia giudiziaria ed evitando la distrazione di risorse, sia materiali che professionali, da altri casi verso la risoluzione della questione legata alle bande.

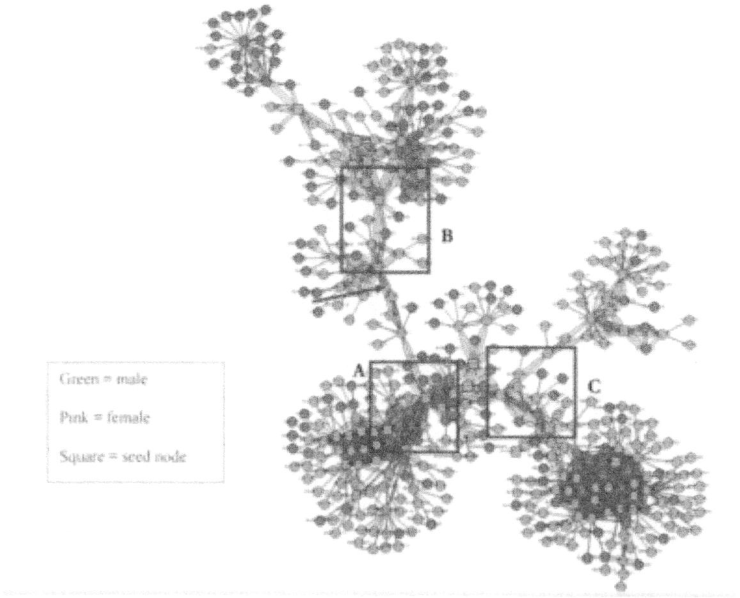

Rappresentazione della rete sociale delle gang di Richmond

4. Le investigazioni da fonti aperte con strumenti OSINT

A questo punto della trattazione è bene accennare anche all'uso delle tecnologie OSINT o meglio "*l'intelligence delle fonti aperte*". Trattasi di costola della branca delle informazioni nata per raccogliere, selezionare, analizzare e diffondere tempestivamente le informazioni allo scopo di soddisfare uno specifico requisito investigativo, spesso collegato ad azioni terroristiche. Benché l'analisi OSINT è nata per lo studio di materiale analogico. Oggi è intimamente legato al web cioè quella che potremmo definire *"la scia"* di dati presenti nel mondo virtuale che impregna l'ambiente. In altri termini si può anche definire una sorta di *"odore"* che può esser fiutato e seguito per vagliare sia le attività digitali che, in alcuni casi, individuare in modo predittivo comportamenti nell'off-line.

Principiando nell'analisi occorre precisare che, con il termine intelligence, ci si riferisce alla globalità di tutte le differenti tipologie di attività riconducibili alla valorizzazione di informazioni, il tutto nell'ottica di produrre conoscenza utile al supporto delle decisioni dei governi o comunque dell'analista forense.

L'ondata di terrore che è seguita dopo l'11 settembre 2001 ha provocato pesanti ripercussioni anche in Europa, sia dal punto di vista mediatico che riorganizzativo dell'intelligence.

L'Unione europea ha deciso di sviluppare le attività di ricerca OSINT in particolare nei canali digitali. Per realizzare tale progetto in maniera efficiente ed indipendente è stato però deciso di dotare l'Unione di propri strumenti OSINT, uno di questi è il Joint Research Centre, che lavoro su due progetti ben specifici: l'OSINT Suite e l'European Media Monitor (Europa.eu).

L'OSINT Suite è formato da tutti gli strumenti per condurre attività di OSINT, in particolare nel pacchetto è contenuto uno strumento in grado di estrapolare informazioni dal Web, scaricando in maniera automatica tutti i contenuti testuali dai siti che contengono il tipo di informazione ricercata dall'analista.

L'European Media Monitor è uno strumento in grado di estrarre automaticamente dati dal web. Infatti giornalmente riesce ad esaminar circa 300.000 articoli e notizie in 70 lingue classificandoli per tipologia. Inoltre è in grado di collegare, le varie informazioni di interesse, per la ricerca è di fornire delle rappresentazioni grafiche di facile intuizione e di elevato valore.

Ciò ha prodotto, come diretta conseguenza della sovrabbondanza delle informazioni, un acceso dibattito scientifico riconducibile alla distinzione fra dato e informazione. Il primo è inteso come semplice elemento conoscitivo grezzo, il secondo come processo di cognizione in grado di generare una conoscenza su qualcosa e su cui è possibile costruire il sapere.

La differenziazione fra dato ed informazione è, primariamente, svolto con sistemi algoritmici. Questi riescono a vagliare, in modo automatico, la "giungla" di elementi spesso ridondanti per selezionare i più utili, successivamente l'attività sarà diretta dell'analista umano.

Appare rilevante ricordare che fino alla prima metà degli anni 2000, le informazioni on-line erano di tipo testuale, piattaforme, siti, primordiali social network, forum, mailing list e blog ecc. La diffusione dei c.d. "new media" (foto, video ed audio) sta causando, infatti, un declino dei canali tradizionali.

Oggi, invece, le informazioni si muovono con i social media e questo pone sotto stress i sistemi di analisi. Ciò in quanto questi nuovi canali necessitano di particolari tecniche di analisi e studio che vanno sempre aggiornate e rielaborate. Si può, quindi, sottolineare che una delle sfide principali dell'OSINT è sicuramente l'ottimizzazione della gestione di questo enorme flusso informativo.

Inoltre, in funzione della tipologia di informazioni da ricercare, le stesse possono essere ubicate in contesti esterni ai confini nazionali e possono interessare molti scenari diversi tra loro, come l'economia, la finanza, l'industria ma anche gli orientamenti religiosi ecc. Quindi si rende necessario disporre di professionalità in grado di trasformare i dati grezzi in informazioni significative e soprattutto contestualizzate.

Ai fini delle analisi OSINT Internet non è una forte di informazione ma solo uno strumento di comunicazione, un mezzo per veicolare le informazioni. Le stesse possono essere vere come false, realistiche come assurde. La disinformazione può essere usata come arma, tant'è vero che la quasi totalità dei servizi di intelligence ha degli appositi specialisti della branca di disinformazione.

Attualmente, le attività di OSINT sono condotte anche da aziende private specializzate, che previo pagamento, forniscono servizi di reperimento e analisi delle informazioni specifiche per operatori, industrie o partiti politici.

Un esempio è "l'Economist Intelligence Unit" (Eiu.com); la prima offre consulenza sulla macroeconomia e geopolitica.

Nello specifico della branca informazioni è d'obbligo citare anche il "IHS Jane's" (Janes.com) che offre servizi di consulenza di intelligence nel settore difesa, sicurezza nazionale e trasporti.

L'analisi OSINT può, se sapientemente veicolata, seguire l'evoluzione di un determinato soggetto e valutare, sull'onda delle sue attività, la composizione di schemi predittivi delle sue attività future.

4.1. Le scuole di pensiero dell'OSINT e le metodologie di analisi

L'elemento di partenza è di raccogliere dati grezzi, non elaborati né raffinati, filtrarli, valutarne l'affidabilità per poi ottenere degli strumenti utili per la produzione di modelli. L'insieme di queste attività sono intimamente connesse con stime e calcoli statistici, realizzabili attraverso rigorosi criteri sistematici stabiliti e definiti nel corso del tempo, per gestire e organizzare l'informazione al fine di sviluppare la conoscenza e prendere decisioni. Dunque si formano metodologie che spaziano dalla semplice classificazione di eventi fino alla elaborazione algoritmica per il calcolo predittivo di scenari futuri.

Una classificazione interessante delle metodologie da applicare è stata realizzata in maniera sistemica già nei primi anni del XXI secolo. Essa prevede, essenzialmente, che le diverse metodologie possono essere classificate in base a sei caratteristiche fondamentali (Fleisher, Bensoussan):

1. *Orientamento verso il futuro*: gli insegnamenti e gli elementi storici devo essere un *background* culturale ma non il riferimento ed il parametro di giudizio. Il futuro può avere rielaborazioni di modelli già visti ma possono essere imprevedibili. Dunque occorre avere una visione aperta e flessibile a scenari nuovi ed inattesi.
2. *Accuratezza*: i dati imprecisi possono portare solo a valutazioni disastrose e controproducenti. Paradossalmente è meglio non avere informazioni che possederne di approssimative e non verificate. La qualità e la genuinità del dato sono la discriminante per le attività di *intelligence*. Al fine di garantire un più elevato livello è richiesto che i dati raccolti provengano da più fonti differenti e verificabili.

3. *Allocazione delle risorse*: le attività di *intelligence* anche se OSINT, necessitano comunque di un *budget* di spesa. L'oculata ripartizione delle stesse deve essere una priorità per raggiungere lo scopo prefissato. La stima dei costi e la predisposizione di fondi di garanzia per possibili deviazioni di percorso devono sempre esser computati.
4. *Esame obbiettivo delle risultanze*: L'analisi dei dati deve avvenire in un ambiente neutro ed incontaminato da influenze esterne, preconcetti e dalle convinzioni personali di fondo. Chiaramente l'oggettivizzazione del dato, seppur sempre auspicata, appare spesso l'elemento debole della catena.
5. *Utilità del dato*: Nessuna attività di *intelligence* può avere effettiva utilità se non accompagnata da una reale fruibilità del risultato. Ottenere informazioni che già si conoscono oppure rispondere in modo approssimativo a domande può essere l'esempio di cosa non fare. L'analista deve partire dagli obbiettivi e finalizzare le sue ricerche per realizzare una risposta, quanto più completa, nell'ottica cinica di realizzare un risultato conforme alle esigenze.
6. *Attualità delle informazioni*: appare del tutto palese che informazioni ed i modelli realizzati devono rispondere alle esigenze prefigurate. Dunque i dati devono imprescindibilmente esser moderni, a nulla servirebbe avere informazioni obsolete. Come detto il grande vantaggio competitivo è la velocità e tempestività con cui si ottengono e si diffondono le informazioni.

Altre metodologie sono invece legate al pensiero sistemico, ovvero a quella modalità di visione dei problemi, mediata dalla teoria generale dei sistemi (Von Bertalanffy).

> Queste metodologie sono quindi quelle dell'analisi delle opportunità, dell'analisi degli scenari alternativi o degli *stakeholder* o dell'analisi delle ipotesi in competizione o della risoluzione dei conflitti. Per aggiungere sofisticazione ulteriore alle analisi effettuate possono poi risultare utili alcune metodologie formali, sia di tipo qualitativo, come ad esempio l'analisi degli indicatori per seguire l'evoluzione delle situazioni, sia di tipo quantitativo o semiquantitativo come i diagrammi di influenza formale o l'analisi statistica applicata a dati demografici o economici" (Malfanti).

Non stupirà, dunque, che dinnanzi ad una così complessa situazione esistano varie scuole di pensiero in tema di OSINT. Fra esse le principali sono di seguito indicate:

- *scuola del "datamining/textmining"* essa relaziona il fenomeno di analisi con la semantica svolto in maniera autonoma da sistemi esperti e gli insiemi Booleani. In questo caso le competenze richieste all'analista vanno dall'acquisizione di una conoscenza all'utilizzo dei software come ad esempio Cogito della società Expert System.

- *Scuola del software proprietario di alto livello* in questo caso trattasi di un sistema più commerciale basato sulla logica dell'*all inclusive* offerta dall'azienda realizzatrice del software. Il vero limite è la limitazione della creatività dell'analista e la compressione delle sue attività entro rigidi schemi. Gli strumenti informatici offerti sono chiaramente di elevata qualità ma generalisti, pensati per risolvere tutti i casi.
- *Scuola della metodologia "analyst centered"*, in questo caso è l'attività cognitiva ed intellettiva dell'analista a prevalere rispetto all'elemento software. I vantaggi sono chiaramente legati alle capacità deduttive ed intuitive dell'analista. Ciò, però, apre il fianco a derive che sviluppano approcci poco oggettivi e raramente bilanciati. La soggettività può essere un elemento di valorizzazione delle risultanze oggettive estratte, non l'unico metodo di giudizio.
- *Scuola modellizzata su approccio "hacker"* quest'ultima si approccia con l'OSINT mediante l'intrusione nelle vulnerabilità del sistema. In questo caso, in realtà, è una metodologia *border line* in quanto, le fonti raccolte, sono tipicamente protette e fuori dalle classificazioni di fonti aperte. In questo caso, quindi, non sfuggirà all'attento lettore che ci muoviamo in aree grigie di dubbia liceità.

4.2 Il data mining

Le tecnologie alla base dell'Open Source Intelligence possono essere impiegate, come visto, in vari ambiti diversi, anche esterni al settore di internet ma, è chiaro che il vero serbatoio da cui si attinge è la rete.

Quando si accomuna la rete ed i servizi OSINT occorre fare attenzione e precisare il lavoro di elaborazione dei dati grezzi, altrimenti si rischierebbe di sminuire la funzione investigativa e relegarla, meramente, ad un ammasso di dati estemporanei di facile accesso e lettura.

È chiaro che l'operatività dell'OSINT muove da basi eccentriche che sfruttano le varie sfumature e potenzialità della rete settorializzandosi. Tant'è vero che sono attività che si intrecciano con l'intelligence e ne sfruttano le peculiarità. Dunque le fonti da cui si attinge sono composte va fari ammassi di dati, talvolta così imponenti che il problema maggiore, come accennato in precedenza, è riuscire a scandagliarlo alla ricerca di elementi di interesse. Per questo motivo si utilizza la terminologia di data mining alludendo all'operazione di estrazione di dati grezzi ed informi per poi setacciarli in maniera grossolana e poi selezionarli, raffinarli, analizzarli ed in fine renderli fruibili (De Luca).

Sicché, dal punto di vista tecnico, si può definire come una operazione di estrazione e raffinazione ponderata di informazioni da strutture informi di agglomerati di dati. La similitudine figurativa con l'attività estrattiva analogica si rivela particolarmente utile per palesare il fenomeno, anche nell'ambito delle misurazioni delle quantità utili di dati. Difatti se nell'industria mineraria la quantità di materia prima utile è minima rispetto alla roccia scavata, stessa cosa può dirsi nell'ambito del data mining (Rezzani).

Chiaramente, la vastità del numero di dati necessita di un primo approccio di "sgrossatura" attraverso l'ausilio di strumenti automatici o semi-automatici, quindi calcoli statistici e complessi algoritmi. In quanto l'analisi della base dati si sedimenta sulla teoria degli insiemi di Boole e su tecniche di analisi precise, nonché sulla gestione dei dati stessi con attività di database management system (Peluso).

L'attività viene, inizialmente, svolta con fasi preparatorie, di prima trasformazione e filtraggio del dato quali il data cleaning, ovvero operazioni in grado di garantire una certa affidabilità del dato, in sostanza una correzione di errori, rimozione di dati ridondanti oppure obsoleti (Van der Loo, De Jong).

Si può, quindi, affermare che il data mining è un processo analitico-statistico predisposto per lo studio dei dati al fine di disvelarne connessioni e predisporre modelli applicativi ricavati dagli stessi elementi informativi acquisti. Dette connessioni risultano essere determinanti per la convalida dei dati estratti. Difatti, grazie ad essi, si riesce a produrre dei modelli affidabili che possono descrivere un fenomeno, una relazione fra individui, un comportamento. In tal modo, ne consegue, la capacità predittiva, ovvero l'elaborazione di una equazione che permette di individuare, con un certo grado di sicurezza, valori, dati od attività future.

> Attualmente, va affermandosi uno standard particolare per la descrizione dei modelli di Data Mining, ovvero il linguaggio PMML (Predictive Mark-up Modelling Language). Lo standard PMML descrive i modelli di Data Mining utilizzando il linguaggio XML (Extensible Mark-up Language), il formato universale per i documenti e i dati strutturati sul Web. Questo standard semplifica lo scambio dei risultati e accresce la cooperazione fra i processi di Data Mining e i sistemi di supporto alle decisioni (Cordis).

A quanto fin qui detto occorre aggiungere che il web è nettamente più ampio di quel che ci si può attendere. In primo luogo, come anticipato in precedenza, gran parte dei siti liberamente accessibili si affiancano sconfinati mondi afferenti al deep web, il quale rappresenta circa il 90% del web totale.

Trattasi si aree web con accesso limitato, tipicamente identificabili con le sezioni protette da sistemi di autenticazione ma vi possono essere anche contenuti banditi, pagine dinamiche ecc. (Contaldo, Peluso). Vi sono, chiaramente, dubbi sulla configurabilità del materiale estrapolato dal deep web nell'alveo delle c.d. fonti aperte ma, a ben vedere, ampie sezioni del deep web lo sono (ma non tutte). Si pensi ad un comunissimo social network, esso sovente consente solo agli utenti iscritti di leggere tutto od in parte i contenuti inseriti. Ovviamente chiunque può iscriversi e, così, avere accesso ai dati, sicché l'inquadrabilità del deep web fra le fonti aperte, benché apparentemente ed ontologicamente contrastante sembra comunque configurabile.

Diverso discorso deve farsi per il dark web, del quale, tuttavia non possiamo occuparci in questa trattazione ma che, ovviamente è da escludersi dall'insieme di dati tipici delle fonti aperte.

Vi sono, tuttavia, eccezioni, basti pensare ai noti casi di WikiLeaks con cui Snowden ha rilevato dati segretati di cui l'attività del c.d. Datagate, lo scandalo sulla sorveglianza di massa messa in atto da alcuni governi all'insaputa dei cittadini.

In breve il "dark web" è nato negli anni Novanta negli Stati Uniti, precisamente in un laboratorio di ricerca della marina statunitense benché ha acquisito piena funzionalità nel 2003. La motivazione principale che ha spinto la marina a creare una rete sommersa è legata all'esigenza di poter utilizzare una rete distinta e riservata per la trasmissione dei documenti e informazioni classificate, nonché rendere possibile le interazioni e i collegamenti tra i vari agenti di Intelligence, politici, paesi stranieri o anche il Governo degli Usa stesso.

Il meccanismo di occultamento utilizzato su questa rete si basa sull'esigenza di evitare di essere rintracciati attraverso l'indirizzo IP, problema notevolmente aumentato dopo le rivelazioni di Edward Snowden nel 2013 (Greenwald, Annoni).

4.3. La Social Media Intelligence (SOCMINT)

Parlando di tecnologie OSINT è del tutto evidente che occorre accennare, seppur brevemente, alla relazione con la SOCial Media INTelligence (SOCMINT). Quest'ultima è una delle tecniche di reperimento e repertazione delle informazioni utili al ciclo di *intelligence*. Essa avviene tramite il monitoraggio e l'analisi dei contenuti scambiati attraverso i Social Media. Sicché rientrante dell'ambito delle operazioni di OSINT.

Tuttavia quest'ultima si riferisce tanto ad Internet, che ne rappresenta la fonte essenziale, quanto a materiali di altra natura, quali dati prelavati da radio e televisione, giornali e riviste, pubblicazioni istituzionali ed accademiche, ecc.

Questo aspetto, spesso ignorato, definisce una linea di demarcazione chiara tra OSINT e SOCMINT. Quest'ultima vede come oggetto delle sue indagini unicamente le informazioni scambiate tramite i Social Media.

A tal proposito è necessaria un'ulteriore precisazione. Il panorama dei social media non deve essere confuso con i social network. Essi sono solo una delle componenti del notevolmente più ampio spettro dei social media, da ognuno dei quali la SOCMINT è in grado di estrarre informazioni con diversi gradi di rilevanza e significatività (Omand, Miller, Bartlett).

Le finalità dell'indagine dei Social Media attraverso la SOCMINT sono diverse ma possono essere raggruppate, con il solo scopo di esemplificare alcune, in tre macro categorie. Dapprima, i social media possono fornire informazioni *crowd-sourced*, cioè dati direttamente generati dal pubblico che, aggregati secondo determinati parametri, sono in grado di delineare il quadro generale di una situazione in tempo reale. Dunque una attività del tutto sovrapponibile a quella scolta dall'OSINT ma decisamente più settorializzata e specifica di un singolo ambiente digitale.

L'altro grande obbiettivo che si riesce a raggiungere con la SOCMINT è la raffinatezza delle informazioni, elemento essenziale per verificare l'autenticità e migliorare i processi decisionali nell'ambito delle attività realizzate con l'analisi OSINT. Questo aspetto è primario per la possibilità di migliorare la sicurezza pubblica. Se lo spazio online viene sempre più frequentemente utilizzato per organizzare e coordinare attività criminali, i social media possono fornire uno strumento di inestimabile valore nella loro individuazione. L'efficacia di questi sistemi è del tutto palese se si pensa a casi concreti.

Nel caso specifico, si ricorda «il caso dell'arresto dei due individui, il tunisino Lassaad Briki e il pakistano Muhammad Waqas, responsabili della diffusione delle immagini di minaccia a luoghi sensibili di Milano/Roma, noto all'opinione pubblica come il caso dei 'pizzini' dell'ISIS, che intendevano compiere un attentato in territorio italiano dopo essersi addestrati nei campi siriani» (Burato). Nello specifico, attraverso delle immagini che sono circolate su account Twitter raffiguranti fogli con la scritta "siamo nelle vostre strade" sotto l'hashtag #IslamicStateInRome, ci si accorse che nello sfondo erano presenti dei luoghi sensibili fra i quali il Duomo e la stazione centrale di Milano come anche la bandiera con il logo Expo. Queste foto sono diventate virali proprio quando le stesse erano oggetto di una approfondita indagine svolta nel tentativo di capire chi fosse l'autore dei messaggi. L'identificazione è avvenuta grazie alla fotografia scattata all'interno della stazione centrale, incrociando i dati visibili sul tabellone delle partenze/arrivi per capire quando era stata scattata. Successivamente il dato è stato confrontato con le risultanze delle videocamere di sorveglianza.

La declinazione della *cultural intelligence*, pratica o strategia applicata da sempre anche se teorizzata solo recentemente, secondo gli orizzonti social è infatti uno degli aspetti più significati di ricerca al momento, proprio per approfondire il legame fra significante e significato nelle diverse sub-culture che proliferano nel web. La SOCMINT, come già riferito, si applica esclusivamente online. Questa peculiarità dello "spazio" all'interno del quale la raccolta e il monitoraggio delle informazioni si esplica pone la necessità di ripensarlo in merito alla sua distinzione fra "privato" e "pubblico". È noto che online, e specialmente sui social media, la distinzione tra queste due "tipologie" di spazio sia andata sfumandosi tanto che, per esempio, materiali (dati) simili pubblicati sullo stesso social network vengono considerati talvolta pubblici, altre volte privati e nella maggioranza dei casi quasi-privati. Questa mancanza di percezione fra ciò che è considerato privato e quanto invece viene ritenuto di dominio pubblico, porta all'impossibilità di applicare la connotazione spaziale al diritto di privacy.

Giunti a questo punto della trattazione sembra utile analizzare, concretamente, i sistemi pratici con cui si provvedere a realizzare una analisi SOCMINT nell'alveo di quell'insieme di fonti che sono rientranti fra quelle aperte. Il punto di partenza è, pertanto, riuscire ad integrare le attività di analisi delle relazioni sociali della SNA con le modalità di investigazione OSINT e SOCMINT. Al fine di addivenire a questa soluzione serve, chiaramente, l'ausilio di metodi informatici che riescano ad elaborare e trattare l'immenso agglomerato di dati. In particolare, lo studio degli individui è caratterizzato da una visione che identifica gli stessi come "atomi sociali" che cooperano costantemente all'interno di una struttura per c.d. organica, decisamente più complessa, formata da relazioni "molecole sociali" (Buchmann).

Lo studio e lo sviluppo di queste nuove tecniche hanno dato vita a una nuova disciplina scientifica nota con il termine di *Social Media Mining* (di seguito SMM), che corrisponde al processo di rappresentazione, analisi ed estrazione di modelli e tendenze dei dati dei social.

Il SMM utilizza in parte strumenti già adottati da altre discipline facendoli propri ma il più delle volte è basata su modelli innovativi. Dunque vi possono essere le tipiche tecniche di gestione e trattamento dei dati, a cui si affiancano nuovi filoni importati da discipline scientifiche quali la sociologia, congiuntamente a strumenti informatici ed algoritmi per investigare sulla pertinenza e l'utilità delle informazioni. Se ne evince, pertanto, che vi sono elementi comuni con il data mining, la social network analysis, l'analisi sociologica, il calcolo statistico, la psicologia e metodi di misurazione e rappresentazione grafica dei dati estrapolati.

Ciò detto resta da vedere quali sono i passaggi indispensabili per l'applicazione di detto insieme di procedure, questione che si è cercato di semplificare ripartendola in sei passaggi sequenziali.

1. *Ricerca informativa*, trattandosi di materiale raccolto da fonti aperte e liberamente disponibili nei social, occorre scandagliare gli stessi, tipicamente con apposite dotazioni software utili per identificare i social utilizzati dal soggetto di interesse. Ciò, però, deve esser coadiuvato dall'attività umana di selezione o prefiltraggio che si affianca a forme di selezione automatizzate con appositi programmi. Appare evidente che più ampio è l'insieme di dati raccolti per l'analisi e più complessa, ma anche più completa, sarà l'analisi che se ne può ricavare. In questo caso possono generarsi due scenari contrapposti ma altrettanto drammatici per l'analista: a) avere una ridondanza di informazioni ma rilevare che esse sono del tutto inutili; b) avere poche informazioni a causa di errori di valutazione sulla rilevanza dei dati raccolti. Una semplificazione del lavoro si può, teoricamente, riscontrare su Twit-

ter dove si può rilevare la frequente identificazione degli hashtag quali barriere, già predisposte dallo strumento stesso, alle informazioni relative ad una specifica tematica. Dunque una operazione di etichettamento dei contenuti rende più agevole lo scandagliamento e l'identificazione di contenuti potenzialmente rilevanti. Chiaramente, così come dimostrato da numerosi studi, gli utenti tendono a *"taggare"* solo determinati contenuti e l'incidenza dei *tag* è relativamente basta rispetto all'immane mole di dati. In secondo luogo non è detto che l'utente voglia apporre dei *tag*. In precedenza si è accennato al caso delle cellule terroristiche dell'ISIS in Italia. L'uso dell'hashtag #IslamicStateInRome ha assunto un ruolo determinante per identificare l'oggetto specifico delle comunicazioni che venivano divulgate. Tuttavia, anche in questo caso, non è stato l'unico che ha coperto tutte le conversazioni sull'argomento: erano infatti utilizzati anche l'hashtag #Islamic seguito dalle parole State In Rome, e #Islamic_State_In_Rome, inoltre si può sempre generare la situazione di un hashtag fuorviante.

2. *Selezione del materiale raccolto*, occorre procedere ad una cernita e raffinazione dei contenuti, cercando di eliminare quelle informazioni obsolete, già note, inutili o contraddittorie. Appare utile sfoltire i dati raccolti facendo delle scelte che possono essere automatizzate oppure manuali. In ambo i casi è chiaro che seguire un approccio anziché un altro può portare a risultati molto differenti. Può avvenire che i dati raccolti possano esser astrattamente utili, ma filtrati in maniera non idonea, oppure su criteri inutili ai fini dell'analisi. Dinnanzi a tali situazioni, la soluzione è una rielaborazione dei criteri adottati per il filtraggio e, quale *extrema ratio,* una nuova operazione di raccolta di dati.
3. *Assegnazione dei valori e delle priorità* non vi sono dubbi che i dati raccolti possono avere una valenza differente e essere indispensabili anche se non ancora del tutto confermati od ancora essere dotati di un peso specifico più elevato perché confermati come rilevanti e veritieri. Questa operazione di assegnazione di *rating* ai dati permette di realizzare una griglia di dati prioritari, ovvero dati organizzati in base ai livelli di affidabilità. Può essere segnalata come rilevante anche la modalità applicativa con cui si è provveduto allo scambio di informazioni. Per esempio rilevare le informazioni ottenute da un commento dettagliato sui social rispetto ad un mero like ecc.
4. Tant'è vero che, l'idea che ci si pone dinnanzi a gruppi sociali dovrebbe essere valutata in maniera accorta e prudenziale. I legami fra i componenti possono essere temporanei, opportunistici oppure casuali, senza per questo consentire un inquadramento dogmatico in cerchie specifiche di relazioni.
5. *Validazione delle informazioni e stesura dei primi report* giunti a questo punto dell'analisi occorre validare e verificare in modo più rigoroso i dati. Laddove il vaglio fosse negativo, occorrerà tornare a ritroso e ripartire dai passaggi precedenti e rie-

laborare le informazioni. In questa fase si analizzano aspetti, fino a questo punto, tenuti in disparte quali la possibilità di *"gaming" e l'"observation effect"*. Il primo riguarda il rilascio intenzionale di informazioni errate o volutamente ambigue, una dissimulazione dissuasiva e disinformativa. Il secondo termine, invece, richiama la tendenza a cambiare il proprio comportamento qualora si sia consapevoli di essere osservati. Il caso calzante che si può fare per dimostrare ciò riguarda, nuovamente, la fattispecie delle cellule ISIS in Italia di cui si è accennato poc'anzi. Briki e Waqas una volta appreso che vi erano indagini o comunque sospetti su di loro, hanno variato i modelli comportamentali hanno, infatti, cancellato i propri account e hanno limitato al minimo le interazioni social. Una volta valutata la presenza di tali fenomeni l'informazione filtrata e isolata si arricchisce di livelli di confidenza che possono essere supportati da ulteriori verifiche tramite la triangolazione con altre fonti. Quando si preparano i dati da utilizzare negli algoritmi di data mining è necessario, pertanto, verificare quattro aspetti che producono effetti sulla qualità dei dati:

- *Rumore* riferibile alla distorsione dei dati, pertanto possono essere, altresì, sviluppati degli algoritmi di filtraggio per contrasto al rumore.
- *Valori anormali* riguardano delle istanze che possono essere considerate molto differenti dalle altre nel precedentemente acquisite, e pertanto devono essere necessariamente rimosse dall'insieme delle istanze analizzate per permettere una misurazione precisa di ciò che si ritiene utile. Per esempio, se un soggetto che posta quotidianamente 3 post e poi improvvisamente scompare per una settimana, potrebbe aver avuto problemi di salute, sicché non necessariamente ha azionato un comportamento difensivo.
- *Valori mancanti* Sono dei valori riconducibili alle *features* che mancano nelle istanze; si pensi ad esempio a quegli utenti che evitano di pubblicare delle informazioni sui rispettivi profili (età, posizione, hobby ecc.). Per ovviare a questo problema è possibile rimuovere le istanze contenenti i valori mancanti, stimare i valori mancanti, ignorare i valori mancanti durante l'esecuzione degli algoritmi di data mining.

Al temine dell'esecuzione dei controlli di qualità si procede con la pre-elaborazione (processing), processo di trasformazione finalizzato alla preparazione dei dati per il data mining. Le attività tipiche di pre-caricamento dei dati sono le seguenti:

- *Aggregazione.* Questa attività viene eseguita quando più caratteristiche devono essere combinate in una singola o quando la loro scala cambia.

- *Selezione delle funzionalità.* Spesso, non tutte le caratteristiche raccolte sono utili e alcune potrebbero risultare perfino irrilevanti.
- *Estrazione delle caratteristiche.* L'estrazione converte il set di caratteristiche correnti in un nuovo insieme, che agevola le attività del data mining.
- *Campionamento.* L'inarrestabile crescita dei dati nei social media rappresenta un enorme complicazione per l'elaborazione delle informazioni. Occorre pertanto ricorrere alle tecniche di campionamento, che permettono di selezionare piccoli sottoinsiemi di istanze piuttosto che tutti i dati disponibili.

6. *Elaborazione dei processi per la creazione di modelli* una volta che i dati sono stati validati è possibile l'uso degli stessi per predisporre dei veri e propri report o dei modelli che possano produrre delle risposte coerenti con le domande. Questa appena descritta è una fase molto delicata in quanto i rispostati potrebbero essere molto differenti da ciò che ci si attende o, magari, apparire come incompleti o distorti. Sintomo che qualcosa nel corso delle operazioni non ha funzionato e, quindi, occorre ritornare ai passaggi precedenti e verificarne la correttezza.

Capitolo V
I sequestri informatici: cenni generali e recenti applicazioni giurisprudenziali

Alessandro Riso

1. I mezzi di ricerca della prova in ambito informatico e la valenza della prova digitale

L'evoluzione tecnologica ha avuto impatti su svariati settori del diritto, innovandoli. Tra tali settori dell'ordinamento giuridico italiano interessati dallo sviluppo della tecnologia rientra la disciplina dei mezzi di ricerca della prova e, in particolare con riferimento alla documentazione, della prova informatica.

Prima di approfondire gli aspetti legati all'ambito informatico è, tuttavia, opportuno soffermarsi sulle caratteristiche generali dei mezzi di ricerca della prova, consistenti in attività finalizzate alla ricerca e all'acquisizione di tracce, cose, notizie o dichiarazioni, idonee ad assumere rilevanza probatoria, tra cui rientrano, in base al Codice di Procedura Penale (Libro III, Titolo III del c.p.p.), le ispezioni (artt. 244-246 c.p.p.), le perquisizioni (artt. 247-252 c.p.p.), i sequestri (artt. 253-265 c.p.p.) e le intercettazioni di comunicazioni o conversazioni (artt. 266-271 c.p.p.), individuando anche alcune complessive differenze rispetto ai mezzi di prova.

A tal proposito, i c.d. mezzi di prova "tipici" – es. testimonianze, documenti, perizie, esperimenti giudiziali, confronti ed esami delle parti – sono disciplinati nel Libro III, Titolo II del c.p.p.. Questo però non è un elenco chiuso, essendo, infatti, possibile esperire mezzi di prova c.d. "atipici". In tal senso, l'art. 189 c.p.p. prevede che, quando viene richiesta una prova non disciplinata dalla legge, il Giudice la può assumere se atta ad assicurare l'accertamento dei fatti e questa non pregiudica la libertà morale della persona.

In primo luogo, quindi, è possibile indicare che la funzione dei mezzi di ricerca della prova consiste nel rendere possibile l'acquisizione nel procedimento di cose materiali, tracce o dichiarazioni dotate di attitudine probatoria. Specificamente, mediante i mezzi di ricerca della prova entra nel procedimento penale un elemento probatorio preesistente rispetto al mezzo di prova che però non è di per sé fonte di convincimento (Tonini 2020) Pertanto, ad esempio, con il mezzo di ricerca della prova della perquisizione viene acquisito al procedimento una cosa pertinente al reato.

Diversamente, i mezzi di prova sono, secondo il Codice di Procedura Penale (artt. 194-243), quegli strumenti processuale che permettono di acquisire un elemento di prova che si forma attraverso il mezzo di prova stesso e, pertanto, hanno l'attitudine ad offrire al Giudice risultanze probatorie direttamente utilizzabili in sede di decisione. Ad esempio, il testimone ha l'obbligo di presentarsi al Giudice e di dire la verità e, qualora non vi ottemperi, è penalmente sanzionato.

Un'ulteriore differenza che emerge dalla disciplina del Codice di Procedura Penale è che i mezzi di ricerca della prova possono essere disposti oltre che dal Giudice, anche dal Pubblico Ministero, e in alcune ipotesi, possono essere compiuti dalla Polizia Giudiziaria. I mezzi di prova, invece, possono essere assunti, in fase dibattimentale o nell'incidente probatorio, unicamente davanti al Giudice.

Ancora il fattore sorpresa diversifica i mezzi di ricerca della prova dai mezzi di prova. Infatti, i mezzi di ricerca della prova, svolti nella fase delle indagini, non consentono un avviso preventivo al difensore dell'indagato in modo da permettere una proficua azione del fattore sorpresa. Quest'effetto è escluso per quanto concerne i mezzi di prova, i quali possono essere assunti (durante il dibattimento o incidente probatorio) con l'attuazione del pieno contraddittorio ai fini della formazione della prova.

Alla luce di questa breve e generica premessa, con funzione di inquadramento relativo ai mezzi di ricerca della prova, è possibile approfondire tale tema facendo riferimento all'ambito informatico e alla valenza della prova digitale.

A tal proposito, risulta estremamente difficile in ambito penale, in riferimento all'ordinamento italiano, elaborare una definizione di prova digitale. Specificamente, risulta arduo individuare in modo preciso la tipologia di supporto da cui la prova digitale possa essere acquisita a causa della costante innovazione del contesto tecnologico (fino a pochi anni fa la prova digitale poteva essere rinvenuta all'interno di un personal computer, ma oggi può trovarsi all'interno di un orologio, cd. *smart watch*, o di un frigorifero "smart"). Al riguardo, in relazione a tale mancanza, la dottrina italiana, ed in particolare alcuni dei giuristi tra cui il prof. Paolo Tonini, hanno evidenziato che la rappresentazione del fatto, incorporata in uno scritto o in un file, è la medesima in quanto ciò che cambia è soltanto il metodo di incorporamento. Dunque, se, ad esempio, un documento informatico, come un file di testo, viene stampato su carta, il risultato è un documento tradizionale che esprime in modo visibile il contenuto del documento informatico (cioè il file di testo). Ne consegue che la differenza tra il concetto di documento tradizionale e un documento informatico non va ricercata nel metodo di rappresentazione (cioè nella riproduzione di un fatto in modo da renderlo riconoscibile quando non è più presente, es. mediante testimonianza o apparecchio di registrazione) ma nel metodo di incorporamento (ossia nell'operazione grazie alla quale la rappresentazione è fissata su base materiale). I metodi di incorporamento, come precisato dalla dottrina, si possono distinguere in analogico e digitale. L' incorporamento analogico è definito "materiale", poiché la rappresentazione è collegata al supporto fisico sul quale è inglobato. Ne deriva, ad esempio, che le eventuali cancellazioni presenti all'interno di un documento scritto, sono qualificabili come traccia della manipolazione effettuata. Diversamente il metodo digitale prevede che la rappresentazione è incorporata su di una base materiale mediante grandezze fisiche variabili. In altri termini, trattandosi di una sequenza di bit, l'incorporamento digitale ha la caratteristica della "immaterialità", poiché la rappresentazione esiste indifferentemente dal tipo di supporto fisico sul quale il dato informatico è incorporato (Vaciago 2020).

Per le peculiarità menzionate, in particolare l' "immaterialità", il documento informatico presenta la caratteristica della alterabilità, da cui deriva la "fragilità" in quanto potrebbe essere problematico preservare l'autenticità e genuinità della prova digitale. Infatti, bisogna fare attenzione al documento informatico, dato che il supporto tecnologico, su cui è incorporato digitalmente, può essere modificato, falsificato o distrutto a causa della sua autonomia, caratteristica che lo differenzia dall'incorporamento analogico che avviene su base materiale, come ad esempio sulla carta o su un disco di vinile. Dunque, la peculiarità del metodo di incorporamento digitale comporta la necessità di una disciplina specifica del documento informatico (Cadoppi 2019).

Alla luce di queste precisazioni, i mezzi di ricerca della prova in ambito informatico possono avere come oggetti materiali il singolo supporto informatico (come ad esempio: pen-drive, floppy disk, cd, dvd, hard disk), ma anche il sistema che contiene uno o più supporti digitali (come ad esempio: un singolo computer, un intero sistema telematico) su cui sono registrati gli oggetti dematerializzati/astratti dei mezzi di ricerca della prova, cioè i documenti informatici.

A tal proposito, la Legge n. 48 del 2008, che ha ratificato la Convenzione di Budapest del 2021 (sulla criminalità informatica, infatti, detta anche "Convenzione Cybercrime"), ha inquadrato come mezzi tipici di ricerca della prova: la perquisizione, l'ispezione e il sequestro i quali hanno come oggetto un sistema di supporto informatico e ne ha fornito una specifica regolamentazione.

Pertanto, i mezzi di ricerca della prova già menzionati non possono più essere inquadrati come atipici e in merito la Legge n. 48 del 2008 ha introdotto delle garanzie specifiche. Così il sequestro del computer, ad esempio, dovrà essere trattato come un mezzo tipico di ricerca della prova al fine di escludere che possa essere applicato dagli inquirenti in modo svincolato da regole e dal contraddittorio, effettuandolo senza alcuna cautela ulteriore rispetto al sequestro di un documento cartaceo.

Analizzando in dettaglio tra le garanzie, introdotte dalla Legge n.48 del 2008 per i mezzi di ricerca della prova in relazione al documento informatico, è possibile elencare le seguenti:

- il dovere di conservare inalterato il dato informatico originale nella sua genuinità;

- il dovere di impedire l'alterazione successiva del dato originale;
- il dovere di formare una copia che assicuri la conformità del dato informatico acquisito rispetto a quello originale;
- il dovere di assicurare la non modificabilità della copia del documento;
- la garanzia dell'installazione di sigilli informatici sui documenti acquisiti.

Riprendendo l'elenco già menzionato ed esaminando il Codice di Procedura Penale sulla materia in oggetto, dopo le modifiche introdotte alla luce della Legge n. 48 del 2008, è possibile costatare come, a causa dell'urgenza con la quale tale legge è stata approvata, il Legislatore abbia avuto un approccio non sistematico per le predette garanzie in riferimento ai vari mezzi di ricerca della prova informatica, quando, invece, sono necessarie tutte le garanzie e contemporaneamente in riferimenti ai mezzi di ricerca della prova. Di seguito, è opportuno un breve approfondimento sulle lacune, derivanti dalla sommarietà dell'approccio, riscontrabili nel Codice di Procedure Penale (Tonini 2009).

Ad esempio, una lacuna è riscontrabile in riferimento alle due garanzie, citate nell'elenco precedente, relative al dovere di conservare inalterato il dato informatico originale nella sua genuinità e al dovere di impedire l'alterazione successiva del dato originale. Infatti, secondo la normativa, tali garanzie riguardano i mezzi di ricerca della prova, come le ispezioni e le perquisizioni disposte dall'autorità giudiziaria, nonché le perquisizioni e il sopralluogo di polizia giudiziaria ma, senza alcuna logica ragione, invece non sono riscontrabili nella disciplina della richiesta di consegna e esame presso banche e relativamente al dovere di esibizione. Altra lacuna riguarda il sopralluogo su iniziativa dell'autorità giudiziaria e il sequestro disposto dall'autorità giudiziaria ai quali si applica la garanzia di formare una copia che assicuri la conformità del dato informatico acquisito rispetto a quello originale.

Sennonché, per ambedue i citati mezzi di ricerca della prova, la menzionata garanzia riguarda solo i dati informatici acquisiti presso i fornitori di servizio, essendo escluse in generale per tutti i tipi di sequestro. Inoltre, nei predetti casi di sopralluogo su iniziativa dell'autorità giudiziaria e di sequestro disposto dall'autorità giudiziaria nel Codice di Procedura Penale, è specificato che la copia deve essere fatta su di un supporto definito adeguato.

Diversamente, arbitrariamente il Legislatore per le altre ipotesi di sequestro (esempio sequestro presso banche) non ha previsto né l'obbligo di effettuare la copia, né la necessità che il supporto sia adeguato. È previsto, inoltre, che la copia informatica possa non garantire la medesima collocazione del dato sul supporto in relazione a parti apparentemente vuote. Per avere la corrispondenza all'originale bisogna fare riferimento alla *bitstream image* e in tal caso il supporto su cui effettuare la copia deve essere vergine (Aterno 2008).

Ancora, la garanzia del dovere di assicurare la non modificabilità della copia del documento è rintracciabile nel sopralluogo di polizia giudiziaria e nel sequestro disposto dall'autorità giudiziaria soltanto in relazione ai dati informatici presso i fornitori di servizi, ma non in generale per tutti i tipi di sequestro, né degli altri atti indicati in precedenza. Per attuare questa garanzia si ricorre alla cosiddetta *chain of custody* o catena di custodia e cioè tramite la documentazione di ogni passo del procedimento per l'acquisizione dell'analisi dei dati (per ulteriori approfondimenti si rinvia al 9 capitolo del presente volume). La garanzia dell'installazione di sigilli informatici sui documenti acquisiti è facoltativa per il sequestro, (quindi non obbligatoria) mentre i tecnici sostengono che tale condizione sia essenziale per i dati informatici. L'integrità dei dati acquisiti è garantita tramite l'algoritmo di hash, che consente di creare, attraverso una funzione matematica, una sequenza di bit di lunghezza variabile (Tonini 2020).

Visto tale impostazione delle garanzie, caratterizzata da limitata sistematicità e coerenza, sarà probabilmente compito della Dottrina e della Giurisprudenza di completare il sistema in via interpretativa, specialmente come si vedrà successivamente per il tema del sequestro. Inoltre tale attività è molto delicata, trattandosi di materia con possibili impatti su alcuni dei diritti fondamentali garantiti dalla Costituzione.

Effettuati questi generici cenni in merito ai mezzi di ricerca della prova con un approfondimento su quelli in ambito informatico, adesso è opportuno affrontare il tema della valenza della prova digitale.

In merito a tale argomento è possibile precisare che la Dottrina ha cominciato ad occuparsene recentemente nel primo decennio del ventunesimo secolo. In particolare, nel 2007, i giuristi Luca Luparia e Giovanni Ziccardi (Luparia e Ziccardi 2007) elaboravano una delle prime pubblicazioni in materia di prova digitale. In tale scritto veniva evidenziato come i mutamenti della società connessi con le innovazioni portate dall' avvento delle nuove tecnologie, quale l'elaboratore elettronico e le reti, hanno anche influenzato le modalità di rivelazione, gestione, raccolta e analisi di elementi che si potrebbero definire genericamente elementi di prova, indizio o testimonianza.

Infatti, agli elementi tradizionali, caratterizzati dall'essere naturali e fisici, sono accostati ulteriori elementi di prova, con analoga attitudine a determinare un accadimento, ma inscindibilmente correlati ad un elaboratore elettronico, un dispositivo informatico o a una rete informatica e quindi qualificabili come prove informatiche.

Il valore probatorio di tale prova informatica, secondo parte di questa Dottrina, deriva dalla capacità di resistenza ad eventuali contestazioni e di convincimento del Giudice, delle parti processuali o di altri soggetti in ordine alla genuinità, non ripudiabilità, imputabilità e integrità del dato stesso e dei fatti dallo stesso dimostrati (*ibidem*). Tale impostazione sembra essere in continuità con quella della Dottrina recente e consolidata (Tonini 2020), che definisce la prova documentale informatica come quella rappresentazione di un fatto che è incorporata in una base materiale con metodo digitale, e che ne evidenzia la peculiarità della facile modificabilità, come già accennato, anche da persone diverse dall'autore.

Tutto ciò pone il problema della conservazione del documento informatico inalterato in modo da preservarne la genuinità e autenticità che in assenza comprometterebbero la valenza della prova stessa. Da questa esigenza già citata è nata la necessità di creare una "copia clone" dell'hard disk resa immodificabile mediante appositi accorgimenti tecnici (es. bit-stream image) o altre cautele che riguardano l'esperimento dei mezzi di ricerca della prova, come ad esempio in caso di sequestro della prova informatica.

Per completezza, rispetto all'argomento della valenza della prova digitale, si evidenzia la distinzione tra traccia e documento anche in ambito informatico. Specificamente, la traccia può essere genericamente definita come quel segno lasciato su di una cosa che non ha capacità di rappresentare solo sé stessa, quindi non un fatto, come ad esempio una "impronta digitale" lasciata su una tastiera, una stampante, un supporto informatico. In tal caso, è sufficiente l'ordinario sequestro del corpo del reato per assicurare la traccia al processo penale, senza le ulteriori garanzie previste dalla L. n. 48 del 2008. Tale modalità non potrebbe essere applicata ai documenti informatici, come il file di log, che ha la funzione di registrazione delle operazioni compiute dall'utente su un computer durante una sessione di lavoro e lo fa secondo modalità idonee a garantire la conservazione dei dati e a verificare l'assenza di manipolazione (Tribunale Chieti 2006).

In particolare, il file di log può essere qualificato come un documento che rappresenta alcune informazioni, come la lunghezza del file, le modifiche apportate, il device e il software utilizzato, le date riguardanti la prima creazione e l'orario di ultimo accesso, nonché la licenza d'uso, e ancora altri dati che non possono essere qualificati come tracce informatiche, ma come prova documentale digitale.

La ragione di tale qualificazione risiede nella circostanza che tali prove documentali digitali, come il file di log, sono connesse alla volontà del programmatore che ha programmato il software in modo da rappresentare, a prescindere dalla volontà dell'utilizzatore, determinate informazioni. Ne consegue che tale prova, il file di log, è frutto di operazioni in gran parte eseguite automaticamente da un dispositivo accessibile, sussiste il rischio che tali informazioni possano essere facilmente alterate e pertanto dovranno essere applicate le cautele della L. n. 48 del 2008 (Focardi 2010).

2. Il sequestro probatorio e il c.d. sequestro digitale *omnibus*

Il Codice di Procedura Penale individua tre distinte tipologie di sequestro. In particolare, il sequestro può assumere la forma del sequestro probatorio, del sequestro preventivo e del sequestro conservativo. Le predette tre tipologie di sequestro sono accomunate dalla caratteristica fondamentale di creare un vincolo di indisponibilità, mediante lo spossessamento coattivo, su una cosa mobile od immobile.

Tuttavia, solo il sequestro probatorio rientra tra i mezzi di ricerca della prova mentre il sequestro preventivo e quello conservativo sono qualificati come misure cautelari.

Tale differenziazione tra le tre tipologie di sequestro si basa sulle loro diverse finalità che si riflette anche nelle rispettive e distinte regolamentazioni, come emerge dal Codice di Procedura Penale ed è anche evidenziato dalla Dottrina (Tonini 2020).

In modo specifico, il sequestro preventivo e quello conservativo, rispettivamente previsti dall'art. 321 c.p.p. e dall'art. 316 c.p.p., vengono collocati tra le misure cautelari in quanto hanno una maggiore incisività su diritti soggettivi, come previsto nella Relazione al Progetto preliminare e al testo definitivo del Codice di Procedura Penale, delle disposizioni sul processo penale a carico di imputati minorenni e delle norme per l'adeguamento dell'ordinamento giudiziario al nuovo processo penale ed a quello a carico degli imputati minorenni. (GU Serie Generale n. 250 del 24 ottobre 1988 - Suppl. Ordinario n. 93)

Alla luce del Codice di Procedura Penale, in particolare, il sequestro conservativo e quello preventivo sono misure cautelari reali che rispettivamente assicurano il pagamento di importi ricollegabili al reato e prevengono l'aggravamento delle sue conseguenze e nuovi illeciti. Inoltre, il sequestro conservativo e preventivo, richiedono entrambi come condizione per la loro applicazione il *fumus bonis iuris* (ossia che si proceda per un fatto considerato astrattamente come reato) e il *periculum in mora* (ovvero, la concreta possibilità, che la disponibilità della cosa possa pregiudicare le esigenze preventive o conservative che si vogliono realizzare con le misure cautelari reali previste dal Codice di Procedura Penale).

Dunque per chiarezza espositiva si ribadisce che il sequestro conservativo è un atto disposto nel caso in cui vi sia una fondata ragione di ritenere che, manchino o si disperdano, le garanzie per il pagamento della pena pecuniaria, delle spese di procedimento e di ogni altra somma dovuta all'erario dello Stato.

Il sequestro preventivo si contraddistingue, invece, per essere una misura cautelare disposta in presenza del rischio che la libera disponibilità di una cosa possa aggravare o protrarre le conseguenze di un reato, o agevolare la commissione di nuovi reati. Inoltre, tale forma di sequestro è possibile anche per quei beni che possono essere confiscati. In particolare, il sequestro preventivo può essere disposto sui beni di cui è consentita la confisca nel corso dei procedimenti penali, qualora siano relativi ai delitti dei pubblici ufficiali contro la pubblica amministrazione. Pertanto, la finalità di tale atto è creare un vincolo di indisponibilità del bene, ma serve anche ad inibire l'attività di un soggetto.

Diversamente dal sequestro conservativo e da quello preventivo, il sequestro probatorio è un mezzo di ricerca della prova che si attua mediante lo spossessamento coattivo della cosa e la creazione di un vincolo di indisponibilità sulla medesima, ciò al fine di tutelare l'immutabilità delle caratteristiche di una cosa, mobile o immobile, nel procedimento con la finalità dell'accertamento dei fatti. Dunque, per garantire lo scopo del sequestro probatorio di assicurare al processo il relativo mezzo di prova, risultano necessari due requisiti.

Il primo è il c.d. "requisito naturalistico" che riguarda la presenza di un bene materiale (si pensi al sequestro dell'arma del delitto come un coltello, una pistola, ecc.) o immateriale (ad esempio, il sequestro conservativo di un saldo di conto corrente, il sequestro preventivo di una quota di partecipazione in una società). Il secondo, è un requisito squisitamente giuridico, ovvero che si tratti del corpo del reato o di una cosa pertinente al medesimo e, soprattutto, che la cosa sia necessaria per l'accertamento dei fatti.

Per quanto concerne gli aspetti disciplinari del sequestro probatorio di seguito verranno specificati alcuni punti rilevanti. Con decreto motivato l'autorità giudiziaria (ossia il Pubblico Ministero, durante le indagini), dispone il sequestro del corpo del reato e delle cose pertinenti al reato necessarie al fine dell'accertamento dei fatti. Specificamente, al sequestro probatorio procede l'autorità giudiziaria o un ufficiale di polizia giudiziaria delegato con lo stesso decreto. Copia del decreto di sequestro è consegnata all'interessato, se presente. Contro il decreto di sequestro l'imputato, la persona alla quale le cose sono state sequestrate e che avrebbe diritto alla loro restituzione, può proporre richiesta di riesame al Tribunale, al fine di ottenere la restituzione delle cose sequestrate. Inoltre, visto che il sequestro è un atto a sorpresa, il difensore dell'indagato ha il diritto di assistere, ma senza preavviso.

Da un punto di vista temporale, il sequestro probatorio ha inizio con il decreto che lo ordina su intervento dell'autorità giudiziaria che quindi incide sui diritti del titolare della cosa da sequestrare. Tuttavia, potrebbe accadere che il decreto dell'autorità giudiziaria intervenga dopo l'esecuzione del sequestro, a convalida di un'operazione già eseguita. A titolo esemplificativo, se vi è pericolo di alterazione, perdita o deterioramento delle cose, delle tracce e dei luoghi inerenti al reato, qualora il Pubblico Ministero non possa intervenire tempestivamente, ovvero non abbia ancora assunto la direzione delle indagini, gli ufficiali di polizia giudiziaria, con predisposizione del verbale da trasmettere all'autorità giudiziaria del luogo del sequestro non oltre quarantotto ore, possono procedere all'apprensione fisica del bene. Tutto questo prima ancora dell'intervento del Pubblico Ministero, il quale se ravvisa i requisiti potrà, con il decreto di convalida, successivamente rendere valido il sequestro già avvenuto. Inoltre, nel caso in cui vi sia assenza dei presupposti per il sequestro, il Pubblico Ministero può ordinare l'immediata restituzione delle cose illegittimamente sequestrate.

Il sequestro ha durata e viene mantenuto fino a quando sussistono le esigenze probatorie, sebbene il limite massimo sia la sentenza irrevocabile. Concluso il sequestro, la cosa deve essere restituita, salvo che ne sia stata ordinata la confisca. È prevista la possibilità della conversione di un tipo di sequestro in un altro, soltanto se viene emesso un provvedimento autonomo, rispondente ai requisiti e alle finalità del nuovo tipo di sequestro, ciò unicamente se alla luce del Codice di Procedura Penale prevede espressamente le singole ipotesi di conversione.

Da un punto di vista processuale, come anticipato, il sequestro probatorio è disposto dal Pubblico Ministero che emana il decreto motivato di sequestro nel corso delle indagini preliminari e se l'indagato è eventualmente presente al sequestro, viene consegnata copia del decreto chiesto se è assistito da un difensore (nel caso in cui l'indagato ne sia privo viene designato un difensore d'ufficio). Inoltre, da una prospettiva operativa, dovranno essere descritte in un verbale le attività riguardanti il sequestro e apposti i sigilli (con la sottoscrizione da parte dell'autorità giudiziaria che lo ha disposto e del suo ausiliario) sulle cose oggetto del sequestro probatorio. La cancellerie o alla segreteria hanno la custodia dei beni sottoposti a sequestro, salvo che venga disposto che la custodia avvenga in un luogo diverso, sempre con le opportune cautele e in caso verso il pagamento di una cauzione.

Di norma è l'Autorità Giudiziaria che procede direttamente al sequestro probotorio. Tuttavia eccezionalmente durante le indagini preliminari, come già indicato, in situazioni di urgenza, il sequestro probatorio può essere effettuato personalmente dalla polizia giudiziaria.

In concreto, la polizia giudiziaria durante il sopralluogo, per preservare le tracce e le cose relative al reato fino all'eventuale intervento del Pubblico Ministero, se è presente un pericolo correlato al ritardo del Pubblico Ministero che non può intervenire tempestivamente o non ha ancora assunto la direzione delle indagini, come accennato, effettua il sequestro. Inoltre, la polizia deve avvertire l'indagato, qualora sia presente durante il sequestro, che può avvalersi della facoltà di farsi assistere dal difensore di fiducia. Successivamente si procede alla convalida del verbale del sequestro (che è trasmesso entro 48 ore all'autorità giudiziaria del luogo dove il sequestro è stato eseguito e l'autorità, nelle 48 ore successive, convalida il sequestro con decreto motivato, se ne ricorrono i presupposti). Si evidenzia ancora che il sequestro probatorio, come mezzo di ricerca della prova, in molti casi risulta correlato come conseguenza di un'attività di perquisizione.

Ciò può derivare dalla circostanza che la perquisizione e il sequestro probatorio hanno entrambi come oggetto, ad esempio il corpo del reato e le cose pertinenti al reato. Sebbene tale connessione va però anche sottolineato che il sequestro può essere disposto dall'Autorità Giudiziaria anche in assenza di una perquisizione

A tal proposito, la giurisprudenza della Sezioni Unite della Cassazione, con la sentenza n. 5021 del 1996, si è occupata del caso particolare in cui il sequestro sia stato operato in seguito a perquisizione illegittima. Specificamente, la Suprema Corte a

Sezioni Unite nella sentenza citata ha ritenuto inutilizzabile la prova, acquisita in seguito a una perquisizione effettuata dalla polizia giudiziaria senza l'autorizzazione del magistrato, nonché fuori dei casi e dei modi prescritti dalla legge.

Ciononostante, nella medesima pronuncia la Corte aveva parallelamente escluso che la sanzione dell'inutilizzabilità fosse applicabile all'ipotesi di sequestro del corpo del reato o delle cose pertinenti al reato successivo a una perquisizione illegittima, in ragione della natura di «atto dovuto» di tale sequestro ai sensi dell'art. 253 c.p.p.. L'oggetto della sentenza è dunque il rapporto fra perquisizione e sequestro e si è cercato di risolvere la *vexata quaestio* e il relativo contrasto sia in dottrina che in giurisprudenza, in particolare, in merito al problema della validità o meno del sequestro della cosa rinvenuta a seguito di una perquisizione illegittima. Le Sezioni Unite della Cassazione, che lo hanno analizzato, si sono espresse rilevando che i vizi della perquisizione non si trasmettono al sequestro quando questo ha per oggetto il corpo del reato e le cose ad esso pertinenti, perché tali atti devono essere compiuti obbligatoriamente secondo l'art. 253 c.p.p.. Successivamente e in coerenza con tale principio la sentenza n. 219 del 2019 della Corte Costituzionale affronta la questione dell'inutilizzabilità derivata, con particolare riguardo alla perquisizione illegittima ed ha dichiarato l'inammissibilità della questione di legittimità costituzionale dell'art. 191 c.p.p., nella parte in cui tale articolo non prevede che la sanzione dell'inutilizzabilità ai fini della prova riguardi anche gli esiti probatori, incluso il sequestro del corpo del reato e/o delle cose pertinenti al reato, degli atti di perquisizione ed ispezione compiuti dalla polizia giudiziaria fuori dei casi tassativamente previsti dalla legge o comunque non convalidati dall'autorità giudiziaria con provvedimento motivato, nonché la deposizione testimoniale in ordine a tali attività.

Procedendo nell'esame di questo mezzo di ricerca della prova, contro il decreto di sequestro può essere avanzata richiesta di riesame. In particolare, il Codice di Procedura Penale all'art. 355 prevede che, se sussistono ragioni su cui fondare il diritto alla restituzione della cosa sequestrata, la persona nei cui confronti vengono svolte le indagini e il suo difensore, la persona alla quale le cose sono state sequestrate e quella che avrebbe diritto alla loro restituzione possono proporre richiesta di riesame, entro dieci giorni dalla notifica del decreto ovvero dalla diversa data in cui l'interessato ha avuto conoscenza. Su tale richiesta decide il tribunale in composizione collegiale del capoluogo della provincia nella quale ha sede l'ufficio che ha emesso il provvedimento.

Oltre all'ipotesi del riesame, descritto precedentemente, la restituzione della cosa soggetta al sequestro probatorio può anche essere collegata alla necessità di mantenere, o meno, il sequestro stesso in base alla sua utilità da un punto di vista probatorio.

Questa situazione può configurarsi durante la fase delle indagini preliminari in quanto è previsto un ulteriore procedimento incidentale. In tal caso, la persona interessata può presentare al pubblico ministero una richiesta motivata di restituzione della cosa sequestrata. Il pubblico ministero, valutate le circostanze, provvede con decreto motivato, alla luce del diverso scenario che si viene a configurare.

In particolare, l'autorità giudiziaria, dispone la restituzione del bene all'avente diritto, se valuta che non sussistono più esigenze probatorie. Diversamente, il pubblico ministero può respinge la richiesta di restituzione qualora valuti che le esigenze probatorie siano ancora presenti.

Al di là delle predette ipotesi, se il pubblico ministero intenda convertire il sequestro probatorio in sequestro preventivo o conservativo deve farne richiesta al giudice. Una volta che il pubblico ministero ha emesso il decreto che accoglie o respinge la richiesta di restituzione, l'interessato può presentare opposizione al giudice per le indagini preliminari che provvede in camera di consiglio, e mediante provvedimento dispone o la restituzione del bene o di mantenere il sequestro oppure, ancora, se sussiste una contestazione sull'appartenenza della cosa sequestrata, pur mantenendo il sequestro, decide di rimettere la questione al giudice civile competente. Contro il provvedimento del giudice delle indagini preliminari è possibile l'impugnazione con ricorso per Cassazione (*ex* art. 127, comma 7).

Analizzando le varie tipologie di sequestro probatorio previste dal Codice di Procedura Penale è possibile annoverare le seguenti ipotesi caratterizzate da specificità nelle discipline. In primo luogo, l'art. 256 c.p.p. disciplina il caso in cui la cosa da sequestrare si trovi nella disponibilità di persona tenuta al segreto professionale, d'ufficio o di Stato. In tali casi, l'autorità procedente non potrà disporre il sequestro in via immediata ma deve richiedere preliminarmente la consegna della cosa da ricercare e da eventualmente sottoporre a sequestro consentendo così al depositario di opporre il segreto. Ancora, una disciplina speciale è prevista quando l'autorità vuole acquisire documenti o cose presso le sedi di servizi di informazioni per la sicurezza della Repubblica.

Altra ipotesi prevista dalla normativa riguarda il sequestro presso banche, per cui una regolamentazione apposita stabilisce che l'autorità giudiziaria possa esaminare atti, documenti e corrispondenze o dati informatici presso banche per rintracciare cose da sottoporre a sequestro e per accertare altre circostanze utili alle indagini. È anche previsto il sequestro di corrispondenza o altri oggetti di corrispondenza anche se inoltrati per via telematica presso coloro che forniscono servizi postali, telegrafici, telematici o di telecomunicazione, se l'autorità giudiziaria abbia fondato motivo di ritenerli spediti dall'imputato o a lui diretti o che è comunque possano avere relazione con il reato.

Grazie alla Legge n. 48 del 2008 si è ampliata disciplina del Codice di Procedura Penale relativa al sequestro probatorio che può anche avere ad oggetto un computer o un documento informatico. In tal caso ciò che è posto sotto sequestro probatorio e del quale occorre assicurare la genuinità, la non alterabilità è il supporto informatico nonché dei dati digitali presenti in tali dispositivi che si trova (e può essere estratto) dall'hardware fisico ad esempio da un computer o hard disk. Di conseguenza, l'oggetto del sequestro è la copia clone dei documenti/dati informatici contenuti nell'hardware. Pertanto, in caso di restituzione dell'hardware è comunque presente l'interesse dell'imputato ad ottenere la restituzione della copia clone, che se trattenuta può permettere a tale soggetto il ricorso all'impugnazione mediante riesame per verificare la pertinenza del dato, o chiedere la restituzione qualora difettino i presupposti del trattamento. A tal proposito, la Cassazione a Sezioni Unite con la sentenza del 2017 n. 40963 stabilisce che è ammissibile ricorso per Cassazione avverso l'ordinanza del Tribunale del Riesame di conferma del sequestro probatorio di un computer e di un supporto informatico, nel caso in cui ne risulti la restituzione previa estrazione di copia dei dati in tale dispositivo contenuti sempre che sia dedotto l'interesse concreto e attuale all' esclusiva disponibilità dei dati.

In continuità con le discipline introdotte dalla L. n. 48 del 2008 è l'ipotesi del sequestro di dati informatici presso fornitori di servizi informatici, telematici e di telecomunicazione. In questo caso l'autorità giudiziaria può disporre il sequestro dei dati da costoro detenuti, compresi quelli di traffico o di ubicazione e può stabilire che la loro acquisizione avvenga mediante copia di questi su adeguato supporto informatico, con una procedura che assicuri la conformità dei dati acquisiti a quella originale e la loro immodificabilità. In questa ipotesi, è comunque disposto al fornitore dei servizi di conservare e proteggere adeguatamente i dati originali (art. 254 bis) introdotto dalla L. n. 48 del 2008.

Proprio la L. n. 48 del 2008 ha specificamente innovato il Codice di Procedura Penale anche per quanto attiene la custodia dei dati informatici e i software, prevedendo una disciplina specifica rispetto alla normativa generale sulla custodia. In tale seconda ipotesi, come già anticipato, le cose oggetto del sequestro probatorio sono affidate in custodia alla cancelleria e alla segreteria. Tuttavia, se ciò risulti impossibile o inopportuno, l'autorità giudiziaria dispone che la cosa venga custodita in un luogo diverso, determinando il modo e nominando un altro custode. Diversamente, se la custodia riguarda dati, informazioni o programmi informatici il custode è anche avvisato dell'obbligo di impedire l'alterazione e l'accesso da parte di terzi, fatta salva, in questo ultimo caso, la diversa disposizione dell'autorità giudiziaria.

Alla luce di questa ricostruzione sommaria della disciplina, contenuta nel Codice di Procedura Penale, in merito alle tipologie di sequestro e in particolare al mezzo di ricerca della prova del sequestro probatorio, la Giurisprudenze in diverse sentenze si è occupata delle acquisizioni probatorie informatiche, ovvero del c.d. "sequestro digitale omnibus". Con tale espressione si ricomprende l'ipotesi di sequestro probatorio avente ad oggetto i dati informatici presenti su dispositivi elettronici o, nel caso di impossibilità di immediata estrapolazione, dei dispositivi stessi (come ad esempio un iPad e un iPhone, come nella fattispecie descritta dalla recente sentenza della Cassazione penale sez. VI - 09/12/2020, n. 6623), sulla base del decreto del Pubblico Ministero.

Come precisato dalla Giurisprudenza, anticipando degli elementi sul tema delle modalità operative di svolgimento del sequestro probatorio, tale provvedimento genetico del sequestro, al fine di non acquisire valore meramente esplorativo e non specificamente correlabile alla notizia di reato acquisita e valutata, deve contenere indicazioni relativamente alla tipologia di dati acquisibili e al significato/valore probatorio, altrimenti tali provvedimenti potrebbero esporsi a contestazioni e impugnazioni.

Infatti, un sequestro probatorio, conseguente al decreto del Pubblico Ministero privo di indicazioni sui dati da acquisire e al loro significato probatorio, con oggetto interi dispositivi elettronici, contenenti plurimi dati informatici, senza alcuna previa selezione di essi e comunque senza l'indicazione degli eventuali criteri di selezione, secondo la Giurisprudenza deve essere considerato vietato. Ne deriva che un sequestro digitale "omnibus", nel senso di integrale e totalizzante, che lede il principio di adeguatezza e proporzionalità, potrà essere annullato, se eventualmente impugnato, insieme al decreto genetico del provvedimento, per difetto dei presupposti e per mancato rispetto del principio di proporzionalità

Infatti, come sottolineato dai Giudici di Legittimità, al pari del divieto di acquisizione di un intero archivio di documentazione cartacea di un'azienda (in tal senso la Sentenza della Sez. 6, n. 43556 del 26/9/2019, Scarsini, Rv. 277211), altrettanto deve dirsi per l'indiscriminata acquisizione, in difetto di specifiche ragioni, a supporto di un dispositivo, quale un personal computer, contenente una massa indistinta di dati informati (sul punto la Sentenza della Sez. 6, n. 24617 del 24 febbraio 2015, Rizzo, Rv. 264092).

Tuttavia, per completezza, va indicato che non può dirsi di per sé illegittimo il sequestro dell'intero dispositivo in luogo dell'estrazione immediata del suo contenuto, ove sussistano specifiche difficoltà tecniche, nondimeno deve rilevarsi che in casi siffatti il vincolo risulta soltanto strumentale rispetto all'acquisizione mirata di dati in esso contenuti, risultando altrimenti di per sé privo di giustificazione, non potendosi procedere ad un'acquisizione di carattere meramente esplorativo.

Ciò comporta che il vincolo deve essere "ab origine" commisurato, anche sul piano temporale, a quell'esigenza di estrapolazione e che allo stesso tempo deve essere assicurato un canone di selezione, in assenza del quale il vincolo risulta nel suo complesso ingiustificato per difetto di proporzionalità.

Proprio in tale prospettiva è stato chiarito da rilevante Giurisprudenza che «in tema di sequestro di dispositivi informatici o telematici, l'estrazione di copia integrale dei dati in essi contenuti realizza solo una copia-mezzo, che consente la restituzione del dispositivo, ma non legittima il trattenimento della totalità delle informazioni apprese oltre il tempo necessario a selezionare quelle pertinenti al reato per cui si procede» (Sez. 6, n. 34265 del 22/9/2020, Aleotti, Rv. 279949; ma per riferimenti alle modalità operative si rinvia anche a Sez. 6, n. 13165 del 4/3/2020, Scagliarini, Rv. 279143).

3. La selezione del materiale informatico rilevante

Al fine di esaminare le modalità di selezione del materiale informatico è opportuno effettuare preliminarmente un approfondimento in merito all'oggetto da selezionare mediante le modalità tecniche di analisi dei dati informatici e telematici predisposte, nel caso di sequestro probatorio, dal Pubblico Ministero. Pertanto, è necessario in primo luogo analizzare l'evoluzione della definizione di documento informatico rilevabile nella normativa vigente.

A tal proposito, l'articolo 491 bis del Codice Penale in tema di documenti informatici equipara il documento informatico agli atti pubblici e alle scritture private. Lo scopo di tale previsione è duplice, infatti, da una parte l'articolo citato non modifica la struttura delle fattispecie di reato, previste nel Capo III "Della falsità in atti", basandosi solo sulla diversità dell'oggetto materiale, dall'altro lato la norma in esame ha la finalità di sottoporre a identico trattamento sanzionatorio fatti criminosi che non si differenziano sul piano dell'oggettività giuridica e della natura dell'interesse violato, come emerge dalla Relazione al Disegno di Legge n. 2773, presentato dal Ministro di Grazia e Giustizia, *Modificazioni ed integrazioni alle norme del codice penale e del codice di procedura penale in tema di criminalità informatica* (XI Legislatura, divenuto Legge 23 dicembre 1993, n. 547).

Specificamente, l'attuale formulazione della fattispecie incriminatrice di cui all'articolo 491 bis del Codice Penale è frutto dei seguenti interventi normativi: in un primo momento la modifica apportata dall'art. 3, Legge 48/2008, e successivamente dal Decreto Legislativo n. 7/2016. I predetti interventi legislativi avevano l'obbiettivo di rimuovere la controversa definizione di documento informatico dalla norma in esame, rettificando quanto previsto dal legislatore che aveva sovrapposto il concetto di "supporto informatico" con quello di "dato informatico". Infatti, tale discusso e criticato riferimento, prima della modifica operata dalla Legge 48/2008 all'articolo 491 *bis* del Codice Penale, prevedeva che per documento informatico si intendesse qualunque supporto informatico contenente dati o informazioni aventi efficacia probatoria o programmi specificamente destinati ad elaborarli.

Tale impostazione derivava dalla circostanza che come già illustrato precedentemente, la prova digitale è caratterizzata dalla peculiarità della dematerializzazione/astrattezza e quindi per la mancanza di una corporeità evidente. Tuttavia, esaminando attentamente la prova digitale, tali dati hanno una loro fisicità che si estrinseca in impulsi elettronici che rispondono ad una sequenza numerica prestabilita e che, convogliati in un supporto informatico dotato di una memoria, originano informazioni intellegibili (Calarocco 2020). Dunque, l'informazione/dati informatici in assenza del supporto informatico non è intellegibile e ciò motiverebbe le scelte del Legislatore che in passato, diversamente dall'attuale normativa citata, andava a confondere le prove digitali con il supporto in cui sono contenute.

Proprio questo aspetto risulta molto delicato nella selezione del materiale. Difatti, se il documento informatico coincidesse con il supporto informatico, non sorgerebbero particolari problemi per ciò che concerne la selezione e l'acquisizione della prova digitale, e in tale caso sarebbe sufficiente produrre in giudizio i supporti informatici.

Tale concezione è stata del tutto superata oggi, alla luce della circostanza, ormai assodata, che le prove digitali esistono indipendentemente dai supporti in cui si trovano, i quali sono solo involucri esterni di per sé processualmente irrilevanti. Questa prospettiva attuale risulta incompatibile con la definizione contenuta in precedenza nell'art. 491 bis del Codice Penale, che si basava su una concezione inadeguata rispetto alla natura del documento informatico, e incompatibile con le diverse definizioni normative contenute nelle legislazioni extra-penale.

Alla luce di questa introduzione sul concetto di materiale informatico, e in special modo di documento informatico, è possibile esaminare l'argomento della selezione del materiale e dati informatici e telematici, facendo riferimento alla giurisprudenza in tema di sequestro digitale "omnibus" e, in particolare, in base ai principi, già in alcuni casi consolidati nella giurisprudenza, che emergono dalla Sentenza della Corte di Cassazione, Sez. VI, 22 settembre 2020 (dep. 2 dicembre 2020), n. 34265 che ha origine sullo sfondo una vicenda che ha coinvolto figure di primo piano della politica nazionale e su di un'indagine che ha avuto vasta eco mediatica (Pittiruti 2020).

In particolare, la menzionata pronuncia richiama le Sezioni Unite della Corte di Cassazione che avevano precisato il principio secondo cui il decreto a fondamento del sequestro probatorio debba contenere una specifica motivazione della finalità perseguita per l'accertamento dei fatti, anche qualora abbia ad oggetto cose costituenti corpo del reato (Sentenza Sez. Unite, n. 36072 del 19 aprile 2018, Botticelli, Rv. 273548).

Le citate Sezioni Unite hanno, infatti, chiarito come «la portata precettiva dell'art. 42 Cost. e dell'art. 1 del primo Protocollo addizionale della Convenzione Europea dei Diritti dell'Uomo ("CEDU") richiede che le ragioni probatorie del vincolo di temporanea indisponibilità della cosa, anche quando la stessa si identifichi nel corpo del reato, siano esplicitate nel provvedimento giudiziario con adeguata motivazione, allo scopo di garantire che la misura, a fronte delle contestazioni difensive, sia soggetta al permanente controllo di legalità – anche sotto il profilo procedimentale – e di concreta idoneità in ordine all'an e alla sua durata, in particolare per l'aspetto del giusto equilibrio o del ragionevole rapporto di proporzionalità tra il mezzo impiegato, ovvero lo spossessamento del bene, e il fine endo-processuale perseguito, ovvero l'accertamento del fatto di reato».

Le Sezioni Unite, ne consegue, non limitano l'applicazione di tale principio alle cose che costituiscono "corpo del reato", prevedendone l'applicazioneanche al sequestro probatorio che abbia ad oggetto cose "pertinenti al reato", atteso che la stessa qualificazione della "cosa come pertinente al reato", si basa sulla indicazione del perimetro investigativo, della ipotesi di reato per cui si procede, della finalità probatoria perseguita con il sequestro.

Dunque, che si tratti di "corpo del reato" oppure di "cose pertinenti", non sussiste alcuna distinzione sugli obblighi motivazionali, sebbene l'espressione "cose pertinenti al reato" abbia un significato ampio e vago. Difatti, il Legislatore, a differenza di quanto fatto in relazione alla nozione di "corpo del reato" (ossia, ai sensi dell' art. 253 cpp, qualunque oggetto suscettibile di essere sequestrato quale prova di un reato, in quanto strumento, profitto o provento dello stesso o comunque oggetto che è servito a commetterlo), non ha fornito una definizione di "cose pertinenti", affidando questo compito alla interpretazione giurisprudenziale.

La Giurisprudenza ha dovuto, pertanto, chiarire la nozione di "cosa pertinente al reato", indicando che ha una portata più ampia di quella di "corpo del reato" impiegata nell'art. 253 c.p.p., comprendendo non solo il corpo del reato, ma anche qualunque cosa sulla quale o a mezzo della quale il reato fu commesso o che ne costituisce il prezzo, il prodotto o il profitto, ricomprendendo anche quelle cose legate indirettamente alla fattispecie criminosa (in tal senso la sentenza delle Sez. 5, n. 26444 del 28 maggio 2014, Denaro, Rv. 259850; Sez. 2, n. 34986 del 19 giugno 2013, Pini, Rv. 256100 e la sentenza delle Sez. 2, n. 17372 del 22 gennaio 2009, Romeo e altri, Rv. 244342).

Tra i criteri su cui si basa l'interpretazione giurisprudenziale per stabilire la pertinenza della cosa e svolgere la funzione selettiva del materiale vi è la strumentalità del bene rispetto alla condotta criminosa ed alla finalità probatoria del sequestro.

Specificamente, il canone della strumentalità del materiale risulta basilare ai fini della ricerca delle informazioni acquisite. Tuttavia, tale criterio di ricerca va contemperato alla entità della lesione che lo strumento probatorio arreca alla "riservatezza". Infatti, più l'attività di ricerca della prova si avvicina al nucleo della sfera individuale (costituito da quella intimità che l'individuo ritiene di non condividere con alcuno) più l'attività di ricerca e selezione del materiale informatico deve svolgersi osservando il criterio di strumentalità e nel perimetro delle finalità probatorie del sequestro.

La strumentalità, a tal proposito, è astrattamente configurabile in un numero pressoché indefinito di casi e ciò impone di attribuire, a detto requisito, un significato conforme ai principi generali di adeguatezza e proporzionalità.

Su tale punto l'orientamento conforme della Giurisprudenza è di ritenere un sequestro sproporzionato strutturalmente illegittimo. Diversamente, un sequestro probatorio deve essere svolto secondo un principio di proporzionalità, nel senso che il suo oggetto deve vertere solo sulle cose davvero pertinenti al reato. Inoltre, come è necessario che sia, occorre un esame particolarmente rigoroso sul rapporto che lega la cosa al reato ed è altresì necessario verificare che il legame prospettato tra cosa e reato sia di natura funzionale e non meramente occasionale (Cfr., da ultimo, Sez. 6, n. 33045 del 25 gennaio 2018, Mazza; Sez. 5, n. 26444 del 28 maggio 2014 Denaro, cit; nello stesso senso, sostanzialmente, Sez. 6, n. 5845 del 20 gennaio 2017, F., Rv. 269374; Sez. 5, n. 12064 del 16 dicembre 2009, dep. 2010, Marcante, Rv. 246881).

La Suprema Corte precisa come, la verifica del nesso di funzionalità non occasionale tra il bene e la condotta, deve ovviamente essere maggiormente rigorosa nei casi in cui il bene appartenga ad un soggetto terzo estraneo al reato, cioè un soggetto nei cui confronti nessun coinvolgimento nell'attività criminosa è stato ipotizzato.

Il principio di proporzione, oltre a esprimere un principio su cui si fonda la disciplina delle cautele personali nel procedimento penale, è finalizzato alla tutela dei diritti inviolabili, in generale, superando il perimetro della libertà individuale per divenire termine necessario di raffronto e valutazione tra la compressione dei diritti e la giustificazione della loro limitazione.

Infatti, in ambito sovranazionale, il principio di proporzionalità è ormai affermato tanto dalle Fonti dell'Unione (cfr. par. 3 e 4 dell'art. 5 TUE, art. 49 par. 3 e art. 52 par. 1 della Carta dei diritti fondamentali; sul punto, cfr., Sez. 3, n. 42178 del 29 settembre 2009, Spini, Rv. 245172), che dalla CEDU.

Su tale principio della proporzionalità anche la Corte Costituzionale ha precisato in più occasioni, ed anche di recente ad esempio nel 2017, come il generale controllo di ragionevolezza, a sua volta effettuato attraverso il bilanciamento tra gli interessi in conflitto, comprenda proprio il criterio della proporzionalità.

A tal proposito, con l'emblematica sentenza sul "caso Ilva" è stato sancito che nessun valore costituzionale può assumere un ruolo di "tiranno" nei confronti delle altre situazioni giuridiche. In particolare, il bilanciamento tra diritti/valori costituzionali deve essere svolto dal Legislatore e controllato dal Giudice delle Leggi secondo criteri di proporzionalità e di ragionevolezza, fermo restando che non è consentito un «sacrificio del [...] nucleo essenziale» di alcuna delle istanze in conflitto. In tal senso la Corte Costituzionale si è espressa con la sentenza n. 85 del 2013, ma anche con la sentenza n. 20 del 2017. In esse, infatti, relativamente al tema di "riservatezza" la Corte Costituzionale ha ritenuto fondamentale che le disposizioni, limitative della libertà di comunicazione, rispettino la riserva assoluta di legge e di giurisdizione, nonché i principi di ragionevolezza e di proporzionalità alla luce dei parametri della idoneità, necessità e proporzionalità in senso stretto.

Inoltre, il cd. "test di proporzionalità" tra le tutele dei diritti prescinde dal rango conferito dall'ordinamento interno alle fonti sovranazionali.

Il principio in esame è capace di fungere da guida per lo sviluppo futuro della materia dei diritti fondamentali, oggetto primario delle disposizioni normative processuali penali.

Infatti, nella citata Sentenza della Corte di Cassazione, Sez. VI, 22 settembre 2020 (dep. 2 dicembre 2020), n. 34265, si afferma che, «anche là dove non entri espressamente in gioco il tema dei diritti fondamentali, il principio di proporzionalità rappresenti un utile termine di paragone per lo sviluppo di soluzioni ermeneutiche e, ancor prima, di nuovi modelli di ragionamento giuridico. In tal senso, si sostiene acutamente, il principio di proporzionalità assolve ad una funzione strumentale per un'adeguata tutela dei diritti individuali in ambito processuale penale e ad una funzione finalistica, come parametro per verificare la giustizia della soluzione presa nel caso concreto».

Secondo tale prospettiva il Legislatore deve tenere conto del canone della proporzione e della adeguatezza nel momento in cui "disegna" le norme ordinarie. I medesimi canoni riguardano anche la Corte Costituzionale quando svolge il vaglio di legittimità delle leggi, come anche il giudice, allorquando è chiamato in concreto a disporre atti limitativi delle istanze fondamentali.

Il principio di proporzionalità viene applicato ai mezzi di ricerca della prova, qualora siano in grado di incidere su beni giuridici costituzionalmente tutelati, con la funzione di limitare la compressione di un diritto fondamentale per fini processuali in modo da farla risultare legittima.

In tal caso il bilanciamento riguarda il rapporto tra sicurezza e riservatezza, intesa come «diritto alla non intromissione da parte del potere pubblico e di soggetti privati nella sfera individuale della persona».

A tal proposito, la Corte EDU, con la pronuncia del 13 ottobre 2015, *Unsped Paket Servisi SaN. Ve TIC. A. S. c. Bulgaria*, ha stabilito che ogni misura, per dirsi proporzionata all'obiettivo da perseguire, richieda che l'interferenza con il pacifico godimento dei beni trovi un giusto equilibrio tra i divergenti interessi in gioco.

Dunque, l'onere motivazionale alla base del provvedimento permette di tenere "sotto controllo" l'intervento penale quanto al rapporto con le libertà fondamentali ed i beni costituzionalmente protetti, quali la proprietà e la libera iniziativa economica privata, riconosciuti dall'art. 42 Cost. e dall'art. 1 del Primo Protocollo Addizionale alla Convenzione EDU, come interpretato dalla Corte EDU.

Ne deriva che la motivazione che espliciti la strumentalità della cosa rispetto all'accertamento penale diventi, allora, requisito indispensabile affinché il decreto di sequestro, potenzialmente propenso a comprimere il diritto della persona a disporre liberamente dei propri beni, si mantenga nei limiti costituzionalmente e convenzionalmente prefissati e resti assoggettato al controllo di legalità (Sentenza Sezioni Unite, n. 36072 del 19/04/2018, Botticelli, in motivazione) ed al principio di proporzione.

Inoltre, non è sufficiente l'onere del Giudice di motivare sulla impossibilità di conseguire il medesimo risultato ricorrendo ad altri e meno invasivi strumenti cautelari. Il Giudice deve modulare il sequestro, se possibile, in maniera tale da non compromettere la funzionalità del bene sottoposto al vincolo reale, anche oltre le effettive necessità dettate dalla esigenza che si intende neutralizzare. Il Giudice, quindi, deve conformare il vincolo in modo tale da non arrecare un inutile sacrificio di diritti, il cui esercizio di fatto non pregiudicherebbe la finalità probatoria/cautelare perseguita (sul tema, anche Corte Cost., n. 85 del 2013), mediante una delicata operazione di bilanciamento in cui la valutazione attiene alla peculiarità del caso concreto, alla ragionevolezza della soluzione, e della proporzione, al bilanciamento tra valori, all'equità.

In tale prospettiva, la Giurisprudenza ha precisato in tema di acquisizione della prova, che l'autorità giudiziaria, al fine di esaminare un'ampia massa di dati, in occasione di un sequestro "omnibus" (i cui contenuti sono solo in astratto potenzialmente rilevanti per le indagini) può disporre un sequestro dai contenuti molto estesi. Tuttavia, osservando il principio di proporzionalità ed adeguatezza, e rispetto dell'obbligo di immediata restituzione delle cose sottoposte a vincolo, non appena sia decorso il tempo ragionevolmente necessario per gli accertamenti e, in caso di mancata tempestiva restituzione, l'interessato può presentare la relativa istanza e far valere le proprie ragioni, se necessario, anche mediante i rimedi impugnatori offerti dal sistema (In tal senso così, Sez. 5, n. 16622 del 14/03/2017, Storari; Sez. 6, n. 53168 del 11 novembre 2016 - dep. 15 dicembre 2016, Amores, Rv. 268489; ma anche Sez. 2, n. 16544 del 23 gennaio 2013 - dep. 12 aprile 2013, Verni; conf. Sez. 3, n. 27508 del 05 giugno 2008 - dep. 07 luglio 2008, P.M. in proc. Staffolani, Rv. 240254).

4. Le misure tecniche e procedurali per la corretta conservazione del dato

Tracciato un primo schema sulla nozione di materiale rilevante e sui principi che devono essere da guida nella selezione di tale materiale, è possibile procedere individuando le modalità tecniche e procedurali per la gestione e conservazione del dato informatico.

La prospettiva astratta rimane quella del sequestro digitale cd omnibus, in quanto "esteso" (totalizzante), e come prima fase è preliminarmente necessario, caso per caso, fare valutazioni specifiche in base alla determinata fattispecie per cui si procede. Rilevando che essa si caratterizzerà da una parte per uno specifico nesso di pertinenza tra res, il reato per cui si procede e le finalità probatoria, e dall'altro per una differente modulazione in ragione della fase del procedimento, della fluidità delle indagini e della contestazione provvisoria, del fatto concreto per cui si procede, del tipo di illecito a cui il fatto sembra doversi ricondurre, della difficoltà di individuare *ex ante* l'oggetto del sequestro, della natura del bene che si intende sequestrare (sul tema la Sentenza della Corte di Cassazione, Sez. VI, 22 settembre 2020 (dep. 2 dicembre 2020), n. 34265, la Sentenze Sez. 6, n. 56733 del 12 settembre 2018, Macis, Rv. 274781e la Sentenza della Sez. 5, n. 13594 del 27 febbraio 2015, Gattuso, Rv. 262898).

Come altra fase parallela del sequestro è richiesto prevedere strumenti "compensativi" di garanzia per il soggetto che subisce la limitazione dei propri diritti, e ciò avviene tenendo in considerazione l'esigenza investigativa. Tuttavia, in alcuni casi non potendo verificare subito la sussistenza del nesso di strumentalità (in quanto non se ne ha nemmeno consapevolezza) tra "*res*", reato per cui si procede e finalità probatoria, viene meno la possibilità di una immediata verifica della legittimità del mezzo di ricerca.

Nello specifico gli strumenti di garanzia sono da applicare già al momento della adozione del suddetto mezzo di ricerca della prova. La definizione di tali strumenti di garanzia va determinata in base alla portata del vincolo e alle ragioni che devono essere puntualmente illustrate nel decreto genetico del sequestro. Tale valutazione dunque investe le modalità di gestione e conservazione dei dati informatici sia che i destinatari del sequestro omnibus siano collegati o estranei rispetto al reato per cui si procede.

In particolare, come già indicato, se vengono coinvolti nel sequestro digitale in modo onnicomprensivo (ad esempio, sequestro di tutta la corrispondenza o tutti i documenti anche quelli più personali e riservati) beni di soggetti terzi estranei al reato sarà necessario determinare la durata della conservazione dei beni sequestrati a canoni oggettivi di ragionevolezza temporale, oltre che a criteri di selezione dei beni che siano davvero necessarie ai fini della prova.

Sul punto, in base ai principi illustrati in precedenza, alla luce dei quali avviene la selezione del materiale digitale, il tempo per tale selezione e conservazione deve essere quello necessario ai fini probatori. Infatti, le tempistiche di selezione, conservazione e restituzione, specialmente per quanto riguarda i terzi estranei al reato, non possono essere un fattore neutro destinato a pregiudicare i diritti dei titolari dei beni che hanno subito la limitazione del diritto di sindacare sin da subito, con rigore, la esistenza del nesso di strumentalità tra *res* e reato e che rischiano di non avere certezza né sui tempi di conservazione dei beni né di restituzione.

Dunque, come indicato dalla Giurisprudenza (in tal senso la Sentenza della Sez. 6, n. 13156 del 04/03/2020, Scagliarini, in motivazione), gli strumenti di garanzia, svolgendo una funzione giustificativa e motivazionale di ordine quantitativo, qualitativo e temporale del sequestro probatorio, possono evitare che il mezzo di ricerca della prova assuma una valenza meramente "esplorativa" di notizie di reato diverse ed ulteriori rispetto a quella per cui si procede.

Difatti, se il sequestro probatorio assume tali caratteristiche "esplorative", il mezzo di ricerca si trasforma in uno strumento di illegittima compressione di diritti del soggetto a cui le cose sono state sequestrate. In tal caso tale soggetto, in base alle motivazioni indicate da parte del Pubblico Ministero nel decreto, può rivolgersi Tribunale del Riesame per ottenere la restituzione di ciò che sin dall'inizio non avrebbe dovuto essere sequestrato.

Analizzata la variabile temporale secondo cui deve svolgersi la selezione, gestione, conservazione (nonché restituzione) del materiale informatico sequestrato, è possibile porre l'attenzione alla copia dei dati digitali sequestrati e della restituzione dei "contenitori" di detti dati.

L'impatto della c.d. prova digitale sul processo penale ha imposto una rimeditazione dei modelli concettuali e dell'approccio investigativo tradizionale, proprio in ragione della particolare natura del dato informatico che, in quanto elemento dematerializzato e indipendente dal supporto, può essere, ad esempio, sottoposto a sequestro a prescindere dal supporto stesso dove è incorporato. Infatti, è già stato descritto come il documento informatico abbia la caratteristica di essere astratto ma anche "fragile", in quanto si presta a manipolazione. In tal senso, come già precisato, il documento (dato informatico) è "astratto" poiché esiste a prescindere e indifferentemente dal supporto fisico, ossia l'hardware, sul quale è incorporato, come ad esempio, un hard disk, pendrive, CD o altro strumento idoneo (es. archiviazione in "cloud") e può essere trasferito da un supporto/device ad un altro. Connessa alla "astrattezza" la caratteristica dalla "fragilità" di tali dati è derivante, come detto, dall'elevata alterabilità da parte dal suo autore o da altre persone.

Queste caratteristiche di "astrattezza" e "fragilità" del documento informatico si ritrovano anche nel caso dei sistemi informatici. Questi sistemi contengono una quantità innumerevole di dati che possono essere diversa natura e circolare con facilità all'interno del sistema. Questa moltitudine di dati dematerializzati tuttavia può essere duplicata su più supporti o alterata.

Inoltre, avere una moltitudine di dati (come può accadere, ad esempio, nell'ambito di un sistema informatico ma anche in una pendrive che, nonostante le piccolissime dimensioni del "recipiente" può contenere moltissime prove digitali, infatti, sussiste una sproporzione tra le dimensioni ridottissime del supporto informatico e la grandissima mole di informazioni raccolte (Siracusano 2017) può comporta l'acquisizione durante le indagini informatiche di informazioni relative alla sfera privata e intima-sensibile dell'indagato.

Come già precisato, L. 18 marzo 2008, n. 48, è intervenuta modificando la disciplina dei mezzi di ricerca della prova proprio al fine di introdurre delle garanzie, stante la fragilità collegata all'astrattezza di queste informazioni, l'integrità e la genuinità del dato informatico, prevedendo in tema di ispezioni (art. 244 c.p.p., comma 2) e perquisizioni (art. 247 c.p.p., comma 1 *bis*) di sistemi informatici o telematici l'adozione di misure tecniche per la conservazione dei dati originali e ad impedirne l'alterazione.

Anche l'art. 354 c.p.p. "Accertamenti urgenti sui luoghi, sulle cose e sulle persone. Sequestro" è stato impattato dalla L. n. 48 del 2008. Infatti, al comma 2 del citato articolo, relativo agli accertamenti urgenti da parte della polizia giudiziaria, tale Legge ha introdotto l'adozione di misure tecniche necessarie per assicurare la conservazione e impedire l'alterazione e l'accesso ai sistemi informatici, stabilendo, altresì che, ove possibile, la stessa polizia si occupi di provvedere alla loro immediata duplicazione su adeguati supporti, mediante una procedura che assicuri la conformità della copia all'originale e la sua immodificabilità.

In modo simmetrico, come già segnalato, anche la previsione sul "Sequestro di dati informatici presso fornitori di servizi informatici, telematici e di telecomunicazioni" (art. 254 *bis* c.p.p.) fa menzione della necessità di procedere con una copia al momento del sequestro di dati informatici presso fornitori di servizi.

Da un punto di vista tecnico, la procedura, per garantire l'integrità dei dati, mira alla predisposizione di una copia che consiste in un clone non modificabile (mediante appositi procedimenti) del contenuto del supporto (es. dell'hard disk).

Tale "copia-clone" viene creata di norma, dopo il sequestro del dispositivo informatico, in laboratorio ed è solitamente volta ad effettuare l'acquisizione dei dati digitali e a formare la c.d. "copia forense". Tuttavia, può capitare che in casi molto urgenti la copia venga predisposta già durante il sopralluogo.

Dopo tale procedura per generare la copia-clone, essendo una "copia-integrale", tale riproduzione non può essere qualificabile come cosa pertinente al reato in quanto consiste in un insieme di dati indistinti, indifferenziati e confusi sui quali non è stata effettuata l'operazione di selezione per verificare il nesso di strumentalità tra res, reato ed esigenza probatoria. Difatti, la c.d. copia integrale è solo la copia della totalità dei dati contenuti nel tablet, smart-phone, hard-disk, cioè nel supporto senza individuare il materiale informatico pertinente e rilevante rispetto al reato. Pertanto, non volgendo quella funzione probatoria che è condizione ai fini del sequestro, la copia-clone (o c.d. copia integrale) costituisce una copia - mezzo, affinché da una parte sia possibile restituire il dispositivo (o c.d. "contenitore" es. pc, tablet, ecc.) del materiale digitale, che però non legittima affatto il trattenimento dell'insieme di dati appresi (in tal senso la Sentenza della Sez. 6, n. 13156 del 04 marzo 2020, Scagliarini), e dalla altra sia svolta la verifica sui dati informatici contenuti nel cd. "contenitore" (es. computer, device, smartphone, pendrive, ecc.) per individuare quelli pertinenti rispetto al reato.

Assodato, quindi, che la c.d. copia integrale è una copia "mezzo" (ossia una copia servente per le finalità già indicate) e non una copia "fine" (cioè acquisibile), se viene restituito il "contenitore", il Pubblico Ministero può utilizzare, trattenere e conservare la copia integrale limitatamente al tempo necessario per selezionare i dati informatici che assolvono alla funzione probatoria del sequestro, tralasciando la molteplicità di informazioni invece non pertinenti che dovranno essere restituite.

Come è già stato descritto, il completamento dell'attività di selezione delle "*res*" (materiale digitale) pertinenti determina che i dati della copia integrale scartati non potranno più essere conservati e quindi dovranno essere restituiti. Diversamente, in caso di trattenimento della copia integrale si configurerebbe una violazione dell'art. 253 c.p.p., in particolare del comma 1, che legittima il sequestro probatorio solo delle cose "necessarie" per l'accertamento dei fatti.

Riassumendo schematicamente le modalità di conservazione dei materiali digitali oggetto del sequestro probatorio, il Pubblico Ministero non può conservare la c.d. copia integrale dei dati appresi se non per il tempo strettamente necessario alla loro selezione. Inoltre, è tenuto a predisporre una adeguata organizzazione per compiere la selezione del materiale digitale in questione nel tempo più breve possibile, soprattutto nel caso in cui i dati siano stati sequestrati a persone estranee al reato per cui si procede. Dopo aver ultimato le operazioni di selezione, il Pubblico Ministero dovrà restituire agli aventi diritto la c.d. copia integrale.

Se non osservate le modalità illustrate, il sequestro potrebbe essere oggetto di impugnazione in quanto avrebbe assunto, sul piano quantitativo e qualitativo, una funzione "esplorativa", finalizzata alla eventuale acquisizione, diretta o indiretta, di altre notizie di reato che non è consentita.

5. Le linee guida dettate dalla Giurisprudenza

Ulteriori linee guida in merito al sequestro probatorio di materiale digitale sono prospettate dalla recente Giurisprudenza con riferimento al rapporto che sussiste tra perquisizione informatica e sequestro probatorio di dati digitali. Su questo punto, è opportuno analizzare la Sentenza della Cassazione Penale, Sez. II, 23/09/2020, n.37941 che approfondisce proprio la relazione tra le perquisizioni e sequestri informatici nonché il limite dei sequestri esplorativi. La predetta sentenza è di poco successiva alla già citata Sentenza della Cass. Penale Sez. VI, n. 34265/2020 in materia di sequestro probatorio di dispositivi informatici che, come già esposto, aveva determinato la necessità di contemperare esigenze investigative e principio di proporzionalità, riportando anche le linee guida in tema di sequestro digitale c.d. *omnibus* che sono state illustrate precedentemente. Ciò che connette le due citate pronunce della Suprema Corte è che affrontano tematiche analoghe ma da angolazioni diverse.

In particolare, la Suprema Corte con la Sentenza della Cassazione Penale, Sez. II, 23/09/2020, n.37941 ha delineato gli ambiti operativi per il sequestro, dovendosi pronunciare su di un caso che ha comportato la disposizione di sequestri e le acquisizioni di copie forensi di dispostivi informatici nella disponibilità degli indagati.

In riferimento a tali provvedimenti, il Tribunale della Libertà, confermava la legittimità dei predetti in quanto questi erano giustificati dalla necessità di effettuare gli accertamenti su tutto il materiale estratto.

Avverso tale decisione veniva fatto ricorso alla Suprema Corte, basato sul difetto di identificazione nel decreto genetico di tali provvedimenti delle finalità probatorie del vincolo, ma anche la non osservanza del principio di proporzionalità.

Specificamente, con il ricorso venivano contestate le modalità di acquisizione del materiale digitale estratto dai "contenitori" (dispositivi informatici). Tale acquisizione sarebbe avvenuta senza effettuare l'analisi selettiva che poteva essere svolta mediante l'esecuzione preventiva di una perquisizione informatica (art. 247 comma 1 *bis* c.p.p.).

Tale circostanza aveva causato, secondo i ricorrenti, una situazione di illegittimità, originata su una acquisizione generica, indistinta e magmatica dei dati informatici contenuti nei supporti, quindi in violazione del principio di proporzionata rispetto all'esigenza investigativa concreta. Pertanto, veniva identificata una finalità "esplorativa" verso nuovi reati, invece, che alla verifica di notizie di reato già acquisite.

Spinta dai motivi indicati nei ricorsi, basandosi sul principio giurisprudenziale che la c.d. copia-integrale dei dati contenuti in un supporto informatico costituisce solo una "copia-mezzo", la cui conservazione dei dati deve essere limitato al tempo necessario a selezionare, tra la le informazioni in essa contenute, quelle pertinenti al reato per cui si procede (in tal senso, Sentenza della Cassazione penale sez. VI, 22/09/2020, n.34265) la Suprema Corte è intervenuta.

Più precisamente la Corte ha specificato, ad ausilio del Pubblico Ministero, una serie di linee guida operative, basate anche sulla precedente Giurisprudenza.

A tal fine la Suprema Corte ha precisato l'esigenza di procedere relative alla selezione del materiale digitale osservando la necessità di ridurre al minimo il tempo del sequestro, specialmente se i dati riguardano beni di persone estranee al reato. Indicando anche che all'esito della fase di selezione, la copia-integrale dovrà essere restituita.

Per approfondire le predette linee guida fornite dalla Giurisprudenza, va precisato che un altro principio su cui si basa la Sentenza della Cassazione Penale, sez. II, 23 settembre 2020, n. 37941 riguarda l'indicazione degli elementi del sequestro come la natura, i limiti e le finalità. In particolare, il sequestro può avere delle differenti motivazioni sul piano della finalità probatoria perseguita che può essere "ontologicamente diversa a seconda che venga vincolato il corpo del reato", che ha la funzione di rafforzare il quadro indiziario, o le "cose pertinenti il reato" che ha una finalità volta al progresso e sviluppo delle indagini. In tal senso, la Giurisprudenza anche sancito che deve essere esplicitata la motivazione anche qualora il sequestro abbia ad oggetto cose costituenti "corpo del reato" (sul tema Sentenza della Cass. Pen., Sez. Un., n. 36072/2018).

A tal riguardo, le finalità probatorie e l'indicazione della relazione delle cose sequestrate con il reato per cui si procede devono ricomprendere anche i vincoli che riguardano le "cose pertinenti al reato" (coerentemente con la Sentenza della Cass. Pen., sez. V, n. 54018/2017).

Alla luce dei predetti principi, la menzionata Sentenza n. 37941/2020, determina le linee guida che il Pubblico Ministero dovrebbe seguire, tra la perquisizione informatica e il sequestro "diretto", per evitare che un sequestro possa essere considerato un "sequestro meramente esplorativo" e quindi illegittimo poiché non correttamente motivato, sia in relazione all'individuazione dell'oggetto dello stesso, sia rispetto alle esigenze probatorio della specifica fattispecie in corso di accertamento (in tal senso si può fare riferimento al principio descritto dalla sentenza della Cass. Pen., sez.VI, n. 3187/2015).

Dal quadro delineato, emerge come le investigazioni su materiale digitale possono presentare delle difficoltà in caso di sequestro di dispositivi informatici come smartphone, PC, supporti informatici di qualsiasi tipo incluso il cloud.

La criticità è derivata da un lato dalla circostanza che la quantità di dati digitali qualificabili come "cose pertinenti al reato" può essere ampio (le investigazioni infatti sono volte alla ricerca e ricostruzione di una rete di rapporti interpersonali o commerciali), visto che la maggior parte delle attività e delle relazioni di un soggetto avviene tramite strumenti informatici e dall'altro lato la difficoltà è connessa con l'individuazione delle informazioni, che prevede diverse modalità come, ad esempio mediante, ricerca per parole chiave oltre che dalla loro collocazione su supporto informatico/server.

Dopo aver illustrato le linee guida, la sentenza della Cassazione Penale, sez. II, 23 sttembre 2020, n. 37941 valuta il quesito circa la necessità o meno della perquisizione informatica preliminarmente al sequestro, in quanto provvedimento che garantisca una ricerca preventiva di ciò che potrà essere funzionale alle esigenze probatorie, per evitare un'apprensione globale e indiscriminata. A tal riguardo, la Suprema Corte ha precisato che il sequestro di dati informatici non deve essere "necessariamente preceduto dalla perquisizione informatica" in quanto una perquisizione informatica richiede una predisposizione di strumenti investigativi che non è compatibile con la natura di atto "a sorpresa" della perquisizione ordinaria. Infatti, il sequestro si basa su tempestività ed immediatezza, che rischiano di essere compromessi dalla predisposizione degli strumenti tecnici necessari per l'effettuazione di una perquisizione che richiede competenze specialistiche come quella informatica.

Bibliografia

Aterno S. (2008), *Acquisizione e analisi ella prova informatica*, in «Dir. Pen. Processuale», n. 6, Dossier su La prova scientifica nel processo penale, a cura di P. Tonini.

Cadoppi A., Canestrari S., Manna A., Papa M. (2019), *L'evoluzione delle categorie tradizionali: il documento informatico*, in Cybercrime, Utet Giuridica.

Calarocco V. (2020), Cap. 2 Dal documento informatico alla pagina web, Giuffrè Francis Lefebvre.

Focardi F. (2010), Art. 234, in *Codice Proc. Penale Commentato*, a cura di A. Giarda-G. Spangher, 4° ed., Milano, 2010, 2352, p. 355.

Luparia L., Ziccardi G. (2007), *Investigazione penale e tecnologia informatica. L'accertamento del reato tra progresso scientifico e garanzie fondamentali*, Giuffrè.

Pittiruti M. (2021), *Dalla Corte di cassazione un vademecum sulle acquisizioni probatorie informatiche e un monito contro i sequestri digitali omnibus*, articolo (on line: https://www.sistemapenale.it/it/scheda/cass-sez-vi-sent-22-settembre-2020-dep-2-dicembre-2020-n-34265-pres-di-stefano-rel-silvestri), «Sistema Penale», Associazione "Progetto giustizia penale".

Siracusano F. (2017), *La prova digitale transnazionale: un difficile "connubio" fra innovazione e tradizione*, in «Proc. pen. giust.».

Tonini P. (2020), *Manuale di procedura penale*, Giuffrè Francis Lefebvre, 23esima ed.

Tonini P. (2009), *Documento informatico e giusto processo*, in «Dir. Penale Processuale», n. 4.

Tribunale Chieti, 30 maggio 2006 in Diritto dell'Internet, 2006, 576.

Vaciago G. (2020), *Casistiche in ambito penale*, in Colarocco V., Grotto T., Vaciago G. (a cura di), *La prova digitale*, Giuffrè Francis Lefebvre.

Riferimenti normativi e giurisprudenziali

Cass. Pen. sez. 6 - 09/12/2020, n. 6623

Cass. Pen. Sez. V, Sent., n. 54018/2017

Cass. Pen., Sez. II, Sent. n. 23/09/2020, n.37941

Cass. Pen., Sez. VI, Sent., n. 34265/2020

Cass. Pen., sez.6, n. 3187/2015

Cass. Sent. della Sez. 5, n. 13594 del 27/02/2015, Gattuso, Rv. 262898

Cass. Sez. 6, Sent. n. 43556 del 26/9/2019, Scarsini, Rv. 277211

Cass., Sez. 2, Sent. n. 17372 del 22/01/2009, Romeo e altri, Rv. 244342

Cass., Sez. 2, Sent., n. 16544 del 23/01/2013 -dep. 12/04/2013, Verni

Cass., Scz. 2, Scnt., n. 34986 dcl 19/06/2013, Pini, Rv. 256100

Cass., Sez. 3, Sent., n. 27508 del 05/06/2008 - dep. 07/07/2008, P.M. in proc. Staffolani, Rv. 240254
Cass., Sez. 3, Sent., n. 42178 del 29/09/2009, Spini, Rv. 245172
Cass., Sez. 5, Sent. n. 12064 del 16/12/2009, dep. 2010, Marcante, Rv. 246881
Cass., Sez. 5, Sent. n. 26444 del 28/05/2014, Denaro, Rv. 259850;
Cass., Sez. 5, Sent., n. 16622 del 14/03/2017, Storari
Cass., Sez. 6, Sent. n. 13156 del 04/03/2020, Scagliarini
Cass., Sez. 6, Sent. n. 24617 del 24/2/2015, Rizzo, Rv. 264092
Cass., Sez. 6, Sent. n. 56733 del 12/09/2018, Macis, Rv. 274781
Cass., Sez. 6, Sent., n. 13165 del 4/3/2020, Scagliarini, Rv. 279143
Cass., Sez. 6, Sent., n. 33045 del 25/01/2018, Mazza
Cass., Sez. 6, Sent., n. 34265 del 22/9/2020, Aleotti, Rv. 279949
Cass., Sez. 6, Sent., n. 53168 del 11/11/2016 - dep. 15/12/2016, Amores, Rv. 268489
Cass., Sez. 6, Sent., n. 5845 del 20/01/2017, F., Rv. 269374
Cass., Sez. VI, Sent. n. 3426522 del 22/09/2020 (dep. 2 dicembre 2020)
Corte Cost. sent. n. 85 del 2013
Corte Cost., Sent. n. 219 del 2019
Corte EDU, Sent. del 13 ottobre 2015, Unsped Paket Servisi SaN. Ve TIC. A. S. c. Bulgaria
Cote Cost. sentenza n. 20 del 2017
Decreto Legislativo n.7/2016
GU Serie Generale n.250 del 24-10-1988 - Suppl. Ordinario n. 93
Legge 23 dicembre 1993, n. 547
Legge n. 48 del 2008
Sez. Un Cass. Sent. n. 5021 del 1996
Sez. Un, Cass. Pen. Sent., n. 36072/2018
Sez. Un. Cass., Sent. 36072 del 19/04/2018, Botticelli, Rv. 273548
Sez. Un. Cass., sent. n. 40963 del 2017
Sez. Un. Cass., Sent., n. 36072 del 19/04/2018, Botticelli, in motivazione

Capitolo VI
La catena di custodia in ambito informatico
Chiara Matteoni

1. La funzione della catena di custodia

Nel campo delle indagini forensi è essenziale il ruolo svolto dalla catena di custodia: quest'ultima, infatti, benché meno "scenografica" e indubbiamente poco rappresentata nelle riproduzioni cinematografiche è l'attività cardine di ogni operazione investigativa.

Teoricamente, si può realizzare una ricerca delle prove che sia il più accurata possibile: tuttavia, se non si riesce a repertarle e conservarle in modo corretto, ovvero rendendole cristalline ed inoppugnabili, si rischia di invalidare tutto lo sforzo fatto in precedenza.

Dunque, la realizzazione di una corretta catena di custodia richiede un lavoro di precisione e meticolosa professionalità. Non è ammessa l'improvvisazione, non c'è spazio per la fantasia o l'innovazione, occorre seguire rigidamente gli schemi in modo metodologico. In altre parole, la catena di custodia è il possibile punto debole di ogni attività investigativa. Per tale ragione è bene osservare l'argomento in modo specifico ed organico.

Ciò premesso, partiamo dalle definizioni: con il termine "catena di custodia" si fa riferimento alla documentazione dell'insieme delle operazioni svolte in ordine cronologico da parte degli inquirenti sugli elementi di prova. In particolar modo, all'interno della catena di custodia è necessario riportare tutte le informazioni relative alle fasi di ricerca, identificazione, repertazione, analisi e trasporto del materiale sottoposto ad indagine, nonché ai soggetti che prendono in custodia il reperto. Ciascuna di queste operazioni, adeguatamente documentata, permetterà di poter poi comporre, proprio come dei singoli anelli, la catena di custodia.

Lo scopo della redazione di questo documento è di garantire, in primo luogo, la trasparenza delle operazioni di indagine e inoltre di assicurare la correttezza e la replicabilità delle operazioni compiute. Un'osservazione idonea dei protocolli di redazione della catena di custodia può avere conseguenze di estrema importanza sull'esito delle indagini e, successivamente, dell'intero processo: l'interruzione della catena potrebbe infatti portare il giudice a ritenere inutilizzabile il materiale probatorio raccolto.

È importante precisare che la catena di custodia è un documento comune a tutte le indagini forensi che si svolgano per mezzo di analisi scientifiche. Appare importante ricordare che più è tecnologica la materia trattata, tanto maggiore sarà la cura necessaria per dimostrare l'effettiva correttezza nella manipolazione delle risultanze istruttorie.

Per quanto riguarda l'informatica forense, cioè l'insieme delle tecniche di indagine su strumenti informatici, la catena di custodia assume un ruolo ancora più importante, poiché il supporto e il dato informatico possono essere estremamente delicati. Dunque un'ottimale gestione del reperto, insieme ad una puntuale e attenta documentazione, diventa fondamentale per assicurare un corretto svolgimento delle indagini.

È però importante aggiungere che la catena di custodia non è limitata alla sola parte documentale ma, al contrario, deve necessariamente essere integrata da un insieme di procedure e di *best practices* standardizzate, in modo da rendere possibile un corretto trattamento della prova digitale che sia effettivo, e non meramente "documentale". Si pensi, a titolo di esempio, al fatto che non è sufficiente che siano trascritti i dati relativi alla presa in carico di un supporto informatico da parte del personale incaricato: è anche necessario che tale personale osservi precise regole di comportamento, come ad esempio conservare il reperto in un contenitore apposito (e poi in un locale) che sia schermato dalla luce solare, dalla polvere e da sorgenti di campi elettromagnetici, poiché tutti questi fattori potrebbero comportare alterazioni a danno del reperto informatico.

Oppure, è necessario che gli operanti che trattano il supporto informatico siano provvisti di dispositivi antistatici, al fine di prevenire un possibile danneggiamento dell'hardware. La corretta compilazione del documento di custodia, in assenza del rispetto di prescrizioni comportamentali adatte, non consente di ritenere adeguatamente rispettata la catena.

Dal punto di vista normativo, la catena di custodia informatica non ha una disciplina organica all'interno del sistema penalistico italiano. Infatti, le disposizioni più importanti sono gli articoli 244, comma 2 e 247, comma 1-*bis* del codice di procedura, che normano, rispettivamente, le ispezioni e le perquisizioni informatiche. Nel primo caso, il legislatore ha disposto per gli inquirenti l'obbligo di adottare misure tecniche dirette ad assicurare la conservazione dei dati originali e ad impedirne l'alterazione, quando si procede a ispezione su sistemi informatici e telematici. L'obbligo di adottare misure tecniche è previsto, con una formula identica, anche per le perquisizioni informatiche, disposte «quando vi è fondato motivo di ritenere che dati, informazioni, programmi informatici o tracce comunque pertinenti al reato si trovino in un sistema informatico o telematico».

Particolarmente importante è anche l'articolo 254-*bis* del codice di rito, che disciplina i sequestri di dati presso fornitori di servizi informatici, telematici e di telecomunicazioni: nel caso in cui, per non interrompere il servizio, sia necessario procedere alla copia forense dei dati da analizzare successivamente, è necessario che questa copia sia effettuata con una procedura che non solo assicuri la conformità del dato all'originale, ma anche la sua immodificabilità. Tutte le operazioni svolte in fase di ispezione, perquisizione o sequestro di dati presso i fornitori dovranno essere annotate minuziosamente sul documento di custodia.

Le informazioni fondamentali da indicare nel documento di custodia riguardano in primo luogo l'identificazione del bene, e pertanto devono essere comprese le informazioni riguardanti il produttore, il modello e il numero di serie.

In secondo luogo, si devono riportare i dati relativi ai soggetti che trattano il bene e le loro qualifiche. Infine, la data, il luogo e l'ora dell'inizio della presa in custodia e la data, il luogo e l'ora della fine della presa in custodia e le operazioni compiute sul bene oggetto di sequestro.

Inoltre, è necessario garantire l'integrità ed un'adeguata conservazione del supporto informatico.

Di seguito, è possibile osservare un modello di documento della catena di custodia. Per ogni reperto è necessario indicare i dati che lo identificano (come marca, modello, numero di serie) e tutti i passaggi di consegna che avvengono, nonché le ragioni. Ogni operatore che prende in consegna il reperto è tenuto a identificarsi, a indicare le ragioni per cui si rende necessaria la propria presa in carico e a firmare.

Si rileva, inoltre, che ad ogni passaggio l'operatore dovrebbe verificare, ovvero validare, che quanto fatto da colui il quale gli consegna il reperto sia stato eseguito con doverosa precisione.

Questo giacché la catena di custodia, per la sua struttura, non nasce per una verifica *ex post* ma, al contrario, serve per controllare *in itinere* che gli anelli precedenti siano integri.

D'altronde, l'obiettivo della catena di custodia non è di individuare l'eventuale colpa o il responsabile di un eventuale errore ma garantire l'integrità delle operazioni. Infatti, l'intento è di prevenire e verificare, ad ogni passaggio, che il reperto sia integro. Dunque, è una verifica costante che avviene per fare dei *check* di convalida di quanto avvenuto in precedenza.

Reperto	Data e ora	Da	A	Motivo
N. reperto Marca Modello N. seriale		Nome: Cognome: Firma:	Nome: Cognome: Firma:	
N. reperto Marca Modello N. seriale		Nome: Cognome: Firma:	Nome: Cognome: Firma:	
N. reperto Marca Modello N. seriale		Nome: Cognome: Firma:	Nome: Cognome: Firma:	
N. reperto Marca Modello N. seriale		Nome: Cognome: Firma:	Nome: Cognome: Firma:	

2. Ricerca e raccolta del dato informatico

È adesso possibile analizzare nel dettaglio le diverse fasi di acquisizione della prova informatica. Il primo compito del *digital forensics expert* è quello di identificare la prova. Purtroppo, è un'operazione tutt'altro che banale, poiché l'evoluzione della tecnologia oggi offre infinite possibilità di nascondere con successo informazioni potenzialmente incriminanti. I dati possono essere occultati facilmente in un dispositivo di archiviazione esterno, che può poi essere di nuovo nascosto in qualunque luogo. Oppure, i dati possono essere salvati su un cloud ed, anche in questo caso, l'individuazione può risultare particolarmente difficoltosa. È inoltre necessario considerare che, soprattutto nel caso di reati informatici, gli inquirenti devono confrontarsi con indagati che sono spesso tutt'altro che inesperti di tecniche di occultazione della prova informatica. Del resto, è quantomeno ingenuo pensare che un criminale informatico non abbia predisposto adeguate difese per i propri dati. La prova informatica, dunque, si presenta in forma fisica (con tale intendendosi il dispositivo fisico all'interno del quale sono stati salvati i dati) e in forma logica (cioè partizione del disco su cui si trovano i dati). Tutti questi fattori rendono particolarmente complesso il lavoro dell'investigatore informatico, che deve pertanto cercare di stare costantemente al passo, non solo dell'incessante incedere della tecnologia, ma anche della bravura e delle capacità dei criminali informatici.

Una volta che è stato individuato il reperto, è necessario decidere se procedere alla sua raccolta fisica (e quindi alla sua analisi in un momento successivo) o se invece acquisire immediatamente la prova informatica. Un esempio chiarirà la differenza tra queste due diverse operazioni. Supponiamo che si debba operare su un personal computer che viene rinvenuto spento. In tal caso, poiché non sono presenti dati volatili da salvaguardare, appare senz'altro preferibile procedere alla raccolta del reperto, cioè all'estrazione dell'hard-disk, alla sua clonazione (ben diversa dalla mera copia) e, in un secondo momento, all'analisi dei dati contenuti nel supporto. Ipotizziamo adesso che il personal computer sia trovato acceso. In quest'ultima situazione è assolutamente sconsigliabile spegnere il dispositivo, poiché questo porterebbe alla conseguenza di perdere per sempre i dati volatili. È necessario, in tal caso, procedere con operazioni rapide che permettano di "fotografare" lo stato in cui il computer viene trovato e solo successivamente, se lo si ritiene opportuno, spegnere il dispositivo ed effettuare la clonazione del disco. In questa circostanza, pertanto, si procede all'acquisizione immediata della prova, poiché la sua precarietà non permette di effettuare la raccolta e poi l'analisi in un secondo momento. Nel caso in cui gli inquirenti decidano di optare per la raccolta del reperto, dovrà essere posta particolare attenzione a non alterare, deteriorare o distruggere il reperto in questa fase e nel corso del trasporto. Può essere utile, a questo punto, introdurre i concetti di *live forensics* o di *post mortem forensics* e di analizzare le differenze fra queste due metodologie. Nel primo caso, l'indagine si svolge su dispositivi rinvenuti ancora accesi e funzionanti. È abbastanza intuibile che questa eventualità sia quella che presenta le situazioni più delicate, poiché su un computer acceso sono presenti dati volatili, ossia dati che sono facilmente soggetti a modifica. Si tratta di dati estremamente delicati, perché con "modifiche" non si intendono solo le manomissioni derivanti dall'azione umana, ma principalmente le alterazioni intervenute a seguito di variazioni del flusso di corrente, variazioni di campo magnetico o mutamenti dello stato del sistema (come ad esempio, lo spegnimento).

Fra le diverse tipologie di dati volatili che spesso assumono un'importanza determinante nello svolgimento delle indagini, possiamo menzionare in primo luogo la c.d. "memoria volatile" ossia un tipo di memoria informatica che necessita di alimentazione continua per essere in funzione. La memoria volatile per eccellenza è la RAM (acronimo per Random Access Memory): si tratta di una memoria ad accesso diretto, al cui interno sono conservate le informazioni necessarie per la gestioni della applicazioni in esecuzione. Avere accesso alle informazioni contenute nella RAM, pertanto, può essere di importanza fondamentale, poiché consente agli inquirenti di venire a conoscenza delle applicazioni in funzione e questo può comportare una notevole differenza (anche drammatica) sull'esito delle indagini. Sono inoltre molto importanti i dati relativi ai processi in esecuzione (che vengono cancellati nel momento in cui si spegne il sistema), i dati relativi alle connessioni di rete e i dati relativi alle impostazioni di data e ora, che possono permettere di collocare cronologicamente le attività del dispositivo. La scelta di procedere con *live forensics* comporta fondamentalmente due conseguenze: la prima è che, come è già stato accennato, bisogna evitare in qualunque modo che il dispositivo sia spento, poiché questo comporterebbe la perdita irrimediabile dei dati volatili; la seconda è che le operazioni di analisi non potranno essere ripetute e, pertanto, sarà necessario procedere con un accertamento tecnico irripetibile ai sensi dell'art. 360 del codice di procedura penale. Eventualità che comporterà tutte le conseguenze e le garanzie che questo strumento investigativo implica sul piano processuale, probatorio e difensivo (vedi ultra, par. 4).

È chiaro che se il computer è acceso i dati volatili devono essere acquisiti sul momento e, una volta che si effettuerà lo shutdown, andranno perduti per sempre. Se ne deduce che in questa fattispecie l'acquisizione dei dati, a differenza di un'operazione come la copia forense, non potrà essere ripetuta.

La prima cosa da fare in caso di *live forensics*, quindi, è un *dump*, ossia una copia binaria o *bit-to-bit*, della RAM: può essere comodo pensare al dump come ad un'istantanea del computer, che abbia la funzione di "immortalare" lo stato del sistema operativo in un dato momento, permettendo così di acquisire conoscenza delle applicazioni in funzione e dei *file* impiegati. In secondo luogo, bisogna verificare la presenza di connessioni. In caso questo controllo dia esito positivo, è importante analizzarne il traffico dati, sia in entrata che in uscita dal dispositivo.

Terminate le operazioni di analisi live, è possibile procedere con lo spegnimento del computer o del dispositivo. Si ricorda che nel caso di *computer* spesso è preferibile optare per il distacco dalla corrente (*unplugging*) anziché con le modalità di spegnimento regolari di arresto del sistema. La ragione di questa scelta risiede nel fatto che l'arresto del sistema comporta una sovrascrittura dei dati e, consequenzialmente, la rimozione dei file preesistenti dal sistema che dunque sarebbero irrimediabilmente persi. Perciò, è spesso preferibile procedere con la rimozione della corrente. Naturalmente, anche la tecnica di spegnimento tramite interruzione della corrente può comportare dei danni al sistema. Tuttavia, da un punto di vista strettamente limitato alle indagini, i danni a cui si va incontro in caso di spegnimento forzato sono considerati preferibili, in quanto meno rilevanti sull'integrità del comparto probatorio, ai danni che comporterebbe lo spegnimento regolare.

Nel caso di analisi *post-mortem*, cioè di analisi su dispositivo rinvenuto spento, la situazione si presenta più semplice: poiché non sono presenti dati volatili, è possibile o rimuovere l'hard-disk, conservarlo in un contenitore schermato e poi procedere con l'analisi dello stesso in un secondo momento, oppure effettuare una copia forense del disco. Si ricorda che la copia forense non è affatto una semplice copia informatica ma trattasi una vera e propria clonazione del disco. Ciò comporta la possibilità di recuperare anche i metadati come l'orario e la data di creazione di un file, e delle successive modifiche nonché una serie di file di sistema che possono essere estremamente importanti per lo svolgimento delle indagini, come lo spazio vuoto, i file nascosti o lo *slack-space* (vedi *ultra*, par. 3). Il principale vantaggio di questo metodo è che la copia *bit-to-bit* può essere analizzata in un momento successivo, senza il rischio di danneggiamento del reperto. Tuttavia, si ritiene importante segnalare che molto spesso, nella prassi investigativa, si sceglie di procedere al sequestro dell'hardware nella sua interezza e, solo in un secondo momento alla clonazione del disco, in modo da svolgere le analisi direttamente sulla copia.

Nelle pagine seguenti è possibile visionare un modello semplificato di *flow chart* tratte dagli standard internazionali ISO/IEC 27037/2012 (vedi *ultra*, par. 5) sulle procedure da seguire, rispettivamente, in caso di *post-mortem forensics* e di *live forensics*.

Analizziamo per primo lo schema attinente alle operazioni da fare su dispositivo rinvenuto spento. In primo luogo, l'operatore deve necessariamente intervenire sull'alimentazione del dispositivo, verificando la presenza di una batteria di alimentazione interna. In caso positivo, bisogna anzitutto provvedere a rimuovere la batteria e successivamente, a scollegare il computer dalla rete elettrica. Le ragioni di queste operazioni risiedono, come detto nella necessità di procedere allo spegnimento "non ordinario" del computer, che consente di preservare dati importantissimi che, con le operazioni di svolgimento ordinario, sarebbero sovrascritti e pertanto irrimediabilmente persi.

Una volta provveduto, nel caso fosse necessario, a rimuovere la batteria, si può poi proseguire con lo scollegamento dalla rete e la rimozione dell'hard-disk. Si ricorda che a questo punto, l'hard-disk potrà essere o analizzato sul momento (raccolta della prova informatica) o, come accade molto più frequentemente, sottoposto a sequestro, clonato per mezzo di una copia *bit-to-bit* e poi analizzato successivamente all'interno dei locali preposti alle analisi forensi. Come ultima operazione necessaria, bisogna etichettare i reperti, indicando in modo univoco produttore, modello, numero del reperto, data e ora dell'acquisizione, scollegarli dalla rete e metterli in sicurezza, utilizzando appositi contenitori schermati. Successivamente, bisogna verificare la presenza di altri elementi di prova informatica potenzialmente utili e, nel caso in cui effettivamente siano presenti, procedere anche con la loro raccolta. La fase dell'apposizione delle etichette e di messa in sicurezza, quindi, non è altro che la prima fase della catena di custodia vista finora. Perciò è fondamentale che questa attività sia svolta con la massima cura e attenzione perché non invalidi le fasi successive delle indagini.

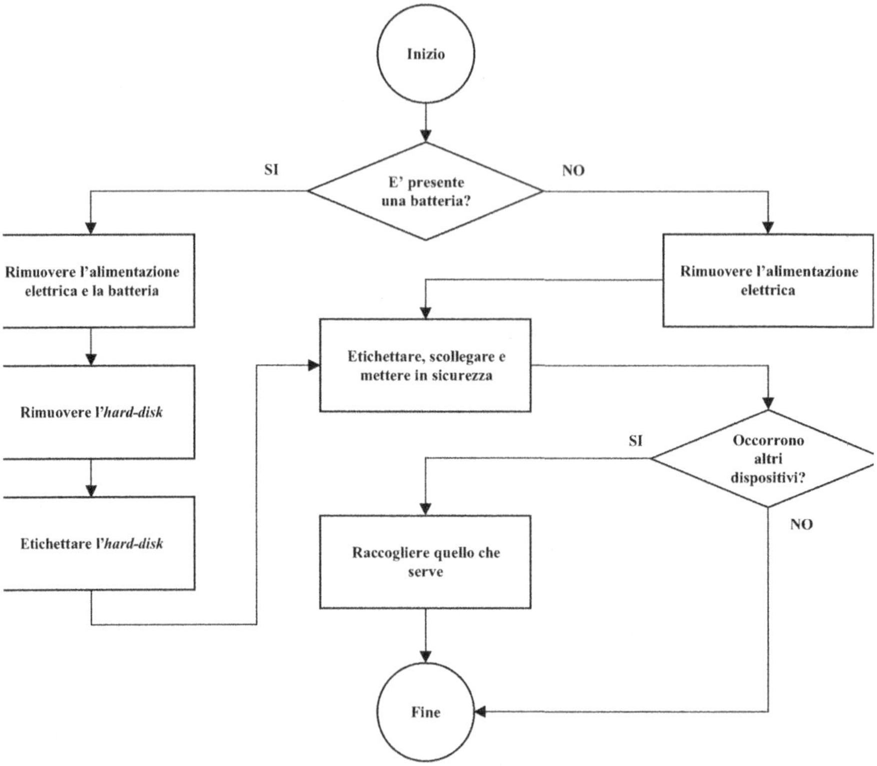

Linee guida per la raccolta di dispositivi digitali spenti (Standard ISO/IEC 27037/2012).

Analizziamo, adesso, lo schema attinente alle operazioni da fare in caso di computer trovato in funzione. Come si può notare a prima vista, lo schema in questione è decisamente più articolato e complesso rispetto a quello visto in precedenza. Il fatto che il computer sia acceso comporta infatti la necessità di dover svolgere più passaggi e di prendere un maggior numero di decisioni.

In primo luogo, bisogna valutare se sussista concretamente la necessità di procedere con l'analisi live.

In caso di risposta affermativa, cioè nel caso in cui si ritenga che effettivamente necessario svolgere l'analisi live dei dati, anzitutto bisogna verificare due cose: se siano presenti dati volatili utili e se siano presenti meccanismi di cifratura (come, ad esempio, un PIN o una password) già salvati in memoria. Nell'ipotesi in cui sia in uso una cifratura, che su un computer in funzione si presume essere già stata sbloccata, spegnere il dispositivo comporterà la riattivazione della cifratura in questione, con la conseguenza che sarà molto più difficile (se non addirittura impossibile) leggere i dati contenuti nel computer.

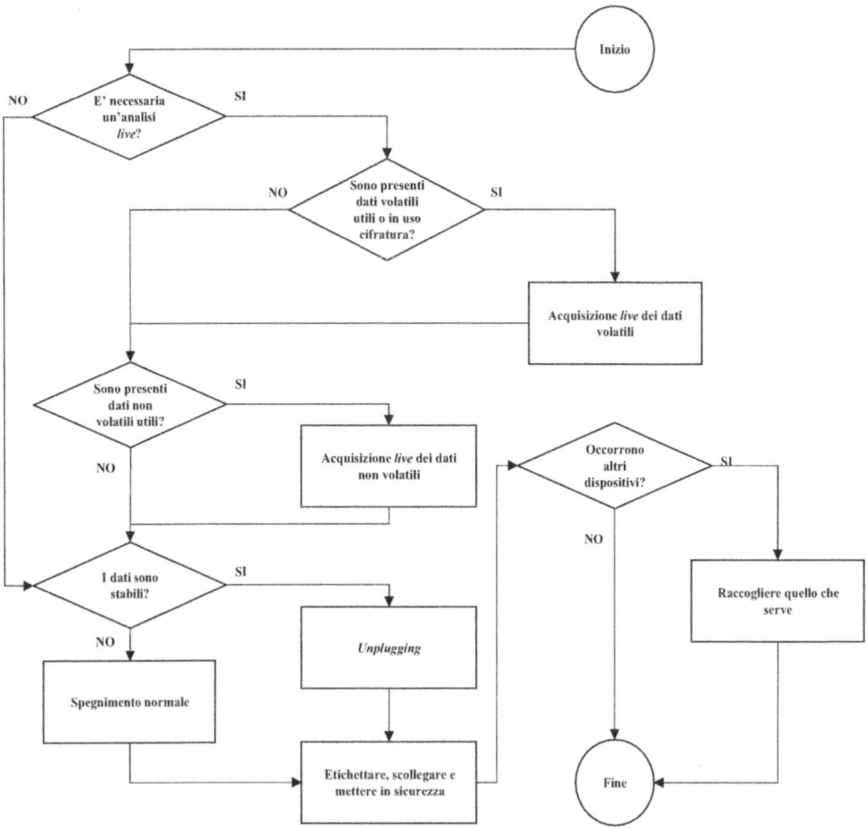

Linee guida per la raccolta di dispositivi digitali accesi (Standard ISO/IEC 27037/2012).

Si ricorda che i dati volatili (come, ad esempio, la RAM) sono facilmente soggetti a modifica e che è sufficiente un'interruzione di corrente o un'alterazione dello stato del dispositivo per modificarli o addirittura sovrascriverli.

Questa loro estrema delicatezza, unita al fatto che spesso dai dati volatili possono essere ricavate informazioni determinanti per le indagini (come ad esempio le finestre temporali in cui il computer è stato in funzione, quali processi ha eseguito e a quali reti si è connesso) rende evidente che l'analisi live dei dati volatili richiede, oltre ad un'indiscussa perizia degli operanti che concretamente procedono alle indagini, anche notevoli misure di precauzione, per ridurre al minimo qualunque rischio di alterazione o di sovrascrittura dei dati.

Tornando allo schema, dopo aver verificato la necessità di effettuare analisi live, e dopo aver riscontrato la sussistenza di dati volatili che si ritengono utili o di un meccanismo di cifratura, è possibile procedere con la loro acquisizione: solitamente, a questo punto si effettua, attraverso l'uso di appositi strumenti sviluppati apposta per le indagini forensi, una copia binaria (per un approfondimento sui concetti di *dump* e di copia binaria, vedi *ultra*, par. 4) dei dati volatili che si ritiene necessario acquisire. La copia viene poi travasata all'interno di un supporto vergine, appositamente preparato. Come nel caso dell'hard-disk, le analisi saranno di norma effettuate sulla copia binaria dei dati volatili, anziché sugli originali.

Riprendiamo l'analisi dello schema: nel caso in cui sia stato appurato che non ci sono dati volatili utili per le indagini, bisogna verificare se sono invece presenti dati non volatili utili: se sussistono dati non volatili utili, si procede con l'acquisizione live degli stessi. Anche in questo caso, l'acquisizione avviene di norma facendo una copia binaria dei dati, calcolandone il valore di hash e sigillandola con l'apposizione di una marca temporale (per la spiegazione di questi strumenti, vedi ultra).

Come ultima casualità che si può affrontare in caso di *computer* rinvenuto acceso, analizziamo l'ipotesi in cui il dispositivo sia ritrovato in funzione, ma al suo interno non siano rinvenuti dati utili, né volatili né non volatili.

Se si ritiene quindi, di non dover procedere con l'acquisizione *live* dei dati, si può spegnere il computer, scollegandolo dalla corrente (*unplugging*) o con spegnimento normale. Per decidere quale metodo usare, cioè se staccare la corrente o se effettuare le operazioni di spegnimento normale, bisogna valutare quale sia, nel caso concreto, la procedura che comporta il minor rischio di danneggiamento del disco rigido.

Può dipendere, ad esempio, dalle caratteristiche del sistema operativo in uso. In sintesi, se il sistema operativo si presenta stabile, solitamente si procede con *unplugging*: viceversa, se il sistema operativo non è stabile, è preferibile procedere con lo spegnimento normale, per evitare possibili danni al disco rigido, danni che potrebbero essere irreversibili.

Svolta anche questa fase, si procede, come nel caso del dispositivo rinvenuto spento, a etichettare il reperto, a scollegarlo e a metterlo in sicurezza. Infine, bisogna valutare, anche in questo caso, se sia necessario esaminare altri dispositivi: in caso di risposta affermativa, si effettua la raccolta del materiale necessario. In caso negativo, la sequenza di operazioni può ritenersi conclusa.

Si ritiene opportuno esaminare a questo punto le tecniche e gli strumenti concretamente utilizzati per garantire l'inalterabilità della prova informatica e la conformità delle copie forensi agli originali. Una delle prime procedure solitamente applicate per poter provare che i reperti non sono stati alterati nel corso delle operazioni consiste nel cosiddetto HAE, acronimo di *Hashing All Evidence*, ossia applicare un sigillo di hash a tutto il materiale informatico utilizzato, nonché alle copie forensi che sono state fatte. Che cos'è, però, un sigillo di hash?

Si tratta di una stringa alfanumerica generata da un algoritmo, che converte tutte le informazioni contenute in un file in una stringa alfanumerica, unica e diversa per ogni file. Una volta che si provvede a inserire l'informazione all'interno dell'algoritmo utilizzato, questo restituirà un "messaggio" (*digest*) costituito proprio dalla stringa di hash. La funzione ottenuta è unidirezionale, il che significa che non può essere invertita. Quindi non è possibile risalire all'informazione originale partendo dal risultato ottenuto tramite l'algoritmo.

Il valore di hash consente, in sostanza, di ottenere una vera e propria "impronta digitale" del reperto informatico. Tuttavia, perché la prova non sia invalidata, l'inquirente non deve limitarsi ad apporre un sigillo di hash solo sul reperto originale, ma anche sulla copia forense. A tal riguardo è stato spiegato più volte che la copia forense è una copia binaria, o *bit-to-bit*, o *bit-stream image*, e che si tratta di un vero e proprio clone del reperto originale, e non di una mera copia informatica. Se durante la clonazione il supporto non è stato alterato, l'originale e la copia dovrebbero avere lo stesso identico valore di hash.

Giunti a questo punto, occorre ricordare che l'ultima operazione da svolgere prima di procedere con la copia *bit-stream* è apporre le marche temporali, o *timestamp*.

Nello specifico si tratta di una sequenza di caratteri alfanumerici che corrispondono a una data ed un orario che hanno la funzione di certificare che una data azione è avvenuta in un giorno e ad un'ora ben determinati. Secondo il Codice dell'Amministrazione Digitale, la marca temporale è il risultato della procedura informatica con cui si attribuiscono ad uno o più documenti informatici, una data e un orario opponibile a terzi (D.Lgs. 7 marzo 2005, n. 82, art. 1, co. 1°, lett. bb) e deve essere redatta da un soggetto terzo rispetto a chi svolge la copia, il Certificatore.

Terminata questa fase, si può procedere con la copia: è superfluo dire che bisogna evitare qualunque sovrascrittura del disco (o del *file*), cosa che porterebbe a modifiche anche irreversibili dell'originale. Per scongiurare questa eventualità, spesso si fa ricorso a un dispositivo *write-blocker*, cioè a un componente hardware che viene posto tra il dispositivo per la copia e il supporto originale, e che consente di lavorare sul disco in modalità di sola lettura. Naturalmente, l'uso di un *write-blocker* diventa necessario solo quando si lavora su supporti modificabili, come un hard-disk o un dispositivo di archiviazione USB.

All'interno della stazione di copia viene poi inserito un supporto vergine, che servirà ovviamente da clone dell'originale.

3. La repertazione, l'analisi e la custodia

Una volta individuata e raccolta (ovvero acquisita) la prova informatica, è necessario provvedere ad un'adeguata repertazione, cioè alla classificazione e all'identificazione del dispositivo e poi, successivamente, procedere con l'analisi.

L'analisi del reperto informatico è quella fase di indagine volta a ricavare informazioni giuridicamente rilevanti, ossia materiale probatorio utilizzabile in fase processuale, dal reperto oggetto di investigazione.

In via preliminare, bisogna precisare che non è possibile parlare di analisi del reperto informatico come di una procedura unitaria e universalmente valida. Difatti le tecniche possono essere anche molto differenti in base al tipo di supporto analizzato (personal computer, smartphone, tablet) e anche in base al sistema operativo (Windows, Android, macOS, iOs, Linux, per citare i più conosciuti). Per comodità di esposizione, l'analisi forense sarà di seguito trattata come se fosse una procedura universalmente valida, ma si dovrà sempre tenere presente che nella realtà le cose sono estremamente più complesse e differenziate.

In primo luogo, è necessario verificare le condizioni fisiche dei supporti, controllando che non risultino alterati o danneggiati in qualunque modo. Come spiegato (vedi *supra*), un'alterazione del supporto *hardware* può comportare la completa illeggibilità dei dati informatici contenuti al suo interno, rendendo, di fatto, inutilizzabile l'oggetto di analisi.

Successivamente, è buona norma controllare se sono presenti malware informatici, in particolar modo trojan horse per due ordini di ragioni. In primo luogo, per consentire al soggetto inquirente di operare in sicurezza, senza correre il rischio di infettare il proprio dispositivo, con cui svolge materialmente le indagini. In secondo luogo, perché la presenza di un trojan potrebbe rivelare un controllo da remoto da parte di un soggetto terzo sul supporto analizzato, che potrebbe addirittura far parte di una *boot-net*: questo potrebbe comportare una totale estraneità del proprietario del dispositivo ai fatti oggetto di indagine.

Una volta che si è appurata la presenza o meno di malware, si può procedere con la ricostruzione in ordine cronologico (*timeline*) degli eventi occorsi. È bene precisare che in questo caso gli eventi devono essere intesi in senso informatico, ossia come cronologia delle operazioni poste in essere sia dal sistema operativo che da utenti esterni. Questa indagine può essere svolta attraverso l'analisi della memoria interna del dispositivo e dei file di log.

Questi ultimi sono sostanzialmente dei registri all'interno dei quali il sistema operativo riporta tutte le operazioni che sono state svolte, come creazione, modifica, spostamento, sovrascrittura e cancellazione di file. Si ricorda che l'utente esterno non è l'unico soggetto che può agire in questo senso, ma lo stesso sistema operativo può autonomamente creare, sovrascrivere e cancellare file. Inoltre, in caso di infezione da trojan horse o da altro malware, sul dispositivo può persino agire un soggetto esterno, ovviamente non autorizzato, che magari si trova fisicamente distante migliaia di chilometri.

Questo stadio dell'analisi comprende, ovviamente, anche la ricerca di *file* occultati. Particolare interesse rivestono, oltre al disco fisso, anche lo *slack-space* e i file di swap. Con il termine slack-space si intende lo spazio del disco contrassegnato dal sistema operativo come vuoto, ma all'interno del quale lo stesso sistema operativo conserva i file che sono stati cancellati. A meno che non si svolga una effettiva cancellazione dal disco di un file tramite una sovrascrittura effettuata con tool specifici (cosiddetto *wiping*) i *file* che sono stati semplicemente eliminati, pur non comparendo, rimangono scritti sul disco. In questo caso la parte di disco in cui rimangono i dati viene contrassegnata dal sistema come spazio vuoto, anche se, come abbiamo appena visto, contiene in realtà alcune informazioni al suo interno. Questo spazio è, appunto, lo slack-space e, tramite l'uso di software di ripristino, è possibile recuperare da esso una mole di dati anche notevole e potenzialmente molto importante in fase di indagini.

Per quanto concerne i file (o le partizioni) di swap, costituiscono semplicemente dei file (o delle partizioni del disco) in cui il sistema operativo salva porzioni di memoria RAM, per liberare spazio.

Oltre all'analisi delle partizioni del disco, è molto importante verificare, e non ci stancheremo di ripeterlo, l'eventuale presenza di connessioni alla rete e l'analisi dei dati di traffico per controllare gli orari in cui è avvenuto il collegamento, i server a cui ci si è collegati ed eventuale materiale scaricato. Quest'ultima operazione serve anche a verificare la presenza di malware e, possibilmente, a risalire all'origine dell'infezione: nel quotidiano non è affatto infrequente che i malware siano scaricati tramite download, magari perché abilmente nascosti all'interno di un *file* apparentemente innocuo.

L'ultimo passaggio dell'indagine è la c.d. presentazione della prova. Essa consiste nella scrittura di una relazione dettagliata al cui interno sono riportate le operazioni svolte e gli esiti degli esami che sono stati svolti sui reperti ritrovati. La relazione viene poi inviata agli inquirenti e così si conclude anche l'ultima fase dell'indagine informatica.

Per quanto concerne la fase di custodia del reperto, bisogna precisare che la regola fondamentale dell'analisi forense è che questa sia ripetibile. Questo significa che il reperto deve essere conservato in modo che possano essere eventualmente ripetute le analisi effettuate in prima battuta.

Oltre alle condizioni di sicurezza di cui si è già detto in fase di raccolta e trasporto (quindi contenitori e locali schermati per evitare interferenze) acquisisce nuovamente rilievo la catena di custodia, poiché consente di tracciare dove sia il reperto e chi sia l'ultima persona ad averne avuto la disponibilità materiale.

4. Accertamenti tecnici ripetibili e non ripetibili

L'accertamento tecnico è un'operazione per mezzo di cui l'autorità giudiziaria inquirente acquisisce informazioni di natura tecnica, relative a campi di indagine su cui, a causa della loro specificità, il giudice non è sufficientemente competente. Si pensi, ad esempio, ad una perizia da eseguire su armi da sparo, o ad un esame autoptico. L'accertamento tecnico è dunque caratterizzato dalla necessità di richiedere l'intervento di un professionista dotato di particolari e specifiche competenze tecniche. Inoltre, l'accertamento non si limita ad essere una mera operazione di raccolta dei dati, ma comporta anche lo studio e la valutazione critica degli stessi, sulla base di una competenza tecnico scientifica (Cass. sez. I, sent. n. 301 del 14 marzo 1990). È pertanto evidente che l'accertamento deve necessariamente essere fatto da una persona che possegga una comprovata e consolidata conoscenza tecnica del campo su cui si sta indagando.

L'accertamento tecnico può essere ripetibile o non ripetibile. Il primo tipo è regolato dall'art. 359 del codice di procedura penale, rubricato "Consulenti tecnici del pubblico ministero". Questa prima disposizione regola l'ipotesi in cui il Pubblico ministero debba compiere accertamenti, rilievi segnaletici, descrittivi o fotografici: si pone in evidenza che la norma prevede la possibilità, ma non l'obbligo, di nominare ed avvalersi di consulenti nel corso delle operazioni.

L'art. 360 c.p.p., rubricato accertamento tecnico non ripetibile, disciplina invece l'ipotesi in cui «gli accertamenti previsti dall'articolo 359 c.p.p. riguardano persone, cose o luoghi il cui stato è soggetto a modificazione» (art. 360, 1° comma, c.p.p.)

L'irripetibilità dell'accertamento comporta un meccanismo nettamente più complesso e garanzie difensive più ampie e stringenti rispetto all'accertamento ripetibile. In primo luogo, ai sensi del primo comma dell'art. 360 del codice di rito, il pubblico ministero è tenuto a dare avviso senza ritardo alla persona sottoposta ad indagini, alla persona offesa e ai difensori del giorno, dell'ora e del luogo che sono stati fissati per il conferimento dell'incarico al consulente e della possibilità delle parti di nominare i propri consulenti tecnici. È inoltre previsto il diritto (non la mera facoltà) per i difensori e per i consulenti nominati di assistere al conferimento dell'incarico, di partecipare agli accertamenti e di formulare osservazioni e riserve (art. 360, 3° comma, c.p.p.). È inoltre prevista, al quarto comma della disposizione in esame, la possibilità dell'indagato di formulare, prima del conferimento dell'incarico, riserva di promuovere incidente probatorio: la formulazione della riserva ha l'effetto di paralizzare lo svolgimento degli accertamenti.

Infine, l'accertamento non ripetibile si distingue anche per un regime più severo in materia di utilizzabilità: nel caso in cui si proceda agli accertamenti malgrado la riserva di procedere a incidente probatorio espressa da parte dell'indagato, i risultati ottenuti non possono essere utilizzati a dibattimento (art. 360. 5° comma, c.p.p.).

Come si può intuire da quanto esposto, l'accertamento irripetibile rappresenta una figura decisamente singolare all'interno del processo penale: la presenza dei difensori e dei consulenti, nonché l'obbligo di avviso alle parti indicate, consente di affermare che si tratti, in sostanza, di uno strumento di formazione della prova che però si trova situato indubbiamente al di fuori del dibattimento, poiché avviene in fase di indagini preliminari. La *ratio* della previsione dell'obbligo di avviso e del diritto di assistere alle operazioni, è la funzione di "spostare" la formazione della prova a dibattimento al di fuori del dibattimento stesso.

Il confine tra accertamento ripetibile e irripetibile è, nella realtà dei fatti, talvolta molto labile. Tuttavia, come è facile intuire, non è però una distinzione di poco conto, poiché, a seconda che si ricada in un caso o nell'altro, sono attivate differenti garanzie difensive. Secondo la giurisprudenza, deve considerarsi ripetibile l'accertamento svolto su oggetti o su luoghi "non facilmente alterabili". Sono allora ripetibili, a titolo di esempio, gli accertamenti svolti su sostanze stupefacenti allo stato solido, la comparazione di impronte digitali che si trovano già nella disponibilità delle forze dell'ordine e il cosiddetto *stub*, tampone a freddo sulle armi da sparo.

Sono invece da considerarsi operazioni irripetibili, poiché svolte su oggetti o luoghi soggetti a modificazioni in tempi brevi, le attività di estrapolazione del profilo genetico sui reperti (Cassazione penale Sez. I sentenza n. 18246 del 30 aprile 2015) e l'analisi di un nastro utilizzato all'interno di una macchina da scrivere (Cassazione penale Sez. V sentenza n. 50589 del 13 dicembre 2013).

Analizzate queste generiche premesse in materia di accertamento, si può adesso approfondire come si pongano dottrina e giurisprudenza nei confronti dell'accertamento tecnico compiuto sul reperto informatico. Premesso che i casi e le modalità dell'informatica forense sono notevolmente diversi fra di loro, ed è pertanto impossibile, oltre che metodologicamente sbagliato, trattarli come un *unicum*, pertanto si ritiene opportuno partire dall'esame del caso più frequente di analisi di informatica forense, che consiste nell'estrazione di dati da un hard-disk di un computer sottoposto a sequestro. Secondo l'orientamento, che ormai si può dire abbastanza consolidato, della Corte di Cassazione, l'estrazione di dati contenuti all'interno di un computer è operazione meramente meccanica, riproducibile per un numero di volte indefinito e, pertanto, non suscettibile dell'applicazione della disciplina dell'accertamento irripetibile (Cassazione penale Sez. II sentenza n. 24998 del 16 giugno 2015; Cass. pen. Sez. I Sent., 26/02/2009, n. 11863).

In realtà, non sembra del tutto esatto valutare le operazioni compiuti su supporti informatici come sempre ripetibili. Può affermarsi che l'analisi e l'estrazione di dati, se eseguite da personale esperto di tecniche di informatica forense, offrono discrete garanzie di non alterazione del supporto. Tuttavia, è anche vero che l'analisi forense informatica presenta, per sua stessa natura, troppe incognite e troppi fattori di rischio difficilmente calcolabili per essere considerata *tout court* ripetibile. Si pensi ad esempio ad un'improvvisa interruzione di corrente. In siffatta ipotesi le conseguenze sull'analisi forense potrebbero essere irrimediabili, soprattutto per quanto riguarda i dati volatili come la RAM. Inoltre, è lecito sostenere che non sempre la preparazione degli inquirenti offre sufficienti garanzie di correttezza della procedura, e che confidare pienamente nelle capacità di chi procede all'analisi, come spesso ha fatto la Corte di Cassazione, è senz'altro lodevole, ma può apparire incautamente ottimista.

Tuttavia, è anche vero che adottare la linea di pensiero secondo cui le indagini informatiche dovrebbero essere considerate come operazione irripetibile incontra, nella prassi quotidiana delle indagini forensi, un notevole ostacolo. Difatti acquisire validamente una prova informatica può essere, a volte, questione di ore, se non di minuti. È allora evidente che, per consentire agli inquirenti di lavorare efficacemente, l'applicazione dell'articolo 360 del codice di rito, con le sue importanti garanzie difensive come l'avviso al difensore e la possibilità di assistere alle operazioni, sembra francamente impossibile. Spingendoci ancora più oltre, potremmo rilevare che ricondurre le operazioni di informatica forense alla categoria degli accertamenti irripetibili avrebbe l'estrema conseguenza di rendere inutili le indagini, poiché l'applicazione dell'articolo 360 c.p.p., che comporta, inevitabilmente, tempi notevolmente più dilatati rispetto all'applicazione della disciplina degli accertamenti ripetibili *ex* art. 359 c.p.p. Potrebbe avere l'effetto di paralizzare totalmente il lavoro degli inquirenti.

In conclusione, non si può non prendere atto del fatto che la "disputa" sulla natura delle indagini di informatica forense, se accertamento ripetibile o irripetibile, nasconda questioni processuali di estrema importanza e gravità: da un lato, il diritto alla difesa e ad un giusto processo. Dall'altro, la necessità dello Stato di perseguire efficacemente i criminali. Al momento, sembra di poter affermare che lo sconfitto fra questi due contendenti sia il diritto di difesa dell'indagato. Tuttavia, bisogna ricordare che il problema non appare di facile soluzione e sembra, anzi, addirittura destinato a rimanere irrisolto, salvo un eventuale intervento risolutorio da parte del legislatore.

5. La catena di custodia del dato digitale negli Standard Internazionali

Si ritiene opportuno esaminare i criteri internazionali con cui è regolato l'intero processo di individuazione, raccolta, acquisizione e valutazione della prova informatica. A questo scopo, sono stati redatti appositi standard tecnici dalle principali organizzazioni internazionali deputate al compito di predisporre standard tecnici.

In senso generale, uno standard tecnico, o norma tecnica consiste in un documento che riporta tutte le caratteristiche tecniche, i requisiti, a cui un determinato prodotto deve necessariamente uniformarsi per poter essere validamente immesso sul mercato. Occorre altresì ricordare che gli standard normano anche le qualità minime di servizi di gestione di processi.

Gli standard tecnici, pertanto, hanno un campo di applicazione pressoché smisurato. Tant'è vero che esistono standard qualitativi, applicati ai prodotti di mercato, standard di sicurezza e salute sul lavoro, standard di sicurezza alimentare, standard di impatto ambientale e standard di sicurezza informatica.

In sostanza, si può pensare agli standard come a delle linee-guida, a dei *vademecum* redatti da persone estremamente competenti e che hanno lo scopo di fornire una guida ai soggetti che ne hanno bisogno, come per esempio produttori, consumatori, fornitori di servizi.

La più importante organizzazione internazionale che si occupa di mettere a punto standard tecnici è senz'altro la *International Organization for Standardization*, fondata nel 1947, che si pone il compito di adottare standard tecnici che abbiano valenza internazionale. La IOS riunisce al suo interno gli organismi nazionali di standardizzazione dei Paesi che ne fanno parte.

Oltre alla IOS, è necessario menzionare anche la *International Electrotechical Commission*, o IEC, organizzazione internazionale per la definizione di standard in materia di elettricità, elettronica e tecnologie correlate.

È a queste due organizzazioni che si devono i principali standard tecnici internazionali adottati in materia di *digital evidence* e, di conseguenza, di catena di custodia. Tra gli standard tecnici ISO/IEC per la definizione della prova informatica deve essere menzionata la serie 27000, che fornisce le linee-guida per proteggere adeguatamente le informazioni estrapolate. Di questa serie fanno parte, ad esempio, lo standard ISO/IEC 27037/2012 relativo alle linee-guida per identificazione, raccolta, acquisizione e conservazione della prova digitale; lo standard ISO/IEC 27041/2015, relativa a *best-practices* e linee-guida in merito alla garanzia di idoneità e di adeguatezza della metodologia investigativa; lo standard ISO/IEC 27042/2015 relativo all'analisi e all'interpretazione della prova informatica; si nomina ancora la serie di standard 27050 in materia di *Electronic discovery*, ossia il procedimento che consente di scoprire le informazioni che sono state memorizzate elettronicamente (ESI o *Electronical Stored Information*).

Le linee-guida forniscono le indicazioni su come deve comportarsi l'operatore nelle situazioni più comuni che possono verificarsi trattando una prova informatica.

In particolar modo, lo standard ISO/IEC 27037/2012 rappresenta un documento particolarmente innovativo in materia di indagini informatiche. Esso indica le *best-practices* da impiegare nelle fasi di trattazione della *digital evidence* (identificazione, raccolta, acquisizione e custodia della prova informatica) affinché la prova possa poi essere efficacemente utilizzata in sede processuale. Individua inoltre le figure professionali di riferimento per lo svolgimento delle indagini, in particolar modo il DEFR, *Digital Evidence First Responder*, il DES, *Digital Evidence Specialist* e l'*Incident Response Specialist*.

Lo standard ha inoltre stabilito tre postulati fondamentali sulla metodologia (rilevanza, affidabilità e sufficienza) e delineato gli aspetti chiave che il metodo di indagine deve presentare: verificabilità, ripetibilità, riproducibilità, giustificabilità.

Analizziamo nel dettaglio i requisiti, appena elencati, che deve riportare la prova informatica.

Quanto fatto dagli operatori deve, in primo luogo, poter essere verificato da un valutatore indipendente, cosa per cui si rende necessaria la documentazione di tutte le operazioni svolte.

In secondo luogo, le analisi devono poter essere riproducibili e ripetibili: ciò significa, per quanto riguarda la riproducibilità, che deve essere possibile ottenere lo stesso risultato utilizzando le stesse procedure di misurazione e di metodo, gli stessi strumenti operativi e alle stesse condizioni; per quanto riguarda la ripetibilità, significa che deve essere possibile ottenere lo stesso risultato utilizzando le stesse procedure di misurazione e di metodo, gli stessi strumenti operativi ma a condizione diverse.

Infine, l'indagine informatica deve essere in ogni momento giustificabile: deve cioè essere possibile, per il soggetto che ha svolto le analisi, giustificare e motivare ogni operazione realizzata, e dimostrare l'adeguatezza dei mezzi utilizzati per il risultato raggiunto. Inoltre, è necessario dimostrare che le operazioni svolte costituivano, in ogni momento, la scelta migliore che si potesse fare data la situazione concreta.

Lo standard ISO/IEC 27037/2012 ha inoltre avuto un ruolo fondamentale nel delineare un modello unificato di catena di custodia. Si sottolinea che la necessità di redigere una catena di custodia nasce nel momento stesso in cui la prova viene identificata. È da questo momento, infatti, che diventa importante poter tracciare con precisione gli eventi occorsi alla prova informatica, come esami effettuati, trasporto e conservazione e poter stabilire, in qualunque momento, dove si trovi il reperto e chi sia il soggetto incaricato della sua custodia.

Inoltre, secondo quanto previsto dallo standard, scopo della catena dovrebbe anche essere quello di poter identificare in modo univoco e senza possibilità di errore ciascun reperto. È interessante notare che secondo lo standard, le procedure da adottare per garantire un'adeguata gestione della catena di custodia dovrebbero essere quanto più possibile semplici e la ragione è facilmente intuibile: maggiore è la semplicità della procedura, minori sono i rischi di errori quindi minori i rischi di danneggiamento e alterazione della prova.

Ancora, un documento di custodia, per essere realmente efficace, dovrebbe consentire non solo di identificare con sicurezza il reperto, ma anche di capire dove sono stati ritrovati i reperti (e in quali condizioni) e contenere informazioni riguardanti l'identità degli operatori che hanno materialmente raccolto la prova e dei tecnici che procedono alle operazioni di analisi (vedi *supra*, par. 1).

Bibliografia

Amato N. (2018), *La disciplina giuridica dell'informatica forense nell'era dei cloud*, Kindle.

Contaldo A. Peluso F. (2018), *E-detective*, PM edizioni.

Ghirardini A., Faggioli G. (2013), *Digital forensics,* Apogeo.

Hayes D.R. (2021), *Digital forensics. Guida per i professionisti delle investigazioni informatiche*, Apogeo.

Signorato S. (2018), *Le indagini digitali. Profili strutturali di una metamorfosi investigativa,* Giappichelli.

Testaguzza A. (2015), *Digital forensics: informatica giuridica e processo penale,* CEDAM.

Riferimenti normativi e giurisprudenziali

Artt. 359 e 360 c.p.p.

D.lgs. 7 marzo 2005, n. 82, art. 1, co. 1°, lett. bb

Cassazione penale Sez. I sentenza n. 18246 del 30 aprile 2015

Cassazione penale Sez. V sentenza n. 50589 del 13 dicembre 2013

Cassazione penale Sez. II sentenza n. 24998 del 16 giugno 2015

Cass. pen. Sez. I Sent., 26/02/2009, n. 11863

Capitolo VII
La raccolta della prova informatica negli scenari di guerra
Marta Fernandes Dos Santos

1. La *digital evidence*: cenni introduttivi alla prova digitale

Con la locuzione *digital evidence*, letteralmente prova digitale o prova di natura digitale, si intende far riferimento ad «ogni informazione probatoria la cui rilevanza processuale dipende dal contenuto del dato o dalla particolare allocazione su una determinata periferica, oppure dal fatto di essere stato trasmesso secondo modalità informatiche o telematiche» (Marafioti 2011).

Tale categorizzazione, a metà strada tra informatica e diritto, trova la sua ragion d'essere nel diffuso e crescente utilizzo di internet e delle tecnologie informatiche in generale, il quale ha determinato la rilevanza giuridica – in particolare, penale – di comportamenti posti in essere per il tramite e nei confronti di dispositivi tecnologici, intesi non solo come strumenti attraverso i quali commettere un reato ma bensì anche "testimoni" e archivi delle attività quotidiane degli individui, con tutto ciò che ne discende in punto di prova (Borruso, Di Giorgi, Mattioli e Ragona 2007). Talvolta, vengono altresì utilizzate le espressioni "prova informatica" o "prova elettronica" anche se maggiormente corrispondenti alla categoria anglosassone della *electronic evidence* la quale è idonea a ricomprendere «oltre ai dati in formato digitale, anche i dati in formato analogico [...] i quali possono essere "digitalizzati" ma non nascono in formato digitale» (Di Paolo 2013).

Le caratteristiche principali della prova digitale vengono mutuate a partire dalle qualità intrinseche del dato, il quale è, appunto, digitale, variamente rappresentabile e – soprattutto – immateriale (Novario 2013).

Di qui, la stessa evidenza che ne deriva si distingue per immaterialità, ubiquità, volatilità e fragilità in termini di rischio nella sua alterazione, tanto nel momento della raccolta, quanto in sede di analisi e conservazione (in approfondimento *ex multis:* Borruso e Ciacci 2005; Vaciago 2012; Tucci 2019; Cajani e Aterno 2011; Contaldo e Peluso 2018).

L'immaterialità, in primo luogo, è un carattere "genetico" dell'evidenza digitale; infatti, lungi dal ritenere che tale aspetto implichi l'assenza di una componente fisica, è necessario considerare che un dato informatico è costituito da una successione di impulsi che corrispondono ad una sequenza di bit (0 e 1), i quali, per essere fruibili ed intellegibili, necessitano di una codifica – la quale avviene attraverso delle tavole di conversione che permettono di trasformare gli impulsi elettrici in elementi analogici comprensibili all'uomo, allo stesso modo consentono di digitalizzare elementi analogici in sequenze di 0 e 1 interpretabili dagli elaboratori – e del trasferimento su di un supporto informatico (Daniele 2011; Aterno 2008), giacché la stringa di bit non è tangibile e, dunque, necessita di un supporto che gli conferisca "fisicità"; il dispositivo è, allora, funzionale alla rappresentazione materiale nel senso comunemente inteso, ma non ne determina l'esistenza "in natura".

Al contempo, l'ubiquità è determinata dalle circostanze che un dato digitale, un'informazione, possa essere trasferito e/o riprodotto un indeterminato numero di volte e che la fruizione e la conservazione dello stesso possano avvenire su diversi dispositivi – in possesso del medesimo soggetto – e contemporaneamente: si pensi ad esempio a dei dati conservati su un c.d. cloud o su un archivio online a cui si ha accesso.

I caratteri della volatilità e della fragilità conseguono, poi, direttamente alla immediata "impalpabilità" del dato digitale e alle molteplici modalità di fruizione, sicché una modifica del dispositivo ove lo stesso dato è allocato (o scaricato) appare sempre possibile, con conseguente mutamento del contenuto.

La *digital evidence* è stata ricompresa nell'alveo delle prove c.d. scientifiche e la delicata attività investigativa da svolgere è stata accomunata all'acquisizione delle tracce dattiloscopiche e all'analisi del DNA, equiparando la manipolazione delle tracce informatiche in sede di indagini alle operazioni poste in essere dalla polizia scientifica, proprio per la "suscettibilità" di entrambe queste tipologie di evidenze a subire modifiche (in approfondimento Ferrua, Marzaduri e Spangher 2013).

La prova informatica si configura come prova diretta e documentale. Infatti, oltre ad avere come oggetto il fatto stesso che deve essere provato, l'informazione che viene estrapolata è codificata in una sequenza di simboli e numeri, anche se di origine immateriale, concretizzandosi in un file informatico.

Tutto quanto premesso, si comprende, allora, a pieno la delicatezza dell'evidenza digitale: la sua suscettibilità strutturale alle modificazioni determina che – in sede di raccolta e di analisi – venga prestata la massima attenzione a che questa mantenga la propria integrità, così da dimostrare i fatti che intende provare anche a distanza di tempo.

Basilare è, dunque, la regolamentazione di procedure che assicurino integrità, immutabilità e non ripudiabilità del dato, tenendo presente che alla violazione di alcuni divieti e al mancato rispetto delle procedure corrispondono, a seconda dei contesti che si analizzeranno nel prosieguo, alcune diverse conseguenze, come ad esempio l'inutilizzabilità della prova.

2. *Computer forensics*: tecniche di acquisizione del dato digitale

Con la locuzione *computer forensics* si intende «la disciplina che si occupa delle tecniche e degli strumenti utilizzati per recuperare gli elementi di prova (digitali) all'interno di un computer» (Aterno 2008) ed il suo oggetto sono dunque le varie tipologie di analisi che possono svolgersi su dispositivi, dati o comunicazioni e l'insieme delle tecniche che assicurino il più possibile la veridicità e l'attendibilità del risultato.

L'informatica forense si qualifica, più specificamente, nelle attività di: identificazione, acquisizione, documentazione, analisi e conservazione (catena di custodia) dei dati di un computer (Perry 2009) – o di altri dispositivi tecnologici nel caso di c.d. *digital forensics* – ed è finalizzata ad individuare le prove relative ad un caso e procedere alla loro raccolta seguendo procedure trasparenti, documentate, ripetibili, secondo lo schema della perizia (Testaguzza 2015) e che assicurino l'integrità dei dati raccolti.

Infatti, il trattamento della prova di natura digitale è – e deve essere – necessariamente basato su una procedura composta da passaggi chiari e definiti: l'invalidazione di un solo passaggio (o il dubbio se questo sia stato condotto correttamente) può minare l'attendibilità dell'intero assetto probatorio.

L'informatica forense si compone di diverse "branche" in base alla tipologia del dispositivo da analizzare, allo *status* del dispositivo quando viene rinvenuto e all'oggetto dell'analisi.

Concretamente, gli attori delle indagini si avvalgono di c.d. *forensics tools* o *toolkit*, vale a dire dei programmi (informatici) in grado di fornire un supporto tecnico a questa tipologia di indagini. Questi consentono l'acquisizione e l'analisi delle fonti di prova digitale: infatti, con tali strumenti è possibile, ad esempio, procedere ad acquisire i dati mediante la creazione di una "immagine forense", cioè un esatto duplicato del contenuto dei dispositivi rinvenuti su adeguati supporti e procedere, così, all'analisi direttamente sulle copie, assicurando l'immodificabilità e l'inalterabilità dell'originale.

Nel campo della ricerca della *digital evidence*, però, non agiscono unicamente soggetti tecnici, ma vi sono anche altre categorie di operatori i quali, seppur estranei all'ambito informatico, hanno necessità di conoscere le procedure necessarie per verificarne la correttezza; a tal fine, vi sono le c.d. *best practices*: modelli metodologici – in cui convivono regole legali e tecniche di *forensics* – ai quali far riferimento per avere delle indicazioni più precise, che supportino l'attività investigativa nel momento "concreto" e procedimentalizzino le attività di indagine: prima, durante e dopo le fasi di carattere tecnico.

Infatti, quando si procede alla ricerca della prova informatica, vi sono delle fasi che caratterizzano il procedimento forense (Perri 2011): in primo luogo, l'identificazione e l'acquisizione (raccolta), cioè la corretta valorizzazione delle evidenze che potrebbero essere presenti sul luogo ove cui si svolgono le indagini – anche per adattarvi gli strumenti forensi – tenendo presente che non solo i computer possono immagazzinare informazioni.

In secondo luogo, vi è l'attività di analisi della prova digitale, la quale è improntata ad escludere contaminazioni e modifiche che potrebbero falsificare o alterare il dato e, infine, vi è il momento di presentazione in giudizio in cui il risultato finale deve derivare da un procedimento scientificamente verificabile, pena l'inammissibilità.

L'aspetto della conservazione dell'evidenza digitale tocca in modo "trasversale" tutta la procedura: un ruolo fondamentale ha, infatti, la c.d. catena di custodia, intendendosi con questa l'insieme delle procedure necessarie per documentare e garantire autenticità, integrità di quanto raccolto e trasparenza di quanto realizzato per assicurare la verificabilità.

3. La raccolta della prova informatica nel teatro di guerra: protagonisti, finalità e "processi" a confronto

Nel nostro ordinamento, come si è già osservato nei riferimenti dei precedenti paragrafi, quando si parla di prova digitale e informatica forense il collegamento più immediato che si fa è quello con il processo penale. Infatti, questo tipo di operazioni e concetti trovano generalmente il loro luogo naturale all'interno del procedimento giudiziario legato alle indagini a seguito della commissione di un reato e alla necessità di attestare l'esistenza di un determinato atto o fatto e dimostrarlo giudizialmente. La raccolta dell'evidenza digitale appare, dunque, finalizzata per lo più all'espletamento del processo penale con tutte le prescrizioni che ne sono a fondamento, sicché non può escludersi che le operazioni non dilazionabili di *computer forensics* siano espletate in contraddittorio preventivo *ex* art. 360 c.p.p, quale condizione per l'utilizzabilità in fase dibattimentale; si fa qui riferimento, ad esempio, alle operazioni di c.d. *live forensics* che, compiute su dispositivi rinvenuti accesi, sono «intrinsecamente irripetibili» (Contaldo e Peluso 2018), dal momento che non è possibile realizzare nuove operazioni senza modificare almeno una parte della memoria del sistema.

La raccolta della prova digitale nel processo penale italiano è sottoposta a garanzie, limiti e condizioni le quali, cercando di assicurare una correttezza in fase investigativa, mirano a far si che il dato utilizzato sia il più possibile veritiero e, soprattutto, sia stato raccolto secondo procedure corrette e verificabili, affinché ne sia garantita la catena di custodia. Solo nell'esatto adempimento di queste si può pervenire ad ammettere, utilizzare e valutare la prova in giudizio, diversamente si incorre in decadenze e sanzioni di inammissibilità, inutilizzabilità e nullità. Per tale motivo, l'inderogabilità delle previsioni assicura un giusto svolgimento del processo: la singolarità del dato digitale non costituisce, di per sé, un'eccezione al rispetto di regole e principi generali. A tal fine, il legislatore ha inserito all'interno del codice di procedura penale italiano delle norme in materia di: intercettazione di comunicazioni informatiche o telematiche (art. 266 *bis* c.p.p.); ispezione (art. 244 c.p.p. secondo comma), perquisizione (art. 247 c.p.p.) e sequestro (art. 254 *bis* c.p.p.) informatici le quali estendono i mezzi "tipici" di ricerca della prova anche a tutto ciò che attiene a sistemi informatici e telematici (in approfondimento sui mezzi di ricerca della prova in ambito informatico, cfr. Cavaceppi 2019; in particolare su sequestro e perquisizione informatici, cfr. Molinari 2012).

Diversamente, quando si parla di *battlefield digital forensics* si fa riferimento a tutte le attività di informatica forense poste in essere in un contesto di guerra da soggetti militari specializzati. Trattasi, dunque, di operazioni di *computer forensics* che, diversamente da quanto avviene in ambito processuale, sono finalizzate al compimento di attività di *intelligence*, all'acquisizione, cioè, di elementi che siano in grado di facilitare l'individuazione di nuovi obiettivi militari e la prevenzione di attività di terrorismo (c.d. *targeting cycle*). Altra evidente particolarità che emerge già dalla definizione è, sicuramente, il contesto: il luogo ove operano i militari è un teatro di guerra; le scarse risorse in termini di tempo, la tutela della sicurezza degli operatori e le difficoltà nel trasporto della strumentazione adatta sono solo alcune delle difficoltà operative; evidente è, dunque, che qui la *scena criminis* è molto diversa – e perciò più limitante – rispetto a quella che può trovarsi dinanzi un operatore di Polizia Giudiziaria. La singolarità del contesto e le differenti finalità, giustificano il fatto che le operazioni di questo tipo vengano poste in essere dalle c.d. SOF (*Special Operations Forces*), che si qualificano come unità militari altamente specializzate e dotate di particolare equipaggiamento e armi, tra cui gli strumenti per procedere ad operazioni di *digital forensics*.

Appare, dunque, evidente che nonostante vi sia nei due ambiti coincidenza tra l'oggetto (la prova digitale) con le sue criticità e le modalità tecniche, la ricerca della prova informatica nel teatro di guerra diverge rispetto alle operazioni che vengono compiute dagli organi di Polizia. Questo, soprattutto in relazione ai soggetti, ma in particolare rispetto alle finalità per cui si procede all'acquisizione della *digital evidence*. Da un lato, possiamo individuare la finalità preminente dell'utilizzo processuale della risultanza raccolta e analizzata; dall'altro, invece, si prospetta una raccolta mirata ad acquisire contenuto della prova, valorizzando non la sua attitudine dimostrativo-giudiziale, ma la sua idoneità a fornire informazioni, concentrando lo sforzo sostanziale.

Va altresì precisato come anche le regole a cui sono sottoposti gli attori siano completamente differenti: gli operatori militari, nello specifico i SOF, non appartengono alle forze dell'ordine. Questi sono legittimati all'uso della forza secondo le condizioni dettate dallo *ius ad bellum* e le loro attività vengono regolamentate dal diritto internazionale umanitario e dalle c.d. *rules of engagement* le quali – formulate a livello nazionale – stabiliscono circostanze, condizioni e modalità di utilizzo delle forze di tipo militare. Molto lontano tutto ciò dai dettami dell'ordinamento italiano imposti agli operatori di Polizia, i quali in sede di indagini penali e assumendo le vesti di Polizia

Giudiziaria, conoscono anche le limitazioni derivanti dal codice di procedura penale, essendo inoltre definita una precisa competenza a norma dell'art. 51 c.p.p. (come modificato dall'art. 11 l. n. 48/2008), per cui le investigazioni in materia di *computer crimes* – insieme a quelle per i reati di pornografia infantile online – sono devolute all'ufficio del Pubblico Ministero distrettuale e, a norma dell'art. 354 c.p.p., comma 2 in ambito di accertamenti e rilievi di urgenza stabilisce che «in relazione ai dati, alle informazioni e ai programmi informatici o ai sistemi informatici o telematici» e quando «il pubblico ministero non può intervenire tempestivamente ovvero non ha ancora assunto la direzione delle indagini» che la polizia giudiziaria provveda ad effettuare tutto quanto necessario per assicurarne la conservazione ed impedirne l'alterazione e l'accesso (Lorenzetto 2009).

Anche il profilo dell'integrità, per via delle differenti finalità, seppur rilevante in entrambi gli ambiti, si atteggia in modo differente a seconda del contesto preso a modello: nelle indagini penali, l'integrità è funzionale alla presentazione in giudizio dell'evidenza, vale a dire che la prova deve rimanere il più possibile immutata per potersene avvalere nel processo e al fine di non incorrere in sanzioni di alcun tipo; diversamente, in un contesto militare la integrità attiene per lo più al profilo della precisione delle informazioni: minori sono le contaminazioni e gli interventi potenzialmente modificativi su dati e dispositivi, maggiori sono le possibilità che non si perdano informazioni importanti ovvero che non sfuggano all'attenzione degli operatori dei dati che possono determinare l'esito di un'intera successiva operazione.

Quanto all'importanza delle pratiche di *digital forensics,* in entrambe le situazioni queste sono rilevanti, dal momento che in ambito digitale il modo con cui si acquisisce un'informazione influisce sulla capacità dimostrativa della stessa· tanto in termini di valore che un dato correlato ad un sistema informatico può avere quanto la sua resistenza alle contestazioni, cioè la possibilità di provare che il dato sia integro, correlabile ad un determinato soggetto e che abbia valori di luogo e tempo ben identificabili (Ziccardi 2009). Ma, se il rinvio operato dalla la l. n. 48/2008 (artt. 19, 20 e 21) ad una doverosa e corretta applicazione di metodologie idonee a garantire l'integrità della prova digitale (*best practices* o prassi investigative), non comporta alcun obbligo o conseguenza esplicita ed è solo mirato a "servire" al meglio il fine ultimo di rispettare le prescrizioni normative di rito valorizzando la catena di custodia, nello scenario di guerra l'attenzione è tutta sull'insieme delle tecniche che siano in grado di assicurare la migliore riuscita delle operazioni e l'acquisizione del maggior numero possibile di informazioni, con particolare attenzione alla loro conservazione e alla catena di custodia; infatti, nonostante i punti di divergenza, le caratteristiche della *digital evidence* rimangono invariate e, con queste, anche i profili di maggiore criticità.

4. Presupposti per l'individuazione, la raccolta e la conservazione della prova informatica nelle operazioni militari

Considerate le peculiarità del contesto bellico, è chiaro come le operazioni di carattere militare si svolgano in tempo molto breve, in ragione dei rischi e dell'ostilità dell'ambiente; l'azione, dunque, deve essere rapida ma al contempo precisa, al fine di evitare modificazioni e/o danneggiamenti della prova raccolta e dei dispositivi che la contengono, coordinando questa finalità con l'esigenza di mantenere la sicurezza degli operatori.

In ragione, dunque, delle difficoltà che possono rinvenirsi nell'acquisizione della *digital evidence* negli scenari di guerra, è necessario che, in via preliminare, vengano definiti dei presupposti, metodologici e tecnologici, per assicurarsi che la successiva – vera - attività forense (c.d. *exfiltrations process*) sia priva di complicazioni.

In primo luogo, dal punto di vista metodologico, è necessario individuare una procedura che guidi la raccolta: l'*SIDSS Triage* (Braccini 2016), la quale consente di riconoscere, repertare e conservare correttamente i dispositivi fonte di prova rilevante in situazioni complesse come il "campo di battaglia".

La procedura qui prospettata – che non è l'unica esistente – si compone di cinque distinte fasi, le quali si adeguano a tutte le attività poste in essere dagli operatori (accesso sul luogo, estrazione dei dispositivi, verifica della presenza di misure di *anti forensics*), procedimentalizzando l'acquisizione della prova digitale. Troviamo, dunque, nell'ordine:

1. *Scan*: analisi dell'ambiente e verifica della presenza di computer e dispositivi elettronici; la ricerca non si limita a ciò che comunemente viene inteso come computer – nel senso di fisso ovvero portatile – ma vengono inclusi anche le strutture che generalmente contengono gli hardware, i lettori multimediali ed i dispositivi che consentono di memorizzare e condividere dati tramite una rete wi-fi (wireless NAS). Parimenti, tra gli apparecchi portatili si ricomprendono anche smartphones, tablet, console di gioco, smart TV e stampanti e tutti gli apparecchi che appaiono idonei a contenere informazioni; in questa fase è necessario procedere, anche, a verificare se siano presenti dei sistemi fisici di archiviazione (hard drive interni o esterni), procedendo anche ad indagare sull'esistenza di oggetti contundenti o – negli scenari peggiori – esplosivi, sia nel sito che nelle apparecchiature;
2. *Identify*: una volta che si è valutato lo stato dei luoghi, si passa all'individuazione specifica e alla "classificazione" di tutti i dispositivi elettronici presenti; si verifica se ve ne siano di connessi e/o danneggiati. È importante che gli operatori raccolgano i manuali di istruzioni, i documenti cartacei relativi alle macchine, cavi, batterie e connettori, affinché nel momento in cui si dovrà procedere al trasporto per la successiva analisi, non si presenteranno problemi nel tenere accesi i dispositivi;

3. *Document*: questa fase – la quale è "trasversale" rispetto all'intera procedura – è fondamentale ai fini della creazione di un'adeguata catena di custodia: è necessario, una volta assicurata la sicurezza degli operatori, documentare lo stato di tutti i dispositivi nel sito tramite video o foto (fronte/retro), preferibilmente prima che vengano toccati e/o spostati, procedendo alla loro elencazione.
4. *Secure*: qualora sia necessario procedere all'investigazione sui dispositivi una volta abbandonato il luogo di ritrovamento – ipotesi maggiormente probabile, vista la singolarità del contesto – l'attività di conservazione in sicurezza per il trasporto è fondamentale. Infatti, i dispositivi possono essere rinvenuti accesi ovvero spenti: differenti, come vedremo, saranno le cautele da utilizzare.
5. *Sustain*: questa attività assume specifica rilevanza nel momento in cui, nella preparazione fatta agli operatori sulla infrastruttura *target* e sullo stato del sito, si prevede che sarà difficile estrarre i dispositivi, a causa di problematiche di "trasportabilità" e di accessibilità: si identificano in questa fase i processi alternativi di raccolta.

Altro presupposto metodologico, anche in un certo qual modo sottinteso, di cui gli operatori debbono avvalersi sono sicuramente le tecniche di *computer forensics*; infatti, l'analisi forense di un dispositivo comprende sia le fasi di raccolta e conservazione dei dispositivi che plausibilmente contengono delle prove – investendo dunque le attività di *triage* sopra esposte – sia il momento di ricerca e di acquisizione della prova all'interno degli stessi.

La conoscenza dell'informatica forense e delle tecniche necessarie si pone come antecedente logico per il processo di raccolta della prova digitale, necessariamente accompagnata dalla predisposizione di *tools* appropriati e funzionali alle operazioni.

In ultimo, nel quadro sistematico delle procedure, vi sono le c.d. *best practices* in materia che coinvolgono l'addestramento del personale ai fondamentali dell'informatica forense, la fornitura del materiale tecnico necessario per la conservazione, la definizione di strutture tecniche di supporto, l'indicazione dei comportamenti da seguire al fine di ridurre al minimo l'interazione con i dispositivi e la loro conservazione per il trasporto.

Accanto ai presupposti logico-procedimentali, ve ne sono anche altri di carattere tecnologico da tenere in considerazione; infatti, è necessario che le operazioni di *battlefield digital forensics* siano sostenute da infrastrutture pensate appositamente per le finalità di raccolta.

Non vi è, ad oggi, la definizione – anche legislativa - di specifiche soluzioni adeguate e riconosciute, ma è possibile procedere all'individuazione di due modelli, entrambi tattici e tecnici, che, con le dovute implementazioni, possono costituire adeguato supporto alle operazioni:

1. *(SOF)DFA: Special Operation Forces - Digital Forensics Asset*;
2. *ITTI: Information Technology Target Infrastructure.*

Come già indicato, gli *special operation forces* agiscono sul campo nell'attività di raccolta della prova informatica; con DFA si intende *Digital Forensic Asset* il quale si qualifica nella presenza di operatori addestrati nella *digital forensic*, ricomprendendo *l'asset*, inteso come insieme di strumenti, tecnologie, procedure e *know-how* per raggiungere l'obiettivo di raccogliere le informazioni nel corso dell'attacco.

Questa "impostazione" dovrebbe permettere agli operatori di realizzare concretamente una corretta procedimentalizzazione dell'attività, nei modi e nelle forme dell'SIDSS *triage* e costituisce, di per sé, una infrastruttura rilevante; l'*asset* è, parimenti, formato e implementato con l'utilizzo di differenti tipi di tecnologia:

a) *Ad-hoc Mobile File System*: basato sul concetto di *ad-hoc wireless network,* vale a dire un insieme di dispositivi mobili connessi tra di loro senza un'infrastruttura preesistente, come un router collegato con un cavo o un punto di accesso, che si configurano autonomamente e in cui tutti i nodi hanno libertà di movimento determinando il mutamento continuo della configurazione del network, può essere utilizzato per supportare le operazioni di estrazione dei dati dai dispositivi rinvenuti e può, parimenti, garantire il contestuale backup di questi tra i membri del team. Questo network può contenere dei nodi che fungono da gateway attraverso altre reti come cellulari o satellitari, utili per l'inoltro di dati e pacchetti (c.d. *hybrid mobile ad-hoc network*) ed è possibile che sia costituito a partire da un'architettura di rete di tipo DTN (*Delay o Disruption Tolerant*), una costruzione di rete di telecomunicazioni funzionale a far comunicare tra di loro delle reti indipendenti di diverso tipo e non appartenenti ad internet, caratterizzate da trasmissioni instabili e da periodi – medio/lunghi – di perdita della connessione dati, in quanto in un contesto militare non è raro che si possa verificare una disconnessione di rete a causa di differenti fattori, non solo ambientali.

Un sistema di questo tipo, però, genera delle difficoltà applicative in ragione della dislocazione dei nodi e della complessità della struttura, le qual cose rendono complicato il recupero successivo dei *file* una volta raccolti.

Per ovviare a questo inconveniente, sarebbe utile ipotizzare la presenza sul campo di "sciami di droni" (in approfondimento sull'impiego dei droni cfr. Cvijic e Vignarca 2016) i quali possono avere una dinamica in termini di riconfigurazione continua della tipologia di rete basata sulle richieste del client e, al contempo, possono conservare i files e condividerli tra di loro per garantire una sicura (e rintracciabile) allocazione dei dati, anche se, si noti bene, le procedure specifiche per l'acquisizione dei dati prelevati in scenari bellici mediante i droni non sono disciplinate in maniera chiara né applicano un *modus operandi* standardizzato in modo ufficiale.

b) *Stand-alone Exfiltration Point*: questa opzione di implementazione è la più semplice – ed anche la più economica – in quanto le informazioni acquisite vengono conservate in un unico luogo, cioè nel «vettore di estrazione».

Il vettore utilizzato dagli operatori deve avere determinate caratteristiche, tra cui la portabilità, la compatibilità con diversi sistemi operativi e deve essere dotato di soluzioni c.d. *plug and play*, intendendosi con ciò un tipo di tecnologia che può essere inserita in un software o in un hardware senza che il sistema la riconosca ovvero metta in atto procedure di configurazione o installazione; tra i vettori, i più utilizzati sono gli USB, USB + (comunicante con l'infrastruttura di estrazione con una connessione wi-fi) e strumenti che possono essere indossati (*battlefield internet of things*).

Indipendentemente dal tipo di tecnologia utilizzata, vi sono comunque dei requisiti tecnici minimi che l'infrastruttura di supporto deve avere: in primo luogo, è necessario che le informazioni acquisite vengano conservate non in un solo luogo, ma nell'infrastruttura stessa (*backup*); secondo poi, giacché gli operatori hanno un tempo d'azione molto limitato, i vettori di estrazione devono essere semplici da utilizzare, adatti a diverse tipologie di connessione (con fili/senza fili) e devono godere di elevata portabilità, nel senso di mantenere la batteria almeno per tutta la durata della missione.

Al contempo, è necessario che l'infrastruttura si mantenga stabile in modo continuativo e che vengano poste in essere tecniche di c.d. *anti reversing*, onde evitare che la tecnologia nemica, analizzando i software utilizzati dagli operatori e comprendendo il funzionamento, faccia di questi programmi un proprio *asset*.

Accanto alla predisposizione di una struttura tecnologico-tattica che supporti le SOF, altro elemento da tenere in considerazione è l'infrastruttura *target (ITTI)*, cioè quale tecnologia – nel senso più ampio del termine – verrà rinvenuta nel momento in cui si effettuerà l'accesso nel sito (c.d. *planning*, si veda Mancini, Monti e Panico 2007).

Fondamentale è che gli operatori siano a conoscenza di questa prima della missione per preparare un *asset* coincidente con ciò che si attende di trovare e per predisporre infrastruttura e strumentazione adeguata, anche in funzione delle informazioni di *intelligence* che si prevede possano ottenersi.

La questione è di ampia rilevanza, dal momento che – per conservare l'integrità dei dati contenuti nelle apparecchiature e avere più possibilità di riuscire ad ottenere informazioni rilevanti – l'individuazione preventiva degli obiettivi appare funzionale a procedere ad una c.d. "prioritizzazione" nell'acquisizione dei dispositivi, soprattutto in ragione dei rischi che caratterizzano il contesto bellico e la breve finestra temporale nella quale si svolgono le operazioni.

L'ordine di acquisizione dei dispositivi non può, però, prescindere da una valutazione in merito alla probabilità maggiore o minore che contengano dati importanti.

La valutazione, allora, diviene tanto tecnica (caratteristiche degli apparecchi e delle loro componenti), quanto del contenuto: i due aspetti non possono prescindere l'uno dall'altro.

La priorità nell'acquisizione dei dispositivi deve tenere conto sia del "luogo" ove le informazioni possono essere contenute (computer, smartphones, CD, DVD, memorie SD e via dicendo) sia delle specifiche strutturali del "contenitore": si consideri un computer, ad esempio, in cui la RAM e la ROM sono integrate nel medesimo dispositivo e sono entrambe definite come *primary storage*, ma le caratteristiche delle due sono completamente differenti: andrà prima messa in sicurezza la RAM interna e connessa con la scheda madre del computer, notoriamente "volatile" in quanto suscettibile di modifiche anche attraverso il semplice spegnimento e, solo successivamente, si analizza la seconda, la quale integrata in un microprocessore, esegue unicamente le istruzioni per cui è programmata, senza possibilità che se ne modifichi il contenuto o che si alteri a seguito dello spegnimento ovvero dell'accensione.

Sembra opportuno ricordare che, parlando di scenari di guerra, può essere decisamente utile avere degli *escamotage* idonei a garantire la possibilità di "ritardare" il lasso temporale che intercorre fra lo spegnimento del dispositivo e la perdita dei dati presenti nella memoria RAM. Alcuni esperimenti hanno dimostrato che si possono ottenere buoni risultati con sistemi economici, benché apparentemente brutali, come ad esempio l'immersione della RAM nell'azoto liquido per congelarla verificare come "reagisce" il contenuto (Gupta e Nisbet 2016).

Chiaramente l'analisi dei dati forensi, stante la delicatezza delle analisi negli scenari di guerra, deve valutare anche gli spostamenti e le esigenze logistiche. La tabella, ricavata in ossequio agli esperimenti poc'anzi indicati, evidenzia i risultati ottenuti dopo 2 ore e 30 minuti dal trattamento con i vari metodi:

Metodo di raffreddamento	Tempo trascorso	temperatura RAM	% dati recuperati
Nessuno	2 h 30 m	35	0%
Nitrogeno liquido	2 h 30 m	– 196	93,95%
Spray congelante	2 h 30 m	– 40	95,45%
Ghiaccio	2 h 30 m	10	96,16%

Quanto, invece, all'ordine di acquisizione delle informazioni – che segue, come già detto, le caratteristiche strutturali dei dispositivi ove sono contenute – si può procedere ad un'analisi statistica sulla base di un algoritmo (Panico 2016) al fine di implementare, in ragione di diverse variabili, la velocità delle procedure di raccolta.

Possono, dunque, essere stabiliti i parametri: l'effettività dell'acquisizione in base al tipo di apparecchio (*effectiveness*); quanti dati possono essere acquisiti nel tempo della missione (*acquisition time*); valutazione del tempo *extra* necessario se la complessità del dispositivo richiede ulteriori sforzi o risorse (*additional effort*); lo stato della batteria (*power*, soprattutto per i dispositivi portatili); lo stato di connettività (*connectivity*); se vi sono delle misure di *anti-forensics*.

Per raccogliere la prova, è consigliabile, comunque, procedere dalla più volatile alla meno volatile: lo scopo è assicurare che le informazioni ottenute siano il più possibile integre, veritiere e comprensibili.

5. Misure di *anti-forensics*

Nel momento in cui, definito il *target*, gli operatori approcciano i dispositivi rinvenuti non è inusuale che questi ultimi contengano delle misure avanzate di sicurezza o dei meccanismi che mirano a nascondere le vere tracce digitali o ad eliminarle in conseguenza dell'accesso per l'estrazione; queste vengono definite come misure di *anti-forensics*.

Tali misure possono essere di diverso tipo, più o meno complesse da scoprire, e categorizzate anche in base all'effetto che generano. Queste possono sostanziarsi, ad esempio, nella manomissione dei file di log, nell'utilizzo di strumenti di "pulizia" o di aree di archiviazione dati nascoste nei dispositivi e, talvolta, possono classificarsi come delle "trappole" che si attivano nel corso delle successive fasi di investigazione o come dei processi di tipo distruttivo (di dati e sistemi).

Nel corso delle operazioni, però, non è possibile procedere alla scansione di ogni singolo dispositivo per verificare prima l'esistenza o meno di misure di questo tipo, però, un'adeguata conoscenza delle stesse e la procedimentalizzazione nelle forme del *triage* possono costituire un valido ausilio per la buona riuscita dell'attività di indagine informatica.

Ad esempio, l'occultamento è una di questa e può avere ad oggetto dati e dispositivi. La prima è una categoria ampia che comprende un insieme di possibili tecniche, come la crittografia la steganografia: questa tecnica consente di nascondere un messaggio o un'informazione all'interno di un file (nella maggior parte dei casi multimediale data l'elevata dimensione) del computer che subisce variazioni difficilmente visibili. Questo documento, che diviene il vettore di tale comunicazione, sembra non avere, almeno per colui che effettua l'indagine, alcuna rilevanza per il caso.

Come già detto, è quasi impossibile individuare preventivamente questo tipo di occultamento in sede di operazioni militari; diviene, allora, fondamentale ricordare la possibile presenza e tenere a mente che gli strumenti configurati per estrarre i dati raccolgono solo le cartelle contenenti documenti e – dunque – alcune informazioni nascoste potrebbero essere tralasciate.

La seconda, invece, l'occultamento dei dispositivi, avviene al livello materiale: computer di dimensioni minime o sistemi di archiviazione possono essere nascosti ovunque e contenuti in oggetti di uso comune che in sede di attacco militare si potrebbero sottovalutare o ignorare.

Vi sono poi delle attività atte ad eliminare – manualmente o automaticamente – dati, files o interi sistemi, dette *artefact wiping*.

Si comprendono nel genere le tecniche di cancellazione di dati, di smagnetizzazione del disco e di distruzione dello stesso.

Proprio in ragione dell'eventuale presenza di queste, gli operatori, se rinvenendo un dispositivo riescono ad accedere al sistema operativo o al computer (per assenza di blocco schermo), questo deve essere spento rimuovendo la batteria o il cavo di corrente se è così alimentato, onde evitare che nel processo di spegnimento entrino in esecuzione misure di questo tipo; infatti, lo spegnimento "traumatico" è necessario in quanto il nemico potrebbe aver inserito un meccanismo di cancellazione progressiva che entra in funzione quando viene avviata la procedura di spegnimento e che si realizza nel tempo della stessa.

La cancellazione dei dati viene posta in essere, generalmente, in due modi: da remoto (automaticamente) o in reazione, cioè quando il sistema rileva l'utilizzo di strumenti di investigazione informatica forense.

Nella prima ipotesi (*wiping data remotely and self destruction*) ci si serve di c.d. *cleaning tools* che agiscono da remoto (nel corso dell'operazione o dopo); ciò significa che l'adeguata conservazione – ad esempio in un c.d. gabbia di Faraday – dei dispositivi rinvenuti è funzionale a limitare la connettività, giacché in presenza di questa potrebbero attivarsi tali misure: esistono, infatti, dei c.d. *kill-switch software*, i quali sono programmati per procedere alla cancellazione dei dati su un dispositivo ove questo non sia connesso o sia connesso in un certo luogo per un dato ammontare di tempo.

Deve tenersi presente che vi sono anche delle misure di cancellazione che si attivano in conseguenza dell'assenza di connettività, ad esempio il sistema potrebbe essere programmato per auto distruggersi anche in conseguenza della mancanza di rete GSM per un ammontare determinato di ore.

La seconda ipotesi si verifica, invece, quando il sistema rileva l'uso di strumenti di *digital forensics*; dal momento che molti strumenti di *forensics* seguono uno schema simile, le tecniche di individuazione di questi si sono evolute; in questo caso, la distruzione può essere tanto di sistema quanto «fisica»: i dispositivi, infatti, possono contenere detonatori ed esplosivi che si attivano in conseguenza del rilevamento di strumenti di analisi forense.

È necessario, dunque, procedere – come già visto in sede introduttiva – alla verifica della presenza di esplosivi o simili nei (o sui) dispositivi, avendo cura di abbandonare nel sito quelli che si rivelano per tal motivo pericolosi.

Seguono poi come possibili le tecniche di *obfuscation,* che possono essere utilizzate in diversi contesti: in files, codici o reti e consiste nella creazione di prove false intorno a quella vera, al fine di rendere più difficile il lavoro di investigazione.

Lo scopo è di depistare l'indagine ovvero spostare l'attenzione e le risorse degli operatori su dati e informazioni irrilevanti, nascondendo o rendendo di difficile comprensione gli elementi realmente importanti.

Anche qui possiamo individuare due tecniche– quantomeno quelle principali – con cui può essere realizzata: la c.d. *data saturation* e la creazione di un elevato numero di reti wireless.

Nel primo caso, l'attività si concretizza nel disseminare un ammontare consistente di dispositivi multimediali (CD, DVD, floppy, dischi Blu-ray, schede SD, chiavi USB, dischi rigidi e cellulari) nel sito: complesso è, dunque, per gli operatori distinguere la prova realmente utile da quella abbandonata *ad hoc* e provvedere alla raccolta.

La seconda tecnica, invece, consiste nella creazione di un indefinito numero di reti wireless – in realtà non utilizzate o utilizzate per scopi secondari – ed è finalizzata a sviare le analisi sullo stato di connessione del sito (e, di conseguenza, l'individuazione dei dispositivi connessi). Questa è, comunque, facilmente aggirabile tramite l'utilizzo di strumenti non particolarmente sofisticati, come gli smartphones in grado di individuare reti wireless tramite wi-fi o bluetooth o scanner appositi.

Questa seconda tecnica viene, talvolta, posta in essere anche collegando un gran numero di fili di rete tra dispositivi accessi ma inutilizzati: in tale ipotesi, analizzare manualmente quale sia la macchina realmente funzionante può richiedere tempo, tenendo presente che non tutto ciò che mostra un *led* lampeggiante è necessariamente connesso e utilizzato.

5.1 Misure "fisiche" di anti-forensics

Accanto alle tecniche già viste – che attengono per lo più ai sistemi – non bisogna tralasciare l'esistenza di misure di *anti-forensics* di carattere fisico che costituiscono, per così dire, una barriera materiale all'attività delle SOF.

Queste si identificano come c.d. *booby traps*, letteralmente «trappole esplosive» e possono essere programmi, dispositivi, configurazioni di sistema o una combinazione di questi che hanno lo scopo di uccidere, ferire o sorprendere un soggetto.

Di queste trappole, ve ne sono diversi tipi ed i principali sono: i sensori di prossimità e i c.d. *tag*, le *USB kill* e le *USB killer*.

I sensori di prossimità e i *tag* possono essere utilizzati anche come misure di *anti forensics*, oltre che come trappole esplosive. Infatti, l'avvicinamento di un soggetto che non viene identificato come l'utilizzatore principale, innesca una reazione nel dispositivo; ciò è realizzabile per il tramite meccanismi di riconoscimento, prevedendo, ad esempio che il computer si attivi solo se il soggetto indossa un determinato oggetto che funge, appunto, da tag.

Non è raro, comunque, che all'individuazione di un avvicinamento non riconosciuto da parte dei sensori, corrisponda un meccanismo di distruzione del dispositivo stesso.

Secondo poi, le USB kill sono dei meccanismi di *kill switch* in base ai quali, quando avviene un cambiamento nelle porte USB del dispositivo (rimozione o inserimento) il computer esegue il comando dello spegnimento. Questa misura è difficile da individuare durante l'operazione: è necessario prestare attenzione ai dispositivi attaccati a tavoli o pareti i cui fili terminano in una porta USB.

Infine, le USB killer sono dei dispositivi che, inseriti in un computer, rilasciano una scarica di elettricità pari a 200 volt in grado di distruggere letteralmente la scheda madre.

Per procedere alla loro individuazione, le chiavi USB raccolte – prima di procedere al loro inserimento nei computer – vanno aperte per indagarne i componenti; in via residuale può tentarsi un test inserendole in un computer che non contiene informazioni.

Nascondendo queste nel sito, il nemico può distruggere i computer utilizzati per le investigazioni, incidendo queste sia nell'ambito dell'abbandono di una *fake evidence*, sia come misura fisica di impedimento.

5.2 Misure di anti forensics e SIDSS Triage

Come già detto in sede introduttiva, l'*SIDSS Triage* costituisce la guida nelle operazioni. È possibile, allora, affermare che in quanto procedimento generale, anche le attività di rilevazione delle misure di *anti-forensics* trovino una loro collocazione.

Alle attività già esplicitate nelle fasi definite in sede di introduzione, se ne aggiungono delle ulteriori, in ragione della singolarità che le misure di *anti-forensics* comportano.

Nella fase di *scan*, gli operatori devono individuare i network presenti per fare una stima del numero dei dispositivi, con particolare attenzione all'eventuale presenza di false reti (*obsfuscation*).

Successivamente, l'*asset* SOF dovrebbe procedere ad individuare eventuali trappole, *kill switch* e tra i dispositivi quelli che sembrano intenzionalmente disseminati (*identify*), provvedendo, poi a documentare tutti gli apparecchi e le tecniche di *anti-forensics* fisiche individuate (*document*).

Nella fase di *secure* dovrebbe procedersi con le c.d. *exfiltrations solutions*, le quali devono dunque essere realizzate valutando anche le tecniche e i diversivi avversari, tenendo presente che alcune misure di *anti forensics* potrebbero anche manifestarsi in questa fase "avanzata" senza essere state preventivamente individuate.

Per la raccolta e messa in sicurezza (*sustain*) si procede secondo l'ordine di priorità.

È chiaro come non sempre tutte le attività si svolgano in modo simultaneo: le tecniche di *anti forensics* possono essere individuate in ogni fase dato il loro carattere di non immediata evidenza; possono allora utilizzarsi degli indicatori colorati per affermare o meno la scoperta di esplosivi e misure avverse nel momento della contestuale documentazione.

6. *Exfiltration process*: acquisizione dei dispositivi

Prima di procedere ad acquisire i dispositivi rinvenuti (c.d. *collection*), gli operatori devono compiere due passaggi principali: individuare il tipo di dispositivo e determinare il suo *status* (accesso/spento). Ciò poiché, in base a questi due elementi, sono diverse le procedure da seguire per assicurare la conservazione dei dati e dei contenuti; in base allo *status* del dispositivo è possibile distinguere le procedure di *live forensics* (irripetibili) da quelle di *post mortem forensics*.

I dispositivi si distinguono generalmente, in base a dimensioni e tipo, in *very portable*, *portable* e *non-portable*; a seconda della categoria in cui un apparecchio rientra, diverse sono le operazioni da compiere.

1. I dispositivi c.d. *very portable* sono generalmente portatili poiché di piccole dimensioni e possono conservare dei dati al loro interno; si considerino, ad esempio, schede SD, memorie USB, SIM, CD/DVD, *hard disk* esterni, registratori, lettori MP3 e fotocamere. La caratteristica principale di questi è che, in caso di disconnessione da corrente, i dati e le informazioni contenute non subiscono alcun tipo di variazione o cancellazione. Prima di procedere al trasporto, è necessario provvedere ad individuarli – tenendo presente che possono essere contenuti negli oggetti più disparati – e a conservarli adeguatamente.
2. I dispositivi c.d. *portable*, differentemente dai primi, non solo sono idonei a conservare dati digitali, ma sono in grado di elaborarli e trasferirli. Si includono in questa categoria, *computer* portatili, *tablet* e ogni tipo di dispositivo mobile come *smartphones*, cellulari, GPS e *smartwatch*. Proprio per la maggiore complessità rispetto ai *very portable,* per questi dispositivi è necessario che gli operatori prestino attenzione se sono accesi o spenti, tramite degli indicatori come i *led* nel caso di un portatile o di rumori del disco o della ventola. Lo *status* elettronico è molto rilevante, giacché il suo mutamento può determinare una modifica delle informazioni contenute. Come precedentemente introdotto, infatti, i dati contenuti all'interno di un *computer*, ad esempio, sono facilmente alterabili in conseguenza delle caratteristiche strutturali dello stesso e delle modificazioni che le sue componenti di memoria subiscono in conseguenza di accensione e spegnimento.

3. Infine, vi sono i c.d. *non-portable devices* nella cui categoria rientrano schermi, *server* e sistemi di archiviazione, le cui caratteristiche dimensionali impediscono il prelevamento dal sito.

Considerando le differenze strutturali delle diverse tipologie di dispositivi, è necessario procedere ad analizzare le cautele da porre in essere per evitare che le informazioni vengano danneggiate: queste varieranno a seconda del modello di riferimento.

a) Tra i dispositivi *portable*, quello che può sicuramente costituire un modello – anche per maggiore diffusione – è il *computer* portatile: per tale dispositivo, se viene verificato che è acceso, la prima cosa da individuare è se lo schermo sia bloccato ovvero sbloccato.

Nel caso di blocco schermo, non bisogna spegnere il PC e, se possibile, deve procedersi all'acquisizione dei dati "volatili" (RAM), effettuando un c.d. *dump,* vale a dire una copia della memoria per il tramite delle opzioni tecnologiche di implementazione (vettori di estrazione) continuando a fornire corrente.

In assenza di blocco schermo, invece, è necessario analizzare se vi sono dei processi di *anti forensics* in atto, i quali, si ricorda, possono attivarsi anche in caso di mero utilizzo del dispositivo: in caso positivo, va effettuato un arresto anomalo del sistema tramite la rimozione della batteria o l'alimentatore di corrente, in quanto la chiusura ordinaria del sistema operativo è sconsigliata giacché in fase di shutdown vengono compiute decine di operazioni di scrittura dei dati che alterano il disco sovrascrivendolo; in assenza di misure avverse, si procede come nel caso di rinvenimento di un blocco schermo: si effettua una copia della RAM, continuando a fornire supporto energetico.

Quando il dispositivo viene rinvenuto spento, si effettua direttamente l'acquisizione dei dati bit-a-bit: in questo modo è possibile lavorare sui dati presenti nell'hard disk, consentendo di acquisirne tutte le informazioni ed avere, così, una copia perfetta, che andrà memorizzata su un supporto esterno e su cui poi sarà possibile indagare senza modificare il supporto originale (Contaldo e Peluso 2018).

Per effettuare tali operazioni su computer, oltre alle cautele di carattere tecnico, sono necessari ulteriori accorgimenti: gli operatori devono utilizzare esclusivamente programmi ed eseguibili forniti dagli stessi e non avvalersi di quelli del sistema su cui si va ad operare, anche a rischio di sovrascrivere parzialmente alcune evidenze (c.d. *running known good binaries*); è necessario preservare i dati raccolti mediante il calcolo di un *hash* (*hashing all evidence*) – fondamentale quello della prima refertazione – per garantire immodificabilità e assicurare la catena di custodia; i membri SOF devono, altresì, raccogliere le evidenze in ordine di volatilità.

b) Per i dispositivi *very portable* l'analisi è leggermente differente, giacché strumenti di complessità inferiore rispetto ai PC. Smartphone, tablet e simili, se vengono rinvenuti accesi non vanno spenti e, anzi, va fornita energia in modo continuativo, se invece vengono ritrovati spenti non bisogna attivarli.

In entrambi i casi, mantenendo stabile lo *status* in cui vengono identificati, è necessario – per limitare la connettività – inserirli in una gabbia di Faraday raccogliendo anche tutti i cavi e gli accessori attinenti, tenendo comunque presente che l'assenza prolungata di rete potrebbe attivare, in alcuni, delle misure di *anti forensics*.

c) Anche per i dispositivi non portatili, il primo passaggio da compiere è accertare il loro *status*. Nel caso in cui siano accesi non vanno spenti ed è necessario procedere a verificare la presenza di un blocco schermo. Se presente un blocco schermo, è necessario mantenere il dispositivo in funzione, procedere all'acquisizione dei dati volatili e allo spegnimento forzato; diversamente, se lo schermo è sbloccato, è necessario cercare di individuare eventuali misure di *anti-forensics,* ed in qualsiasi caso, procedere allo shutdown.

La differenza con gli altri dispositivi è che la non trasportabilità di questi rende necessario rimuovere le componenti più rilevanti, quelle cioè che plausibilmente contengono informazioni e dati: allora, una volta spento il dispositivo, si deve procedere a rimuovere l'*hard drive*.

Anche nell'ambito della procedura di raccolta è valido l'inquadramento nel *triage* di cui sopra: infatti, queste operazioni si inseriscono tra la fase di identificazione e quella di documentazione, costituendo specificazione dell'attività di rinvenimento.

Infatti, dopo aver provveduto a quanto già detto, è necessario fotografare e video registrare le attività, ivi compreso lo *status* in cui si trovano i dispositivi (*document*) prima di procedere alla raccolta e dopo aver concluso; è necessario procedere, poi, ad "impacchettare", etichettare e repertare quanto rinvenuto (*secure*) in modo da evitare danneggiamenti: primo tassello fondamentale, questo, per assicurare una diligente catena di custodia di quanto ritrovato e mantenere il più possibile le evidenze integre e funzionale allo scopo.

Vi è, inoltre, da specificare che gli operatori dovrebbero essere sempre in possesso della strumentazione adeguata a effettuare copie forensi dei dispositivi e per conservarle, eventualità questa che deve essere considerata già in fase preparatoria, munendosi di dispositivi che abbiano elevate capacità di archiviazione.

7. *Sustaining the data*: processi alternativi di raccolta

Nella limitata finestra temporale entro cui si svolgono le operazioni militari, i soggetti possono non avere tempo di raccogliere tutti i dispositivi ovvero le condizioni possono essere così sfavorevoli da richiedere un altro tipo di attività. Si tratta, in queste ipotesi, di concentrarsi non tanto sui dispositivi, ma quanto sul contenuto, provvedendo all'estrazione dei dati direttamente nel sito oppure instaurando un canale di scambio informazioni tramite cui provvedere ad acquisire i dati anche una volta terminata l'operazione ovvero procedere all'analisi dei file di log.

I dati possono essere acquisiti con diverse modalità: un computer forense collegato al reperto tramite connessione ethernet; drive esterni (vettori di estrazione); ripresa video o *printscreen*, quest'ultima, in genere, in aggiunta ad una delle precedenti o con l'ausilio di un'infrastruttura di rete.

È possibile che nel sito non sia disponibile una connessione internet: in questo caso, è necessario che gli operatori si dotino di una infrastruttura di rete propria.

Le soluzioni, allora, possono essere due: la prima è quella di creare una WLAN temporanea – solo per il tempo funzionale alle operazioni – con un server di archiviazione.

La seconda possibilità è, invece, quella di stabilire una connessione duratura – che rimarrà in piedi anche una volta abbandonato il sito – di tipo satellitare o per il tramite di un drone; nonostante in questo caso il trasferimento dei dati sia più lento – se la fonte è collocata in alta quota – e sia necessario comunque lasciare dei dispositivi di rete nel sito, il vantaggio è che la connessione, e dunque lo scambio di informazioni, si mantengono stabili fin quando il nemico non distrugge l'infrastruttura, e, dunque, potenzialmente può raccogliersi una quantità di dati maggiore.

Un veicolo aereo collocato nelle vicinanze del sito, ad esempio, può costituire un passaggio per il satellite oppure può essere esso stesso il *server* di conservazione dei dati, considerato che generalmente i siti in cui si svolgono le operazioni non si espandono per più di qualche chilometro quadrato, lo stesso può trovarsi anche a bassa quota, aumentando la velocità di trasferimento dei dati.

La scelta della prima opzione, cioè la creazione di una rete wireless locale, si basa su una serie di valutazioni in merito alla velocità del trasferimento, al numero di nodi disponibili, all'esistenza di barriere fisiche come strutture che schermano la rete (Teti 2018) ovvero al numero di client e alle condizioni ambientali. Divengono, allora, fondamentali gli studi preventivi di cui si è parlato in precedenza, primo fra tutti quello sull'infrastruttura *target* e la sua maggiore o minore complessità; fondamentale è, inoltre, l'individuazione, una volta nel sito, dei punti di accesso alla rete e delle prese di corrente.

Indipendentemente, comunque, da quale tra le due opzioni si scelga, importante è che i dispositivi che supportano l'infrastruttura richiedano poco tempo per la configurazione, siano portatili, non eccedano nel peso e siano a banda larga ed a basso consumo di energia.

Si precisa che in sede di raccolta dei dati, insieme alla prioritizzazione indicata dall'algoritmo che tiene conto principalmente delle caratteristiche strutturali dei dispositivi, è necessario che gli operatori seguano anche il c.d. ordine di volatilità, partendo cioè dalla estrazione dei dati maggiormente assoggettati al pericolo di perdita:

1. memoria RAM;
2. memoria di swap;
3. processi di rete;
4. processi di sistema;
5. informazioni del file system;
6. dati sul disco.

In uno scenario come quello di cui qui si tratta, l'installazione di programmi per l'estrazione di dati può essere una delle modalità con cui recuperare informazioni rilevanti durante – o dopo – lo svolgimento dell'operazione.

Questi software agiscono, essenzialmente, come dei malware ed hanno lo scopo di raccogliere dati dai dispositivi limitando le possibilità che l'utente se ne renda conto, essendo possibile procedere all'installazione anche attraverso USB o simili.

La funzione primaria di questi programmi è trovare ed acquisire dati rilevanti dal dispositivo per poi inviarli ad un server di raccolta (se non vi è connessione, tramite l'infrastruttura creata dagli operatori); di qui, fondamentale è che, considerate le restrizioni che l'infrastruttura target può determinare e il poco tempo a disposizione, i software siano configurati per la sola ricerca di ciò che è rilevante.

Si tengano presenti le tecniche di depistaggio: procedere alla raccolta di tutto il contenuto di un dispositivo – di cui gran parte probabilmente inservibile o superfluo - potrebbe comportare solo un inutile dispendio di tempo; di qui, potrebbe rivelarsi più fruttuoso impostare i software di ricerca, ad esempio, per acquisire tutte e solo le credenziali di accesso disponibili su quel dispositivo ed utili per accedere ad altre apparecchiature rinvenute nel sito.

Parimenti, è possibile estrarre i dati utilizzando degli strumenti di *e-discovery* i quali permettono di trasferire i file selezionati e i dati relativi all'analisi forense, da remoto, ad un server.

Una volta installato il software sul dispositivo dal quale si vogliono inviare le informazioni, i dati si trasferiscono; sarebbe preferibile impostare già dei filtri di selezione delle informazioni e la cancellazione automatica del programma una volta conclusa la missione.

Al fine di controllare l'attività del nemico, possono essere utilizzati anche dei c.d. *wireless sensor networks*, piccoli sensori i quali possono essere distribuiti nelle zone di interesse per acquisire dati in tempo reale (sorveglianza del perimetro, presenza di agenti chimici, rumori, campi magnetici, temperatura ecc.).

Un'ulteriore possibilità per gli operatori è procedere ad estrarre dati rilevanti in sede di monitoraggio per il tramite dell'analisi dei file di log. Per file di log si intende la registrazione sequenziale e cronologica delle operazioni effettuate da un sistema informatico; questi vengono elaborati e conservati a scadenze regolari e, successivamente, resi nella disponibilità di chi amministra o monitora un sistema.

Questi file permettono, dunque, di analizzare la sequenza di processi posti in essere dall'elaboratore, di monitorare tutte le attività realizzate nel sistema e di ottenere una vasta gamma di elementi identificativi del dispositivo.

Vi sono diverse tipologie di file di log (Contaldo e Peluso 2018):

- di registrazione, riconoscimento e accesso: riguardano l'attività di login effettuata da un dato utente al sistema per la fruizione dello stesso e vengono registrati su un apposito file. Spesso anche l'attività di log out viene registrata;
- di sistema: questi permettono di memorizzare gli eventi significativi intercorrenti tra il server, come fornitore di servizi (e le applicazioni) con i client, registrando il momento di attivazione e/o chiusura del servizio attivato dall'utente;
- di base dati: in questo caso il sistema gestore di base dati (DBMS) registra le operazioni di inserimento, aggiornamento e cancellazione dei record fatte nelle memorie;
- di sicurezza: questi memorizzano tutte le informazioni che sono considerate critiche per l'integrità dei dati e del sistema, monitorando anche i tentativi di accesso allo stesso, siano essi autorizzati o abusivi.
- di applicazione: registrano eventi caratteristici del programma in esecuzione (molte applicazioni prevedono i propri log), fungendo, in alcuni casi, da protocollo di entrata e di uscita.

Parimenti, vi sono diverse tipologie di dati che possono essere estratti dalla loro analisi: dati identificativi della fonte e della destinazione della comunicazione; dati indicativi di data, ora e durata della comunicazione; dati relativi alla tipologia di comunicazione; dati inerenti all'identificazione dell'attrezzatura di comunicazione; dati per individuare l'ubicazione dell'attrezzatura di comunicazione "mobile", dalla cui analisi è possibile ottenere differenti informazioni a seconda dello strumento utilizzato per trasmettere: comunicazione telefonica, accesso ad internet, posta elettronica, telefonia fax SMS e MMS inviati tramite internet.

L'aspetto strategicamente più rilevante è sicuramente la possibilità di scoprire l'identità del soggetto che ha usufruito di un servizio ovvero che ha compiuto determinate operazioni sul dispositivo e sul sistema.

In un contesto come quello ivi esaminato, è da sottolineare, sicuramente, l'impatto che la raccolta di tali informazioni potrebbe avere sull'esito complessivo dell'operazione. Infatti, vista la particolarità dell'ambito, conoscere le identità dei soggetti agenti e le specifiche dell'attività da questi posta in essere è di grande rilevanza, in particolare per compiere ulteriori e successive operazioni.

8. Responsabilità della conservazione della prova

Una volta terminata la fase acquisitiva, è necessario mettere in sicurezza quanto raccolto (c.d. *preservation*).

Si parla in questo caso del primo passaggio della c.d. catena di custodia, con la quale si fa riferimento alla documentazione cronologica dei diversi attori che sono venuti in contatto con l'elemento di prova e quali attività, questi, hanno posto in essere. Il documento di catena dovrebbe, allora, indicare: il bene (le specifiche strutturali); il soggetto che lo tratta; la data e l'ora di inizio e termine della custodia; il soggetto a cui si è consegnato il bene; l'operazione svolta con specificazione dei passaggi seguiti; la qualifica del soggetto che tratta il bene.

La conservazione appena conclusa la raccolta è la più delicata e coinvolge sia i dispositivi che i dati.

Quanto ai dispositivi, vi è da precisare che a seconda del tipo di supporto o "strumento di memoria", le cautele da adottare sono differenti.

In primo luogo, i supporti magnetici sono perennemente a rischio smagnetizzazione e per tale ragione, gli operatori dovrebbero essere dotati di cassette metalliche ignifughe trasportabili; diversamente, i nastri magnetici, ben più delicati, vanno riposti nelle loro custodie originali in quanto soggetti a danneggiamenti da contaminazione di polveri, fonti di calore o di freddo e vibrazioni e urti. essere dotati di gabbie di Faraday e di sacchetti per le prove nei quali porre quanto rinvenuto. Vi sono altresì i supporti ottici, per cui i problemi maggiori sorgono a seguito dell'esposizione a fonti di calore o di luce: in tal caso, dovrebbe procedersi a repertarli in sacchetti opachi, sui quali andranno apposti dei sigilli, giacché riscrivibili. Infine, quanto alle memory card e flash disk, questi sono soggetti ai pericoli derivanti da forti campi magnetici e soggetti ai danni derivanti da flessione e schiacciamento.

I computer e gli smartphone andrebbero conservati in una c.d. gabbia di Faraday per limitarne la connettività, preferibilmente continuando a fornire corrente se rinvenuti accessi.

Tutto quanto raccolto deve essere repertato, fotografato e documentato. Inoltre, anche le informazioni di cui gli operatori sono entrati in possesso devono rimanere quanto più possibili inaccessibili a terze parti e deve essere stabilita un'adeguata procedura per la loro conservazione e inalterabilità, soprattutto se si è proceduto ad acquisire le informazioni tramite un *intra team backup* con un'infrastruttura specifica.

Il rilievo che qui viene fatto diviene ancora più importante nell'ipotesi in cui gli operatori supportino le indagini penali: infatti, la scoperta di un punto debole nella catena di custodia potrebbe compromettere l'assetto probatorio della parte che si avvale delle evidenze secondo le regole processuali.

9. Interferenze eventuali: la rilevanza processuale della prova informatica acquisita in un contesto militare

Appare interessante soffermarsi sull'ipotesi che le prove acquisite in un teatro di guerra entrino all'interno del processo penale, sia per la loro ammissibilità sia per quanto attiene alle divulgazioni di informazioni riservate.

La circostanza che una risultanza così acquisita possa entrare all'interno dell'ambito giudiziario è, chiaramente, molto residuale, ma non assolutamente improbabile.

Si considerino, ad esempio, le indagini che vengono condotte da operatori militari relativamente al terrorismo internazionale ovvero sui soggetti che, provenienti da paesi stranieri, compiono delle azioni le quali sono sanzionabili anche nel loro ordinamento di provenienza. Gli addebiti gravanti su questi soggetti si basano sia sulle indagini delle forze di Polizia nazionale, sia sulle attività di nuclei specializzati delle forze militari che si occupano, nella zona straniera di interesse, di raccogliere tutti gli elementi di prova quando un sito viene abbandonato o partecipando ad una specifica operazione.

È evidente, allora, come una prova raccolta in un contesto come quello ivi esaminato, ben potrebbe entrare nel processo che vede come imputato uno di questi individui: come può inserirsi un'evidenza digitale così raccolta nelle strette maglie della disciplina penalistica di rito? Soprattutto, come si può contemperare l'esigenza di costruire un adeguato assetto probatorio con la necessità di mantenere elevata la riservatezza sulle informazioni per non lasciar trapelare dati importanti che, in possesso del soggetto sbagliato, rischiano di compromettere le future attività?

In primo luogo, possiamo affermare che quando gli operatori militari agiscono come *longa manus* degli organi di Polizia, vale a dire quando vengono impiegati a supporto delle indagini penali "nazionali", la loro soggezione alle regole procedurali è pressoché indiscussa.

Diversamente, sono più problematiche le indagini informatiche svolte dagli operatori militari autonomamente, per cui in giudizio viene presentato unicamente il risultato acquisito, senza che nessuno dei soggetti preposti (Polizia Giudiziaria, Pubblico Ministero, GIP, difensore) abbia potuto supervisionare le attività di raccolta e analisi.

Fermo il rispetto delle regole acquisitive, possiamo affermare che la dimostrazione di aver seguito delle procedure che assicurano l'integrità della prova, aumenta sicuramente le possibilità che la prova divenga utilizzabile, quantomeno se si sono compiute delle operazioni c.d. *post mortem forensics* che sono notoriamente ripetibili e che non sembrano inficiare il profilo dell'ammissibilità, vista l'eventualità di poter procedere in dibattimento a riprodurre il procedimento, dimostrando l'assenza di alterazioni.

Diverso il discorso per le attività di *computer forensics* irripetibili: la prova entra in giudizio già formata; non vi è possibilità di instaurare il contraddittorio su questa in via dibattimentale e, visto lo scenario singolare, non vi è certamente stato contraddittorio preventivo *ex* art. 360 c.p.p.

In questa seconda ipotesi può propendersi per l'esclusione dell'evidenza: unico appiglio può essere costituito dall'attestazione precisa della catena di custodia, da cui può discendere la dimostrazione che la prova digitale ha mantenuto le stesse caratteristiche di quando rinvenuta e non ha subito modifiche, valorizzando l'idoneità probatoria e la credibilità dell'elemento.

Quanto al secondo profilo, vale a dire la riservatezza delle informazioni e il rischio di divulgarne di rilevanti è chiaro come vada prestata la massima attenzione a selezionare le evidenze che siano realmente fondamentali, evitando di comporre l'assetto probatorio tramite l'inserimento di elementi in realtà superflui al caso di specie. Un errore in questi termini potrebbe determinare un rischio futuro per gli operatori e, molto spesso, il fallimento totale di un'operazione.

Bibliografia

Aterno S., (2008) *Acquisizione e analisi della prova informatica*, in *Dossier Dir. Pen. Proc.*

AA. VV. (2016) *Battlefield Digital Forensics: Digital intelligence and evidence collection in special operations*

Borruso R., Ciacci G., (2005) *Diritto e informatica, Edizioni scientifiche italiane*

Borruso R., Di Giorgi R. M., Mattioli L., Ragona M., (2007) *L'informatica del diritto, Giappichelli*

Braccini C., in AA. VV. (2016) *Battlefield Digital Forensics: Digital intelligence and evidence collection in special operations*

Cajani F., Aterno S. in Mazzaraco G. (a cura di), Aterno S., Cajani F., Costabile G., Mattiucci M., (2011) *Computer forensics e indagini digitali,* Experta

Cassano G. (a cura di), Contaldo A., Jaselli M., Oneda R., Peluso F., Tucci E., Vaciago G., (2019) *Informatica per il giurista, Maggioli*

Cassano G. (a cura di) Peluso F. (a cura di), Cavaceppi F. S., Cavaceppi C., Cavallaro D., Coletti R., Contaldo A., Cortese A., (2019) *I reati in internet, i nuovi reati digitali e le metodologie investigative, Maggioli*

Cavaceppi C., (2019), *I mezzi di ricerca di prova in ambito informatico* in *I reati in internet, i nuovi reati digitali e le metodologie investigative, Maggioli*

Contaldo A., Peluso F., (2018) *Cybersecurity, Pacini*

Contaldo A., Peluso F., (2018) *E-detective, l'informatica giuridica e le applicazioni della digital forensics, PM edizioni*

Cvijic S., Vignarca F., (2016) *I droni armati uccidono due volte, Avvenire*

Daniele M., (2011) *La prova digitale nel processo penale*, in *Riv. dir. proc.*

Di Paolo G., (2013) voce *Prova Informatica*, in *Enc. Dir., Annali, Agg. VI, Giuffré*

Ferrua P., Marzaduri E., Spangher G., (2013) *La prova penale, Giappichelli*

Gupta K., Nisbet A., (2016) *Memory forensic data recovery utilising RAM cooling methods, Cowan University Research Online*

Lorenzetto E., in L. Luparia (a cura di) AA.VV., (2009) *Sistema penale e criminalità informatica: profili sostanziali e processuali nella Legge attuativa della Convenzione di Budapest sul* cybercrime *(l. 18 marzo 2008, n. 48), Giuffrè*

L. Luparia (a cura di) AA.VV., (2009) *Sistema penale e criminalità informatica: profili sostanziali e processuali nella Legge attuativa della Convenzione di Budapest sul* cybercrime *(l. 18 marzo 2008, n. 48), Giuffrè*

Novario F., in L. Luparia (a cura di) AA.VV., (2009) *Sistema penale e criminalità informatica: profili sostanziali e processuali nella Legge attuativa della Convenzione di Budapest sul* cybercrime *(l. 18 marzo 2008, n. 48), Giuffrè*

Mancini L. V., A. Monti, A. Panico, (2007) *SOF on Trial. The Technical and Legal Value of Battlefield Digital Forensics in Court, Springer International Publishing*

Marafioti L., (2011) Digital evidence *e processo penale,* in *Cass. Pen., Fasc. 12*

Mazzaraco G. (a cura di), Aterno S., Cajani F., Costabile G., Mattiucci M., (2011) *Computer forensics e indagini digitali,* Experta

Molinari F. M., (2012) *Questioni in tema di perquisizione e sequestro di materiale informatico*, in *Cass. Pen.*

Panico A., in AA. VV. (2016) *Battlefield Digital Forensics: Digital intelligence and evidence collection in special operations*

Perri P., (2011) voce *Computer Forensics (Indagini informatiche)*, in *Dig. Disc. Pen, Agg. IV*

Perry W. G., (2009) *Information Warfare: Assuring Digital Intelligence Collection,* in *JSOU Press*

Rosenzweig P., (2013) *Cyber Warfare: How Conflicts in Cyberspace are Challenging America and the world, Praeger Security International*

Sanger D., (2016) *U.S. Cyberattacks target ISIS in a new line of combat, The New York Times*

Testaguzza A., (2015) Digital forensics, *informatica giuridica e processo penale, Cedam*

Teti A., (2018) *Cyberespionage e cyber counterintelligence. Spionaggio e controspionaggio cibernetico, Rubbettino Editore*

Vaciago G., (2012) *Digital evidence. I mezzi di ricerca della prova digitale nel procedimento penale e le garanzie dell'indagato*, Giappichelli

Ziccardi G., in L. Luparia (a cura di) AA.VV., (2009) *Sistema penale e criminalità informatica: profili sostanziali e processuali nella Legge attuativa della Convenzione di Budapest sul cybercrime (l. 18 marzo 2008, n. 48)*, Giuffrè

Capitolo VIII
Il *digital profiling* e l'alibi informatico
Natassija Caserta

1. Il *criminal profiling*

La fine del secolo scorso si è caratterizzata per una straordinaria evoluzione tecnologica, i cui baluardi non possono che ravvisarsi nell'avvento di Internet, nell'utilizzo della Rete e nella conseguente profonda metamorfosi delle modalità della comunicazione umana.

Evidente, in questo mutamento, è il ruolo di assoluta centralità che hanno progressivamente assunto i dispositivi elettronici e telematici, mutati da meri contenitori di dati a veri e propri depositari delle abitudini di vita dell'individuo utilizzatore (Colombini 2011).

Questa rilevante trasformazione ha fortemente inciso anche sulle modalità di espletamento delle indagini aventi ad oggetto l'analisi di tali dispositivi.

Tra i metodi di indagine tradizionale vi è il *criminal profiling*: questa tecnica, che trova il suo retaggio storico nelle tesi dell'antropologia criminale (ideata da Bertillon e Lombroso, sul finire del XIX secolo), viene teorizzata nel 1972 all'interno del reparto speciale, interno all'FBI, della Behavioural Science Unit, nato proponendosi l'obiettivo di applicare, alle indagini, tecniche sociologiche e psicologiche, con lo scopo di elaborare un profilo della personalità criminale dell'autore del reato (Aterno e al. 2012; Aterno 2014).

A partire da questo, nel tempo, il *criminal profiling*, con la sua funzione di ausilio all'identificazione del responsabile di un fatto di reato, si è poi affinato ed è stato applicato a diverse categorie di crimini.

L'attività di profiling veniva ad essere costituita da due componenti fondamentali:

1. *Intelligence*: procedimento che, mediante una selezione nella massa delle informazioni raccolte, consente di trarre un significato funzionale al contrasto delle attività criminali. Consta di 4 fasi:

   - Si avvia con l'individuazione dell'obiettivo d'indagine, genericamente coincidente con il fine di identificare il soggetto responsabile di un fatto di reato.
   - Prosegue con una raccolta mirata delle informazioni e successiva valutazione.

- Vede l'analisi delle informazioni raccolte, mediante operazioni successive di confronto ed interpretazione dei dati rinvenuti.
- Termina con l'utilizzo delle informazioni, che si manifesta in provvedimenti giudiziari.

2. *Profiling* in senso stretto: studio, in chiave criminologica, dei modelli di comportamento criminale che, a partire dalle peculiarità del fatto commesso, si propone di identificare i caratteri principali della personalità dell'autore di un dato reato. Consta di due fasi:

   - Si avvia con l'analisi della scena del crimine, incentrando l'attenzione sulla descrizione del luogo, della vittima, dei reperti e dell'aggressore.
   - Prosegue con il case linkage, che è il procedimento mediante cui i dati raccolti e analizzati nelle fasi precedenti vengono raffrontati con quelli propri di casi ed indagini differenti al fine di stabilire possibili somiglianze e connessioni.

Il progresso informatico e telematico, assieme con l'avvento di Internet, ha portato con sé una ragione di insufficienza del profiling tradizionale, nella misura in cui nel corso del tempo si siano moltiplicate le fattispecie di reato connesse allo strumento informatico. A conferma di ciò il conio di nozioni quale il *cybercrime* o *computer crime*, volta a comprendere qualsivoglia condotta riconducibile alla "criminalità informatica", nel cui alveo rientrano parimenti sia i *crimini informatici*, di cui alla l. 23 Dicembre 1993 n. 547, sia i *reati comuni*, perpetrati per mezzo dell'utilizzo di tecnologie informatiche e telematiche, che sia lesiva di beni ed interessi giuridici ritenuti meritevoli di tutela penale.

Contestualmente all'innovazione tecnologica sin qui descritta, si è assistito ad un incremento di azioni e condotte criminose caratterizzate dall'utilizzo degli strumenti informatici. Ciò ha determinato una sempre maggior presenza, sulle scene del crimine, di elementi di prova di tipo digitale, idonei per loro natura a provocare un «inevitabile mutamento del metodo investigativo e, con esso, del codice genetico del sapere processuale» (Pittiruti 2017; Lorusso 2010).

Oggi, infatti, le indagini informatiche costituiscono l'attività investigativa più efficace e di rilievo, ciò è dovuto al costante aumento delle tipologie e delle prestazioni offerte dai dispositivi digitali, in questa sede qualificabili come qualsiasi dispositivo provvisto di aree di memoria interna permanente in grado di memorizzare file, sul quale possono ricoverarsi e rinvenirsi informazioni utili all'identificazione del reo ed alla repressione del reato.

L'assoluta necessarietà e preminenza delle indagini informatiche ha richiesto, così, l'enucleazione di un apposito settore scientifico, quello della *computer forensics*, in dottrina definito come «quel settore di ricerca che studia le problematiche tecniche e giuridiche correlate all'investigazione sui dati digitali» (Grillo e Moscato 2011).

Tale tendenza ad applicare le tecnologie informatiche al crimine, insieme con l'ingresso, nel processo penale, di elementi di prova ontologicamente connessi a tali sistemi, ha richiesto alle autorità preposte un affinamento delle proprie tecniche investigative, ivi compresa quella del *profiling*. Così, sebbene la *computer forensics*, divenuta obsolescente poiché non comprensiva di tutti i supporti e le risorse hardware e software su cui rinvenire dati digitali utili alle indagini, sia ad oggi trasfusa nella più attuale *digital forensics*, diviene palese che, oggi, il procedimento di indagine non può non considerare la preminenza della componente informatica.

1.1 Caratteristiche del digital profiling e sua applicazione.

Le modalità operative proprie delle "indagini tradizionali" (qui intendendo i metodi di ricerca delle prove e dei responsabili di fatti di reato che non usufruiscono dei mezzi informatici), trovano la loro criticità nella controversa possibilità che dello sviluppo tecnologico possano usufruire al contempo il reo come l'autorità giudiziaria. Tale criticità è peraltro aspramente acuita dalla circostanza che i reati riconducibili alla criminalità informatica, secondo la descrizione sopra offerta, nel raffronto con gli altri, si caratterizzano perché contemplano un "distacco tra criminale e vittima", operato dalla tecno-mediazione del dispositivo digitale (Strano 2005).

Di qui la preminenza del *digital profiling*, in cui può ravvisarsi lo sviluppo del *criminal profiling* tradizionale, qualificabile come una nuova metodologia d'indagine incentrata sull'applicazione delle stesse tecniche, sociologiche e psicologiche, già proprie del *profiling* tradizionale, a dispositivi digitali allo scopo di isolare caratteri e comportamenti umani, desumibili da eventi informatici, idonei a ricostruire il profilo psicologico e criminologico dell'autore di un reato e reperire informazioni utili alla prosecuzione dell'indagine.

Autorevole dottrina, infatti, ha inteso il *digital profiling* come una mera «trasposizione informatica del *criminal profiling*» (Anconelli 2016), così traducendolo in uno strumento investigativo capace di rinvenire prove che si connotano per essere consolidate in dispositivi di memorizzazione digitale.

La combinazione tra gli approdi tecnologici ed il *profiling* tradizionale trae origine da fattispecie di reato ontologicamente caratterizzate per un profilo comportamentale evidente e riproducibile in altre attività in rete (es.: *cybercrime*, fattispecie di *hacking*): ai suoi albori, quindi, il *digital profiling* era un metodo per l'isolamento e l'analisi delle caratteristiche umane all'interno dei crimini informatici (Vitale 2016); in seguito, affinato grazie alla strutturazione delle tecniche di investigazione informatica, il *digital profiling* è divenuto applicabile alla pressocché totalità delle fattispecie incriminatrici, posto che il reo, per sua stessa natura incline a personalizzare l'ambiente (reale o virtuale che sia) con cui interagisce, non può evitare di lasciare tracce informatiche.

Il *digital profiling* si compone delle medesime componenti già proprie del *profiling* tradizionale, di *intelligence* e *profiling*, ma si connota per l'applicazione delle stesse alla memoria digitale, al fine di ottenere informazioni dal comportamento informatico del reo.

I parallelismi tra *criminal* e *digital profiling*, a ben vedere, non si limitano alla loro composizione, ma si estendono anche agli elementi dai quali evincere il profilo del reo. Nel corso del XX secolo, infatti, la più autorevole dottrina d'oltreoceano (Douglas, Burgess e Ressler 1992) ha teorizzato un adattamento degli elementi propri del profiling tradizionale al fine di aprire ad una vera e propria comparazione tra le due categorie di *profiling*. Da tale studio è emersa una sostanziale assimilazione tra i due tipi di *profiling*, distinti tra di loro solo in virtù dell'affidamento o meno a dispositivi informatici, così confermando la natura del secondo di sostanziale evoluzione del primo.

Il *digital profiling* si caratterizza per una serie di fonti e metodi volti a tracciare profili psicologici, anagrafici e comportamentali dell'autore del reato, allo scopo di profilare il reo.

Tra questi, senza dubbio, due sono i principali:

- *Signature*: letteralmente "firma" dell'autore, può essere riscontrata fisicamente sulla scena del crimine o connessa solo indirettamente al soggetto, che può lasciarla in maniera consapevole o meno, per il tramite di dettagli linguistici in messaggi mail o chat, particolari forme linguistiche, dettagli grafici o inconsueta denominazione di file e cartelle. Si caratterizza perché rimane uguale a se stessa in caso di reiterazione del crimine.
- *Modus operandi*: coincide con le modalità con le quali il crimine viene commesso, come le modalità di penetrazione in un server, i programmi utilizzati, le tecniche di scansione e di occultamento dei files o, ancora, di avvicinamento ad una vittima in chat. A differenza della *signature*, può subire modificazioni nel tempo, anche in relazione al progresso tecnologico.

Fermi *signature* e *modus operandi*, la ricostruzione del profilo del reo avviene anche mediante altri elementi quali lo studio della vittima e delle possibili connessioni con l'autore, la motivazione con cui il reo perviene alla commissione del crimine e i fattori di rischio ai quali si espone ed, infine, al fenomeno dello *staging*, inteso come l'alterazione della scena del crimine o di elementi ad essa connessi, operata dal reo o da eventuali correi, al fine di deviare le indagini.

Proprio in funzione della gestione degli elementi sin qui descritti, la dottrina ha scisso due distinte modalità di analisi del *digital profiling*:

- *analisi passiva*, che prende le mosse dall'analisi della scena del crimine, della vittima, del reo, delle sue motivazioni e del suo *modus operandi*;
- *analisi attiva* che, al contrario, trae origine dallo studio dell'ambiente e delle caratteristiche comportamentali proprie dell'ambiente digitale e rinvenibili tramite interazione personale dell'utente o automatizzata.

Le tracce informatiche idonee ad identificare il reo mediante le tecniche di *digital profiling* trovano un limite intrinseco nella loro immaterialità e nella soggezione ad essere facilmente alterati o distrutti: tali caratteri rendono assolutamente indispensabile accertarsi delle modalità con le quali viene appresa la prova, atteso che qualsiasi errore potrebbe comportare un'alterazione della traccia informatica, per l'effetto pregiudicando anche la capacità dimostrativa dell'elemento di prova connesso (Tonini 2018).

Proprio al fine di preservare la genuinità dei dati raccolti, la l. 48/2008 di ratifica della Convenzione di Budapest richiede di vigilare sul puntuale rispetto della *chain of custody* (di cui si è già parlato nel capitolo 7 del presente volume) dei dati e delle prove siti su dispositivi digitali, tracciandone analiticamente il procedimento di repertamento ed analisi della prova, così da cristallizzare il dato informatico ed escludere indebite alterazioni.

Data la natura di normativa di principio della Convenzione di Budapest (e, giocoforza, della sua legge di ratifica), la dottrina pone la necessità di introdurre un apposito disciplinare in tema di raccolta e conservazione inalterata dei dati digitali, stante il carattere di prove particolarmente fragili ma, al contempo, passibili di assoluta centralità nell'ambito delle indagini (Mattiucci 2013).

1.2 Applicazione delle tecniche di digital profiling ad un dispositivo digitale

Il *digital profiling*, dunque, si caratterizza rispetto al più risalente *criminal profiling* in ragione dell'applicazione delle medesime tecniche di analisi ad apparati di memoria di dispositivi digitali e tracce informatiche che il soggetto inevitabilmente lascia nell'interazione con essi.

Il procedimento è composito e consta di differenti fasi.

1. La prima fase è quella dell'individuazione dell'oggetto di ricerca.
2. Si passa poi alla raccolta mirata e valutazione dei dati contenenti informazioni utili. Un dispositivo digitale è, per sua natura, provvisto di varie aree di ricerca al suo interno, tutte potenzialmente idonee a fornire informazioni valide alla profilazione dell'autore del reato. È possibile, infatti, procedere all'analisi di utenti, file di testo, cartelle di file personali e loro organizzazione nel sistema, eventuali nickna-

me ed indirizzi di posta elettronica, file di log e cronologia delle connessioni, delle installazioni hardware e software e della *timeline*.

3. Tra i dati raccolti e valutati, in seguito, è necessario selezionare le informazioni pertinenti: in questo contesto, gli elementi ritenuti pertinenti assurgeranno al rango di indicatori, intesi in dottrina come «le singole informazioni caratterizzanti rilevate e pertinenti nel contesto di studio a fini di *profiling*» (Strano e Mattiucci 2008).
4. Successivamente si ha il confronto delle informazioni tratte dagli indicatori, volto a rilevare similitudini, discordanze o lacune.
5. In seguito, le informazioni emerse devono essere analizzate alla luce dei confronti effettuati, al fine di determinare le idonee a creare un profilo digitale: questa, che generalmente viene posta in essere grazie all'utilizzo di uno strumento di analisi forense, può dirsi la più rilevante tra le fasi del *profiling*.
6. Infine, è indispensabile interpretare le informazioni, in relazione all'oggetto di ricerca che era stato identificato inizialmente.

Al termine del procedimento di *profiling*, ogni dispositivo digitale, stante il carattere composito delle allocazioni dei files e dei dati rinvenibili, consente di elaborare più profili (Colombini 2011):

- *profilo di sistema*: questo profilo è ricavato dai files di registro, che forniscono, a partire dagli indicatori, tutte le informazioni relative alla configurazione della macchina da parte dell'utente;
- *profilo cartella utente*: emerge dai files contenuti nelle "cartelle utenti" create dal sistema operativo, in cui è contenuta la maggioranza delle personalizzazioni apportate dall'utente;
- *profilo dispositivo*: estratto dai files presenti nelle rimanenti aree di memoria diverse dalle cartelle utente (es.: che sono contenuti in cartelle di archivio, ulteriori dischi fissi o files deallocati);
- *profilo utente*: prodotto dalla sommatoria del profilo di sistema, profilo cartella utente e profilo dispositivo, rappresenta il modello comportamentale digitale che contiene ogni informazione caratterizzante rilevata sulla macchina e sui files ivi contenuti, e descrive l'interazione dell'utente con il dispositivo digitale in corso di analisi;
- *profilo campione*: questa ulteriore tipologia di profilo coincide per contenuti con il profilo utente, ma si distingue da esso esclusivamente perché emerge da un dispositivo digitale diverso rispetto a quello in corso di analisi, da utilizzare, appunto, come campione per la successiva fase del confronto.

I profili utente e campione assumono un valore ancor maggiore nella misura in cui divengono i termini di paragone della successiva fase di confronto: gli indicatori riconducibili al profilo campione, infatti, finiscono per assurgere al rango di filtri per la ricerca di informazioni coincidenti entro la memoria di altri dispositivi, al fine di ricercare elementi di coincidenza o divergenza comportamentale del soggetto. Il procedimento di confronto interessa anche i cosiddetti dati EXIF del file, qualificabili come dati inerenti la creazione, modifica o cancellazione dei file estrapolati da due dispositivi, funzionali alla ricostruzione della cronologia delle azioni compiute nel tempo dall'utente.

Il procedimento di confronto trova un limite nel suo carattere di unidirezionalità, poiché la ricerca delle informazioni caratterizzanti il profilo del soggetto in corso di analisi si fonda unicamente sugli indicatori provenienti da un solo dispositivo (di cui al profilo campione), ma viene omessa qualsiasi analisi volta alla ricerca di ulteriori indicatori provenienti da altri dispositivi.

Queste peculiarità rendono l'analisi mediante confronto tradizionale approssimativa e fallace.

La dottrina ha pertanto affinato il procedimento di confronto, aprendo al confronto incrociato, che si caratterizza per un'elaborazione più approfondita dei profili ottenuti, possibile grazie all'analisi dei dispositivi non soltanto in funzione dei filtri presenti nel profilo campione, ma di tutti i dispositivi coinvolti dal procedimento di confronto.

Per raggiungere un simile risultato, occorrerà in primo luogo estrapolare i profili campione di tutti i dispositivi in corso di analisi e, da essi, tutti gli indicatori presenti in ogni dispositivo: di seguito, alla luce del maggior numero di indicatori valutabili, si andrà ad aggiornare i singoli profili.

La maggiore profondità d'analisi che connota questo metodo di *digital profiling*, benché richieda tempistiche più lunghe, rende il confronto incrociato molto più utile e funzionale rispetto al confronto tradizionale: ciò poiché, analizzando una più ampia mole di dati mediante più indicatori, rende più consistenti i profili degli utenti che vengono isolati e consente di rilevare anche i casi di dispositivi multi-utenti, distinti per l'utilizzo contemporaneo dello stesso dispositivo da parte di più soggetti, ognuno dei quali risulterà titolare di un proprio profilo utente (Mattiucci e Delfinis 2005).

Diviene, pertanto, possibile affermare che il *digital profiling* rappresenta un innovativo strumento d'ausilio all'indagine informatica, dal rilievo sempre crescente in quanto volto ad analizzare contenuti rinvenibili in dispositivi digitali che consentano la memorizzazione di dati con la finalità di riuscire a pervenire all'identificazione del soggetto responsabile di un fatto di reato.

2. L'alibi

La principale criticità legata all'applicazione delle nuove tecnologie all'attività investigativa risiede nella circostanza che le prove di qualsiasi illecito hanno la forma di "tracce informatiche" e sono reperibili, in maniera quasi esclusiva, in dispositivi digitali in grado di memorizzare informazioni. Tali dispositivi, oggi, non rilevano più solo come mero elemento costitutivo della fattispecie o come strumento volto alla commissione del fatto, ma assumono rilevanza indipendentemente dal fatto che il reato per cui si procede rientri o meno nel novero della *criminalità informatica*, nella loro qualità di «contenitori di informazioni che si suppongono utili a fini probatori» (Molinari 2012) e sino ad assurgere ad effettive fonti di prova.

La costante preminenza della componente digitale all'interno delle indagini si caratterizza per la possibilità che le medesime tracce informatiche si rivelino utili, al contempo, al fine di dimostrare, per l'Autorità Giudiziaria, la colpevolezza dell'indagato tanto quanto, da parte della difesa, la sua totale estraneità rispetto ai capi d'accusa ascrittigli (Cajani e Aterno 2011).

In questa seconda accezione, le tracce informatiche assumeranno la veste di un alibi e diverranno oggetto dell'interesse dell'indagato/imputato stesso che, in proprio o per il tramite del suo legale, rielabora le informazioni e i dati emergenti dalle tracce rinvenibili su apparati digitali e le fornisce all'Autorità Giudiziaria nella misura in cui ricostruiscano un alibi idoneo a scardinare la sostenibilità in giudizio dell'accusa.

L'alibi, la cui etimologia latina rievoca l'avverbio "altrove", è stato definito in dottrina (Calabrò 2006) e in giurisprudenza (cfr. Corte Ass. App. Catania, Sez. III, 15.01.2015) una «allegazione difensiva di circostanze di fatto prospettabili a difesa dell'imputato o dell'indagato che si pongono in oggettivo contrasto con i fatti posti a base dell'ipotesi accusatoria": in quanto tale, e laddove sia rafforzato da elementi di riscontro di natura oggettiva, l'alibi si eleva ad elemento di prova».

Sebbene non trovi definizione all'interno del codice né tra i mezzi di prova contemplati dal nostro ordinamento, lo strumento dell'alibi è invalso nella difesa dell'indagato/imputato, rappresentando la dimostrazione del fatto che, al momento della commissione del reato, egli si trovasse in un luogo diverso e lontano rispetto al *locus commissi delicti* o, comunque, in condizioni oggettive del tutto incompatibili con la possibilità di rendersi responsabile del fatto di reato.

Tuttavia, ferma la sua importanza, la ricostruzione di un alibi non è comunque una scelta difensiva necessaria ed indispensabile, poiché pacifico è un principio di "neutralità" della condotta processuale del soggetto, peraltro valido in altre aree della procedura penale (una su tutte il contegno dell'imputato che, nel corso del procedimento, rimane in ogni tempo libero in ordine alla scelta di presenziare o meno alla celebrazione delle udienze del processo a suo carico): così, anche la scelta di ricostruire un alibi diviene processualmente neutra, poiché «dall'assenza dell'alibi non può farsi discendere la colpevolezza dell'imputato, in mancanza di elementi di prova che ne dimostrino la responsabilità al di là di ogni ragionevole dubbio» (Calabrò et al. 2010).

L'alibi, dunque, consiste in una prova o dimostrazione logico-fattuale contro-deduttiva rispetto alle tesi accusatorie, proposta dalla difesa al fine di confutare la ricostruzione avversaria per il tramite di una doppia dimostrazione:

- *dimostrazione negativa* di non essere nel luogo di commissione del delitto;
- *dimostrazione positiva* di non essere nel primo perché si è in un altro luogo, in condizioni di tempo e spazio eccessive per consentire il trasferimento dal luogo di commissione del reato in tempi utili.

Nell'esplicazione della natura dell'alibi, fondamentale è chiarirne la distinzione rispetto alle cause di giustificazione, o scriminanti, solo apparentemente simili, coincidenti con situazioni normativamente previste in presenza delle quali viene meno il contrasto tra un fatto conforme ad una fattispecie incriminatrice e l'ordinamento giuridico nel suo complesso.

L'alibi, differentemente, non influisce sull'antigiuridicità della condotta ma, semplicemente, esclude la partecipazione del soggetto all'azione delittuosa, conseguentemente escludendo la sua punibilità.

Questi sono gli elementi sui quali si incentrerà l'attività investigativa delle parti processuali, sempre in ossequio al principio di parità (cfr. Corte Cass., Sez. II, 30.01.2002 n. 13552): così l'accusa dovrà dimostrare la validità della sua ricostruzione «oltre ogni ragionevole dubbio», mentre la difesa dovrà rinvenire adeguate e coerenti prove a sostegno dell'alibi fornito, affinché questo possa assurgere al rango di prova contro-deduttiva e non contenere in sé il «forte substrato semantico di tipo evocativo ed emotivo che riecheggia, anche nel linguaggio comune, una valenza di scusa e di pretesto» che la dottrina (Colombo 2010) vi ha spesso ravvisato.

La fase di ricerca della prova, oltre alle parti processuali sopra ricordate, coinvolge direttamente anche i consulenti tecnici, che apportano la loro professionalità in ausilio alle singole parti. L'attività del consulente segue un iter specificamente individuato, che si avvia con l'individuazione dell'ipotesi accusatoria e di tutte le ricostruzioni alternative, per poi proseguire con la verifica dei punti salienti e del grado di probabilità di ognuna, mediante l'utilizzo delle migliori conoscenze tecnico-scientifiche del momento (es.: regole di esperienza, test di Daubert). In seguito la ricerca del consulente volgerà ad ulteriori elementi a supporto dell'ipotesi sostenuta, sino, infine, a ricomporre tutti gli accertamenti svolti in un unico iter logico-giuridico che sia coerente, motivato e tale da comprendere in sé tutti gli elementi di fatto acquisiti al processo in modo non contraddittorio. Le tesi così sviluppate andranno sottoposte all'apprezzamento del Giudice.

In proposito, la giurisprudenza (cfr. Corte App. Terni, 11.02.2008) ha da tempo ravvisato in capo al Giudice un obbligo, e non una mera facoltà, di tener conto delle risultanze controfattuali a discredito delle tesi accusatorie (quali, appunto, gli alibi), anche nei casi di omessa o incompleta allegazione, sull'assunto che «la mera incompletezza o genericità dell'alibi non comporta la sua irrilevanza, obbligando comunque il giudicante a tenerne conto, pena l'incompletezza o contraddittorietà della motivazione assunta, soprattutto se la prova a sostegno del prospettato alibi, della quale si chiede l'acquisizione, si prospetti come decisiva» (cfr. Corte Cass., Sez. I 08.01.2002 n. 4495).

Quel che va evidenziato, in ogni caso, è che il solo alibi si rivela insufficiente a dimostrare la totale estraneità dell'indagato rispetto alla consumazione del reato: è quindi sempre necessario ricercare ulteriori elementi oggettivi di prova, idonei a confutare l'ipotesi accusatoria a carico del soggetto.

2.1. La mediazione dei dispositivi tecnologici e l'avvento dell'alibi informatico

L'assunto giurisprudenziale appena citato viene profondamente modificato dall'applicazione degli strumenti digitali alle indagini, in generale, ed alla creazione di alibi, in particolare.

La dottrina (Calabrò 2006), infatti, si è interrogata sulla possibilità di configurare un alibi validamente utilizzabile in giudizio qualora un soggetto assuma di essere intento all'utilizzo di un dispositivo digitale in un determinato momento, di dimostrare tale circostanza in giudizio e, in caso affermativo, se tale alibi abbia caratteri di affidabilità o falsificabilità.

Infatti, poiché l'informatica implica, per sua definizione, una "informazione automatica", si indaga l'esistenza di automatismi atti a simulare le operazioni poste in essere da un utente, idonee a potergli procurare un "falso alibi" (su cui si tornerà infra), insieme alla possibilità di poterle scoprire.

L'alibi informatico, dunque, coincide con la fusione tra i metodi di verifica dell'alibi e le elaborazioni di tracce ed informazioni digitali rinvenibili dall'analisi dei dispositivi informatici, così richiamando le tecniche di *forensics* e di *antiforensics.* Al pari dell'alibi tradizionale, l'alibi informatico dimostra l'estraneità del soggetto al fatto di reato, ciò a causa dell'impossibilità di trovarsi sul *locus commissi delicti* perché gli è imputato l'utilizzo di un sistema informatico o telematico che lo colloca in un luogo diverso rispetto a quello in cui è avvenuto il fatto.

La genesi dell'alibi si compone di due diversi domini:

- *dominio di creazione*: vede una prima fase che involge tutto quanto l'indagato/imputato possa ricordare, ed una seconda fase che coincide con la ricerca di ulteriori informazioni a sostegno dell'alibi in corso di formazione;

- *dominio di credibilità e di accertamento*: è, a sua volta, scisso in una prima fase di valutazione dell'alibi, che ha luogo nella fase delle indagini preliminari, ed in una seconda fase di finalizzazione dell'alibi, in cui l'alibi analizzato viene rimesso al dibattimento ed alla decisione del Giudice.

Assolutamente centrale, in questo contesto, indagare i caratteri validi a rendere consistente, e quindi affidabile, l'alibi informatico addotto dal soggetto. È stato elaborato, nella specie, un analitico schema in otto domande, che trae il suo retaggio dalla tecnica giornalistica della "regola delle cinque W", inerenti l'oggetto e il soggetto agente, alle quali occorre fornire esaurienti risposte al fine di rendere l'alibi credibile e affidabile:

- *Chi (Quis)*: l'alibi informatico acquisisce affidabilità e certezza nella misura in cui sia possibile riferire (es.: mediante log in, inserimento di credenziali o immagini del soggetto captate dal dispositivo) le informazioni rinvenibili dalle tracce informatiche al soggetto.
- *Cosa (Quid)*: per costituire un alibi informatico è auspicabile che le informazioni desunte dalle tracce informatiche siano molteplici e tra di loro coerenti.
- *Quando (Quando)*: di assoluto rilievo è anche l'individuazione di un orario della formazione della prova con canoni di certezza (es.: riferendosi ai dati EXIF del file, ai file temporanei e di log del dispositivo).
- *Dove (Ubi)*: la dimostrazione del luogo in cui la prova si è formata è fondamentale al fine di assicurare maggiore certezza ad un alibi informatico, nella misura in cui consente di posizionare il soggetto in un luogo compatibile con quello in cui è posto il dispositivo contenente la traccia dalla quale emerge l'elemento di prova;
- *Perché (Cur)*: poiché rappresenta il movente del reato, dal significato della prova rinvenuta sul dispositivo digitale è possibile scardinare la motivazione propria del soggetto.
- *Quanto (Quantum)*: si tratta di un elemento accessorio, rilevante nella misura in cui esista un danno passibile di quantificazione.
- *In che modo (Quomodo)*: l'attendibilità dell'alibi è strettamente connesso anche alla possibilità di fornire prove inerenti alla stessa modalità di formazione della prova.
- *Con quali mezzi (Quibus auxilis)*: rileva, infine, anche qualunque elemento in ordine ai mezzi con cui la prova informatica si è formata (es.: mediante l'analisi delle caratteristiche tecniche del dispositivo digitale in esame).

Nella prassi è pressoché impossibile fornire risposte coerenti a tutte le domande, ma il massimo grado di precisione consentirà di assicurare la più ampia attendibilità e credibilità all'alibi fornito. L'alibi informatico che risponda allo schema analitico illustrato, in quanto connotato dalle tre qualità fondamentali dell'alibi di *paternità*, *momento* e *luogo*, può elevarsi al rango di prova tendenzialmente ammissibile in giudizio.

La dottrina (Calabrò et al. 2010) inoltre, ha posto in essere un'ulteriore distinzione in più "classi di alibi", in funzione del momento della loro generazione. Così, gli alibi generati contestualmente al reato possono scindersi in più ipotesi:

- *L'imputato ha generato direttamente tracce informatiche su dispositivi distanti dalla scena del crimine*: al fine di verificare l'attendibilità dell'alibi, l'indagine si incentrerà sulla rilevazione della presenza e dell'utilizzo di "dispositivi di controllo remoto", quali apparati hardware o software idonei a consentire la connessione a distanza tra il dispositivo in analisi ed uno remoto, al fine di lasciar ritenere che le attività fossero svolte direttamente dall'utente sul dispositivo in analisi. Quindi, non rinvenire dispositivi di controllo remoto connessi o installati consente comporterà una massima attendibilità dell'alibi fornito.
- *Un sistema informatizzato ha simulato un utilizzo del dispositivo in presenza*: in questo caso si ha un sistema informatico configurato al fine di eseguire autonomamente azioni ed eventi pianificati (es.: programmi di *auto-typer* o *auto-clicker*, che simulano l'utilizzo delle periferiche esterne di tastiera e mouse; programmi di script, che automatizzano alcune funzioni di routine; programmi di *macro recorder*, che riproducono una sessione di lavoro precedentemente registrata) che, producendo tracce informatiche ad hoc, simulano l'utilizzo del dispositivo da parte dell'utente, in un luogo diverso dalla scena del crimine. Si tratta di un'indagine particolarmente complessa perché, generalmente, questa categoria di app e programmi non lascia tracce sul dispositivo ed è estremamente difficoltoso rilevarla.
- *Un terzo, persona fisica o sistema informatico, ha registrato tracce informatiche*: si fa qui riferimento alla condotta di chi, direttamente o configurando in tal senso un apposito sistema informatico, registri delle tracce valide ad indicare il luogo e il momento di accesso ed utilizzo, in modo da giustificare la presenza dell'imputato in luoghi diversi dalla scena del crimine;
- *Un terzo, complice, ha eseguito azioni per conto dell'indiziato*: in questo caso, infine, un terzo, complice del soggetto, utilizza dispositivi distanti dalla scena del crimine al fine di produrre tracce informatiche idonee a giustificare la presenza altrove del responsabile. Trattandosi di una vera e propria "fabbricazione di prove", in quest'ipotesi è estremamente complesso dimostrare la falsità dell'alibi propugnato dalle tracce informatiche artefatte ad opera del complice.

Parimenti, tra gli alibi generati in un momento differente rispetto alla commissione del reato rientrano più ipotesi, riconducibili a tracce informatiche false in quanto artefatte:

- *L'indiziato, o un terzo, realizza una prova ex novo*: si ipotizza qui che sia stata prodotta una traccia o una prova informatica in un momento diverso rispetto a quello di consumazione del fatto, modificando gli elementi cronologici propri del sistema informatico affinchè rivelino un rapporto di contemporaneità tra l'utilizzo e il perfezionamento del reato. Si tratta dell'ipotesi più semplice da verificare, poiché i dati sono sempre molteplici e difficilmente alterabili senza lasciare tracce.
- *L'indiziato, o un terzo, riutilizza una traccia informatica già esistente*: in quest'ultimo caso si ha riguardo alla circostanza che un soggetto alteri gli elementi atti a dimostrare la correlazione temporale tra il momento della produzione e l'evento criminoso non fabbricando prove ex novo ma utilizzando prove o tracce preesistenti.

Il catalogo di ipotesi sin qui esposto non può che confermare la circostanza che l'ausilio delle nuove tecnologie possa consentire, al contempo, di estrapolare prove veritiere a discarico dell'accusa, ma anche costruire *ex novo* prove inesistenti o alterarne di differenti.

Questa malleabilità consentita dal progresso tecnologico è inscindibilmente connessa alle proprietà intrinseche della tecnologia che, in primo luogo, si caratterizza per l'immaterialità, posto che ogni informazione o traccia digitale non contiene elementi fisici ai quali associarla (come accade per le altre prove, es.: DNA) e tale per cui in dottrina si dice che «un file copiato è identico all'originale» (Calabrò et al. 2010) i strumenti tecnologici si connotano, poi, per anonimato, poiché le transazioni in rete vengono eseguite in forma anonima o per il tramite di credenziali potenzialmente false, e virtualizzazione, dal momento che, come sopra detto, è possibile realizzare o modificare prove informatiche (es.: quel che accade con l'alterazione dei dati EXIF dei file immagine) (Battiato e Galvan 2012; 2013) in modo che riportino date e luoghi di creazione funzionali all'alibi fornito dal soggetto.

Un'ulteriore criticità deriva dall'evidenza per cui ogni azione informatica o telematica si realizza per il tramite di apparati tecnologici, che divengono il mezzo di formazione e conservazione della prova. A questa, che si potrebbe definire una "mediazione tecnologica", consegue il rischio che l'alibi fornito alle Autorità procedenti sia inficiato da fenomeni di autoformazione della prova, che sorge qualora la prova si crei in modo automatico o indipendente.

2.2. L'ipotesi del falso alibi

Le considerazioni finora svolte vacillano ed assumono caratteri differenti nella misura in cui l'alibi fornito dall'indiziato abbia un'accezione negativa in quanto "falso", intendendo come tale un alibi di cui è dimostrabile il carattere mendace o artatamente preordinato, volto alla sottrazione del reo alla giustizia (cfr. Corte Cass., Sez. I,

04.02.2004 n. 11840): la falsità di un alibi, dunque, richiede che il soggetto che l'ha fornito si difenda dall'accusa a lui ascritta fornendo una prova contraria falsa.

Sul tema del rilievo della falsità dell'alibi la giurisprudenza ha aspramente dibattuto, al punto che la giurisprudenza risalente sosteneva il principio secondo cui l'alibi falso o mendace non potesse costituire prova a carico dell'imputato ma dovesse essere valutata in tal senso a condizione che vi fosse certezza circa la falsità o mendacità dell'alibi ed in qualità di ulteriore elemento di valutazione, dal punto di vista dell'elemento soggettivo, del comportamento del reo (cfr. Corte Cass., Sez. II, 15.12.2005 n. 5060): questa tesi è stata presto sconfessata, sia a causa della negazione dell'intangibile diritto dell'imputato di difendersi mentendo, sia anche a causa dell'inopportuna fusione (Cajani e Aterno 2011) tra elementi di fatto (es.: fatti costituenti l'alibi) con elementi soggettivi (es.: contegno del reo).

In realtà, la mera allegazione di un alibi falso è, salvo il caso in cui la predisposizione dell'alibi falso sia precedente alla stessa commissione del fatto di reato in modo da poter qualificare questo contegno a titolo di premeditazione, assolutamente irrilevante, poiché non idoneo ad influire sulla ricostruzione degli eventi: un falso alibi prova carenza di moralità nel soggetto ma nulla circa la sua effettiva responsabilità e colpevolezza per la commissione del fatto tipico (Calabrò 2013).

Alla luce di tutto quanto anzidetto, posto che per sua natura l'alibi informatico è connotato da una grave inaffidabilità (poiché non è possibile provare con certezza che un dato soggetto sia intento ad utilizzare un dispositivo informatico in un determinato momento e luogo), si può dedurre il carattere centrale delle strategie difensive attuate dal difensore a tutela del reo.

In questo senso è corretto affermare, senza timor di smentita, che l'elaborazione dell'alibi spesso coinvolgerà non solo l'attendibilità dei dati e della ricostruzione fattuale offerta, ma anche l'idoneità delle metodologie e tecnologie utilizzate.

Per queste ragioni ci si soffermerà, di qui in avanti sull'influenza, sull'architettura del processo penale e sul libero convincimento del Giudicante, di eventuali *malpractices* durante l'applicazione di accorgimenti e tecnologie informatiche alle indagini.

3. Anti-forensics: nozione e tecniche

Il contraltare delle tecniche di *digital forensics*, volte ad un sempre maggior grado di approfondimento delle analisi effettuabili su un dispositivo, è senza dubbio costituito dalle tecniche di *anti-forensics*, che coincidono con tutti gli escamotages che servono a mettere in difficoltà i *digital investigators*, in modo da riuscire ad occultare o a rendere estremamente difficile il reperimento di evidenze digitali (Bassetti 2008).

L'*anti-forensics*, o *anti-computer forensics*, sebbene sia coeva rispetto alla *computer forensics*, è stata riconosciuta come scienza solo in tempi recenti, a partire dalla decisione del CERN del 20 aprile 1993 di rendere pubblica la tecnologia alla base del web: proprio tale decisione ha portato con sé la nascita del crimine informatico, quale fenomeno criminale, già stigmatizzato dalla raccomandazione sulla criminalità informatica del Consiglio d'Europa del 13 settembre 1989, che si caratterizza per l'abuso della tecnologia informatica.

Così, se la *computer forensics* può qualificarsi come la «scienza che studia l'individuazione, la conservazione, la protezione, l'estrazione, la documentazione, l'impiego e ogni altra forma di trattamento del dato informatico al fine di essere valutato in un processo giuridico», l'*anti-computer forensics* vede la più consolidata tra le definizioni dottrinali nel tentativo di influire negativamente sull'esistenza, la quantità e la qualità delle prove presenti sulla scena del crimine o il rendere difficile o impedire condurre l'esame e l'analisi delle stesse.

La dottrina, dunque, ha fornito dell'*anti-forensics* un'accezione puramente negativa.

Si tratta, però, di un'interpretazione quantomeno riduttiva: basti pensare alle realtà imprenditoriali che utilizzano le potenzialità dei dispositivi digitali di un utilizzatore per tracciarne, potenzialmente a sua insaputa o forzandone la volontà, le informazioni di suo interesse. Per questo, la più completa nozione di *anti-forensics* può coincidere con «l'insieme di strumenti, tecniche e comportamenti usati per contrastare, in modo differente secondo gli obiettivi di tutela perseguiti, l'azione di un soggetto attaccante, legittimato o meno, che utilizza tecniche di *computer forensics* per ottenere informazioni di vario genere dai dispositivi [...] e dalla loro connessione a reti locali e globali» (Tanzer 2008).

Si distinguono differenti tecniche di antiforensics, catalogabili in categorie a seconda dell'obiettivo al quale tendono.

3.1. Occultamento di dati (data hiding)

L'occultamento di dati rilevanti costituisce il principale obiettivo al quale le tecniche di anti-forensics possono essere finalizzate. All'interno di questa categoria si scindono ulteriormente più tecniche:

3.1.1. Crittografia

La crittografia, che trova la sua etimologia nella perifrasi greca "scrivere di nascosto" e venne per la prima volta coniata nel 1467 con il disco cifrante di Leon Battista Alberti, può definirsi come «la collezione di metodi per rendere un messaggio non comprensibile per le persone non autorizzate a leggerlo» (Tanzer 2008).

L'evoluzione dei metodi crittografici vede una tappa sostanziale quando, nel 1880, venne elaborato il criterio fondamentale del corretto uso delle tecniche di crittografia, coincidente con la Legge di Kerckhoff, secondo la quale «in un sistema crittografico è importante tenere segreta la chiave, non l'algoritmo di crittazione». Nel corso del tempo le tecniche di crittografia si sono scisse tra quelle basate sulla segretezza del metodo di cifratura e quelle basate sulla segretezza della chiave. Così, a partire dal Disco Cifrante del XV secolo, che associava un simbolo ad una lettera dell'alfabeto, i sistemi di crittazione si sono costantemente perfezionati, sino all'assioma per cui l'unico metodo crittografico inviolabile e quindi totalmente sicuro consiste nell'utilizzo di una chiave segreta che sia lunga quanto il messaggio originale e non più riutilizzabile.

Tuttavia, la criticità di questo ideale sistema crittografico risiede nel tempo necessario per decifrare il messaggio che, se è sufficientemente lungo da rendere non più utile il messaggio originale, rende il metodo di crittazione, di fatto, inviolabile.

Oggi la crittografia si manifesta secondo diversi metodi di utilizzo:

- *Codifica di alcuni file contenenti dati sensibili*: si tratta della possibilità di proteggere un singolo file con un sistema di crittazione ad hoc. Sono molteplici gli applicativi che consentono tale opportunità (es.: AxCrypt, Sophos Free Encryption), diffusa al punto che molti programmi di uso comune (es.: Office, Winzip) consentono di crittare i documenti in essi generati.
- Codifica di intere strutture contenenti dati sensibili: consiste nella generazione di un file crittato con un apposito algoritmo da inserire nel sistema operativo. Dopo l'installazione dell'unità è sufficiente, previo accesso tramite una password di crittazione, inserire al suo interno i file da proteggere che, in caso di disinstallazione dell'unità non saranno più accessibili. Se prerogativa di questa tecnica, che si atteggia come una periferica esterna, è la possibilità di trasportare file riservati ed aprirli su dispositivi diversi, la sua criticità (in comune con l'ipotesi di crittazione di singoli file) si estrinseca nel fatto che il dispositivo che "ospita" l'unità esterna memorizza delle tracce dell'apertura dei file crittati. Questo deficit di sicurezza comporta che i metodi sin qui esposti non garantiscano un idoneo sistema di protezione, ma rimangono validi al fine di evitare accessi abusivi alle informazioni ivi contenute.
- Codifica dell'intero disco fisso o di alcune partizioni: si tratta del metodo più funzionale poiché garantisce la massima riservatezza dei dati, mediante applicativi (es.: Bitlocker, Truescrypt) che consentono la crittazione completa sia dell'intero disco di sistema sia di eventuali periferiche e dispositivi di storage. L'inaccessibilità, in caso di mancanza della password, in questo caso non riguarda solo i file riservati ma anche le tracce lasciate sul dispositivo all'accetto agli stessi: tuttavia,

trova il suo limite nella circostanza che, quando il sistema è attivo, le password non sono crittate ma presenti in chiaro nella memoria del dispositivo e, come tali, facilmente recuperabili. Parimenti, in caso di backup dei file, occorre adottare un applicativo compatibile con il sistema di crittazione ed in grado di generare archivi crittati poiché, diversamente, si creerebbe l'illogica situazione in cui i file sono crittati ma il loro backup è in chiaro, rendendo la crittazione del tutto inutile in prospettiva *anti-forensics*.

- *Codifica di un protocollo di rete*: oggetto di crittazione possono essere non solo file, ma anche protocolli di rete, con una tecnica volta ad impedire l'intercettazione del traffico generato tra due sistemi tra loro connessi per il tramite di un attacco *man-in-the-middle*, che si manifesta qualora un soggetto, segretamente, altera o ritrasmette la comunicazione tra due parti che, inconsapevoli, credono di comunicare tra loro in modo diretto. Sebbene la crittazione di protocolli di rete, finalizzati a garantire la riservatezza dei dati e delle conversazioni, sia parte della realtà quotidiana (es.: https, ftps, protocolli di rete wi-fi), in chiave *anti-forensics* si rende necessario impedire l'identificazione non solo del protocollo di rete ma anche di almeno uno dei soggetti coinvolti nella trasmissione. Esistono, a questo scopo, due tipologie di programma:

    - *Proxy server di anonimizzazione*: si tratta di un server, di cui il più diffuso è TOR, che mira a proteggere l'anonimato degli utenti inserendo ogni comunicazione in un circuito virtuale crittografato che intervalla la comunicazione diretta tra mittente e destinatario con una serie di router intermedi su scala globale, a loro volta crittografati e differenti ad ogni singola trasmissione, tale per cui diviene impossibile comprendere l'origine e la destinazione della conversazione originaria. Trova la sua criticità nell'estrema lentezza che caratterizza questo complesso sistema.
    - *Connessione VPN (Virtual Private Network)*: una VPN è una rete di comunicazione privata che si pone in posizione intermedia tra soggetti che utilizzano connessioni pubbliche e condivise (es.: internet): al fine di garantire l'anonimato dei suoi utenti, la VPN deve servirsi di appositi protocolli di cifratura, tali da renderla una secure VPN. La problematica insita in questo metodo è che, se l'utente non provvede autonomamente a crittografare le comunicazioni, la SVPN garantisce l'anonimato solo nella connessione tra il singolo pc e il provider di servizi internet e le comunicazioni sono potenzialmente esposte ad attacchi e interferenze del provider (sebbene la stragrande maggioranza di essi neghi di tener traccia di tali comunicazioni) o di altri utenti.

3.1.2. Steganografia

La steganografia, la cui etimologia greca richiama una "scrittura nascosta", coincide con la tecnica, volta ad assicurare la riservatezza delle conversazioni tra soggetti, «di nascondere le informazioni all'interno di altre informazioni» (Tanzer 2008), nella specie rendendo incomprensibile il contenuto della trasmissione celando informazioni in altri supporti. Se, nel corso della storia, la steganografia veniva effettuata mediante *escamotages* quali gli inchiostri invisibili o l'utilizzo, all'interno di immagini, di segni riconducibili al codice morse, oggi, grazie al progresso tecnologico, le tecniche si sono evolute consentendo l'utilizzo di supporti quali file immagine, audio/video, documenti.

Trae origine dal connubio tra la crittografia, come sin qui descritta, e la tecnica di *watermarking*, o filigranatura, grazie alla quale è possibile inserire informazioni, rinvenibili dopo l'applicazione di un apposito algoritmo, su file multimediali al fine di segnalarne l'originalità o l'attribuibilità ad un determinato titolare dei diritti.

La steganografia, riunendo i connotati di sicura comunicazione, proprio della crittografia, e di occultamento dei dati, proprio del *watermarking*, è volta a nascondere l'essenza stessa del messaggio, includendolo in un mezzo terzo e neutrale: c'è, per questi caratteri, chi in dottrina sostiene che «la steganografia è la scienza (arte) di comunicare senza essere osservati» (Battiato 2013).

In ogni caso, di assoluto rilievo è distinguere le due tecniche di *anti-forensics*: mentre la crittografia, infatti, trova la sua *ratio* nel nascondere il contenuto del messaggio, la steganografia ha lo scopo di nasconderne l'esistenza. Stante la differente finalità, spesso le due tecniche vengono utilizzate in combinazione tra di loro.

Nella prassi, il fenomeno della steganografia non suscita un particolare interesse, specie se raffrontato alla crittografia: ciò sebbene si tratti, in realtà, di una tecnica di *anti-forensics* estremamente più funzionale, in quanto ogni informazione steganografata può essere rinvenuta solo per il tramite di appositi metodi, detti di *stegoanalisi*, comunque allo stato poco attendibili poiché basati su algoritmi probabilistici.

Il SARC (Steganography Analysis and Research Center) ha catalogato tipologie di steganografia in ragione della tipologia di file o supporto entro cui sono occultate le informazioni, tale per cui vi sono steganografia di tipo visivo, sonoro, statistico e strutturale a seconda che i dati e le informazioni siano celate in file immagine o video, audio, tra le proprietà del file o, ancora, nella struttura dei pixel.

Vari sono i software deputati alle tecniche steganografiche (ad es. Openpuff), così come molteplici sono le tecniche di steganografia, tanto che la letteratura ha, sul punto, elaborato diverse distinzioni. In primo luogo si rinviene una prima *distinzione concettuale* tra:

- *steganografia iniettiva*: consente di inserire il messaggio all'interno di un altro messaggio già esistente con la funzione di "contenitore", modificandolo in modo tale da contenere i dati celati ma anche da risultare, ai sensi umani, non distinguibile rispetto all'originale;
- *steganografia generativa*: seguendo il meccanismo contrario rispetto alla steganografia di tipo iniettivo, a partire da un messaggio segreto, consente di generare un "contenitore" finalizzato a nascondere il messaggio segreto.

Esiste altresì un'ulteriore distinzione, dal taglio prettamente pratico:

- *Steganografia selettiva*: di rilievo più teorico che pratico, consiste nella selezione del supporto atto a celare il segreto, che viene scelto "per tentativi" in virtù dei caratteri (es.: dimensione) del messaggio da occultare. È una tecnica di fatto impossibile da identificare poiché il supporto, sebbene celi informazioni o messaggi, non risulta modificato; al contempo, la stessa ha in sé il difetto di rivelarsi una soluzione insoddisfacente perché in grado di occultare un esiguo numero di dati e gravosa in termini di tempo necessario al recupero dei dati celati.
- *Steganografia sostitutiva*: è la tecnica più diffusa, fondata sulla circostanza che la maggioranza dei canali di comunicazione (es.: telefonia, digitalizzazione di file immagini) trasmette segnali accompagnati da *rumore*. Mediante questa tecnica, anche detta *Steganografia LSB* (acronimo per *Least Significant Bit*), sfruttando il *rumore di fondo*, si procede alla sostituzione dei bit meno significativi del file "contenitore", costituenti il rumore di fondo, con quelli che compongono il messaggio segreto. Il file risultante è differente dall'originale in maniera impercettibile ai sensi umani (sarebbe necessario utilizzare appositi strumenti di stegoanalisi), posto che l'operazione di acquisizione dei file multimediali comporta la produzione di minime normali imperfezioni sugli stessi, tale che diviene complesso scindere le perdite di qualità imputabili al rumore di fondo da quelle imputabili alla presenza di un messaggio occultato.
- *Steganografia costruttiva*: opera in modo pari alla steganografia sostitutiva, ma se ne differenzia perché, nel modificare il file contenitore, tiene conto di un "rumore modello" e tenta di sostituire il rumore causato dall'occultamento dei dati all'interno del contenitore nel rispetto delle caratteristiche proprie del rumore originale, in modo tale che il "falso" rumore contenente il messaggio celato sia il più possibile conforme al rumore "modello". Sebbene sembri efficiente e funzionale, quest'approccio presenta criticità sia con riguardo alla difficoltà di costruire un accurato "rumore modello" sia circa il rischio che il modello possa essere utilizzato non al fine di celare dati ma per verificare la presenza di informazioni o dati occul-

tati: così, il modello, oltre ad essere parte del sistema *anti-forensics* attuato sul file, va a fornire un mezzo di attacco proprio contro la steganografia posta in essere.

- *Steganografia negabile*: costituisce una tipologia particolare, basata sull'uso di un'informazione "esca" credibile, che consenta di sostenere che non vi siano, nel file, ulteriori dati o informazioni occultate da rinvenire.

L'occultamento, indipendentemente dall'algoritmo e dalla tecnica di steganografia utilizzati, è tanto più sicuro quanto più piccolo è il contenuto da nascondere in relazione alla dimensione del file "contenitore": a questi fini, si è ritenuto che un valido stratagemma al fine di aumentare il grado di sicurezza della tecnica steganografica possa coincidere con la previa crittazione delle informazioni celate mediante steganografia.

3.2. Cancellazione di dati

La funzionalità di tecniche che prevedano la cancellazione dei dati richiede una premessa.

Al momento del salvataggio di un file su qualsiasi tipo di dispositivo digitale, questo non trova una posizione univoca nella memoria dell'apparato, ma viene scisso in molteplici frammenti che vengono allocati in ubicazioni differenti. Così, al momento dell'eliminazione del file dal sistema eseguita mediante il comando "elimina" proprio del sistema operativo (che apre al concetto di cancellazione *standard* o cancellazione *logica*), il file non viene integralmente cancellato, ma lascia tracce di sé che il sistema operativo si limita e rendere "non visibili" all'utente, trasferendole in un apposito spazio definito "non allocato" che, non essendo occupato da file attivi, è potenzialmente disponibile alla scrittura di file nuovi. La procedura di cancellazione standard o logica, quindi, non elimina in modo permanente ogni traccia del file, ma si limita solo ad espungerlo dal corpo centrale della memoria del dispositivo, detta FAT (acronimo per *File Allocation Table*), eliminando il suo riferimento in modo tale che diventi, di fatto, irraggiungibile in caso di ricerca. Conferma di ciò il fatto che opportuni strumenti di *computer forensics*, deputati al *data recovery*, permettono di recuperarli.

Di qui il rilievo di approntare tecniche di *anti-forensics* finalizzate alla definitiva cancellazione dei dati dal sistema informatico, eliminando definitivamente non solo il file, ma anche tutte le tracce di attività (es.: file temporanei, cookie, cronologia della navigazione, dei documenti e delle ricerche, file log, programmi installati e disinstallati, utenti validati sul sistema) che lascia su di un dispositivo digitale.

Esistono differenti strategie, e appropriati strumenti, volti ad ottenere questo risultato.

3.2.1. Strumenti di wiping

L'attività di wiping è estremamente funzionale alla fattiva cancellazione di file da un dispositivo digitale, coincidendo con la sovrascrittura di dati e metadati per lo più generati in modo casuale. La procedura di inserimento continuo di nuovi file è determinante poiché, come sopra esplicitato, al momento del salvataggio del file, questo viene scisso in frammenti ed allocato in differenti posizioni: la ripetizione dell'operazione comporta che, assegnando tutte le allocazioni disponibili in memoria, prima o dopo, si "riempiano" anche le ubicazioni ove, dopo la cancellazione standard del file che si intende rendere irreperibile, ne erano rimaste le tracce informatiche.

Questa operazione, permettendo la cancellazione definitiva dei file in quanto sovrascritti con altri dati, rende impossibile il recupero delle informazioni preesistenti sulla memoria del dispositivo.

Tale operazione può essere condotta mediante l'utilizzo di differenti tools, hardware e software.

Se l'ausilio di software appare intuitivo e coincide con l'installazione di appositi applicativi (es.: BCWipe Total Wipeout, Darik's Boot and Nuke, HDDErase, Active Killdisk) in grado di assicurare la cancellazione definitiva dei file mediante sovrascrittura, la questione è differente trattando di tools hardware.

In questo caso, oltre a dispositivi che utilizzano opportuni algoritmi di wiping, si evidenzia l'esistenza di dispositivi differenti, che utilizzano procedimenti fisici detti di demagnetizzazione o, in ossequio al conio del termine (che, nel corso della seconda guerra mondiale, ineriva il tentativo di disinnescare le mine magnetiche tedesche, appunto denominate "Gauss"), *degaussing*.

Questi congegni (es.: Ontrack Eraser Degausser, Tabernus Degausser), che operano ad altissime velocità, generano un intenso campo magnetico che agisce sulla componente magnetica sita nel dispositivo digitale (es.: disco fisso di memoria, ma anche periferiche esterne, cd e floppy disk, bobine e pizze cinematografiche), diminuendola o azzerandola del tutto. Il risultato è un reset delle partizioni della memoria rendendo assolutamente irrecuperabili i files o le tracce di essi ivi allocati.

Le tecniche di demagnetizzazione risultano particolarmente versatili e funzionali, poiché i macchinari risultano affidabili, dal funzionamento non dispendioso ed ugualmente applicabili su dispositivi in funzione e non funzionanti, purchè in grado di restituire i dati ivi contenuti.

3.2.2. Strumenti di shredding

Gli strumenti di *shredding*, o "cancellazione sicura", sono applicativi che consentono di cancellare in modo sicuro uno o più file e cartelle. Questi software (es.: Eraser,

Free File Shredder) trovano il loro punto di forza nella loro semplicità d'uso e nella possibilità di garantire l'irrecuperabilità del file cancellato; al contempo, il loro rilievo in chiave *anti-forensics* non è elevato, poiché sono idonei ad eliminare il file ma generalmente mancano di cancellare anche le tracce informatiche che vengono naturalmente lasciate nel sistema informatico all'apertura di detti file.

La dottrina (Massa 2017) ha per questo realizzato che un software efficiente non può esimersi anche dalla cancellazione delle tracce informatiche lasciate dalle azioni condotte su di un file, dal suo primo salvataggio sino alla sua eliminazione.

Sebbene vi siano alcuni applicativi che lo consentono (es.: Cyberscrub Privacy, Privacy Guardian, Clean After Me), essi risentono comunque del continuo aggiornamento tecnologico dei dispositivi, circostanza che rende arduo l'obiettivo di rilasciare tools costantemente aggiornati e tali da rimanere in grado di garantire la cancellazione sicura dei file.

3.2.3. La distruzione fisica del supporto

Prima di proseguire, appare d'obbligo un cenno all'evidenza per cui, oltre ai sistemi di cancellazione dei file sin qui delineati, anche la materiale completa distruzione del supporto fisico ove sono allocati ne comporta l'assoluta impossibilità di rinvenirli.

Questa possibilità è strettamente connessa all'ontologica vulnerabilità delle strutture hardware che le rende passibili di distruzione meccanica. Il metodo più di sovente utilizzato a questo scopo è quello della triturazione meccanica che, appunto, coincide con la totale distruzione fisica del supporto tangibile del dispositivo (es.: hard disk, schede SSD, chiavi USB). Affinché assicuri la distruzione di tutti i file ricoverati nell'unità interessata dal processo, la triturazione si scinde in una prima fase, di tritatura all'interno dell'apposito macchinario, ed in una seconda fase di granulazione dei dispositivi meccanici, sino al totale inutilizzo degli stessi.

La pratica della distruzione fisica del supporto consente all'utente di essere completamente sicuro della definitiva scomparsa dei file coinvolti dal processo di triturazione e dei dati ivi potenzialmente contenuti.

3.3. La trail obfuscation

Se le tecniche di *anti-forensics* sin qui esposte sono finalizzate all'occultamento o all'eliminazione dei file (e delle relative tracce informatiche) di cui si intende impedire il rinvenimento, la differente tecnica della *trail obfuscation* è volta ad alterarne alcune proprietà ed attributi, con la finalità di disorientare il soggetto che conduce l'analisi.

Le informazioni interessate da questa tecnica sono generalmente il nome del file, la data di creazione, modifica ed ultimo accesso: l'alterazione di essi comporta una modifica nell'hash del file (con cui si intende un algoritmo matematico che trasforma ogni blocco di dati in una stringa di caratteri della dimensione fissa di 40 caratteri, utile per vari scopi, tra cui l'individuazione di programmi di malware e la verifica d'integrità dei messaggi), tale da rendere il file del tutto irreperibile.

Il risultato cui pervengono i software di *trail obfuscation* (es.: Irfanview) è un file identico a quello originale in ogni sua parte con l'eccezione di Hash, data di creazione e altri dati che vengono del tutto stravolti.

Esistono, tuttavia, particolari tipologie di *trail obfuscation* di cui occorre far menzione:

1. Contaminazione dolosa della propria macchina con un malware noto (es.: Trojan) al fine di poter sostenere che il sistema è infetto senza colpa dell'utente: a differenza delle altre tecniche questa può essere utilizzata per modificare la realtà dei fatti come estrapolati dal sistema;
2. Creazione di un alibi passato mediante una *shadow copy* di tutto il disco di sistema, tale per cui ad ogni aggiornamento viene automaticamente creato un punto di ripristino al quale "poter riportare" l'intero sistema. È una funzione semplice da attivare tanto che, a partire da Windows Vista, tutti i sistemi operativi possono impiegarla con tools appositi (es.: ShadowExplorer);
3. Fenomeno della MD5 Collision, che consiste nel modificare un file e far risultare lo stesso jash di quello originale, in modo tale da occultare un file segreto e spacciarlo per un file noto.

Quella della *trail obfuscation* è una tecnica ingiustamente sottovalutata, essendo in effetti di assoluto rilievo, specie nei casi in cui il sistema da analizzare contiene numerosi file e l'analizzatore si trova nelle condizioni di individuare la data certa dei file d'interesse giacché, in mancanza, difficilmente la *digital evidence* potrà trovare accoglimento in giudizio.

3.4. Tecniche di anti-forensics finalizzate ad abusive intercettazioni e accessi

Le tecniche *anti-forensics*, in effetti, non sono mirate unicamente alla ricerca di obiettivi di modifica, occultamento o eliminazione dei dati rilevanti, quali quelli esposti sinora: vi sono ipotesi nelle quali, al contrario, il fine del soggetto non è quello di celare o impedire l'individuazione di un determinato dato o informazione ma di riuscire a carpirla.

Per questo, sono state enucleate tecniche incentrate su un'acquisizione di dati che avviene mediante *escamotage*, quali inconsapevoli trasmissioni, intercettazioni o accessi illeciti al sistema, in assenza dei quali non sarebbe possibile rinvenirle: di essi si andrà a trattare di seguito.

3.4.1. Tecniche di prevenzione di una trasmissione involontaria di informazioni

Una prima ipotesi involge la circostanza che, per il tramite di appositi software, che agiscono con funzione di malware (es.: Keylogger), è possibile recepire informazioni da un dato dispositivo durante l'ordinario utilizzo che l'utente, ignaro, ne fa.

Il caso più eclatante è quello delle conversazioni su apposite piattaforme (es.: Skype, WhatsApp) che ad oggi sono crittate proprio in quanto correntemente oggetto dell'attacco dei suddetti software, i quali operano ora con la diretta abusiva registrazione ed invio all'esterno delle stesse, ora invitando l'utente all'installazione di ulteriori software che si rivelano dannosi, sono oggi notoriamente crittate.

Al fine di scongiurare questo fenomeno occorre vigilare sull'attività di comunicazione all'esterno che i dispositivi pongono in essere, anche mediante l'installazione di appositi firewall e di software deputati a funzionalità di Internet Security (es.: Windows7Firewall Control).

3.4.2. Tecniche di "crittazione asimmetrica" per l'invio di informazioni riservate

Al fine di preservare il carattere di riservatezza delle informazioni che vengono comunicate per il tramite di internet, ontologicamente esposto a rischi nella misura in cui numerosi sono i software atti ad introdursi nelle comunicazioni in rete, sono stati predisposti software a tutela degli utenti.

Le interferenze possono riguardare differenti tipologie di trasmissione:

- *Posta elettronica*: al fine di salvaguardare il carattere riservato delle comunicazioni inviate a mezzo posta elettronica è necessario ricorrere alla tecnica della crittografia, da applicarsi, in primo luogo, alla connessione con il server (mediante una crittazione TLS/SSL) e, in secondo luogo, alla conversazione stessa, mediante applicazione di un opportuno certificato digitale che consenta la lettura al solo destinatario. Questa possibilità è offerta da portali (es.: Comodo), che consentono di ottenere un certificato digitale utilizzabile per l'invio di mail crittate, che tutti i partecipanti alla conversazione devono possedere. I corrispondenti, in seguito, si trasmetteranno scambievolmente i certificati e li inseriranno nelle rubriche dei rispettivi client di posta, abilitando l'opzione di crittatura. La criticità di questo congegno risiede nel fatto che, una volta raggiunta la casella di posta del destinatario, la conversazione è "in chiaro" e come tale può essere letta da chiunque acceda, legittimamente o meno, al dispositivo.

- *Trasmissione di file*: in questo caso è consigliabile ricorrere alla crittazione dei protocolli di rete al fine di sopperire alle vulnerabilità proprie dei sistemi tra loro connessi e di impedire attacchi *man-in-the-middle* in relazione all'intercettazione del traffico tra questi generato. Occorre evidenziare, tuttavia, sia che sono pochissimi i provider che offrono servizi di questo tipo (es.: Aruba), sia il carattere controverso di questo strumento in termini *anti-forensics*, dal momento che, sebbene un ipotetico inquirente potrebbe riuscire ad accedere al sistema, non è escluso che tale accesso altro non sia se non una sorta di "esca" che l'amministratore ha concesso proprio al fine di mettere in atto, per il tramite di appositi malware, un attacco contro il sistema accedente.
- *Connessioni wi-fi*: la vulnerabilità del sistema è in questo caso strettamente connessa con il fenomeno delle connessioni wi-fi "aperte", poiché quotidianamente entriamo in contatto con hotspot wi-fi gratuiti messi a disposizione da strutture, esercizi commerciali ed istituzioni. Il carattere "aperto" di queste è legato all'assenza di crittature sul segnale, che rende la rete non protetta e consente che, potenzialmente, chiunque vi si colleghi possa carpire il traffico, ed i dati ivi contenuti, degli altri utenti ivi connessi. L'unico mezzo di tutela è ravvisabile nella crittografia della rete o della connessione.

3.4.3. Lo spoofing e la protezione del sistema da accessi illeciti dall'interno.

Si rende, a questo punto, necessario far cenno della complessità delle tecniche *anti-forensics* anche da un diverso angolo prospettico: sebbene si tenda a credere che gli attacchi volti all'impossessamento di informazioni siano sempre esterni, può accadere che pervengano anche dall'interno; anzi, le più intenzionate a carpire informazioni riservate sono persone in qualsivoglia modo coinvolte in una data situazione, spesso di natura interpersonale.

Questa attività viene per lo più posta in essere mediante la tecnica dello *spoofing*, che consiste nella contraffazione di "pacchetti", con essi intendendo le sequenze di dati inviati in rete, per il tramite di appositi applicativi (es.: Ettercap, Nst 2.16, Xplico). In particolare, il soggetto che perpetra l'attacco informatico, elabora un apposito "pacchetto" contenente informazioni false o artefatte al fine di celare l'identità del soggetto o qualsiasi informazione atta ad individuarlo: così, giungendo ad impersonare un terzo all'interno della rete, questi aggredisce il sistema al fine di ricercare dati personali o divulgare false informazioni.

Varie sono le tipologie di spoofing, che risulta applicabile ad ogni livello della suite di protocolli internet TCP/IP, e si distinguono a seconda dell'oggetto di attacco (es.: IP Spoofing, DNS Spoofing, ARP Spoofing, Desktop Spoofing, Web Spoofing, SMS Spoofing).

Sono state parimenti approntate delle tecniche di protezione, coincidenti *in primis* con l'installazione di un software in grado di rilevare attacchi di *spoofing* (es.: Anti-spoofer) ed, *in secundis*, con tecniche di controllo dell'identità e dell'autenticità dei pacchetti in corso di trasmissione (es.: IPsec).

3.5. Uno sguardo d'insieme

All'*anti-forensics* è spesso associata la controversa immagine di scienza applicata solo al crimine. Si tratta, in realtà, di una prospettiva assai riduttiva e certamente criticabile, in favore di un approccio più ampio, che contempli l'applicabilità delle tecniche di *anti-forensics* anche in ambiti altri.

La fallacia di questa tesi (Sericola 2017), in primo luogo, si manifesta nell'applicabilità di tali tecniche a salvaguardia dell'inviolabile diritto alla difesa, di cui all'art. 24 Cost., quale diritto fondamentale di ognuno di potersi difendere in conformità all'ordinamento, che rimane valido ed applicabile anche qualora si tratti di attività d'indagine legittimamente svolta dalla Polizia Giudiziaria. Di questo avviso anche la Suprema Corte che, ormai da tempo, ha statuito la prevalenza del diritto di difesa dell'imputato sul formale rispetto di norme di carattere tecnico, in particolare riferendosi alla possibilità di acquisire in giudizio documenti informatici la cui catena di custodia non fosse rispondente ai dettami previsti dalla Convenzione di Budapest (cfr. Corte Cass., sent. 14511 del 2 aprile 2009).

Altri beni giuridici meritevoli di tutela e con i quali le tecniche di *anti-forensics* s'interfacciano sono, poi, senza dubbio, il diritto alla privacy ed alla riservatezza dei dati personali: sul punto, buona parte della dottrina (Biasiotti 2017) ha provveduto a confermare la compatibilità tra le attività espletate a fini d'indagine e la privacy, così confermando come le tecniche di *anti-forensics* siano passibili di varie e differenti interpretazioni, non indefettibilmente connesse alla commissione di un crimine e, quindi, possano essere utilizzate anche a fini di tutela di dati personali.

4. Le tecniche di anti-forensics all'applicazione pratica

L'evoluzione tecnologica sin qui trattata che, in ambito giudiziario, si è tradotta nella disciplina della *digital forensics*, risente del ritardo del legislatore interno e sovranazionale, che a tutt'oggi manca di delineare una normativa che consenta quel «ritorno al tradizionale processo accusatorio arricchito dall'importante apporto scientifico» valido a causare il "rinascimento giuridico" teorizzato in dottrina (Giunchedi 2016).

Tale ritardo è stato in parte compensato dalla produzione giurisprudenziale degli anni Novanta e Duemila, che, interpretando le disposizioni contenute nella Convenzione di Budapest come ratificata nel 2008 ed armonizzandole con l'ordinamento nazionale, hanno contribuito a conferire centralità all'analisi e alla validità della prova scientifica ai fini del giudizio.

Di assoluto interesse, dunque, l'analisi delle principali pronunce emesse dalla giurisprudenza in casi la cui risoluzione si è rivelata inscindibilmente connessa alla prova scientifica in generale ed alla validazione di un alibi informatico in particolare, senza mancare una breve retrospettiva dell'incisività del fenomeno come desumibile dai provvedimenti giurisdizionali d'oltreoceano.

4.1. Il leading case: il caso Vierika

Indubbiamente il caso Vierika costituisce, nell'esperienza italiana, il *leading case* inerente la gestione ed ammissione in giudizio della *digital evidence* che, ai sensi della l. 48/2008, appare condizionata a parametri di genuinità, non alterazione e conformità della copia all'originale e, dunque, vede un ruolo di assoluta centralità nella *chain of custody* della stessa.

Occorre evidenziare, però, come sino ai primi anni 2000 né il legislatore né la giurisprudenza si fossero espressi circa gli effetti del mancato ossequio ai parametri previsti dalla legge di ratifica della Convenzione: le sentenze del caso Vierika costituiscono la prima occasione in cui provvedimenti giurisprudenziali si soffermano sulla questione.

L'imputato veniva accusato, nel 2001, di aver abusivamente messo in circolazione un internet worm, inteso come una particolare categoria di virus capace di autoreplicarsi in modo automatico utilizzando la rete internet, anche in assenza di altri file da poter infettare, detto "Vierika", costituito dall'unione di due script che, causando l'invio automatico di numerosissime mail (in un fenomeno detto di *mass-mailing*) dal contenuto infetto da parte di ogni utente a tutti i contatti salvati nella propria rubrica, si è diffuso in poche ore (Ianulardo 2011).

Avviatosi un giudizio per la presunta consumazione del reato di accesso abusivo a sistemi informatici, di cui all'art. 615 c.p., la difesa dell'imputato contestava, in quanto difforme dalle *best practices*, la correttezza del metodo applicato dalla Polizia Giudiziaria per condurre le indagini sull'elaboratore informatico nell'estrazione degli elementi costituenti il worm Vierika e nell'iter di individuazione dell'amministratore degli spazi web che l'ospitavano.

Nella specie, in corso di perquisizione, gli operatori acquisivano gli elementi utili all'indagine mediante copia dei file per masterizzazione dal computer dell'indagato: questo procedimento, oltre ad essere avulso da ogni protocollo scientifico ed assolutamente inidoneo ad assicurare integrità e genuinità delle prove di natura digitale (cfr. Corte Cass., SS.UU., 17-18.10.2006 n. 41281), produce un accertamento non ripetibile a causa delle nuove tracce di accesso informatico che, inevitabilmente lasciate sul dispositivo, "inquinano" lo stato delle prove nel raffronto con il *tempus commissi delicti* (Costabile 2004), richiedendo l'applicazione della disciplina maggiormente garantista per l'indagato che il nostro ordinamento processuale prevede (es.: una garanzia su tutte, la possibilità di richiedere che l'accertamento avvenga alla presenza del proprio legale di fiducia).

La difesa riteneva le difformità, ancor più nel raffronto con le linee guida IACIS di armonizzazione delle procedure di indagine involgenti le tracce informatiche e la gestione della loro catena di custodia, tali da rendere gli elementi raccolti inutilizzabili.

Il Tribunale monocratico (cfr. Trib. Bologna. Sentenza n. 1283 del 21.07.2005) respinse le tesi della difesa, ritenendo i dati utilizzabili e coniando alcuni principi di diritto che, in questa sede, si ritiene di contrastare aspramente.

Il Giudice di prime cure statuiva che «il Tribunale non ha il compito né di determinare protocolli relativi alle procedure informatiche forensi, né di verificare la rispondenza dei criteri in concreto adottati rispetto a quelli di cui alle *best practices* [...], ma solo di accertarsi che il metodo utilizzato dalla Polizia Giudiziaria non abbia alterato dati rilevanti»: i dati, per questo, venivano ritenuti, ai sensi dell'art. 192 c.p.p., liberamente valutabili laddove corroborati da ulteriori elementi oggettivi nel contesto probatorio complessivo e, come tali, utilizzabili ai fini della decisione. Il Tribunale giungeva a sostenere che, anche qualora il reperimento delle *digital evidences* non ottemperasse alla miglior tecnica e pratica scientifica, le prove non venivano *ex se* inficiate con la sanzione dell'inutilizzabilità, posto che rimane in capo all'imputato ogni onere probatorio circa la dimostrazione delle alterazioni dei dati digitali causate dal mancato ossequio delle *best practices* (Luparia 2005), in un'interpretazione che causa un abnorme quanto inaccettabile aggravio probatorio in capo alla difesa.

Sebbene nel caso in esame l'imputato avesse ammesso la paternità del programma, non può non evidenziarsi come i principi di diritto coniati appaiano assolutamente biasimevoli, sia poiché si pongono in netto contrasto con uno dei principi cardine dell'ordinamento processuale penale, secondo cui l'onere probatorio incombe sull'accusa, che deve dimostrare i presupposti oggettivi e soggettivi del reato in contestazione (Vaciago e Morosetti 2014), sia per la totale carenza di tutela della prova digitale nella metodologia d'indagine applicata dalla Polizia Giudiziaria.

Su quest'ultimo punto la dottrina (Dominioni 2005) ha ritenuto, infatti, l'atteggiamento di inerzia del giudice innanzi all'ingresso della prova scientifica in palese contraddizione con la *teoria della cultura dei criteri* di derivazione anglosassone, secondo cui egli avrebbe dovuto, anzi, elaborare schemi concettuali volti a vagliare la validità delle leggi scientifiche applicate e delle tecnologie utilizzate ed essenziali al fine di verificare l'idoneità probatoria della *digital evidence* ed il suo ingresso in dibattimento.

In questo contesto la pronuncia di secondo grado (cfr. C. App. Bologna, n. 369 del 27.03.2008) appare un'occasione persa per un *revirement* di quanto disposto in primo grado: i Giudici dell'impugnazione, infatti, pur alleviando la condanna inflitta tramite espunzione delle aggravanti connesse alla condotta, comunque ritenuta integrare gli estremi di cui all'art. 615 c.p.p., ritiene di conformarsi a quanto già statuito in primo grado circa la correttezza dell'iter istruttorio seguito dalla Polizia Giudiziaria per il reperimento delle prove digitali.

4.2. Il caso Stasi

Il caso Stasi, mediaticamente noto come il "caso Garlasco" in virtù del comune ove il reato si è consumato, appare di estremo interesse sia in relazione all'alibi informatico sia anche per i punti di coincidenza tracciabili con il caso Vierika, specie circa la condotta tenuta da inquirenti e Giudici.

L'imputato, Alberto Stasi, si vedeva accusato dell'omicidio volontario della propria fidanzata, Chiara Poggi, nella sua casa di Garlasco, in provincia di Pavia, il 13 Agosto 2007: questi, in ogni tempo respingendo le accuse ascrittegli, sosteneva la sua innocenza mediante un alibi informatico costituito dalla circostanza di aver trascorso l'intera mattinata dell'omicidio in casa, distante circa 2 km dal luogo, a redigere la tesi di laurea sul proprio computer portatile.

Il principale parallelismo ravvisabile con il precedentemente illustrato caso Vierika risiede nel metodo d'indagine seguito dalla Polizia Giudiziaria che, invero, si è ripetutamente scostata dalle linee guida adottate dalla comunità scientifica internazionale.

Gli operatori di Polizia Giudiziaria, infatti, ricevuto in disponibilità il dispositivo spontaneamente consegnato dall'indagato, poneva in essere diverse condotte in contrasto con le *best practices*, in particolare effettuando accessi non sicuri, navigando tra i file presenti nel computer, installando ed utilizzando periferiche esterne e mancando di analizzare tutto il contenuto della memoria.

In questo caso, differentemente da quanto accaduto a Bologna, il Giudice di prime cure accolse l'istanza della difesa di richiedere una consulenza tecnica volta ad accertare la natura delle alterazioni prodotte dal metodo di conduzione delle indagini e le eventuali perdite dei dati e metadati contenuti nel dispositivo, poi accertate nella misura di oltre il 50%. Nonostante gli errori individuati in fase di indagine e la gravità delle conseguenze, il Giudice ritenne che il *modus operandi* degli inquirenti fosse comunque assistito da buona fede e, pertanto, considerò gli elementi di prova rinvenuti sul dispositivo di proprietà di Stasi comunque attendibili e tali da comprovare l'alibi da lui fornito.

Dunque, poiché le indagini compiute avevano condotto ad una ricerca fruttuosa, avendo in qualche misura dimostrato un'interazione diretta e continuativa tra l'utente ed il computer nell'orario in cui avveniva il fatto di reato, il Tribunale di Vigevano e la Corte d'Assise d'Appello di Milano, con sentenze del 2009 e del 2011, si determinavano ad assolvere l'imputato per mancanza di prove.

Il procedimento vide una svolta solo in fase di legittimità.

La Suprema Corte (cfr. Corte Cass., sent. 44324 del 31 Ottobre 2013) non manca di stigmatizzare il metodo di conduzione delle indagini, sottolineando la difficoltà di «pervenire ad un risultato, di assoluzione o di condanna, contrassegnato da coerenza, credibilità e ragionevolezza»: per l'effetto, con sentenza del 2013 annulla le precedenti decisioni con rinvio alla Corte d'Appello di Milano.

Il Giudice del rinvio, discordando dai Giudici dei primi gradi di giudizio, accordò maggiore risalto agli errori procedurali commessi in fase d'indagine, reputandoli tanti e tali da rendere inutilizzabili gli elementi di prova digitale reperiti grazie all'analisi del dispositivo: a titolo di paradigma, si segnala come il costante ripetersi di accessi non sicuri alla quasi totalità del contenuto del dispositivo, rende, a causa delle tracce inevitabilmente lasciate sul sistema, impossibile distinguere gli accessi effettuati dall'imputato dagli accessi operati dalla Polizia Giudiziaria. Sulla base di questi assunti, il Giudice del rinvio ha ritenuto i dati rinvenuti sul dispositivo informatico non acquisibili in giudizio, poiché irrimediabilmente alterati.

Conseguentemente, ritenuta l'inattendibilità dell'alibi informatico ed attesa la carenza di differenti elementi di prova in favore della difesa, la Corte d'Appello di Milano condannava l'imputato con sentenza del 2014 e, parimenti, la Corte di Cassazione confermava tale condanna nel 2015.

Il caso Garlasco si caratterizza per essere un deludente esempio di gestione di indagini che, in effetti, sono state connotate dalla commissione dei più disparati errori, riguardanti l'ambito informatico ma anche tempi troppo dilatati e prassi obsolete

Con riguardo alla materia che ci occupa, un'altra criticità delle indagini certamente degna di nota coincide con la cattiva gestione degli elementi di prova siti nei dispositivi di telefonia mobile in uso all'imputato ed alla vittima: in corso d'indagine sono stati vagliati il registro delle chiamate tra i due ed il tenore delle conversazioni, per il tramite di successive intercettazioni telefoniche, ma mai sono state analizzate le foto memorizzate o le conversazioni intercorse in chat. Proseguendo, basti pensare poi alla solo parziale analisi dei file contenuti nel computer di Stasi o alla mancata ricerca della cronologia di navigazione online.

Quel che rende interessante il raffronto tra questo caso e il *leading case* Vierika è una fondamentale confusione dei Giudici, che hanno deciso di dichiarare l'utilizzabilità delle risultanze probatorie di natura informatica indipendentemente dalla manchevole conduzione delle indagini volte a rinvenirle. Ciò pone un'ulteriore questione, relativa alla complessa interazione tra consulente tecnico e Giudice che, nel nostro ordinamento, tradizionalmente riveste il ruolo di *peritus peritorum*: parte della dottrina (Canzio 2003) sostiene che tale relazione non possa che rimanere inalterata, richiedendo una più ampia competenza tecnologica del Giudice; altra parte della dottrina (Brusco 2008) ritiene al contrario che il Giudice non possa sostituirsi all'esperto ma, piuttosto, affidarsi alla sua professionalità.

Trattandosi di un dibattito tuttora aperto, ci si interroga, in materie articolate qual è la *digital forensics*, che trova il suo limite nell'assenza di una legislazione analitica e di cui la Convenzione di Budapest appare un'apripista nell'attesa dell'opera di un legislatore accorto, sull'opportunità di riequilibrare o mantenere sbilanciata la controversa interazione tra due figure di spicco in giudizio, l'una deputata al governo delle norme di diritto, l'altra all'analisi delle leggi scientifiche.

4.3. Altre pronunce italiane: i casi Geri e Sollecito

Il tema dell'alibi informatico è stato sviluppato anche nell'ambito di altre pronunce giudiziarie, di seguito compendiate, il cui comune denominatore appare essere il considerevole clamore mediatico che hanno scatenato.

Si rammenta, in primo luogo, il caso Geri.

L'imputato, Alessandro Geri, veniva accusato di concorso nell'attentato terroristico che, il 20 maggio 1999 provocò la morte del Prof. Massimo D'Antona, in quanto ritenuto il presunto "telefonista" che, alle 19:04, rivendicò la paternità dell'agguato. Fin dalla fase preliminare delle indagini, Geri fornì un alibi informatico, secondo cui sarebbe rimasto al lavoro sul proprio personal computer.

In un primo momento gli elementi di prova sottoposti ad esame non consentirono di ritenere l'alibi attendibile, poiché sul dispositivo non fu trovato alcun elemento riconducibile alla data esatta in cui il fatto è avvenuto: nella specie, infatti, i file su cui l'alibi si fondava recavano l'incompatibile data del 20 maggio 1990, anziché 1999.

L'attendibilità dell'alibi ha richiesto un secondo esame, incentrato su periferiche esterne al computer (es.: floppy disk), le cui risultanze, chiaramente favorevoli alla tesi della difesa, sono state corroborate dalla testimonianza di una collega, rivelatasi determinante in quanto tesa a confermare la circostanza che l'imputato avesse scelto di retrodatare i file di quel periodo al fine di evitare il difetto informatico connesso al fenomeno del Millennium Bug, che si temeva avrebbe condotto al blocco dei sistemi informatici nel passaggio dal 31 dicembre 1999 al 1 gennaio 2000.

Nonostante l'apparente incompatibilità tra le date, l'interazione tra le risultanze dell'esame sui file e la prova testimoniale ha così consentito al Gip di Roma di archiviare la posizione dell'imputato, emettendo provvedimento di scarcerazione in suo favore.

Altro caso certamente emblematico è il caso Sollecito.

All'imputato, Raffaele Sollecito, era stato ascritto il capo d'accusa di omicidio, in concorso con altri, della studentessa Meredith Kercher, avvenuto il 1° novembre 2007 a Perugia. Al fine di confutare le tesi accusatorie, l'imputato aveva fornito un alibi informatico, affermando di trovarsi, nell'orario in cui è avvenuto l'omicidio, al computer intento nella visione di un film: tale attività l'avrebbe reso del tutto incompatibile con la commissione del reato ascrittogli.

L'analisi tecnica del dispositivo confermava la visione del film nell'orario indicato, accertando altresì l'assenza «di alcuna interazione umana con il personal computer», che era rimasto inattivo tra le 21:10 e le 05:32 del seguente 2 novembre 2007.

La perfetta compatibilità tra la tempistica di inattività del dispositivo di proprietà dell'imputato ed il *tempus commissi delicti*, essendo stata la vittima assassinata proprio nella notte tra l'1 e il 2 Novembre 2007, ha reso del tutto inattendibile l'alibi informatico fornito da Sollecito: pertanto, confutate le tesi addotte dalla difesa grazie all'apporto di ulteriori elementi di prova oggettivi, il Giudice ha ritenuto l'imputato presente sul luogo sul luogo dell'omicidio. Alla luce di ciò, all'imputato veniva comminata una pena pari a 25 anni di reclusione.

Corre l'obbligo di precisare, tuttavia, che la condanna comminata dalla Corte d'Assise d'Appello di Perugia è stata oggetto di totale revisione all'esito di un'articolata vicenda giudiziaria che ha condotto all'assoluzione dell'imputato, anche in relazione al contemporaneo rinvenimento di elementi di prova compatibili con una differente ricostruzione accusatoria.

4.4. Prospettive d'oltreoceano: i casi Douglas-Plude e Bradford

I temi del reperimento e gestione della prova scientifica e, in particolare, dell'alibi informatico, non mancano di esempi d'oltreoceano, la cui analisi appare d'indubbio interesse.

Si ha riguardo, innanzitutto, al caso Douglas Plude, del termine degli anni Novanta.

L'imputato, accusato dell'omicidio della moglie, rinvenuta in casa morta per soffocamento, offriva alla Corte i dispositivi digitali domestici, dallo studio dei quali sarebbe scaturito un alibi informatico atto a dimostrare che la coniuge si sarebbe, al contrario, suicidata per avvelenamento causato da dosi eccessive del farmaco Fioricet, utilizzato per emicranie e dolori muscolari ma potenzialmente letale se utilizzato fuori posologia.

L'analisi dei dispositivi consentiva di accertare che entrambi i coniugi avessero utilizzato i personal computer di casa: la vittima conducendo ricerche online al fine di informarsi sul Fioricet, l'imputato per utilizzare un programma di fotoritocco. Di qui la difesa ha sostenuto l'innocenza del Sig. Douglas, sull'assunto che le ricerche della donna fossero tali da dimostrarne l'intento suicidiario.

La genericità delle ricerche e l'assenza di prove del fatto che non fosse stato l'imputato ad utilizzare ambo i dispositivi poiché entrambi nella sua disponibilità, assieme con la circostanza che, proprio il giorno precedente il decesso della Sig.ra Plude, l'imputato si fosse informato sullo stato di attività dell'assicurazione sulla vita della consorte, hanno determinato il Giudice a respingere la ricostruzione offerta dalla difesa, ritenendo l'alibi fornito non credibile e condannando l'uomo.

Il caso giudiziario appena esposto conferma come la validità dell'alibi, informatico o meno, offerto alla Polizia Giudiziaria è comunque condizionata alla presenza di ulteriori elementi oggettivi che non si pongano a suo discredito.

Altro caso di sicuro interesse è il caso Bradford, reso celebre principalmente dal coinvolgimento del social network Facebook.

L'imputato, Rodney Bradford, indagato per una rapina commessa il 18 ottobre 2009 a Brooklyn, forniva, sin dalla prima fase delle indagini, un alibi costituito dalla sua presenza in Harlem (dunque ad oltre 20 km dal luogo ove era avvenuto il fatto di reato), presso la casa del padre. A sostegno di una tale tesi la difesa adduceva la pagina del social network Facebook riferibile all'indiziato, la cui attività aveva visto un aggiornamento e l'invio di un messaggio appena un minuto prima dell'orario di esecuzione della rapina. L'analisi forense permetteva di verificare l'effettività delle circostanze come descritte dall'indagato, confermandone anche il luogo, eccessivamente distante dal *locus commissi delicti* e, come tale, incompatibile con qualsivoglia accusa di colpevolezza.

Per l'effetto, la Corte statunitense si determinò ad archiviare la posizione di Bradford, rilasciandolo.

Il carattere controverso del caso appena presentato coincide, tuttavia, nelle osservazioni mosse alla difesa da parte di chi ha sostenuto che non fosse stata fornita alcuna prova del fatto che fosse stato proprio l'imputato (e non un terzo su sue istruzioni) a svolgere l'attività informatica di cui i consulenti hanno rinvenuto traccia sul dispositivo sito ad Harlem: il difensore, in un'evanescente riflessione, ha semplicemente ribattuto che, per quanto si trattasse di una possibilità dal punto di vista teorico, in effetti era da escludersi poiché l'attività informatica preparatoria necessaria avrebbe connotato un "livello di genio criminale" almeno inusuale in un giovane.

5. Un possibile *fil rouge*

I casi sin qui citati, oltre che di sicuro interesse sotto il profilo giudiziario, consentono una breve riflessione circa la *digital evidence* e la sua acquisizione ed attendibilità, specie entro un contesto come l'odierno, in cui i sistemi informatici costituiscono il "centro motore per la gestione dei propri interessi", oltre che il principale contenitore di frammenti di vita, dati sensibili, spostamenti e contatti di ognuno, con la conseguenza di «adeguare anche la metodologia d'indagine in relazione alle tracce e alle fonti di prova digitale, considerato che è inevitabile una sempre maggior diffusione della digital evidence nel mondo giuridico» (Luparia 2001).

Quel che non si può mancar d'evidenziare, al fine di trarre un possibile *fil rouge* tra le pronunce qui illustrate, indipendentemente dall'ordinamento di provenienza, è l'assoluta indispensabilità di linee guida e protocolli analitici, inseriti in testi aventi rango di legge, cui gli inquirenti possano attenersi, in modo da evitare di incorrere in episodi di controversa interpretazione delle prove digitali.

Sebbene la legge di ratifica della Convenzione di Budapest (che, giova sottolinearlo, non era in vigore al momento di tutti i casi sopra esaminati), n. 48/2008, abbia contemplato parametri di garanzia finalizzati a preservare l'acquisizione della prova informatica, tutelandone i caratteri di genuinità, non alterazione e conformità all'originale, sarebbe auspicabile un approfondimento di tali affermazioni di principio, al fine di evitare qualsivoglia situazione dubbia e di preservare la genuinità della prova digitale che «costituisce un valore assoluto cui devono conformarsi gli organi inquirenti a pena di inutilizzabilità del materiale raccolto, dovuto all'inidoneità a garantire un accertamento affidabile dei fatti di reato» (Battiato, Farinella e Puglisi 2010).

Oltre ciò, altre criticità ravvisabili coincidono con il costante aggiornamento degli strumenti di lavoro e di indagine, che rende ripetutamente obsolete ed efficaci le tecniche utilizzate, e con il grave ritardo del legislatore nel disciplinare la materia che, nel silenzio della legge, è divenuta appannaggio dei consulenti tecnici.

Bibliografia e sitografia

Agostini V., *Criminalistica e scienze forensi*, Ed. Meeting Service, 2015;

Aterno S., *Digital Forensics. Aggiornamento* in *Digesto delle Discipline Penalistiche*, Wolter Kluwers, 2014;

Aterno S., Cajani F., Costabile G., Mattiucci M., Mazzaraco G., *Manuale di computer forensics,* Experta editore, 2012;

Anconelli M., *Introduzione al digital profiling*, in www.cybercrimes.it, 2016;

Barone R., *Le indagini informatiche nella lotta al crimine*, in www.opinioiuris.it, 2018;

Bassetti G., *Anti-Forensics: alcune tecniche di base*, in www.cfitaly.net/it/antiforensics, 2008;
Battiato S., Farinella G. M., Puglisi G., *Image/Video Forensics: casi di studio,* Chapter in IISFA2011 - International Information Systems Forensics Association - Memberbook, 2010;
Battiato S., *Introduzione alla image e alla video forensics*, in Sicurezza e Giustizia, 2013;
Battiato S., Galvan F., *La validità probatoria di immagini e video*, in Sicurezza e Giustizia, 2013;
Battiato S., Galvan F., *Verifica dell'attendibilità di un alibi costituito da immagini o video*, in Sicurezza e Giustizia, 2014;
Biasiotti A., *Profiling e protezione dei dati personali: sono compatibili?*, in www.puntosicuro.it, 2017;
Brusco C., *La valutazione della prova scientifica*, in *Diritto penale e processo*, 2008;
Cajani F., Aterno S., *Aspetti giuridici delle indagini informatiche* in *Computer Forensics e indagini digitali. Manuale tecnico-giuridico e casi pratici*, Experta, 2011;
Calabro' V., *Introduzione alla digital forensics*, Giappichelli, 2006;
Calabro' V., *Tecniche e strumenti per la creazione di un falso alibi informatico*, in www.vincenzocalabro.it, 2013;
Calabro' V., Costabile G., Fratepietro S., Ianulardo M., Nicosia G., *L'alibi informatico: aspetti tecnici e giuridici*, Chapter in IISFA2010 - International Information Systems Forensics Association - Memberbook, 2010;
Canzio G., *Prova scientifica, ragionamento probatorio e libero convincimento del giudice nel processo penale*, in *Diritto penale e processo*, 2003;
Chirizzi L., *La ricerca della fonte di prova informatica*, Laurus Boruffo, 2006;
Colombini C. M., *Digital profiling, un nuovo strumento di indagine informatica*, in www.marcomattiucci.it, 2011;
Colombo E., *La sentenza del caso Garlasco e la computer forensics: analisi di un complesso rapporto tra diritto e informatica*, in Cyberspazio e diritto, 2010;
Costabile G., *Scena criminis, documento informatico e formazione della prova penale*, in www.penale.it, 2004;
Curtotti D., Saravo L., *Manuale delle investigazioni sulla scena del crimine. Norme, tecniche, scienze, logica*, Giappichelli, 2019;
De Santis A., *Strumenti e tecniche per la creazione di un falso alibi digitale*, Università degli Studi di Salerno – Dipartimento di Informatica, 2014;
Dominioni O., *La prova penale scientifica: gli strumenti scientifico-tecnici nuovi o controversi e di elevata specializzazione*, Giuffrè, 2005;
Douglas J., Burgess A., Ressler R., *Crime Classification Manual*, Jossey-Bass Publishers, 1992;

Esposito M., *Una nuova frontiera nella ricostruzione del comportamento criminale: il Digital Profiling*, in http://www.antrodichirone.com, 2016;

Fiandaca G., Musco E., *Diritto penale – Parte generale*, Ottava Edizione, Giappichelli, 2019;

Giunchedi F., *Le malpractices nella digital forensics: quali conseguenze sull'inutilizzabilità del dato informatico?*, in Archivio Penale, 2013 e in www.forensicsgroup.eu, 2016;

Grillo A., Moscato U.E., *Riflessioni sulla prova informatica*, in Cass. Pen., 2011;

Ianulardo M., *Sentenza Vierika: commento a prima lettura*, in www.informaticaforense.it, 2011;

Lorusso S., *Investigazioni scientifiche, verità processuale ed etica degli esperti*, in Dir. Pen. Proc., 2010;

Luparia L., *Computer crimes e procedimento penale*, in *Trattato di procedura penale*, Garuti, 2001;

Luparia L., *Il caso "Vierika": un'interessante pronuncia in materia di virus informatici e prova penale digitale*, in *Diritto dell'Internet*, 2005;

Marafioti L., *Digital evidence e processo penale*, in Cass. Pen., 2011;

Massa F., *Le tecniche anti forensics*, in *Sicurezza e Giustizia*, 2017;

Mattiucci M., *Le indagini sui reperti invisibili. High Tech Crime*, in *Manuale delle investigazioni sulla scena del crimine*, a cura di Curtotti-Saravo, 2013;

Mattiucci M., Delfinis G., *Forensic Computing*, in *Rassegna dell'Arma dei Carabinieri*, Roma, 2005-2006;

Molinari F. M., *Questioni in tema di perquisizione e sequestro di materiale informatico*, in Cass. Pen., 2012;

Pittiruti M., *Digital evidence e procedimento penale*, Giappichelli, 2017;

Sericola E., *Cybercrimes e diritti fondamentali nell'era di internet*, in Filodiritto, 2017;

Strano M., *Nuove frontiere delle tecniche di criminal profiling*, ANPF Forze Civili, 2005;

Strano M., Mattiucci M., *Manuale di investigazione criminale – Accertamenti tecnici su cellulari e smartphone*, Nuovo Studio Tecna, 2008;

Tanzer D., *Tecniche e strumenti di Antiforensics*, in www.david-tanzer.com/anti-computer-forensics, 2018;

Tonini P., *Documento informatico e giusto processo*, in Dir. Proc. Pen., 2009;

Tonini P., *Manuale di procedura penale*, Giuffrè, 2018;

Vaciago G., Morosetti T., *Indagini informatiche e la prova digitale*, in www.techandlaw.net, 2014;

Vitale I., *Le tecniche di digital profiling a supporto delle investigazioni*, in www.igorvitale.org, 2016;

Capitolo IX
I *black market* del *dark web* e le metodologie investigative
Manola Lesti

1. I *black market* e i *cryptomarket* del *dark web*

Il *dark web* – ovvero quella area del World Wide Web intenzionalmente nascosta, ed accessibile soltanto attraverso appositi strumenti e *software* – rappresenta il terreno fertile per singoli criminali e organizzazioni criminali, che in questa area del web possono muoversi indisturbati e dar vita alle attività criminali più disparate. Tra le innumerevoli attività criminali condotte nel dark web, la più comune è senz'altro la vendita di beni e servizi prevalentemente illeciti nei cosiddetti mercati neri.

Questi ultimi, definiti con il termine anglosassone di *black market* o *cryptomarket*, altro non sono che delle piattaforme virtuali dove venditori e compratori si incontrano per effettuare transazioni e procedere alla vendita e all'acquisto di diverse categorie di beni e servizi.

In poche parole, i mercati neri del *dark web* sono dei negozi virtuali simili agli e-commerce ospitati nel web di superficie, come ad esempio Amazon o eBay. La differenza sostanziale tra le due tipologie di piattaforme riguarda la natura dei beni commercializzati: mentre i tradizionali *e-commerce* offrono soltanto beni legali, i *black market* invece commerciano prevalentemente beni e servizi di natura illegale, come ad esempio sostanze stupefacenti e farmaci illegali.

Questi mercati neri dell'illegalità vengono indicati solitamente con il nome di *cryptomarket* per due motivi: innanzitutto essi utilizzano come metodo di pagamento le criptovalute, monete virtuali che garantiscono un anonimato totale o quasi totale; inoltre gli stessi mercati utilizzano diversi sistemi crittografici per proteggere l'anonimato dei diversi partecipanti ai mercati neri, ovvero amministratori, venditori e compratori.

I *black market* si differenziano dai *single-vendor shop*, ovvero quei negozi, che pure esistono nel *dark web*, creati da un unico venditore, il quale vende e commercia i beni direttamente ai propri clienti senza l'intermediazione di terzi soggetti.

I compratori preferiscono acquistare la merce nei *black market*, e non nei *single-vendor shop*, poiché nel primo caso gli amministratori della piattaforma, per attirare i clienti, predispongono tutta una serie di misure tese ad evitare delle truffe e ad incentivare la fiducia dell'ipotetico acquirente nei confronti della stessa piattaforma (Anselmi 2019).

Di primo acchito, il lettore medio potrebbe pensare che sia molto difficile raggiungere i mercati neri situati nel *dark web*, e che ciò richieda delle elevate competenze tecniche ed informatiche; in realtà non è affatto difficile raggiungere tali mercati.

Esistono innumerevoli software che permettono di accedere in modo semplice e sicuro al *dark web*, e di conseguenza ai *black market* ivi situati. Tra i vari *software* utilizzati per accedere alle profondità più oscure della rete, il più conosciuto e facile da utilizzare è sicuramente Tor, acronimo di *The Onion Router*.

Si tratta di un software gratuito il quale permette non soltanto di accedere alla parte più nascosta e recondita del web - altrimenti inaccessibile - ma che consente anche di proteggere la privacy e l'anonimato degli utenti che lo utilizzano, grazie all'offuscamento del loro indirizzo IP.

Tor consente inoltre agli utenti suoi utilizzatori di non subire l'analisi del traffico (Wojtowicz 2014).

Nell'Internet tradizionale, infatti, ogni qualvolta un utente invii un semplice messaggio o un pacchetto di dati ad una destinazione, c'è il rischio che questo messaggio o pacchetto di dati possa essere intercettato ed analizzato da un terzo soggetto estraneo alla comunicazione, sia nel corpo (*body*) che nell'intestazione (*header*) per carpirne informazioni importanti.

Per ovviare a tale problema, si potrebbe pensare che la soluzione sia da ricercarsi nel semplice utilizzo della crittografia, ovvero nell'utilizzo di un software apposito che renda incomprensibile un determinato messaggio o testo a persone terze estranee alla comunicazione.

Utilizzando la crittografia, viene però nascosto il solo corpo del messaggio, e non anche l'intestazione, e ciò consentirebbe a soggetti terzi di risalire comunque ad importanti informazioni riguardanti quella determinata comunicazione, come ad esempio il mittente e il destinatario del messaggio.

Tor rappresenta invece lo strumento più congeniale per evitare l'analisi del traffico dati, in quanto permette di nascondere, in sostanza, sia l'*header* che il *body* di un qualsiasi messaggio o pacchetto di dati inoltrato nella rete (Wojtowicz 2014).

Semplificando al massimo, possiamo dire che, grazie a Tor, i pacchetti di dati che viaggiano nella Rete, invece di transitare direttamente dal client al server attraverso un tragitto lineare e ben definito, corrono lungo un percorso tortuoso e imprevedibile, attraverso i nodi della rete Tor, «costruendo un circuito virtuale crittografato a strati da cui il nome»(Florindi 2020), rendendo molto difficile se non impossibile ad un soggetto estraneo alla comunicazione effettuare l'analisi del traffico dati.

Bisogna precisare che l'acronimo Tor sta ad indicare sia la rete Tor sia il browser Tor: quest'ultimo è scaricabile in modo libero e gratuito all'indirizzo https://torproject.org. Una volta scaricato ed installato correttamente sul proprio computer, esso permette di accedere alla rete *Tor* e di conseguenza di poter esplorare il *dark web* ed i *cryptomarket* ivi situati.

La particolarità di Tor, che costituisce anche il suo punto forte, è la possibilità di garantire l'anonimato non soltanto in capo ai client, cioè agli utenti che utilizzano il browser e la rete Tor, ma anche ai server, che ospitano i vari siti web. Questi ultimi, usufruendo dei cosiddetti *Hidden Services*, servizi nascosti messi a disposizione dalla rete Tor, possono ospitare contenuti di diverso genere, senza poter essere localizzati da alcunché. Ciò sta a significare che nessun soggetto può sapere chi fornisce il servizio, chi pubblica i contenuti su di un determinato sito web, e quali sono gli utenti che usufruiscono del servizio.

Chiaramente, per poter accedere ai servizi nascosti, è necessario non soltanto che gli utenti scarichino ed utilizzino il browser Tor, ma che si conosca anche l'esatto indirizzo URL del sito nascosto.

A differenza dei siti ospitati nel web di superficie, caratterizzati da un URL ben definito, che solitamente termina con l'estensione .it o .com, facilmente memorizzabile dall'utente medio di Internet, i siti ospitati sulla rete Tor – e di conseguenza gli stessi *black market* – sono invece caratterizzati da una combinazione alfanumerica casuale composta da 16 caratteri, e dal suffisso .onio*n*.

Ecco ad esempio come può presentarsi un sito ospitato sulla rete *Tor*: http://am4wuhz9ziwuxx8o.onion.

Visto che i siti aventi dominio .onion presentano un URL impronunciabile e non facilmente memorizzabile dall'utente, si pone il problema di come poter raggiungere codesti siti. Si pensi ad un ipotetico utente che voglia raggiungere un determinato mercato nero ospitato sulla rete Tor. A tal proposito, esistono tre diverse modalità per raggiungere i siti con dominio .onion.

La prima modalità è quella di utilizzare degli specifici motori di ricerca, diversi dai soliti Yahoo o Google che tutti conosciamo, creati all'uopo per poter esplorare il *dark web*.

Tra i più famosi e conosciuti motori di ricerca specifici per il *dark web* si possono annoverare Ahmia.fr, Grams, Torch, Not Evil (per approfondimenti vedi COSTANTE M., 2021).

La seconda modalità per raggiungere i siti .onion è quella di utilizzare delle directory, ovvero delle pagine web che raggruppano, divisi per categorie, i diversi link attraverso cui è possibile accedere ai contenuti del web oscuro. La più conosciuta directory di tal genere è The Hidden Wiki, una sorta di Wikipedia che raggruppa in diverse categorie i siti presenti nel *deep web* e nel *dark web*, molti dei quali caratterizzati da contenuti illegali (Trua 2020).

La terza modalità per conoscere gli indirizzi .onion è quella di ricorrere a forum e siti web presenti sul web di superficie, dove sono ospitati dei link che rimandano ai domini .onion. Si pensi al famoso forum online Reddit, al cui interno sono situate delle sottosezioni dedicate ai siti del *dark web*, ed in particolare ai *black market* ivi situati. Basta cliccare sui link presenti in queste sezioni, e subito si viene reindirizzati ai relativi siti presenti nel *dark web* (Colombini 2016).

Dopo aver analizzato l'infrastruttura tecnologica che sta alla base dei *cryptomarket*, ovvero Tor, appare opportuno fare una disamina dei principali beni e servizi offerti nei *black market*.

La categoria di merce più venduta in questi mercati dell'illegalità, e che genera maggiori profitti, è la droga leggera, come ad esempio cannabis, oppioidi, droghe psichedeliche ed ecstasy (European Monitoring Centre for Drugs and Drug Addiction 2017).

Le droghe pesanti, come ad esempio eroina e cocaina, vengono invece vendute in minor quantità.

Si ipotizza che gli acquirenti preferiscano acquistare nei *cryptomarket* droghe leggere e non pesanti poiché acquistare droghe sul *dark web* richiede tempi di attesa relativamente lunghi e una seppur minima attività di programmazione, che evidentemente i consumatori di droghe pesanti, i quali sono affetti da dipendenza nei confronti di queste sostanze, non riescono ad affrontare (Kruithof et al. 2016).

Non stupisce che la droga costituisca la categoria merceologica più venduta nei *black market*.

Basti pensare che la prima transazione economica mai avvenuta in rete, e precisamente sulla rete Arpanet, che può essere considerata l'antecedente di Internet, riguardò proprio lo scambio di un piccolo quantitativo di marijuana. Lo scambio in questione avvenne tra gli studenti della Stanford University e quelli del Massachussets Institute of Technology, che utilizzarono gli account di Arpanet del loro laboratorio di computer per portare a compimento la transazione illegale (Power 2014).

Anche i primi mercati neri emersi nel *dark web* erano dediti prevalentemente, se non totalmente, al commercio di droga: basti pensare al mercato The Farmer's Market, dove erano vendute droghe illegali di ogni genere.

Per quanto riguardano le motivazioni che spingono gli utenti a preferire la compravendita di droga sul *dark web*, e non per strada, esse sono molteplici e diverse: innanzitutto le sostanze stupefacenti acquistate nei mercati neri appaiono essere di una qualità superiore rispetto alla droga abitualmente acquistata per strada rivolgendosi ai pusher. Questi ultimi, spesso, per aumentare i loro profitti, tagliano o diluiscono la droga con sostanze pericolose o tossiche; tutto ciò non avviene nei *black market* (Pizzuti 2018). Un'altra motivazione che spinge sempre più acquirenti a preferire la compravendita di droga nei *cryptomarket* è la relativa sicurezza, non pericolosità e riservatezza dell'acquisto in rete. Difatti il compratore, non incontrando il venditore di persona, ma soltanto virtualmente, riduce rischi come la violenza di strada o una possibile intercettazione da parte delle forze dell'ordine (Kruithof et al. 2016). Le altre motivazioni riguardano l'ampia disponibilità di scelta ed il minor costo a cui sono vendute le droghe in questi mercati neri dell'illegalità.

Al secondo posto, come categoria merceologica più venduta dopo le droghe, abbiamo gli steroidi anabolizzanti e farmaci di vario genere, soprattutto quelli che in Italia richiedono l'obbligo di prescrizione medica, come ad esempio Viagra, Xanax, Ossicodone.

I farmaci che riscuotono maggior successo nei *black market* sono gli anticoncezionali, gli antidepressivi, le pillole dimagranti e i farmaci per curare le disfunzioni erettili.

Anche in questo caso, diverse sono le motivazioni che spingono gli acquirenti a preferire l'acquisto di farmaci nei mercati neri piuttosto che nelle farmacie legalmente autorizzate ad operare. *In primis*, gli utenti tutelano in questo modo la loro privacy e riservatezza; poi c'è la comodità di acquistare i prodotti online e di riceverli a casa in tempi relativamente brevi; inoltre l'acquisto di medicinali nel *dark web* non richiede ricetta medica e di conseguenza non bisogna consultare il proprio medico curante. Da ultimo, i prezzi dei farmaci sono molto più bassi e convenienti rispetto ai medicinali acquistati nelle farmacie (Bassi 2017).

Bisogna però sottolineare come l'acquisto di tali medicinali nel *dark web* pone a carico del consumatore dei rischi elevati per la sua salute: i farmaci potrebbero essere scaduti o contraffatti, potrebbero non contenere il principio attivo, o addirittura potrebbero contenere sostanze cancerogene e nocive per la salute umana (Reputation-Manager, 2019).

Al terzo posto, come categoria di merce più venduta dopo droghe, farmaci ed anabolizzanti, abbiamo i documenti falsi: in questo caso si spazia da carte d'identità false, a patenti di guida e passaporti falsi, fino ad arrivare addirittura a false lauree conseguite in prestigiosi atenei. Si tratta di documenti falsi venduti a prezzi irrisori nei *black market*.

Altri prodotti presenti e commercializzati nei *cryptomarket* sono soldi falsi, carte di credito rubate, vari account rubati e venduti a basso prezzo per accedere a servizi come Uber e Amazon, prodotti di marca contraffatti come finti Rolex, e-book e tutorial per fabbricare esplosivi in casa o per operare delle truffe online.

Nei *black market* sono disponibili anche malware di ogni genere, oltre a servizi di *hacking*, ma si tratta di servizi poco commercializzati rispetto ad altre categorie di merce.

Infine, per quanto riguarda le armi, è raro poterle trovare ed acquistare nei *cryptomarket*, innanzitutto perché costituiscono un business poco remunerativo, poi sono molto difficili da spedire; inoltre esse sono bandite dalla maggior parte dei mercati neri del web oscuro vista la loro elevata pericolosità sociale.

Sembra opportuno, a questo punto della trattazione, passare ad analizzare i ruoli e gerarchie all'interno dei *cryptomarket*.

All'interno di tali ecosistemi criminali virtuali, abbiamo diversi protagonisti, ciascuno dei quali caratterizzato da un ruolo ben preciso. Sebbene il numero dei partecipanti possa variare a seconda della grandezza del mercato, in linea generale possiamo affermare che esistono almeno cinque diverse tipologie di protagonisti: l'amministratore o gli amministratori della piattaforma, gli sviluppatori, i moderatori, i venditori ed infine i compratori. Essi vanno a comporre una sorte di piramide gerarchica (Paganini 2019).

Al vertice della piramide gerarchica dei criptomercati sono situati gli amministratori o l'amministratore, a seconda dei casi: si tratta di soggetti aventi solitamente elevate capacità informatiche ed imprenditoriali, che per il solo fatto di aver creato e di dirigere l'intero mercato, ricevono lauti compensi. Solitamente, per ogni transazione andata a buon fine nel *dark market*, una determinata percentuale fissa, che va dal 5% al 10%, deve essere versata all'amministratore o agli amministratori, visto che questi ultimi permettono l'incontro della domanda e dell'offerta tra venditori e compratori, ed amministrano l'intero mercato nero.

Essi, in quanto amministratori del *black market* o meglio del sito web che ospita il mercato, hanno pieno accesso e controllo del mercato.

Nel gradino intermedio della scala gerarchica sono situati gli sviluppatori, ovvero quei soggetti che disegnano e creano le infrastrutture tecniche del sito e che per questo motivo ricevono un compenso, abbastanza elevato, da parte degli amministratori del mercato. Solitamente anche gli sviluppatori dei *black market* sono dotati di elevate capacità tecniche ed informatiche.

In un gradino inferiore sono posizionati i cosiddetti moderatori, cioè quei soggetti che lavorano alle dipendenze degli amministratori del sito e che ricevono un compenso in cambio della loro prestazione lavorativa. Essi si occupano ad esempio di gestire la cassa o di effettuare una sorta di servizio clienti nei confronti degli acquirenti del mercato. I moderatori, a differenza degli amministratori e degli sviluppatori dei *black market*, non possiedono solitamente elevate capacità tecniche ed informatiche.

Altri protagonisti imprescindibili dei *dark market* sono chiaramente venditori e compratori.

Per quanto riguarda i venditori, alcuni studi effettuati in merito hanno evidenziato come la maggior parte di essi siano maschi bianchi, relativamente giovani, avendo un'età solitamente inferiore ai quarant'anni, provenienti da Paesi anglossassoni o dell'Europa Occidentale, e dispongano di competenze informatiche ed imprenditoriali spiccate per poter presentare e vendere al meglio i loro prodotto nei *black market* (Kruithof et al. 2016).

Infine, per quanto riguarda i compratori, a seconda dei casi essi possono avere o meno determinate competenze informatiche.

2. I reati tipici nei *black market*

Bisogna premettere che l'utilizzo di strumenti tecnologici che garantiscono l'anonimato e la riservatezza in rete – si pensi a Tor oppure ai software crittografici – non è affatto illegale, anzi è consigliabile a tutti quegli utenti che vogliano tutelare in modo pregnante la propria privacy (Costante 2021).

Anche accedere ai *black market* situati nel *dark web*, senza acquistare beni o servizi illeciti, di per sé non è illegale. Ben potrebbe accadere che un utente voglia accedere ad un *black market* spinto dalla curiosità, e non dalla necessità di acquistare un bene illegale.

Inoltre, se è vero che la stragrande maggioranza dei beni offerti nei *cryptomarket* è di natura illegale, esistono anche beni perfettamente legali – come ad esempio e-book e libri – o la cui semplice compravendita non comporta alcun provvedimento giuridico e non integra alcun reato.

Si pensi ad esempio alla compravendita di soldi falsi nei mercati neri del *dark web*, la quale di per sé non costituisce reato, in quanto l'acquisto potrebbe avvenire per scopi ludici. Soltanto se il soggetto che compia l'acquisto spenda e quindi immetta questi soldi nel sistema economico con la consapevolezza che i soldi sono falsi, allora si configura il reato di «falsificazione di monete, spendita e introduzione nello Stato, previo concerto, di monete falsificate», fattispecie prevista e punita dall'art. 453 c.p.

Visto che però i beni maggiormente venduti ed acquistati nei mercati neri del *dark web* sono illegali, si configurano diversi reati in capo sia a compratori che a venditori.

Come già sottolineato in precedenza, le categorie merceologiche più vendute nei *cryptomarket* sono sostanze stupefacenti, anabolizzanti e farmaci che necessiterebbero dell'obbligo della ricetta medica.

Concentriamoci *in primis* sui reati ipotizzabili in capo ad un ipotetico acquirente dei *black market*.

Nel caso in cui un ipotetico compratore acquisti un piccolo quantitativo di droga per uso esclusivamente personale, egli non rischia sanzioni penali, ma compie un illecito amministrativo, le cui conseguenze sono pur sempre limitative della sua libertà personale.

Secondo l'art. 75 del d.P.R. 9 ottobre 1990, n. 309 (c.d. *Testo Unico delle leggi in materia di disciplina degli stupefacenti e sostanze psicotrope, prevenzione, cura e riabilitazione dei relativi stati di tossicodipendenza*), comma I, colui che acquista sostanze stupefacenti per uso esclusivamente personale ed in modica quantità, potrà essere sottoposto ad una o più delle seguenti sanzioni amministrative:

a. sospensione della patente di guida, del certificato di abilitazione professionale per la guida di motoveicoli e del certificato di idoneità alla guida di ciclomotori o divieto di conseguirli per un periodo fino a tre anni;
b. sospensione della licenza di porto d'armi o divieto di conseguirla;
c. sospensione del passaporto e di ogni altro documento equipollente o divieto di conseguirli;
d. sospensione del permesso di soggiorno per motivi di turismo o divieto di conseguirlo se cittadino extracomunitario.

Considerato che l'ordinamento giuridico italiano non contempla una definizione ben precisa di utilizzo personale di sostanze stupefacenti, sarà compito del giudice, nel caso pratico che si troverà a giudicare, stabilire se si tratti di utilizzo personale di sostanze stupefacenti oppure di spaccio – reato ben più grave – sulla base di predeterminati criteri stabiliti dalla legge, come ad esempio la quantità di droga detenuta e le modalità di detenzione.

Nel caso in cui l'utente acquisti in un *black market* una quantità di droga che superi i limiti stabiliti dalla legge, in questo caso non si potrà parlare di utilizzo personale di sostanze stupefacenti, ma si configurerà il reato di spaccio, fattispecie delittuosa prevista e punita dall'art. 73 del d.P.R. 9 ottobre 1990, n. 309, riguardante la *Produzione, traffico e detenzione illeciti di sostanze stupefacenti e psicotrope.*

Ben potrebbe accadere che l'ipotetico compratore acquisti nei *cryptomarket* delle sostanze anabolizzanti.

Mentre l'acquisto di anabolizzanti nei canali legali – come ad esempio una farmacia legalmente autorizzata – non costituisce alcun reato se le stesse sostanze sono assunte per finalità edonistiche o terapeutiche, e non in vista di una competizione sportiva, ben diversa è la compravendita di anabolizzanti al di fuori dei canali legali, e quindi ad esempio in un mercato nero del *dark web.*

In questo caso, la legge italiana punisce anche la semplice compravendita di sostanze anabolizzanti effettuata per uso personale. La Suprema Corte di Cassazione, accogliendo un orientamento restrittivo, ha affermato che nel caso di specie l'acquirente può essere accusato del reato di ricettazione (vedi Cass. Pen., II sez., sent.14 aprile 2016, n. 15680).

Analizziamo ora il caso in cui l'ipotetico compratore acquisti in un *cryptomarket* dei farmaci per cui è previsto l'obbligo di ricetta in Italia.

In questo caso egli non dovrebbe avere problemi dal punto di vista penale, in quanto la legge italiana punisce espressamente l'immissione in commercio di questi farmaci, e non la loro compravendita per uso esclusivamente personale (vedi Trib. Bari, ord. 30 gennaio 2012 e Trib. Genova, sent. 17 maggio 2010, n. 12031).

Bisogna però sottolineare che il legislatore, con l'art. 55 del d.lgs. 219/2006, sanziona penalmente l'assenza di autorizzazione all'importazione. Ciò sta a significare che il compratore potrebbe avere problemi nel caso in cui le autorità doganali intercettino la merce alla dogana.

Nel caso in cui il compratore acquisti delle armi nei *black market* – eventualità peraltro remota in quanto le armi costituiscono una categoria merceologica poco commercializzata nei mercati neri del *dark web* – egli commette il reato di detenzione abusiva di armi, reato perseguito e punito dall'art. 697 cp., il quale dispone al comma I che «Chiunque detiene armi o caricatori soggetti a denuncia ai sensi dell'articolo 38 del testo unico di cui al regio decreto 18 giugno 1931, n. 773, e successive modificazioni, o munizioni senza averne fatto denuncia all'Autorità, quando la denuncia è richiesta, è punito con l'arresto da tre a dodici mesi o con l'ammenda fino a euro 371».

Nei *cryptomarket* è anche possibile acquistare merce contraffatta o rubata a prezzi stracciati.

Nel caso in cui la merce sia contraffatta ed il compratore la acquisti per uso esclusivamente personale, in questo caso egli non compie alcun reato, ma soltanto un illecito amministrativo, e di conseguenza potrà andare incontro al pagamento di una multa salata (vedi Cass. Civ., sez. III, sent. 22 giugno 2016, n. 12870).

Nel caso in cui la merce acquistata nel *black market* sia rubata, in questo caso in capo all'acquirente possono essere configurabili due reati alternativi, la ricettazione o l'acquisto di cose di sospetta provenienza (c.d. incauto acquisto).

Per quanto riguarda la ricettazione, si tratta di una fattispecie perseguita e punita dall'art. 648 c.p., il quale dispone che «Fuori dei casi di concorso nel reato, chi, al fine di procurare a sé o ad altri un profitto, acquista, riceve od occulta denaro o cose provenienti da un qualsiasi delitto, o comunque si intromette nel farle acquistare, ricevere od occultare, è punito con la reclusione da due ad otto anni e con la multa da euro 516 a euro 10.329».

Quanto all'incauto acquisto, si tratta di una fattispecie prevista dall'art. 712 c.p., il quale prevede che «Chiunque, senza averne prima accertata la legittima provenienza, acquista o riceve a qualsiasi titolo cose, che, per la loro qualità o per la condizione di chi le offre o per la entità del prezzo, si abbia motivo di sospettare che provengano da reato, è punito con l'arresto fino a sei mesi o con l'ammenda non inferiore a euro 10. Alla stessa pena soggiace chi si adopera per fare acquistare o ricevere a qualsiasi titolo alcuna delle cose suindicate, senza averne prima accertata la legittima provenienza».

Ciò che permette di differenziare le due fattispecie di reato è l'elemento soggettivo.

Nel caso della ricettazione è infatti richiesto il dolo; in particolar modo, affinché si configuri il reato in questione occorre che sia presente un doppio requisito psicologico: un dolo specifico, che consiste nell'intenzione di procurare per sé o per altri un profitto, ed un dolo generico, che consiste nella presupposta conoscenza dell'illecita provenienza del bene.

Per quanto riguarda l'incauto acquisto, l'elemento soggettivo è rappresentato dalla colpa. Il compratore in questo caso non si cura della provenienza del bene oggetto della compravendita, pur in presenza di elementi indiziari da cui egli avrebbe dovuto desumere l'illegittima provenienza del bene, come ad esempio il prezzo basso del bene, la mancanza di certificati di garanzia o di scontrini ecc.

Occorre peraltro sottolineare che in realtà il confine tra ricettazione ed incauto acquisto appare assai labile, soprattutto a seguito di una recente pronuncia della Corte di Cassazione, la quale ha ritenuto sussistente il reato di ricettazione laddove vi sia un dolo eventuale. In particolar modo, la Suprema Corte ha ritenuto che «in tema di ricettazione, ricorre il dolo nella forma eventuale quando l'agente ha consapevolmente accettato il rischio che la cosa acquistata o ricevuta fosse di illecita provenienza, non limitandosi ad una semplice mancanza di diligenza nel verificare la provenienza della cosa, che invece connota l'ipotesi contravvenzionale dell'acquisto di cose di sospetta provenienza» (Cass. pen., II sez., sent. 22 maggio 2017, n. 25439).

Dopo aver presentato una rassegna dei principali reati che possono essere commessi dai compratori dei *cryptomarket*, prendiamo ora in considerazione gli ipotetici reati commessi dai venditori dei *black market*.

Nel caso di vendita di sostanze stupefacenti, si va incontro al reato di "Produzione, traffico e detenzione illeciti di sostanze stupefacenti e psicotrope", reato disciplinato dall'art. 73 del d.P.R. 9 ottobre 1990, n. 309, il quale, al comma I, prevede che «Chiunque, senza l'autorizzazione di cui all'articolo 17, coltiva, produce, fabbrica, estrae, raffina, vende, offre o mette in vendita, cede, distribuisce, commercia, trasporta, procura ad altri, invia, passa o spedisce in transito, consegna per qualunque scopo sostanze stupefacenti o psicotrope di cui alla tabella I prevista dall'articolo 14, è punito con la reclusione da sei a venti anni e con la multa da euro 26.000 a euro 260.000».

A tal proposito, bisogna sottolineare come la legge italiana preveda un aumento della pena se lo spaccio di droga avviene con modalità tali da occultare lo stesso. Ad esempio, mentre lo spaccio di piccole quantità di droga leggera – si pensi alla marijuana – in un parco pubblico, comporta la reclusione da uno a sei anni e la multa dai 3.000 ai 26.000 euro, invece la vendita di droghe pesanti come cocaina ed eroina, effettuata in modo occulto, come avviene appunto nei *cryptomarket*, comporta un aumento della pena (Costante 2021).

Nel caso in cui il venditore commercializzi e venda delle armi nei *black market*, ciò integra il reato di fabbricazione e commercio non autorizzato di armi, fattispecie prevista e punita dall'art. 695 c.p., il quale prevede che «chiunque, senza la licenza dell'Autorità, fabbrica o introduce nello Stato, o esporta, o pone comunque in vendita armi, ovvero ne fa raccolta per ragioni di commercio o d'industria, è punito con l'arresto da tre mesi a tre anni e con l'ammenda fino a euro 1.239».

Altra fattispecie di reato tipicamente realizzabile nei *black market* è quella attinente alla vendita di farmaci illegali. Molto spesso in questi mercati neri dell'illegalità vengono venduti farmaci scaduti, guasti o addirittura contenenti delle sostanze nocive. Nel caso di specie il venditore risponderà non soltanto del reato di somministrazione di medicinali in modo pericoloso per la salute pubblica e del reato di commercio o somministrazione di medicinali guasti, ma anche del reato di esercizio abusivo della professione. Si tratta di reati previsti rispettivamente dagli artt. 445, 443 e 121 c.p.

Infine, nei mercati neri del *dark web* è possibile vendere ed acquistare dei documenti falsi: nel caso di specie, sia per il venditore che per il compratore, si commette il reato di possesso e fabbricazione di documenti di identificazione falsi. Tale fattispecie delittuosa è prevista e punita dall'art. 497-*bis* c.p., il quale dispone che «chiunque è trovato in possesso di un documento falso valido per l'espatrio è punito con la reclusione da due a cinque anni. La pena di cui al primo comma è aumentata da un terzo alla metà per chi fabbrica o comunque forma il documento falso, ovvero lo detiene fuori dei casi di uso personale».

Il compimento dei diversi reati sopra citati nelle piattaforme dedite al commercio di beni e servizi illegali, e più in generale il compimento dei reati informatici, pone delle sfide sempre più difficili da affrontare in capo alle forze di polizia ed investigative di tutto il mondo.

Innanzitutto, si tratta di crimini commessi sul terreno virtuale, che sfuggono ai concetti di territorialità e sovranità fatti propri dal diritto penale.

Inoltre, questi crimini vengono compiuti spesso in una frazione di secondo, e di conseguenza è molto difficoltoso per le forze di polizia riuscire a raccogliere le prove digitali per poi utilizzarle in un eventuale procedimento penale.

Un'altra difficoltà legata al compimento dei crimini nei *black market*, è che questi ultimi, per poter essere investigati e provati, richiedono delle competenze tecniche ed informatiche specifiche che spesso gli operatori di polizia non hanno, competenze legate ad esempio al funzionamento della rete Tor e delle altre tecnologie che garantiscono l'anonimato agli utenti della rete.

Proprio per questo motivo, soprattutto negli ultimi anni, agenzie internazionali dedite alla lotta al crimine, come ad esempio l'Europol e l'Interpol, ma anche organismi nazionali come l'FBI, hanno organizzato vari corsi di formazione a favore delle forze di polizia, per fornire a questi ultimi gli strumenti adeguati attraverso cui poter investigare nell'ambiente del *dark web*, de-anonimizzare gli utenti di Tor che commettono reati e raccogliere prove concrete contro tali individui (Anselmi 2019).

In particolar modo, nel 2015 l'Interpol ha organizzato cinque giorni di formazione in collaborazione con l'Organizzazione per la ricerca scientifica applicata dei Paesi

Bassi (TNO), per investigare il fenomeno delle *darknet* e per simulare la compravendita di beni illegali che avviene nei *black market*. I partecipanti al corso di formazione hanno così compreso il funzionamento tecnico dei suddetti mercati.

Nel 2018, l'Interpol ha inoltre fondato un gruppo di lavoro, il Working Group on Darknet and Cryptocurrencies, dedicato allo studio dell'interazione tra l'utilizzo delle criptovalute e le transazioni llecite che avvengono nei *black market*. Il gruppo di lavoro ha sottolineato come l'utilizzo di criptovalute di nuova generazione, come Monero e Z-Cash, abbia reso arduo e difficoltoso il lavoro di investigazione da parte delle forze dell'ordine, vista la non tracciabilità ed il completo anonimato fornito dalle due criptovalute (Anselmi 2019).

3. Le tecnologie per l'occultamento delle tracce all'interno dei *cryptomarket*

I mercati neri del *dark web* rappresentano una sfida, mai affrontata prima, per le forze dell'ordine e le istituzioni, in quanto essi combinano diverse tecnologie, mai sfruttate tutte assieme in un dato ambiente virtuale, le quali assicurano alti livelli di anonimato, privacy e sicurezza.

Le due tecnologie che assicurano ai criminali un ambiente perfetto in cui poter vendere beni e servizi illegali sono l'utilizzo delle criptovalute come metodo di pagamento e l'utilizzo della crittografia, ed in particolar modo quei software crittografici appartenenti alla famiglia PGP (*Pretty Good Privacy*), per criptare le comunicazioni intercorrenti tra venditori dei diversi *black market* e compratori (European Monitoring Centre for Drugs and Drug Addiction 2016).

Per quanto riguarda il metodo di pagamento utilizzato nei mercati neri del *dark web*, è logico presupporre come non sia possibile utilizzare i tradizionali strumenti di pagamento elettronico, come ad esempio carte di credito, carte di debito, PayPal e simili, in quanto essi sono facilmente tracciabili, e ciò permetterebbe alle forze dell'ordine di risalire agevolmente agli eventuali soggetti di una transazione illecita.

D'altra parte, in questi mercati dell'illecito non è possibile effettuare pagamenti in contanti, in quanto le transazioni avvengono in un ambiente virtuale tra soggetti che non si conoscono, non conoscono le rispettive identità reali, e di certo non si incontrano nella vita reale.

A proposito della facile tracciabilità delle transazioni che avvengono con i tradizionali strumenti di pagamento, basti pensare che uno dei primi mercati neri comparsi nel *dark web*, The Farmer's Market, è stato chiuso dall'FBI perché gli inquirenti sono riusciti in modo agevole a rintracciare le identità reali degli utenti – sia compratori che venditori – che si celavano dietro ai pagamenti, in quanto il suddetto mercato nero utilizzava come metodo di pagamento Paypal e Western Union, i quali erano perfettamente tracciabili (Power 2014).

Non potendo utilizzare né i contanti né i tradizionali strumenti di pagamento, i *black market* di nuova generazione preferiscono impiegare come metodo di pagamento le criptovalute, monete virtuali basate sulla crittografia, in quanto esse non sono facilmente tracciabili, ed assicurano un quasi totale anonimato in capo agli utenti che le utilizzano.

Fino a pochi anni fa, la criptovaluta più utilizzata nei mercati neri del *dark web* per effettuare transazioni illegali era senz'altro il Bitcoin, una moneta elettronica e virtuale nata nel 2009 ad opera di un soggetto sconosciuto, nascosto dietro lo pseudonimo di Satoshi Nakamoto (per approfondimenti vedi Schiaroli 2012). La moneta in questione era evidentemente ritenuta sicura ed anonima dagli amministratori dei vari *black market* che popolavano il web oscuro.

Le persone comuni e i non addetti ai lavori sono portati a credere che il Bitcoin sia una moneta completamente anonima, che cioè garantisca l'anonimato di chi la utilizzi, e che costituisca un metodo di pagamento non tracciabile. In realtà non è affatto così: molti autori (Irwin e Perri 2017) mettono in evidenza il suo carattere di pseudo-anonimità, ovvero di non totale anonimato della moneta in questione.

Ricordiamo infatti che il Bitcoin, per evitare o meglio per risolvere il problema legato al *double spending*, integra una sorta di registro contabile, che sfrutta la tecnologia blockchain, la quale registra tutte le transazioni effettuate utilizzando i Bitcoin. Questo registro contabile è aperto a tutti gli utenti, i quali possono visualizzare le diverse transazioni effettuate con la moneta digitale.

Utilizzando come metodo di pagamento il Bitcoin «l'indirizzo del mittente, l'indirizzo del destinatario e l'importo inviato sono pubblici e tracciabili attraverso riferimenti incrociati. Inoltre grazie alla blockchain tutte le monete trasferite dal mittente al destinatario vengono registrate e rese pubbliche» (Anselmi 2019).

Inoltre, quando un utente acquista dei Bitcoin, nella maggior parte dei casi la modalità di acquisto fa sì che sia facile risalire all'identità del soggetto che si cela dietro quel determinato portafoglio Bitcoin: ad esempio le maggiori agenzie online di scambio ed acquisto di Bitcoin richiedono un documento d'identità per acquistare i Bitcoin.

Nonostante il suo carattere di pseudo-anonimato, e non di totale anonimato come si potrebbe pensare, i criminali utilizzavano comunque i Bitcoin per effettuare transazioni illegali nel *dark web* e per riciclare il denaro sporco online, grazie all'adozione di particolari stratagemmi che permettevano di offuscare le transazioni effettuate utilizzando la criptovaluta.

In particolar modo, per rendere del tutto anonimi ed irrintracciabili i Bitcoin, si possono utilizzare i cosiddetti *mixing services* o *tumbler*, ovvero dei servizi, acquistabili sul *dark web*, che permettono di rendere del tutto anonime le transazioni effettuate con i Bitcoin o altra criptovaluta, mescolando le varie transazioni compiute dai diversi utenti. In questo modo è quasi impossibile per le forze dell'ordine risalire al soggetto che si cela dietro la transazione effettuata (Florindi 2020).

In alternativa, è possibile utilizzare dei portafogli digitali che implementano la sicurezza e l'anonimato degli utenti, come ad esempio Dark Wallet.

Recentemente, il problema del semi-anonimato che caratterizza il Bitcoin è stato risolto con la creazione di nuove criptovalute, definite con il nome di Altcoin – ossia *Alternative Coin*, poiché diverse dal Bitcoin – le quali assicurano un più elevato livello di privacy e di anonimato.

I criminali, soprattutto negli ultimi anni, hanno progressivamente abbandonato l'utilizzo del Bitcoin quale metodo di pagamento utilizzato nelle transazioni illegali, a favore delle nuove criptomonete alternative.

In particolare, recentemente si sono affermate nei mercati neri del *dark web* due criptomonete, Monero e Z-Cash. Utilizzando le due valute digitali, è pressoché impossibile risalire agli utenti che hanno effettuato una determinata transazione (Anselmi 2019).

Per quanto riguarda Monero, si tratta di una criptovaluta che sfrutta due diverse tecnologie, le *ring signatures* – ovvero le firme ad anello – e il *ring CT* (acronimo di *Confidential Transactions*), per assicurare agli utenti alti livelli di privacy.

La prima tecnologia permette di mascherare gli indirizzi degli utenti che utilizzano Monero, poiché «ogni transazione tra due parti viene inserita e raggruppata ad altre transazioni multiple che si verificano tra diverse parti non correlate. Ciò significa che il trasferimento di moneta da un utente A ad un utente B viene mescolato con le altre transazioni degli utenti Monero e spostato casualmente lungo l'elenco delle transazioni, il che rende molto difficile risalire alla fonte o al destinatario» (*ibidem*).

La seconda tecnologia fa sì che gli importi trasferiti durante una transazione vengano raggruppati in più somme, e ciò assicura l'anonimato delle somme spese da un determinato utente in una determinata transazione.

Anche la criptomoneta Z-Cash assicura alti livelli di anonimato e di non tracciabilità, poiché essa dispone di una tecnologia che offusca gli indirizzi dei portafogli virtuali e le somme spese dagli utenti (*ibidem*).

L'altra tecnologia utilizzata nei *cryptomarket*, che permette di garantire l'anonimato ai fruitori dei mercati neri, è l'utilizzo di sistemi crittografici avanzati, affinché le comunicazioni intercorrenti tra venditori e compratori, che magari contengono dei dati sensibili, come ad esempio l'indirizzo del compratore o del venditore, rimangano segrete e siano illeggibili da parte di un ipotetico terzo soggetto estraneo alla comunicazione.

Tra i vari sistemi crittografici utilizzati nei *black market*, sicuramente un ruolo importante è giocato dagli strumenti di crittografia appartenenti alla famiglia PGP (acronimo di *Pretty Good Privacy*), i quali resistono ad eventuali attacchi di forza bruta e si avvicinano alla protezione crittografica utilizzata per scopi militari (Kirov 2018).

4. Sistemi di sicurezza nei criptomercati e metodologie investigative

Nei *black market*, negozi virtuali caratterizzati da privacy e anonimato, i compratori ed i venditori non si conoscono di persona, di conseguenza sembrerebbe molto difficile poter instaurare un rapporto di fiducia tra le due parti sconosciute che vogliano concludere una transazione illegale.

Ricordiamo che nel *dark web* le truffe sono all'ordine del giorno, e ben potrebbe accadere che il compratore, dopo aver fatto un acquisto e pagato la merce in Bitcoin o in altra criptovaluta, non riceva poi la merce acquistata. In questo caso, per l'acquirente sarebbe impossibile annullare la transazione, poiché utilizzando come metodo di pagamento le ciptovalute, la transazione è irrevocabile (Hardy e Norgaard 2016).

Proprio per questo motivo, il compratore non è affatto invogliato a fare acquisti nei numerosi *black market* presenti nel *dark web*.

La stessa problematica si potrebbe avere dal lato del venditore: potrebbe accadere che egli spedisca la merce ordinata dal compratore senza che quest'ultimo voglia pagare preventivamente. Una volta ricevuta la merce, l'acquirente potrebbe rifiutarsi di pagare.

Per ovviare a tale problematica, nella maggior parte dei *cryptomarket* è stato implementato un sistema che ha il compito di garantire i pagamenti. Questo sistema è detto *escrow*, che letteralmente significa deposito in garanzia o conto di garanzia. Si tratta di un sistema che di per sé è perfettamente legale, e che sovente è utilizzato anche negli e-commerce situati nel web di superficie, come ad esempio eBay (Florindi 2020).

In pratica, il compratore che voglia acquistare un determinato bene, rilascia la somma di denaro necessaria a pagare il bene non direttamente al venditore, ma ad un terzo soggetto imparziale che fa da garante. Soltanto una volta che l'acquirente abbia ricevuto il bene oggetto della compravendita, il terzo soggetto che fa da garante rilascia la somma di denaro al venditore.

Per quanto riguardano i *black market*, sono gli stessi che fungono da garanzia tra compratori e venditori. I compratori, dopo aver inserito un oggetto nel proprio carrello virtuale, procedono al pagamento depositando la somma in Bitcoin o altra criptovaluta nel portafoglio virtuale dell'amministratore del mercato. Soltanto quando l'acquirente riceva la merce, e notifichi l'avvenuta consegna del bene al sito stesso, l'amministratore del mercato a questo punto sblocca la somma di denaro e la trasferisce nel portafoglio virtuale del venditore.

Il sistema dell'*escrow* presenta però dei lati negativi se utilizzato nell'ambiente virtuale del *dark web*, poiché l'amministratore del mercato potrebbe chiudere all'improvviso i battenti del mercato nero, intascare i Bitcoin ricevuti dagli utenti a titolo di deposito e fuggire con il denaro.

Si tratta di un fenomeno, il quale avviene sovente nel *dark web*, definito con il termine anglosassone di *exit scam*, ovvero uscita fraudolenta. Il fenomeno in questione ha avuto come conseguenza la diminuzione o la perdita totale di fiducia di compratori e venditori nei confronti dei *black market*.

Per ovviare a tale problema, e quindi per poter attirare e conquistarsi la fiducia di compratori e venditori, molti mercati neri di nuova generazione preferiscono utilizzare, al posto del sistema di garanzia *escrow*, un altro sistema di garanzia detto *multi-signature escrow*. Si tratta di uno strumento crittografico che permette al compratore di depositare la somma di denaro utilizzata per pagare il bene acquistato in un deposito virtuale, il quale per poter essere sbloccato e rilasciare i soldi al venditore, ha bisogno del benestare di almeno due delle tre parti coinvolte nella transazione, ovvero compratore, venditore ed amministratore del mercato. Per una sola parte coinvolta, è impossibile sbloccare i fondi ed impossessarsene (Persi Paoli et al. 2017).

Ma il sistema di *escrow* o in alternativa il sistema di *multi-signature escrow* non sono sufficienti per instaurare un rapporto di fiducia tra i venditori dei *black market* e gli ipotetici compratori.

Un ipotetico compratore che voglia fare acquisti nel *dark web*, come fa a scegliere il *black market* ritenuto più sicuro ed affidabile, tra i tanti presenti? E una volta che l'acquirente scelga il mercato nero ritenuto evidentemente il più sicuro ed affidabile, come fare a scegliere, tra i tanti venditori presenti sullo stesso mercato, quello più affidabile? E dopo che il compratore abbia scelto quel determinato venditore x, facente parte di un determinato mercato nero, quale prodotto scegliere tra gli innumerevoli venduti dal rivenditore x?

Per rispondere a tutte le domande sovraesposte, e per far sì che si instauri un rapporto di fiducia tra venditori e compratori, i *black market* prevedono dei sistemi di *feedback* e di *rating*: gli utenti, dopo aver fatto un acquisto e ricevuto eventualmente la merce, possono, o devono, a seconda dei casi, rilasciare una recensione circa l'acquisto effettuato, dando un voto al venditore, e commentando la qualità della merce, la velocità della spedizione, il ricevimento o meno dei prodotti acquistati.

I sistemi di *rating* e di *feedback* sono anche utilizzati dagli utenti per classificare i vari *black market* in base alla loro affidabilità o meno (European Monitoring Centre for Drugs and Drug Addiction 2016).

Recensioni di questo tipo sono presenti non soltanto nei forum collocati all'interno dei diversi *black market*, ma anche in molti altri siti e forum, presenti non soltanto nel *dark web*, ma anche nel web di superficie: si pensi al celebre forum Reddit, dove esiste una sottosezione dedicata proprio ai *cryptomarket*, ove sono innumerevoli i post pubblicati dagli utenti e riguardanti gli acquisti effettuati nei diversi *cryptomarket*.

Dopo aver analizzato i sistemi di sicurezza adottati nei *black market*, appare opportuno procedere alla trattazione delle diverse metodologie investigative utilizzate per indagare nei mercati neri del *dark* web. Bisogna premettere che per le forze dell'ordine è molto difficile riuscire a penetrare i *black market* e compiere delle investigazioni all'interno di un ambiente virtuale che garantisce elevati livelli di anonimato e di privacy.

Esistono però tre diverse modalità di investigazione – che possono essere eventualmente combinate tra loro – utilizzate sia per scovare ed individuare i *black market* situati nelle profondità oscure della rete, sia per scoprire quali sono gli utenti che partecipano a questi mercati.

La prima modalità di investigazione è quella tradizionale, ove le forze dell'ordine si infiltrino nei *black market* dando vita ad operazioni sotto copertura, fingendosi ad esempio compratori o venditori, interagendo con gli utenti, e riuscendo a conquistarsi la fiducia degli amministratori del mercato. Utilizzando questa modalità investigativa, si riesce a carpire informazioni importanti, utili per risalire ad esempio all'identità dei personaggi coinvolti.

Una seconda modalità investigativa riguarda lo sfruttamento degli errori, siano essi tecnici – si pensi ad un errore nella configurazione di un sito – o umani, commessi dagli amministratori e dai fruitori dei *black market.*

Bisogna infatti sottolineare che l'utilizzo delle diverse tecnologie che garantiscono l'anonimato, come ad esempio Tor oppure i vari software crittografici, non sono sufficienti per assicurare l'anonimato in capo agli utenti, in quanto questi ultimi potrebbero commettere degli errori tali da rimuovere quel velo di anonimato assicurato dagli strumenti tecnologici.

Le due modalità investigative sopra citate, combinate insieme, sono state utilizzate in varie operazioni condotte dall'FBI e dirette contro i maggiori *cryptomarket* situati nel *dark web.*

In particolare, nell'operazione Onymous – svoltasi nel corso del 2014 e che ha coinvolto le forze di polizia di diversi paesi europei insieme agli Stati Uniti – l'FBI è riuscita a smantellare oltre quattrocento *black market*, tra cui il famoso Silk Road 2.0, infiltrandosi nei mercati neri e sfruttando gli errori commessi dagli amministratori degli stessi mercati.

Gli agenti dell'FBI sono riusciti ad individuare e ad arrestare l'unico amministratore del mercato Silk Road 2.0, Blake Benthall, grazie all'infiltrazione di un agente speciale appartenente all' HSI (Homeland Security Investigations), che si è finto un venditore interessato ad entrare nel mercato, ed è riuscito a guadagnarsi la fiducia dello stesso Benthall, riuscendo a carpirgli informazioni preziose circa la localizzazione del server dove era ospitato il sito.

Certamente gli agenti dell'FBI hanno beneficiato anche dei diversi errori commessi da Benthall: il più clamoroso errore è stato quello di utilizzare la propria mail personale per registrare il server su cui era ospitato Silk Road 2.0.

Questa versione ufficiale fornita dall'FBI non convince però molti esperti del settore, i quali hanno invece ipotizzato che la cattura di Benthall e la chiusura del mercato nero Silk Road 2.0, assieme a molti altri mercati neri del *dark web* come Cloud9 e Hydra, sia stata possibile grazie all'utilizzo di una tecnica tesa a de-anonimizzare gli utenti di Tor e quindi a smascherarli.

La tecnica in questione consisterebbe nel controllare un certo numero di *relays* di Tor, potendo avere una visione d'insieme circa la rete Tor, e riuscendo così a «ricostruire il percorso seguito da un utente, e quindi il suo effettivo indirizzo IP» (Florindi 2020).

Non è possibile dimostrare che nel caso di specie sia stato utilizzato questo metodo per de-anonimizzare gli utenti della rete *Tor* e quindi i vari partecipanti ai mercati neri del *dark web*, ma vi sono molti indizi che fanno ritenere molto probabile l'utilizzo di questa tecnica.

Ad esempio Ed Felten, professore di Computer Science and Public Affairs dell'Università americana di Princeton, ha notato come nel periodo precedente alla cattura di Benthall ed alla chiusura dei vari mercati neri tra cui Silk Road 2.0, e precisamente il 30 gennaio 2014, diverse nuove macchine si sono connesse alla rete Tor fungendo da *relays*, potendo così prendere verosimilmente il controllo della stessa rete Tor (Florindi 2020).

Soltanto alcuni mesi dopo, l'organizzazione che controlla e gestisce il progetto Tor, The Tor Project, scopre l'accaduto, e provvede ad espellere i nodi ostili dalla rete Tor.

Appare molto probabile che le forze dell'ordine siano riuscite a de-anonimizzare molti utenti Tor grazie alla tecnica sopra citata.

Questa tecnica rientra nel novero della terza modalità investigativa, quella di utilizzare particolari strumenti tecnologici e software, come ad esempio codici malevoli e virus, i quali permettono di de-anonimizzare gli utenti Tor ed i partecipanti dei vari mercati neri.

Un'altra tecnica utilizzata sovente dall'FBI per penetrare i mercati neri e risalire agli utenti che vi partecipano, e che rientra nella terza modalità investigativa, è quella di avvalersi di un particolare software chiamato NIT, ovvero *Network Investigative Technique* (per approfondimenti vedi: Florindi 2020; Paganini 2019).

Dietro a questo nome così complesso si nasconde in realtà un semplice malware, il quale una volta iniettato nei computer degli ignari utenti che si collegano alla rete Tor, riesce a carpire informazioni preziose circa il dispositivo utilizzato per la connessione e l'indirizzo IP dell'utente. Una volta scoperta questa ultima informazione, è facile risalire al nome, cognome ed indirizzo dell'utente: basta chiedere agli ISP, ovvero ai fornitori dei servizi Internet, gli identificativi degli utenti che si celano dietro determinati indirizzi IP.

Secondo gli esperti del settore informatico, la tecnica in questione sfrutterebbe una vulnerabilità insita nel browser Mozilla, che è parte integrante di Tor, per iniettare questo codice malevolo nei computer degli utenti che utilizzano la rete Tor.

Un'ulteriore tecnica investigativa utilizzata dalle forze dell'ordine, e che può essere ricompresa nella terza modalità investigativa, è quella di tracciare le transazioni effettuate in Bitcoin, e quindi di risalire agli utenti che si nascondono dietro di esse.

Ad esempio, nel 2019, in un'operazione internazionale di polizia, le forze dell'ordine sono riuscite ad individuare e ad arrestare un cittadino della Corea del Sud, il quale era amministratore di un sito, situato nel *dark web*, denonimato Welcome Video, che conteneva materiale pedopornografico e, in particolare, video contenenti abusi e violenze su minori.

Gli agenti statunitensi dell'IRS-Criminal Investigations sono riusciti, nel caso di specie, a risalire in modo agevole all'amministratore della piattaforma tracciando i Bitcoin, i quali erano utilizzati come metodo di pagamento all'interno del sito (Florindi 2020).

Questa operazione non fa altro che confermare il carattere di non assoluto anonimato fornito dai Bitcoin.

5. I metodi di spedizione utilizzati nei *black market*.

Nei *black market*, dopo che un utente abbia concluso una transazione, acquistando un bene e quindi pagandolo in Bitcoin o in altra criptovaluta, la merce deve pervenire nelle mani dell'acquirente.

Nel caso in cui il bene oggetto della transazione sia costituito da un prodotto digitale, come ad esempio un e-book o un account per accedere a determinati servizi, in questo caso non si pongono problemi relativi alla spedizione della merce, in quanto quest'ultima, dopo aver concluso l'acquisto, verrà trasferita virtualmente nella disponibilità dell'utente, il quale potrà immediatamente usufruirne.

Nel caso in cui la merce acquistata sia costituita da un bene fisico, come ad esempio un determinato quantitativo di droga oppure un'arma, si pone in questo caso il problema di come poter spedire la merce all'acquirente, riducendo il rischio che il pacco possa essere intercettato dalle autorità doganali o postali e dalle forze di polizia.

Bisogna premettere che solitamente la merce acquistata nei *dark market* viene recapitata in capo all'acquirente utilizzando il sistema postale ordinario e, soltanto nei casi in cui la merce debba essere spedita oltre i confini del Paese di origine del venditore, oppure nel caso in cui la merce sia di ingente valore, si utilizzano i maggiori corrieri internazionali, come ad esempio Ups e FedEx.

La spedizione della merce e la conseguente ricezione della stessa da parte del compratore costituiscono la fase più delicata dell'intero processo di vendita dei beni illegali nei *cryptomarket*, in quanto durante questa fase, che si svolge interamente offline, si corre il rischio che il pacco possa essere intercettato dalle forze dell'ordine e dalle autorità postali o doganali, e che di conseguenza si possa risalire agli indirizzi del mittente e del destinatario del pacco (European Monitoring Centre For Drugs and Drug Addiction 2016).

Difatti, gli stessi utenti che sono soliti acquistare o vendere prodotti illegali nei mercati neri del *dark web*, percepiscono tale fase come molto rischiosa e delicata, in quanto sono alti i rischi di venire scoperti ed intercettati dalle autorità.

Proprio per evitare che i beni illegali oggetto delle transazioni vengano intercettati, sia i venditori che i compratori hanno elaborato nel corso degli anni diversi stratagemmi e metodi di spedizione, i quali sono indicati nei numerosi forum online e siti dedicati ai mercati neri.

Dal lato del venditore, i possibili stratagemmi adottati da quest'ultimo sono:

- la merce viene spedita in un ufficio postale situato molto lontano dalla zona in cui il venditore risiede abitualmente oppure dove egli lavora;
- il venditore spedisce la merce in un ufficio postale dove le telecamere a circuito chiuso che lo potrebbero identificare sono fuori uso;
- il venditore, invece di spedire la merce in prima persona, può avvalersi della collaborazione di un soggetto terzo, che può essere un suo sottoposto oppure un mulo, il quale in cambio di denaro si accolla il rischio di poter essere intercettato e catturato dalle forze dell'ordine.

Per quanto riguarda l'occultamento della merce da spedire, anche sotto questo punto di vista i venditori dei *black market* elaborano diverse strategie: ad esempio la merce – si pensi ad una partita di droga oppure ad un'arma – può essere spedita assieme ad altre merci che non destano sospetto, come stampanti, DVD, televisori, oppure essa può essere inserita in strumenti musicali contenenti un doppio fondo (Anselmi 2019).

Il venditore, nel caso in cui debba spedire piccoli quantitativi di droga, solitamente predispone delle semplici lettere postali, al cui interno inserire la merce in involucri sotto vuoto che consentano di non far trasparire gli odori o addirittura in buste che permettono di rendere invisibile il contenuto ad una eventuale scannerizzazione. Un altro stratagemma utilizzato spesso dai venditori è quello di inserire esternamente al pacco o alla busta da spedire il finto logo di un'organizzazione umanitaria, come ad esempio Emergency o Unicef.

Inoltre, visto che le spedizioni internazionali vengono solitamente controllate maggiormente rispetto a quelle che avvengono a livello nazionale, i venditori dei mercati neri sono più propensi a spedire la merce all'interno del loro stesso Paese di residenza, e non all'estero.

Anche dal lato del consumatore, esistono vari stratagemmi per evitare che il pacco contenente un bene illegale possa essere intercettato dalle forze dell'ordine e che si possa risalire al destinatario del pacco.

Gli acquirenti possono ad esempio inserire degli indirizzi o dei nominativi falsi a cui farsi recapitare la merce – questo stratagemma è però sconsigliato dai venditori dei *black market* in quanto le autorità postali o doganali potrebbero insospettirsi – oppure possono fornire un indirizzo corrispondente ad un'abitazione abbandonata, di modo che il giorno della consegna l'acquirente si possa presentare a questo indirizzo per ritirare il pacco.

Un'altra modalità per garantire l'anonimato e la privacy del compratore è quella di affittare delle caselle postali, le quali dietro un determinato corrispettivo ricevono la merce ed in modo automatico la rispediscono al fruitore del servizio. In poche parole, quando l'acquirente acquista un bene, invece di fornire al mittente il proprio indirizzo di casa, fornisce l'indirizzo della casella postale. Una volta che la merce venga ricevuta all'indirizzo della casella postale, la stessa merce verrà poi rispedita automaticamente all'indirizzo di casa del compratore (Kirov 2018).

6. *Case study*: Silk Road

Tra i tanti *black market* che nel corso degli anni hanno popolato le profondità più oscure e remote del web, il più famoso e popolare, tanto da essere conosciuto anche dalle persone comuni, è stato certamente Silk Road, piattaforma dedicata al commercio di beni prevalentemente illegali, la quale ha operato per un periodo di tempo compreso tra gennaio 2011 ed ottobre 2013.

Questa piattaforma virtuale ricalcava i famosi siti di e-commerce presenti nel web in chiaro, come ad esempio Amazon ed eBay, e si presentava come un sito di intermediazione che favoriva l'incontro tra venditori e compratori, offrendo un luogo virtuale del tutto anonimo, sicuro e privo di rischi in cui effettuare transazioni illegali.

Silk Road si presentava come un sito ben fatto, dalla grafica moderna ed accattivante.

Al suo interno venivano vendute diverse categorie di merce, tra cui anche beni perfettamente legali come ad esempio libri, gioielli, oggetti erotici ed e-book. La categoria merceologica più redditizia era però costituita da droghe di ogni genere. In particolar modo, era la cannabis la sostanza più venduta sul sito (Colombini 2016).

L'amministratore e fondatore del sito, Ross Ulbricht, era portatore di una propria etica personale, e di conseguenza vietava su Silk Road la vendita di beni e servizi contraddistinti da una pericolosità sociale elevata, e che potevano nuocere alla collettività, come ad esempio armi, materiale pedopornografico, carte di credito rubate, servizi per ingaggiare killer ecc (Frediani 2014).

Sebbene il sito fosse il luogo d'incontro tra venditori e compratori provenienti da ogni angolo del globo, in realtà la maggior parte delle transazioni avvenivano tra venditori e compratori residenti negli Stati Uniti d'America.

La stragrande maggioranza dei venditori, residenti negli Stati Uniti, spediva la merce soltanto all'interno dei confini nazionali, in quanto le spedizioni internazionali erano molto più rischiose e facilmente soggette ad eventuali controlli postali e doganali.

La piattaforma che ospitava Silk Road era situata all'interno di un servizio nascosto della rete Tor, e di conseguenza soltanto gli utenti che disponevano del software Tor potevano accedere al sito.

Una volta scaricato Tor, era relativamente semplice, per un ipotetico acquirente, accedere a Silk Road ed acquistare beni illegali. Bastava semplicemente registrarsi al sito, scegliere un nickname, una password, un codice identificativo per portare a termine le transazioni, ed infine bisognava risolvere un CAPCHTA . Dopo aver portato a termine la registrazione, l'utente poteva accedere alla pagina principale del sito, iniziando a navigare ed acquistare all'interno del bazar.

Per ogni singolo venditore che operava sul sito, era presente una pagina personale, la quale conteneva informazioni specifiche sul venditore, sui prodotti che egli forniva, sulle modalità di spedizione della merce, sui tempi di consegna del bene, e sull'eventuale rimborso del denaro in caso di mancata consegna del bene (Colombini2016).

Una volta scelto il prodotto d'interesse, l'utente doveva semplicemente aggiungerlo al carrello virtuale, e dopo aver cliccato sul pulsante "Buy me", procedere al pagamento in Bitcoin, unica metodo di pagamento accettato.

Silk Road garantiva ai propri utenti anonimato e sicurezza grazie all'utilizzo congiunto della rete Tor, dei Bitcoin e della crittografia PGP.

Per quanto riguardava la fiducia dei compratori nei confronti del mercato Silk Road ed in particolar modo nei confronti dei diversi venditori, essa era garantita dall'utilizzo di un sistema di *escrow*, oltre che dall'utilizzo di meccanismi di feedback e di rating.

Per ogni transazione effettuata su Silk Road, il sito tratteneva una commissione sulle vendite che poteva variare tra l'8% e il 15%.

Una volta acquistato il bene, questo veniva spedito in tempi relativamente brevi attraverso il servizio postale o tramite corriere. A tal proposito, il sito raccomandava ai suoi utenti di non utilizzare come indirizzo di spedizione il proprio vero indirizzo, ma uno fasullo, o in alternativa di usufruire delle caselle postali.

Nel corso degli anni, diversi ricercatori (Aldridge e Decary-Hetu 2014) hanno studiato ed indagato il fenomeno rappresentato da Silk Road, il quale ha dato vita ad un nuovo paradigma criminale.

Alcuni autori hanno paragonato Silk Road ad una sorta di eBay o Amazon dedito però alla vendita di sostanze stupefacenti e psicotrope, mettendo in evidenza come la maggior parte dei consumatori fosse, a loro parere, costituita da singoli acquirenti i quali acquistavano la droga per uso esclusivamente personale.

Altri autori hanno invece smentito questa supposizione, evidenziando come Silk Road ricavasse i maggiori profitti non dalla vendita di sostanze stupefacenti a singoli acquirenti in cerca di piccoli quantitativi di droga per uso personale, ma dalla vendita di droga a spacciatori i quali acquistavano all'ingrosso su Silk Road grandi quantitativi di stupefacenti per poi rivenderli offline.

Visto che la droga acquistata sul bazar era caratterizzata da una qualità purissima e da un prezzo relativamente basso – basti pensare che una partita di droga poteva essere venduta per una cifra intorno ai mille dollari – gli spacciatori avevano convenienza ad acquistarla su Silk Road e poi a diluirla o tagliarla con sostanze di scarsa qualità, rivendendola infine nelle principali piazze di spaccio, ricavandone in questo modo un ingente guadagno.

Nonostante il sito abbia operato per un lasso di tempo relativamente breve, il governo degli Stati Uniti d'America ha stimato che Silk Road, prima della sua chiusura ad opera dell'FBI, abbia generato un giro d'affari di circa 1,2 miliardi di dollari.

La parabola di Silk Road si conclude in modo brusco nell'ottobre del 2013, quando Ross Ulbricht, presunto amministratore della piattaforma virtuale, viene arrestato in una libreria pubblica di San Francisco, ed il sito viene chiuso dall'FBI.

Coloro che utilizzavano Silk Road per effettuare la compravendita di beni illegali, così come i normali utenti che utilizzavano la rete Tor, mai avrebbero immaginato che le forze di polizia sarebbero riuscite ad individuare il sito, a chiuderlo, ed infine ad identificare e arrestare il suo amministratore, viste le presunte caratteristiche di anonimato e sicurezza che circondavano il mercato in questione, e più in generale la rete Tor.

Lo stesso amministratore del sito, che si scoprirà essere Ross Ulbricht, si nascondeva dietro lo pseudonimo di Dread Pirate Roberts.

L'FBI, che è riuscita nel difficile compito di individuare il sito incriminato e di identificare ed arrestare l'amministratore di Silk Road, ha affermato nella sua versione ufficiale di aver utilizzato, nel caso di specie, i tradizionali strumenti investigativi per penetrare nel mercato, come ad esempio l'attività sotto copertura e l'infiltrazione nello stesso mercato da parte dei suoi agenti, e di aver sfruttato i diversi errori commessi da Ross Ulbricht.

Bisogna infatti sottolineare come l'utilizzo delle tecnologie di anonimizzazione, come ad esempio Tor oppure i diversi software crittografici, costituisce un requisito necessario ma non sufficiente per garantire l'anonimato in capo ad un determinato soggetto, in quanto quest'ultimo può compiere degli errori tali da far trapelare la propria vera identità.

Dagli atti delle indagini condotte dall'FBI – indagini iniziate già pochi mesi dopo la nascita di Silk Road – è emerso che Ulbricht abbia commesso diversi errori, sfruttati dagli agenti per ricollegarlo al mercato nero.

Tra questi, il più grave e vistoso risale all'ottobre del 2011, quando Ulbricht, nascosto dietro il nickname di Altoid, scrive un post su di un forum situato nel web di superficie, Bitcointalk, dove dichiara di essere in cerca di un esperto informatico e programmatore, e indica come recapito l'indirizzo di posta elettronica personale: rossulbrich@gmail.com. Questo elemento consente di collegare il nickname Altoid allo stesso Ross Ulbricht.

Gli agenti dell'FBI sono riusciti in modo agevole a localizzare il *server* che ospitava Silk Road grazie ad un errore, stavolta tecnico, commesso dal programmatore del sito: il sito avrebbe presentato un errore di configurazione (U.S. Army Command and General Staff College 2017).

La versione ufficiale fornita dall'FBI non convince però diversi esperti: è possibile che essa non corrisponda alla realtà, e che costituisca piuttosto una ricostruzione parallela cucita ad arte dall'FBI.

Diversi esperti di informatica e di *digital forensics* hanno ipotizzato che la cattura di Ulbricht sia stata possibile non grazie agli errori commessi dal giovane, ma grazie all'attività di sorveglianza massiccia intrapresa da diverse agenzie statunitensi, *in primis* l'NSA, per controllare e spiare i cittadini americani (Frediani 2014).

L'amministratore di Silk Road viene arrestato dagli agenti dell'FBI il 3 ottobre 2013, in una biblioteca pubblica di San Francisco. Infatti, nei giorni precedenti al suo arresto, era emerso che Ulbricht fosse solito collegarsi al sito di Silk Road dal suo PC sfruttando la connessione gratuita fornita dalla biblioteca di Glenn Park.

Gli agenti incaricati di arrestarlo, per poter raccogliere prove certe a suo carico – prove contenute certamente nel PC che egli utilizzava abitualmente – hanno dovuto escogitare un'astuzia: essi hanno finto di essere due fruitori della biblioteca che stavano litigando in maniera furibonda. Mentre Ulbricht si è distratto assistendo al finto litigio, un altro agente dell'FBI ha ottenuto il controllo del PC del giovane ed ha copiato l'intero contenuto del dispositivo in una chiavetta USB, effettuando poi anche diversi screenshot dell'attività che Ulbricht stava svolgendo al suo PC (Costante 2021).

L'amministratore del *dark market*, dalla sua postazione alla biblioteca pubblica, aveva effettuato l'accesso ad un forum, facente parte del mercato virtuale di Silk Road, utilizzando il nickname Dread Pirate Roberts, ed era poi entrato nello stesso sito di Silk Road come amministratore di sistema, utilizzando il nickname Mastermind, avendo l'accesso totale al sito, anche dal punto di vista finanziario, potendo accedere al portafoglio virtuale del sito che conteneva ingenti somme di denaro in Bitcoin.

Senza ombra di dubbio, Ross Ulbricht altri non era che Dread Pirate Roberts, amministratore al timone di Silk Road.

Il giovane viene arrestato con vari capi d'accusa pendenti a suo carico, tra cui riciclaggio di denaro, traffico di sostanze stupefacenti ed associazione a delinquere. Il tribunale di New York lo condanna all'ergastolo per i diversi reati sopra citati.

L'FBI provvede a chiudere definitivamente il mercato nero e a sequestrare 144.000 Bitcoin, aventi un valore di circa 150 milioni di dollari, contenuti nel portafoglio virtuale del sito e amministrati dal giovane Ulbricht.

Nonostante la sua fine rovinosa, Silk Road rimarrà un modello da seguire per gli altri mercati neri del dark web creati negli anni a venire.

Bibliografia

Aldridge J., Decary-Hetu D., *Not an 'Ebay for Drugs': The Cryptomarket 'Silk Road' as a Paradigm Shifting Criminal Innovation*,13 maggio 2014, in http://dx.doi.org/10.2139/ssrn.2436643

Anselmi A., *Onion routing, cripto-valute e crimine organizzato*, Quaderni di C.R.S.T. Centro Ricerca Sicurezza e Terrorismo, Pacini Editore, 2019.

Bassi N. L., *Nulla accade per caso nel deep web e nel dark web*, tesi di laurea, Università di Bologna, Scuola di scienze, Corso di laurea in ingegneria e scienze informatiche, anno accademico 2017-2018, relatore prof. Claudia Cevenini.

Colombini M. C., *La ricerca e l'analisi del Deep web: i Black market*, Sicurezza e Giustizia, NUMERO IV / MMXV, 2016, in https://www.sicurezzaegiustizia.com/la-ricerca-e-lanalisi-nel-deep-web-i-black-market/.

Costante M., *Deep web e dark web: cos'è e come funziona la rete nascosta del deep web e il fenomeno criminale dei black Market nel dark web*, Portici di Carta, 2021, Kindle edition.

European Monitoring Centre For Drugs And Drug Addiction, Europol, *Drugs and the darknet: Perspectives for enforcement, research and policy*, EMCDDA–Europol Joint publications, Publications Office of the European Union, 2017, Luxembourg.

European Monitoring Centre For Drugs And Drug Addiction, *The internet and drug markets*, EMCDDA, Insights 21, Publications Office of the European Union, Luxembourg, 2016.

Florindi E., *Deep web: Vizi privati e pubbliche virtù della navigazione in rete*, Lindau, Torino, 2020, Kindle edition.

Frediani C., *Deep web. La rete oltre Google. Personaggi, storie, luoghi dell'internet profonda*, Quintadicopertina, 2014, Kindle edition.
Hardy R. A., Norgaard J. R., *Reputation in the Internet black market: An empirical and theoretical analysis of the Deep Web,* Journal of Institutional Economics, 12(3), 515-539, 2016, doi:10.1017/S1744137415000454.
Irwin A.s.m., Perry R., *Tracking digital footprints: anonymity within the Bitcoin system*, 2017, Research Paper, pubblicato da Emerald Publishing Limited.
Kirov S., *Deep Web: come vendere e acquistarenel lato oscuro della rete*, Kindle edition, 2018.
Kruithof K., Aldridge J., Decary-Hetu D., Sim M., Dujso E., Hoorens S., *Internet-facilitated drugs trade: An analysis of the size, scope and the role of the Netherlands*, WODC, Ministerie van Veiligheid en Justitie, 2016, in https://www.rand.org/pubs/research_reports/RR1607.html.
Paganini P., *Digging the Deep Web: Exploring the dark side of the web*, Kindle edition.
Persi Paoli G., Aldridge J., Ryan N., Warnes R., *Behind the curtain: The illicit trade of firearms, explosives and ammunition on the dark web*, Santa Monica, CA: RAND Corporation, 2017.
Pizzuti M., *Criptocrazia non autorizzata: Dark web, bitcoin, fake news, profiling illegale e le nuove frontiere della schiavitù digitale*, Edizioni Il punto d'Incontro, Vicenza 2018, Kindle edition.
Power M., *Drugs 2.0 - the web revolution thats changing how the world gets high*, Portobello Books, London, 2013, 2014, Kindle edition.
Power M., *Online highs are old as the net: the first e-commerce was a drugs deal*, 2013, in https://www.theguardian.com/science/2013/apr/19/online-high-net-drugs-deal.
Reputation-Manager, *La via della seta per il commercio di farmaci: il deep web*, in *https://www.reputation-manager.it/news/reputation-blog/la-via-della-seta-per-il-commercio-di-farmaci-il-deep-web.*
Schiaroli I. W., *Dark Web & Bitcoin: La nuova èra della rete*, Lantana Editore, 2012, Kindle edition.
Trua T., *Deep web: il lato oscuro della rete*, Bitbiblos, Kindle edition.
U.S. Army Command And General Staff College, *Government Activities to Detect, Deter and Disrupt Threats Enumerating from the dark web*, Fort Leavenworth, KS, 2017, Kindle edition.
Wojtowicz P., *Darknet e deep web: il lato oscuro del web per la privacy e la protezione dei dati*, tesi di laurea, Università di Bologna, Scuola di ingegneria e architettura, Corso di Laurea in Ingegneria Elettronica, Informatica e Telecomunicazioni, anno accademico 2013 2014, relatore prof. Andrea Omicini.

Capitolo X
Metodologia d'analisi dei dati, strumenti e programmi per l'informatica forense

Flaviano Peluso

1. Gli strumenti: la copia forense, *write blocker*, copiatore forense e marche temporali

La prova informatica, essendo composta da una sequenza di stringhe in codice binario, quindi una complessa composizione di zero e di uno, si presta facilmente all'alterazione. D'altronde il dato informatico, per quanto possa essere preservato, si presenta come un elemento immateriale che può essere facilmente compromesso e modificato, anche in maniera apparentemente impercettibile. Come si è già avuto modo di dire nel corso della nostra trattazione, l'originale e la copia di un file informatico sono apparentemente indistinguibili, benché l'impronta e i metadati sottesi possono evidenziare le differenze. Si deve rammentare che, qualora un file fosse aperto e successivamente salvato, risulterebbe comunque alterato. Tutto questo può sembrare una immotivata complicazione ma la questione assurge ad un ruolo rilevante se inserita in un contesto giuridico.

In realtà l'obbiettivo è sempre di preservare la prova garantendone la genuinità.

Ne consegue che ogni minuta attività di alterazione del dato informatico risulta, di per sé, idonea a rendere la prova confutabile, in quanto compromessa. Non potrebbe essere altrimenti poiché se si aprisse il campo a visioni più permissive, si finirebbe per non aver più strumenti per verificare l'originalità della prova.

Premesso quanto appena detto, l'attività di gestione della prova informatica deve essere insindacabilmente coerente con la finalità di non alterare il dato. Quest'ultimo deve restare sempre integro e permettere la dimostrabilità che non ha subito manipolazioni e/o alterazioni.

Dunque, per il *digital forensics expert*, vi è l'esigenza di muoversi rispettando delle basilari precauzioni per non inficiare tutto il suo lavoro. Per tali ragioni, è necessario ricorrere ad alcuni accorgimenti quali l'applicazione di marche temporali e la realizzazione di copie forensi. In realtà sarebbe possibile anche una terza via ma vi è da valutarne l'effettiva utilità nonché il bilanciamento degli interessi contrastanti. Questa terza via potrebbe essere il sequestro del dato ma, per realizzarlo, talvolta si incorre in incresciose situazioni dettate dalla inesperienza o dalla scarsa dimestichezza con gli strumenti informatici.

Quindi l'utilizzo dello strumento del sequestro deve essere posto in essere unicamente nei casi strettamente necessari secondo le modalità già viste nei precedenti capitoli.

Si evidenzia che la prassi empirica dimostra che le forze dell'ordine tendono (anche se ciò sembra in lieve flessione) a prediligere il sequestro piuttosto che l'esecuzione di altre modalità meno invasive.

I vantaggi legati al sequestro sono molteplici ma devono, ovviamente essere bilanciati con l'opportunità valutati con un raffronto fra costi e benefici. L'attività di sequestro ha il pregio di essere veloce, in quanto il supporto può essere rapidamente trasportato in luogo protetto (purché ciò avvenga seguendo le idonee modalità). Il sequestro garantisce anche una facilità nell'esecuzione, realizzandosi in modo che chiunque possa eseguirlo senza doversi curare di effettuare delle duplicazioni forensi (quindi attraverso una duplicazione bit-a-bit e consequenziale validazione con codice di hash). Infine il sequestro può preservare elementi di prova fisici quali impronte digitali, tracce biologiche, ematiche, polveri o pollini utili per l'investigazione.

Di contro il sequestro ha diversi limiti anche piuttosto evidenti.

Prima di tutto non sempre è possibile, si immagini il caso di dati presenti nel cloud, In questo caso emergono due problemi: a) appare superfluo bloccare l'intera struttura informatica poiché nata per erogare servizi a decine di migliaia di utenti estranei all'attività investigativa; b) vi può essere una dislocazione del dato su differenti server ubicati in varie parti del mondo. Porre sotto sequestro il dato vorrebbe dire tentare di eseguire un blocco di tutti i server coinvolti. Inoltre, sequestrare un server, creerebbe difficoltà sia in ambito tecnico che giuridico. Infatti sarebbero necessarie delle attività di coordinazione con le autorità dello stato in cui è ubicato il server onde procedere congiuntamente.

In altri casi i dati possono essere ubicati in dispositivi od in reti di primaria importanza ovvero infrastrutture critiche (Contaldo e Peluso 2015). Dunque porre sotto sequestro quest'ultime vorrebbe dire cagionare un danno non tollerabile. Per chiarificare si immagini l'esigenza di porre sotto sequestro un computer di controllo di una centrale elettrica ovvero del sistema di approvvigionamento della rete idrica.

In questi casi, come ovvio, non si può bloccare l'intera rete.

Al fine di prevenire tali evenienze si predilige realizzare una copia forense apponendovi una marca temporale. In tale maniera si può mettere in sicurezza la prova e garantirne la purezza e l'originalità. In altre parole conservarne la validità giuridica.

Evidenziato quanto precede è il caso di ricordare come si realizza una copia forense (c.d. bit-stream image).

Prima di tutto occorre chiarire che la copia forense si differenzia da una normale operazione di "copia e incolla" dei file informatici in quanto verrà a copiare porzioni più estese della memoria.

Infatti, la copia sarà realizzata con la produzione di una sequenza sovrapponibile in ogni suo bit. Questo vuol dire che devono essere copiati anche tutti i file presenti nel filesystem, ivi comprese le aree prive di dati rilevabili. Tant'è vero che se ciò non avvenisse la copia sarebbe comunque difforme perché non sarebbe il "clone" dell'originale ma, bensì, la mera estrapolazione dei dati presenti sull'originale. Vi è anche una ragione più pratica per procedere in questa maniera giacché le parti di disco non allocate possono nascondere delle tracce di file. Possono, altresì, permettere di recuperare file cancellati ovvero informazioni che, apparentemente, non sono più disponibili.

Realizzare una copia forense, peraltro, consente di utilizzare gli stessi modelli di compressione senza che i dati siano posizionati in modo differente dall'originale. In altri termini, benché si parli comunemente di "copia forense" il termine sembra improprio perché si presta a rendere l'equivoco di qualcosa che sia trascritto. In realtà la bit-stream image è un clone dell'originale, indistinguibile e sovrapponibile ad esso in ogni minimo dettaglio. A dimostrazione che il file così ottenuto è identico all'originale, si può ricordare che una copia forense può essere utilizzata sul dispositivo da cui è stata tratta senza che la macchina si accorga che il file è diverso dall'originale.

Dunque l'uso della copia forense permette di recuperare una mole di dati importanti ai fini investigativi come la possibilità di recuperare i file cancellati, acquisire i dati presenti nello slack space, i file di log e le date di creazione e modifica dei file copiati.

In altri termini la copia forense deve garantire il soddisfacimento di cinque caratteristiche:

1. L'integrità del dato scongiurando la presenza di alterazioni
2. La completezza del dato in quanto conterrà tutto ciò che è presente nell'originale
3. L'autenticità confermando la provenienza del dato.
4. L'immodificabilità in quanto avrà dei sistemi che ne inibiranno le modifiche.
5. La veridicità intesa come dimostrabilità delle operazioni di estrazione delle risultanze.

La copia forense può essere acquisita in due differenti modalità. La prima riguarda la clonazione della memoria con la tecnica della copia bit-to-bit. Nello specifico riguarda la descrizione fatta fino a questo momento.

La seconda avviene con la realizzazione di una immagine del disco detta *raw*. La principale differenza è che in questo caso si sta scrivendo su un file all'interno del filesystem contenuto nel disco destinazione, quindi non direttamente sul disco al posto del filesystem.

Le principali modalità acquisizione delle immagini, utilizzate spesso in alternativa alla modalità raw per risparmiare spazio, sono EWF (Expert Witness Format), impiegato dal software Encase ed AFF (Advanced Forensics Format).

Questo secondo metodo permette di risparmiare spazio, inoltre consente di realizzare più copie immagine su cui lavorare e sperimentare sistemi di estrazione dei dati. Il principale svantaggio è che i tempi per effettuare l'immagine sono nettamente più dilatati.

Quando si maneggia una copia informatica è indispensabile utilizzare i c.d. *write blocker* che sono dei dispositivi hardware o software che permettono di accedere ai dati evitando che l'operatore, anche solo esaminando la memoria, possa provocare quelle automatiche operazione di sovrascrittura. Infatti, durante la fase di acquisizione dei dati dalla memoria, anche solo collegando la memoria ad un computer, avvengono automaticamente delle modifiche ai dati in esso contenuti (a causa delle operazioni di mounting).

I software di write blocker inibiscono le operazioni di sovrascrittura durante la fase di caricamento e montaggio delle memorie. Quindi bloccano i flussi di dati bidirezionali lasciando la sola possibilità di estrarre dati senza trascrivere nulla, realizzando una perfetta modalità di sola lettura.

Alcuni tool gratuiti per svolgere queste attività per Windows sono Bytescout USB Locker e Document Solutions USB Write Blocker.

I write blocker su dispositivi di tipo hardware, invece, realizzano il *forensic bridge,* costruendo un ponte che evita le operazioni di scrittura sulla memoria in lettura. Il vantaggio è che sono abbastanza maneggevoli e possono sempre essere trasportati e collegati ai dispositivi. In genere, i write blocker hardware hanno forma e dimensioni di un lettore di CD-Rom.

In alternativa possono essere usati i copiatori forensi, dispositivi hardware che permettono di clonare i dati senza alterare la memoria da cui si estraggono i file.

Quanto agli strumenti per validare la copia informatica, occorre dire che si può procedere con l'apposizione di un codice di hash. Esso rafforza la valenza permettendo l'osservazione dell'impronta del dato verificando che non sia manipolato o alterato. Infatti ogni codice di hash risulta univoco e, quindi, in caso di minima alterazione, essa risulterà evidente perché mostrata attraverso un differente codice di hash.

L'apposizione di una marca temporale, invece, può assicurare l'esatta individuazione del momento in cui è avvenuto un dato evento. Giuridicamente viene a produrre la certificazione che quel dato è stato creato in quello specifico momento.

La sua apposizione viene realizzata con la generazione di una firma digitale del documento realizzata da un terzo soggetto (l'ente certificatore accreditato). Quest'ultimo, al momento dell'istanza, verificherà la data e l'ora e poi provvederà a produrre la certificazione sul documento.

Sulla valenza della marca temporale è intervenuta la Cassazione precisando che è un servizio specificamente volto ad associare data e ora certe e legalmente valide ad un documento informatico, consentendo, quindi, di attribuirgli una validazione temporale opponibile a terzi (cfr. D. Lgs. n. 82 del 2005, art. 20, comma 3, cd. Codice dell'Amministrazione Digitale). Il servizio di marcatura temporale, peraltro, può essere utilizzato anche su files non firmati digitalmente, parimenti garantendone una collocazione temporale certa e legalmente valida. La marca temporale, dunque, attesta il preciso momento in cui il documento è stato creato, trasmesso o archiviato. Infatti, quando l'utente, con il proprio software, avvia il processo di apposizione della marca temporale sul documento (informatico, digitale o elettronico), automaticamente viene inviata una richiesta contenente una serie di informazioni all'Ente Certificatore Accreditato (qui, come si è detto, individuato in [omissis]), che verifica in maniera simultanea la correttezza della richiesta delle informazioni, genera la marca temporale e la restituisce all'utente. Questo processo automatico ed immediato garantisce la sicurezza e la validità del processo di marcatura» (Cass. civ. ord. n. 4251/2019).

2. La preservazione della prova

La gestione ottimale delle operazioni di acquisizione è indispensabile per non rendere inutilizzabile il dato che potrebbe diventare elemento di prova. Pertanto occorre adoperare le adeguate cautele per cristallizzare lo stato della prova evitandone eventuali alterazioni o danneggiamenti.

Pertanto, i supporti dovrebbero essere manipolati con le medesime accortezze come se fossero modificabili. Inoltre dovrebbero essere adottate le misure necessarie ad impedire il deperimento o l'alterazione, anche accidentale, dei dati. Infatti, benché possa apparire piuttosto esagerato, il *digital forenics expert* deve ragionare valutando tutte le possibili difficoltà che potrebbe trovare. Si immagini l'ipotesi dell'esecuzione in una copia forense, quindi con duplicazione bit-a-bit che, nel bel mezzo delle operazioni, venga interrotta bruscamente da un improvviso calo di corrente elettrica sulla rete.

Questo banale inconveniente può essere di per sé idoneo ad invalidare l'intera attività investigativa. Infatti il semplice riavvio di un dispositivo produce la perdita della memoria volatile RAM e, nel bootstart una automatica, seppur invisibile, riscrittura di campi di memoria preesistente. La situazione verrebbe decisamente a complicarsi in modo catastrofico se il dispositivo in esame fosse stato rinvenuto *sbloccato* da sistemi di sicurezza e, dopo il riavvio, i meccanismi di protezione si fossero riattivati.

Quindi, per ovviare a questo inconveniente, il *digital forensics expert* dovrebbe sempre disporre di un gruppo di continuità portatile. Questa semplice esemplificazione di casistiche ci deve far ragionare in modo da essere accorti a valutare tutti gli scenari nefasti possibili. D'altronde solo sapendo quali possono essere i pericoli si può operare per la messa in sicurezza dell'intera attività.

Per fare questo occorre utilizzare le conoscenze informatiche maturate ed identificare i possibili pericoli che, a seconda del dispositivo, possono presentarsi. Si ricorda che, a prescindere situazioni comuni a tutte le tipologie di dispositivo in esame, vi possono essere variegate problematiche che hanno possibile manifestazione solo in determinati tipi di dotazioni tecnologiche. L'analisi di un supporto magnetico, di un nastro magnetico, di un supporto ottico, di una memory card o di un PC avranno criticità differenti.

Sicché, a giudizio di chi scrive, sembra proficuo effettuare una breve disamina delle più comuni difficoltà che si possono rinvenire e dei rimedi adottabili.

Principiando dalle casistiche afferenti ai supporti magnetici c'è sempre il rischio di una possibile, talvolta anche accidentale, smagnetizzazione del supporto stesso. La mera esposizione del supporto ad un campo magnetico d'intensità abbastanza modesta potrebbe essere un serio pericolo per l'integrità dei dati. Infatti la perdita, seppur parziale dei dati, può da un lato comportare l'ovvia scomparsa di possibili elementi di prova che non potrebbero più essere recuperati.

I rischi ora esposti possono essere contenuti, seppur non ci sentiamo di dire che essi possano essere eliminati del tutto, utilizzando delle cassette metalliche ignifughe trasportabili. Analogamente possono risultare altrettanto utili i sacchetti antistatici che sono capaci di salvaguardare i supporti elettrici come nel caso degli hard dis*k*.

Ben differente è la situazione per quanto riguarda i nastri magnetici che, per loro natura, sono molto più delicati. Infatti, oltre ad essere altamente suscettibili a variazioni di campi magnetici circostanti, risultano esposti a pericoli provenienti sia da condizioni climatico-ambientali che da agenti invisibili quali le polveri.

Quindi è buona norma riporre i nastri nelle custodie originali in quanto la contaminazione di polveri esterne può danneggiarli così come l'esposizione a fonti di calore o di freddo. Anche variazioni di umidità possono influenzare così come vibrazioni od urti. In ogni caso è sempre dovere, sia giuridico che tecnico, effettuare delle repertazioni precise. Un esempio può aiutarci a comprendere quanto si sta dicendo: si immagini di dover repertare una confezione di 20 nastri magnetici o floppy disk inserendoli in un contenitore idoneo ed identificandoli con la generica descrizione "20 nastri magnetici". In questo caso la repertazione ha un vistoso vizio che rischia di invalidare totalmente l'utilizzo della prova. Una simile operazione espone ad una pluralità di contestazioni processuali quali, ad esempio: Cosa c'era sui nastri quando sono stati repertati?

Saranno gli stessi nastri rinvenuto o saranno stati sostituiti?

Il contenuto sarà lo stesso originariamente rinvenuto oppure hanno subito alterazioni?

Tutte domande che troverebbero difficile risposta ma che rischiano seriamente di compromettere l'intera attività investigativa.

Passando alla valutazione dei rischi connessi ai supporti ottici va ricordato che, in questo caso, il problema della preservazione non è legato all'eventuale interazione a campi magnetici ma alla esposizione a fonti di calore o di luce. Infatti i CD, i DVD i Blu-ray ecc. se esposti alla luce diretta del sole per alcune ore possono essere danneggiati irrimediabilmente. Dunque è necessario imbustarli (repertandoli a dovere) in sacchetti che li proteggano dalla luce (es. sacchetto di plastica opaca).

Si sottolinea che i supporti con caratteristiche RW sono rescrivibili e, quindi, molto più minacciati da possibili alterazioni. Per ovviare detti pericoli serve la massima accortezza e la puntuale apposizione di sigilli per preservarne l'integrità oltre che ed una perfetta gestione della catena di custodia.

Giungendo ora ad osservare i pericoli afferenti alle memory card e flash disk si deve ricordare che, codesti supporti, per le loro peculiari caratteristiche possono essere assimilati agli hard disk e, pertanto, soggetti a pericoli derivanti da forti campi magnetici. Tuttavia, a differenza degli hard disk, non hanno parti in movimento. Dunque non avranno particolari problemi con vibrazioni od urti ma saranno molto più soggetti a danni derivanti da schiacciamento e flessione (schiacciare un HD richiede molta più pressione rispetto ad una memoria USB).

Laddove la memoria abbia uno switch per la protezione hardware, è bene che sia posizionata su "solo lettura" onde evitare accidentali manomissioni alla memoria. Questo tipo di memorie hanno spesso i contatti a vista, quindi è bene usare sacchetti antistatici onde escludere danni derivanti da cariche elettrostatiche.

L'attività svolta dal *digital forenics expert* deve essere effettuata in maniera cauta e procedurale. In particolare occorre sempre mettere in sicurezza l'elemento di prova, effettuare una copia forense e lavorare su di una di esse, onde escludere il pericolo di danneggiare la prova stessa.

È di primaria importanza garantire l'esatta repertazione di quanto preso in osservazione, evidenziare tutti i passaggi e comandi eseguiti, così da permettere la verifica delle risultanze ottenute.

3. *Live forensics* e *post mortem forensics*

Come si è detto nei capitoli che precedono, la *computer forensics* è la scienza che studia l'individuazione, la conservazione, la protezione, l'estrazione, la documentazione e ogni altra forma di trattamento del dato informatico al fine di essere valutato in un processo giuridico e studia, ai fini probatori, le tecniche e gli strumenti per l'esame metodologico dei sistemi informatici (Epifani 2011).

Analogamente, già si è avuto modo di indicare che l'informatica forense ha una sua molteplice distinzione in varie branche. Ai fini della nostra trattazione ci limiteremo ad analizzare la primaria distinzione fra modalità di informatica forense per dispositivi rinvenuti accesi e/o sbloccati *(live forensics)* e dispositivi spenti o bloccati *(post mortem forensics)*.

Per semplificare la nostra trattazione partiremo dall'osservazione di ciò che deve avvenire nella sola ipotesi di gestione di PC o notebook. In particolare bisogna porre attenzione alle condizioni in cui si trova il dispositivo al momento del rinvenimento. Laddove lo stesso fosse rinvenuto acceso o spento.

Nel primo caso esso non deve mai essere spento. Infatti, chiudendo la sessione del dispositivo si verrebbero ad alterare i dati presenti nella memoria RAM. Inoltre, al riavvio potrebbero attivarsi sistemi di protezione con password, modelli di criptaggio dei dati ecc. Inoltre potrebbe esser cruciale verificare le operazioni che sta svolgendo l'elaboratore al momento del rinvenimento in quanto, nulla vieta che le informazioni rilevanti siano contenute nella memoria RAM.

In questi casi è opportuno effettuare un *dump*, ovvero la copia della memoria RAM onde preservarne l'integrità e consentire, in un secondo momento, l'analisi dei dati (previa realizzazione di una copia ad "uso analisi"). Laddove il PC stia operando con una *live distro* (ovvero con un sistema operativo eseguito da una chiavetta USB od altro dispositivo esterno quale un HD esterno) il dump è indispensabile per non perder tutti i dati.

Si ricorda che il dump deve essere considerato come una operazione irripetibile e, come tale, segue la disciplina di cui all'art. 360 c.p.p. Infatti, il caricamento del programma per effettuare il dump provoca alterazioni alla RAM rendendo irrealizzabile una nuova sessione di duplicazione. Quindi sarà necessaria la massima accuratezza evitando tutte quelle possibili criticità come ad esempio l'interruzione dell'alimentazione della corrente per tutta la durata del processo. Talvolta potrebbe esser necessario che il PC, rinvenuto acceso, non venga spento nemmeno successivamente. Per tali evenienze, benché molto pericolose e genericamente sconsigliabili, è bene utilizzare un gruppo di continuità. Tuttavia, questo metodo può creare anche pericoli, perché lasciare il dispositivo sempre accesso può permettere a terzi di intervenire sullo stesso oppure di operare da remoto.

Questa tecnica ha il pro di scongiurare un eventuale ed improvviso calo di tensione ed il consequenziale spegnimento del dispositivo.

Il contro è che durante le operazioni di trasporto potrebbe venir meno l'alimentazione danneggiando le tracce da analizzare.

Si segnala che spegnere il PC, in particolare con la chiusura ordinaria del sistema operativo, è assolutamente sconsigliabile per due motivi fondamentali: *a)* lo shutdown comporta l'esecuzione di decine di operazioni di scrittura dei dati che altereranno il disco sovrascrivendo dati che potrebbero essere fondamentali; *b)* i danni derivanti dal cattivo spegnimento (distacco forzato della corrente), sono assolutamente irrisori rispetto al danno cagionabile da una sovrascrittura dei dati realizzata con il normale procedimenti di chiusura del sistema.

Tuttavia vi sono situazioni in cui è preferibile lo spegnimento normale, come nel caso di PC molto vecchi con problemi al sistema hardware. In queste situazioni, spegnere il dispositivo in modo non corretto potrebbe impedire la riaccensione del sistema.

La prassi, pertanto, prevede che, data la complessità dei sistemi rende sempre più grande la perdita di dati cagionata dallo spegnimento forzato che, sempre più spesso, elimina fonti di evidenza determinanti. Molte delle possibili evidenze presenti a runtime in RAM non vengono repertate. È il caso delle comunicazioni con dati non persistenti come nel caso di chat che risiedono per la massima parte in RAM e, quindi, la loro degradazione nello spegnimento forzato è pressoché totale. Analogamente anche le protezioni criptate per intere partizioni che al momento dell'impiego della macchina sono sbloccate, con lo spegnimento potrebbero essere riattivate.

Vi è anche il rischio di perdere i dati recenti non ancora salvati sull'hard disk. Dunque, per queste ragioni, laddove si debba effettuare una attività di *live forensics* è sempre d'obbligo accedere alla macchina con competenza e prontezza.

Mentre nel caso di *post mortem forensics* si tende a generare attività ripetibili dal punto di vista sia tecnico che legale, le attività live sono intrinsecamente irripetibili, da cui l'assoluta necessità di un affidabile e minuziosa relazione di quanto effettuato. Si evidenzia che l'irripetibilità della *live forensics* è essenzialmente genetica non essendo possibile realizzare nuove operazioni senza modificare almeno una parte della memoria del sistema.

Le pratiche più importanti di cui tener conto per massimizzare la qualità delle evidenze sono:

- *Running known good binaries*: un investigatore non dovrebbe affidarsi agli eseguibili del sistema su cui va a operare. Infatti è preferibile che sia lo stesso *digital forensics expert* a fornire gli eseguibili per raccogliere evidenze. Quest'ultimi possono essere copiati sul sistema, anche se questa azione potrebbe sovrascrivere alcune evidenze. Tuttavia, se la scelta deve essere tra perdere alcune evidenze e non ottenerne affatto, è meglio rischiare.
- *Hashing all evidence*: una volta acquisita l'evidenza digitale, essa deve essere preservata in modo tale che l'investigatore possa, in un secondo momento, dimostrare

che nulla è stato contaminato. Il metodo più accettato è quello di calcolare un *hash* dei dati, ciò deve avvenire attraverso delle robuste funzioni. L'hash, così, viene ricalcolato e comparato con l'hash del primo repertamento.
- *Gathering data in order of volatility*: alcuni dati sono più effimeri di altri. Le evidenze dovrebbero essere raccolte in base all'ordine di volatilità. Sicché il *digital forenics expert* deve tener conto del contesto dell'investigazione nella sua totalità, in modo da prendere decisioni sull'ordine di acquisizione delle evidenze.

Quanto alle modalità di acquisizione dei dati esse possono avvenire attraverso:

- *Computer forense collegato al reperto tramite connessione ethernet*: vi è la necessità di configurare il reperto per la connessione, il vantaggio è che si può operare dall'esterno e il trasferimento dati può essere piuttosto semplice.
- *Drive esterni*: si sfruttano le connessioni USB del reperto per connettere una memoria di massa o un disco esterno. Il vantaggio è che procurarsi memorie di massa esterne è in generale semplice e poco costoso, purtroppo però in questa operazione si deve impiegare il reperto direttamente per tutta l'attività.
- *Ripresa video o printscreen*: in genere vengono usati come elemento aggiuntivo ad uno dei due o sostitutivo dei precedenti. Una volta che le evidenze sono state acquisite, devono essere analizzate. È spesso impensabile analizzare tutte le possibili informazioni ottenute in una *live forensics*.

A questo punto della trattazione occorre ricordare che esistono ordini di volatilità differenti per i dati su di un sistema (McDougal 2003). Si suole, quindi, sviluppare un ordine di volatilità partendo dalla estrazione dei dati maggiormente assoggettati al pericolo di perdita. Tendenzialmente l'ordine di volatilità è basato sulla sequenza:

1. memoria RAM;
2. memoria di swap;
3. processi di rete;
4. processi di sistema;
5. informazioni del file system;
6. dati sul disco.

Parlando di *live forensics* bisogna evidenziare che esistono situazioni in cui questa modalità di ricerca investigativa sia l'unica realizzabile, in quanto il dispositivo non può essere né spento né posto sotto sequestro. In questi casi il sistema non può essere acquisito nella sua interezza benché le informazioni "volatili" siano rilevanti rispetto alle indagini (es. traffico di dati di rete in corso, come il trasferimento di un file).

Le tipiche situazioni in cui si realizza una evenienza simile sono legate alla presenza di:

1. database e server condivisi;
2. circuiti di videosorveglianza di strutture strategiche;
3. sistemi militari e di servizi segreti;
4. sistemi per strumentazioni medicali;
5. server hosting/housing;
6. sistemi di gestione di infrastrutture critiche.

Da ultimo si ricorda che in ogni attività di *live forensics* occorrerà sempre prender nota dell'ora e della data riportate nel PC ed il relativo divario rispetto all'ora esatta. Ciò per scongiurare che il dispositivo possa segnalare orari differenti al momento degli esami (che potrebbero avvenire a distanza di molto tempo) e porre sotto scacco le risultanze ottenute.

Passando ora all'esame della *post mortem forensics* occorre dire che essa è la metodologia investigativa che viene usata quando il supporto da analizzare (in genere l'hard disk) viene rinvenuto spento. Per questo motivo si effettua l'acquisizione dei dati in maniera RAW o bit-a-bit in modo da poter lavorare sui dati presenti sull'hard disk, consentendo di acquisirne tutte le informazioni, inclusi slack space e file cancellati, così da poterne avere una copia perfetta che andrà memorizzata su un supporto esterno.

Preme ricordare che, per ovvie ragioni, il supporto di destinazione dei dati copiati deve essere vergine e preparato attraverso la procedura di wiping (di cui è consigliabile conservarne il file di log) ovvero sudi un file immagine. In ogni caso è comunque fondamentale effettuare l'analisi su una copia del file per consentire la ripetibilità e non perdere i dati iniziali. È comunque consigliabile che il *digital forensics expert* proceda alle sue attività operando unicamente su di una copia dei dati onde preservarne l'originalità. Infatti, benché si debbano sempre porre in essere le cautele richieste per attività chirurgiche, effettuare è sempre possibile compiere un minimo errore. Evento che verrebbe ad invalidare tutto il lavoro fatto. Sicché è bene muoversi sempre in un ambiente protetto dove sia sempre possibile ovviare all'errore senza compromettere l'integrità della prova.

Infine, nel caso di notebook, occorre scollegare la batteria onde evitare che la stessa funga da gruppo di continuità.

Il trattamento dei dati oggetto di reperto informatico necessitano di procedure di acquisizione che rispondano alle esigenze legali di una copia forense.

Sono assolutamente da escludere modalità di copia che si basino su stampa di un file e/o delle proprietà di documento Word, stampa di una pagina web. La stampa di un documento informatico, infatti, non ha una valenza di prova forense (Peluso 2021). La stampa del file può assurgere ad una valenza processuale unicamente nell'ipotesi, alquanto remota, che controparte non venga a contestarne il contenuto. Tuttavia è proprio il buonsenso a far comprendere che sono situazioni limite perché la tacita od espressa accettazione del contenuto stampato può essere determinante per il procedimento giudiziario in corso.

L'acquisizione dei dati, quindi, deve essere realizzata in modo più accurato tenendo a mente che non è necessario acquisire l'intero personal computer (magari sequestrandolo), ma solo tutti i singoli bit registrati in esso. Ciò che deve restare come obbiettivo primario è sempre l'interdizione all'accesso al dispositivo da parte di terzi non autorizzati garantendo la catena di custodia. Altresì va impedita qualsiasi forma di contaminazione, avvenga essa indifferentemente in fase di acquisizione o durante la conservazione (archiviazione).

Il *digital forensics expert* dovrebbe, quindi, eseguire una copia *Bit stream image.*

Come abbiamo già avuto modo di dire nel corso della trattazione, va accuratamente documentato il processo di acquisizione dei dati, quindi gli strumenti utilizzati, le metodologie d'indagine ed i singoli passaggi o comandi eseguiti. Questa dispendiosa attività di elencazione delle attività è assolutamente indispensabile per dare garanzia del rispetto dei risultati probatori.

Sicché la sequenza di attività da svolgere sarà così prevista (Ferrazzano 2013):

1. Creazione di una bit-stream image, così da "congelare" il contenuto del supporto calcolandone il *digest* (impronta matematica) con un programma di hashing.
2. Eseguire più di una copia integrale bit-a-bit, così da vere una copia identica all'originale su di un altro dispositivo di memorizzazione.
3. Eventuale dissequestro dei supporti.
4. Realizzazione di copie forensi per la difesa e le altre parti del processo.
5. Applicazione di sigillo elettronico attraverso l'hash.

Si ricorda che l'algoritmo di hash elabora una qualunque mole di bit e restituisce in output una stringa di bit di dimensione fissa. L'output, detto digest, è univoco per ogni documento e ne rappresenta l'impronta. La garanzia data dall'algoritmo è che esso non è invertibile, ossia non è possibile ricostruire il documento originale a partire dalla stringa che viene restituita in output. Si ricorda che il DPCM 8 febbraio 1999 ha riconosciuto che: «l'impronta di una sequenza di simboli binari è una sequenza di simboli binari di lunghezza predefinita generata mediante l'applicazione alla prima di un'opportuna funzione di hash».

In ogni caso è sempre da tenere a mente che, nonostante il sistema operativo Windows sia il più diffuso, non è il solo presente sul mercato ed anzi, nel corso delle ultime decadi, si è osservata una espansione di altri sistemi operativi alternativi. Quindi il *digital forensics expert* potrebbe trovarsi a dover operare in un ambiente Windows, come in un ambiente Linux, MAC ecc.

Ogni sistema ha le sue peculiarità e, proprio per questo, si sta rapidamente sviluppando una differenziazione fra esperti nei vari settori.

4. Introduzione alla *mobile forensics*

Quando ci si muove all'interno delle dinamiche della *mobile forensics* occorre eseguire un approccio differente. Infatti, contrariamente a quanto avviene con altri dispositivi quali, ad esempio i PC, il mondo mobile si basa sull'analisi di uno strumento di telecomunicazione. È vero che i moderni PC hanno la possibilità di scambiare dati attraverso il wi-fi, il bluetooth, l'infrarossi e la connessione internet.

Nell'ipotesi di uno smartphone, di un iPhone ovvero di un Windows Phone, essi sono principalmente strumenti di comunicazione che hanno funzioni assimilabili ad elaboratori. Quindi, come è facile vedere, c'è una contaminazione fra il mondo dei PC ed il mondo delle telecomunicazioni mostrando un progressivo assottigliamento delle differenze.

Occorre dire che l'evoluzione dei dispositivi *mobile* è stata molto repentina e, soprattutto, ha generato differenti sistemi operativi con caratteristiche, funzioni e peculiarità assolutamente distanti.

Questo ha comportato una specializzazione degli esperti forensi in sottoinsiemi della *mobile forensics*. In particolar modo la principale distinzione è presente fra *Android forensics* e *iOS forensics*.

In aggiunta, nel corso del tempo ci sono state differenti generazioni di dispositivo con autonome tecnologie che è bene richiamare seppur brevemente.

La prima generazione era costituta dai dispositivi realizzati con gli standard analogici TACS (*Total Access Cominication System*). Essi si basavano su trasmissioni analogiche connesse a celle radio operative a differenti frequenze.

Successivamente si passò alla seconda generazione basata sulla tecnologia GSM (Groupe Spécial Mobile, poi Global System for Mobile communications). Questa generazione di dispositivi si basa su standard aperti e su di un nuovo tipo di algoritmo realizzato da Viterbi che permetteva la codifica di trasmissioni digitali. In questo modi si iniziò a superare il modello di trasmissione basato su ponti radio adottando le comunicazioni attraverso i segnali satellitari (Redl, Weber e Oliphant 1998).

Il passo evolutivo successivo fu la progettazione di una modalità di comunicazione che non può essere definita una vera e propria generazione ma, più appropriatamente, una evoluzione dei dispositivi di seconda generazione. In questo caso stiamo parlando dello standard GPRS (*General Packet Radio Service*). La caratteristica principale che li differenzia dai GSM è la possibilità di utilizzare trasmissioni digitali con commutazione di pacchetto (Stafford 2004).

Ben presto prese forma una nuova evoluzione tecnologica che, tuttavia, non può essere considerata una vera e propria generazione a se stante, rappresentata dallo standard EDGE (*Enhanced Data rates for GSM Evolution*). La sua principale caratteristica era di essere un GPRS con prestazioni più veloci in fase di trasferimento.

La terza generazione, invece, era costituita da dispositivi dotati di standard UMTS (*Universal Mobile Telephone System*). In questo caso la velocità di trasmissione venne significativamente aumentata giungendo ad una teoria possibilità di toccare i 21Mb/s. Grazie a questa implementazione si rese possibile una lunga serie di servizi operativi unicamente con la banda larga. Quindi divenne possibile la realizzazione di videochiamate, l'invio di MMS ed immagini digitali.

Lo sviluppo dell'UMTS comportò l'adozione di una nuova tecnologia più evoluta nota come HSDPA (*High Speed Downlink Packet Access*) che raddoppiava la velocità di trasmissione e permetteva una più estesa applicazione dei servizi su banda larga.

La quarta generazione, invece, si basa sugli standard VFS-Spread OFDM (*Variable-Spreading-Factor Spread Orthogonal Frequency Division Multiplexing*) e LTE (*Long Term Evolution*). In questo modo è stato possibile sviluppare lo streaming video, filmati in alta definizione e la fioritura di tutti gli attuali servizi disponibili attraverso le app.

Infine si segnala che ormai arrivata la quinta generazione, già operativa che sta conquistando i mercati mondiali.

Ciò premesso, ai fini dell'analisi della *mobile forensics,* è importante ricordare che, a prescindere dalle varie generazioni ora evidenziate, esistono tre categorie di telefoni.

La prima di esse è data dai *basic phone,* ovvero dispositivi con velocità di calcolo e memoria molto limitata, assenza di fotocamera, impossibilità di effettuare video o di connettersi ad internet.

La seconda può essere individuata negli *advanced phone* che si caratterizzano per la velocità aumentata dei processi di elaborazione, per la presenza di fotocamera e videocamera, lo sviluppo di uno schermo a colori. Nonché la connessione internet lenta WAP e la possibilità di inviare e-mail.

L'ultima categoria è definita *smartphone* e si differenzia per avere una elevata capacità di calcolo e di memoria, fotocamera ad alta risoluzione, l'implementazione del Wi-Fi, Internet alta velocità e l'utilizzo di app.

Ora, eseguita una analisi, seppur succinta, dei vari dispositivi mobile, è giunto il momento di stabilire come procedere per l'esecuzione di attività di investigazione forense.

Per prima cosa, analogamente a quanto avviene per i PC, bisogna subito verificare se il dispositivo è stato rinvenuto acceso (e se è sbloccato) oppure se è spento. Nel primo caso occorre aver contezza del tipo di dispositivo che si ha dinnanzi. In particolare se esso ha la tecnologia idonea ad aver sistemi di comunicazione dati. Quindi prender nota delle informazioni presenti sul display nel momento del rinvenimento, in quanto potrebbero essere utili, inoltre serve prender nota di data ed ora. Eseguite rapidamente queste operazioni, la prima cosa da fare è isolare il dispositivo, per effettuarlo in modo efficace e rapido occorre attivare la modalità *airplane mode*. Così è possibile escludere ogni interazione da parte di soggetti interessati a rimuove o modificare i file presenti sul dispositivo. Infatti, benché il dispositivo sia in mano al *digital forensics expert*, è sempre necessario interdire eventuali modifiche apportate con strumenti di connessione a distanza (es. attraverso controlli remoti che potrebbero permettere la cancellazione dei dati).

Eseguita questa operazione il telefono è messo in sicurezza, almeno per quanto riguarda la diretta manomissione attraverso le reti di comunicazione. Dunque occorre proseguire l'attività investigativa e prendere nota di eventuali problemi fisici o hardware del telefono. È sempre importante annotare tutte le dotazioni tecnologiche presenti, quindi eventuali app, presenza di aspetti esterni del telefono e, parimenti a quanto avviene con i PC, effettuare una accurata descrizione del dispositivo.

In particolare di tutti i componenti presenti ed eseguire una documentata e minuziosa elencazione delle attività e dei singoli passaggi svolti. Si rinnova, laddove ve ne fosse bisogno, che anche nel caso della *mobile forensics* è assolutamente imprescindibile il rispetto della catena di custodia.

È giusto il caso di segnalare che esistono anche altri sistemi alternativi alla modalità *airplane mode* per isolare il dispositivo. In primo luogo potrebbe essere utile utilizzare un jammer, ovvero un disturbatore di frequenze, in alternativa si potrebbe imbustare il cellulare in un sacchetto con tecnologia di gabbia di Faraday così da isolarlo.

Potrebbe sembrare apparentemente inspiegabile l'esigenza di utilizzare queste modalità, vista la grande semplicità dello strumento dell'isolazione tramite *airplane mode*. In realtà vi sono buone ragioni che, talvolta, possono spingere ad utilizzare altre modalità. In primo luogo occorre rammentare che se il dispositivo è acceso, al pari di ciò che è previsto per i PC, non deve essere spento. Tuttavia, se nel caso dei PC essi sono collegati a corrente o comunque possono essere protetti da sbalzi di corrente grazie all'utilizzo di generatori così da permettere l'estrazione di copia forense; nel caso dei dispositivi cellulari vi è il limite della durata della batteria.

Quindi potrebbe essere necessario effettuare un trasporto o comunque garantire la carica del dispositivo in un ambiente protetto. Il jammer permette di creare una zona di interferenza che può agevolmente permettere il trasporto del dispositivo senza interagire in alcun modo con lo stesso. Mentre il sacchetto con gabbia di Faraday, oltre a proteggere dalle trasmissioni, può avere un cavo schermato e protetto che consente di mantenere il dispositivo collegato ad una fonte di corrente.

Le attuali dotazioni tecnologiche permetto di effettuare un controllo da remoto del dispositivo. Sicché anche a distanza si potrebbe operare sul dispositivo, nel caso in cui la batteria e la SIM fossero inserite, per accenderlo e, quindi, manomettere la prova.

È chiaro che, non potendo accendere il dispositivo e porlo in *airplane mode*, l'uso di strumenti per isolarlo diventano essenziali ecco, dunque, spiegata l'esigenza di utilizzare i jammer portatili (alcuni sono delle dimensioni di un pacchetto di sigarette) e di sacchetti con gabbia di Fadaray.

Vi è anche da ricordare che un dispositivo, rinvenuto spento e successivamente acceso, potrebbe azionare dei meccanismi di protezione quali ad esempio, lo sbloccaggio con sorriso, il PIN, una sequenza di sblocco ecc. Talvolta possono essere presenti anche dei meccanismi di protezione che aumentano il tempo necessario per l'immissione del nuovo codice ogni volta che si inserisce un codice errato. Essendo questa funzione basata su di un modello algoritmico, il tempo necessario può essere fra un tentativo ed il successivo può essere anche aumentato in modo spaventoso. Si pensi che dopo alcuni tentativi potrebbe esser richiesto il trascorrere di giorni, ne non mesi od anni.

In ogni modo, l'attività di craccare il sistema o di effettuare una forzatura del medesimo dovrà essere svolte in un secondo momento quando il dispositivo è già stato messo in sicurezza e trasferito nel laboratorio.

Da ultimo si segnala che attraverso le attività di *mobile forensics* è possibile estrarre tre differenti tipologie di dati: logici, fisici e di file system che, per semplicità, si inseriscono nella seguente tabella:

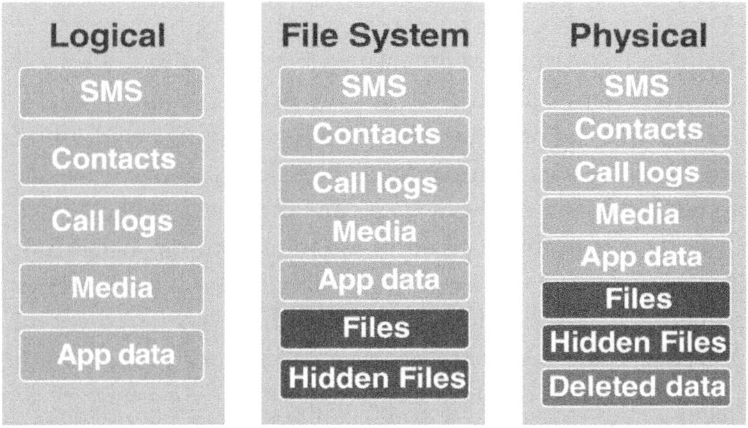

Quanto alle nuove branche dell'investigazione forense, ci sembra doveroso indicare che i nuovi elettrodomestici, così come le nuove operazioni di domotica, già ora presentano dei dispositivi di utilità forense. Infatti è dato comune che i moderni televisori hanno la possibilità di connettersi a reti domestiche o, Wi-Fi od internet. Sicché la nuova frontiera futura dell'informatica forense è aprirsi e dotarsi di strumentazioni adatte allo studio ed alla raccolta di questi dati.

Oggi si può guardare ai televisori ma già sembra possibile pensare all'esigenza di dover eseguire operazioni di informatica forense su lavatrici ed altri elettrodomestici dotati di sistemi di comunicazione a distanza.s

5. Suggerimenti e consigli organizzativi nella *digital forensics*

Occorre premettere che in ambito di informatica forense, allo stato attuale, non esiste una consolidata modalità operativa unanimemente condivisa. Questo assunto è facilmente confermabile con la mera e semplice osservazione di quanto redatto dai vari periti nelle loro rispettive relazioni forensi. La motivazione di detta situazione è da attribuirsi, in via prioritaria, alla novità del campo di esame che, nonostante i sbalorditivi progressi, risulta tutt'ora ampiamente una regione nuova ancora da esplorare in modo approfondito. Ulteriormente si segnala che la frenetica evoluzione tecnologica porta a far divenire rapidamente obsolete le modalità operative. Dunque in un ambiente così effervescente e ricco di inattese evoluzioni, non ci si deve meravigliare se le modalità operative risultano ancora in buon parte non del tutto consolidate.

È consigliabile seguire degli schemi organizzativi e ripeterli in maniera scrupolosa dando così vita ad un proprio *modus operandi*. Elemento prioritario dello stesso è che non si basi solo sull'improvvisazione (che talvolta può essere utile per risolvere determinate problematiche del tutto sconosciute).

Si deve anche dire che esistono, sia nell'informatica forense, come in altre discipline, differenti forme di approccio e ciascuno, in base alla sua formazione ed alle sue inclinazioni professionali e caratteriali, ritiene più idoneo.

Inoltre, sembra ragionevole consigliare di operare non in modo isolato ma cercare di cooperare per formare un'equipe che possa coordinarsi e confrontarsi. In questo modo sembra sia più facile sviluppare strategie diversificate per approcciare a problematiche nuove nonché ottimizzare le operazioni ed i tempi necessari.

Altra precauzione consigliabile riguarda l'applicazione di una modalità d'indagine che possa essere il più possibile conforme con il metodo sperimentale ideato da Galieo Galiei, ovvero:

1. osservare il fenomeno e descriverlo minuziosamente;
2. formulare ipotesi che possano spiegare come si è verificato il fenomeno;
3. prevedere le possibili conseguenze delle ipotesi formulate;
4. Verificare in modo sperimentale le conseguenze delle ipotesi;

5. Valutare le risultane e confermare o confutare le ipotesi.

Seguendo questa organizzazione dettata dal metodo sperimentale, un *digital forensics expert* dovrebbe essere in grado di procedere in modo coerente ed ordinato. Riguardo alla prima fase nella quale avviene l'osservazione del fenomeno si rileva che, l'attività fenomenologica da studiare, è indicata dalle richieste del committente. Sia esso il PM nel corso delle indagini investigative, il Giudice con la formulazione dei quesiti a cui rispondere ovvero le parti. Una volta chiarito ciò che si deve analizzare sarà d'obbligo porre in essere tutte quelle attività utili per osservare le dotazioni informatiche, capire ciò che teoricamente servirebbe fare ed valutare il materiale messo a disposizione dai committenti. Quindi serve raccogliere i dati che sommariamente potrebbero contenere le informazioni desiderate.

Inizialmente non ci si dovrebbe curare troppo di verificare se i dati grezzi ottenuti siano effettivamente utili. Ciò avverrà in un secondo momento quando, preso atto di tutto ciò che sembra utile per l'attività richiesta, si procederà ad una cernita del materiale raccolto.

Appare molto importante verificare che il dispositivo in esame, laddove ciò sia possibile, abbia installati programmi di condivisione peer-to-peer ovvero vi siano tracce che richiamino all'utilizzo di strumenti di archiviazione sui cloud. Può risultare d'interesse anche l'esame dei file system e dei file di log onde accertare l'eventuale utilizzo di supporti di memoria esterna, laddove si abbia la sensazione che il materiale informatico ricercato non sembri presente.

Analogamente a quanto poc'anzi detto può giovare all'attività svolta l'esame dei download in quanto potrebbero esserci dei materiali d'utilità od anche tracce di documentazioni che, pur non essendo state del tutto scaricate, hanno mantenuto la traccia di un loro tentativo. Nell'analisi è bene effettuare degli accertamenti sui file cancellati in quanto, oltre a mantenere traccia di attività svolte, potrebbero ancora consentire il recupero dei dati. Infatti è noto che i cluster di memoria utilizzati dai file che si ordina di cancellare non vengono immediatamente svuotati. Anzi la memoria rimane occupata, benché l'elaboratore la consideri come spazio libero, e resta inalterata fino a quanto il sistema non esegue operazione di allocazione di risorse che occupino quel determinato cluster di memoria. Sembra d'interesse anche l'esame dello slack space benché, secondo la normativa italiana, non è punibile la presenza di una residuale immagine che è stata cancellata dopo il suo download. Potrebbe essere il caso di materiale illegale scaricato per mero errore e prontamente cancellato dal dispositivo sia perché ritenuto inutile che contrario alla morale dell'utente.

Si segnala che se l'immagine fosse ancora referenziata nella struttura del file system e fosse ancora proveniente dalla cache del browser ciò non sarebbe, di per se, sufficiente alla positiva risposta ad un quesito che chieda se vi è presenza di quel materiale (Ghirardini 2013).

L'analisi dei file di log anche di file temporanei o cancellati, invece, potrebbe essere un elemento interessante per consentire di comprendere dove potrebbero essere stati archiviati i dati. In tale maniera si potrebbe focalizzare l'attenzione in dette aree.

Alle semplici raccomandazione testé evidenziate si consiglia di aggiungervi una rigorosa e precisa elencazione degli elementi descrittivi sia dei supporto che dei componenti in esame e di tutti i comandi eseguiti nel corso dell'analisi forense. Questi dati risultano utilissimi per dimostrare quanto posto in essere consentendo alla controparte od alle parti (nel caso del CTU) di verificarne il risultato ottenuto.

Inoltre, eseguire una accurata elencazione di ogni singolo comando imposto, permette facilmente di ripercorrere i passaggi per assodare le risultanze ottenute. La meticolosa attività di indicazione di ciascun passaggio, infine, appare un elemento che può spingere l'organo giudicante a rafforzare la sua convinzione che quanto eseguito dal *digital forencics expert* sia il giusto ragionamento.

Altre indicazioni utili riguardano sia i supporti intesi quali sistemi operati utilizzati per le investigazioni forensi che la loro distribuzione e licenza d'uso.

Talvolta, infatti, esistono dei programmi di analisi forense che sono predisposti per operare in maniera ottimale su determinati sistemi operativi. Ciò implica che utilizzare programmi nativi per Windows su Linux o Mac, oltre a non funzionare, potrebbero rendere di meno. Orbene sembra consigliabile avere a disposizione una differente dotazione tecnologica così da poter utilizzare, di volta in volta, lo strumento più idoneo per la singola circostanza. Riguardo alle distribuzioni dei software forensi utilizzati bisogna porre in essere una sincera ed accurata riflessione.

Premesso che non esiste un software universale che sia in grado di rispondere a tutte le sfaccettare esigenze di un *digital forensics expert*, bisogna obbligatoriamente far ricorso ad una pluralità di strumenti diversi ciascuno con propri punti di forza e debolezze. Quest'ultime, però, possono essere arginate utilizzando software che abbiano prerogative diverse e complementari.

Espressa questa premessa la domanda da porsi è se sia meglio utilizzare un prodotto preconfezionato da una azienda specializzata nella vendita di prodotti per le indagini forensi oppure affidarsi a licenze *open source* o software liberi.

L'uso di programmi commercializzati ha l'indubbio vantaggio di avere una interfaccia maggiormente *user friendly* e *tutorial* che consentono all'utilizzatore di comprendere rapidamente come muoversi con il programma. Altro vantaggio che sono distribuzioni che spesso tendono ad essere omnicomprensive, quindi capaci di svolgere una pluralità di funzioni che, altrimenti, avrebbero necessitato l'uso di differenti programmi. Dall'altro lato, però, vi è il limite di avere un prodotto "generalista" capace di fare tutte le operazioni d'interesse per l'analisi, e magari di farlo egregiamente pur senza eccellere in nessun campo. Al contrario un semplice programma *open source*, seppur potenzialmente più limitato potrebbe avere delle capacità straordinarie in poche attività ma comunque in grado di semplificare le operazioni di indagine. Occorre anche aggiungere che spesso i programmi *open source* o liberi potrebbero essere migliorati o modellati dallo stesso *digital forensics expert*. Quest'ultimo, infatti, partendo dal codice sorgente potrebbe sviluppare il programma per dar risposta a sue esigenze non pensate dagli autori. La situazione è diversa nel caso del software proprietario dove è sempre necessario proporre le modifiche ai programmatori e non si dispone del codice sorgente. Di vantaggio, tuttavia, vi è la possibilità di interagire con coloro che hanno pensato il programma così da poter verificare sia le modalità di assistenza per problemi specifici che, progettare aggiornamenti.

Tuttavia i software proprietari pongo un limite nelle operazioni di verifica e controllo dei singolo passaggi e comandi eseguiti nel corso delle indagini. Infatti per porli in essere è indispensabile possedere una copia del medesimo software. Questione che verrebbe risolta da programmi liberamente scaricabili.

Dunque, stante questa serie di elementi che abbiamo avuto modo di elencare brevemente, non si sembra il caso di consigliare di scegliere univocamente né i programmi liberi ed *open source* che unicamente quelli proprietari. La soluzione più idonea sembra un compromesso fra i due strumenti, meglio ancora un mix, assecondando le esperienze del *digital forensics expert*.

Taluni potrebbero prediligere sperimentare sempre nuovi strumenti per verificarne le potenzialità e magari verificare se è possibile migliorarli. Altri, più cautamente, potrebbero preferire evitar di ripartir ogni volta da zero nella conoscenza di un nuovo software preferendo, così, specializzarsi nell'uso di *tool* che reputano di conoscere maggiormente e di cui hanno una certa fiducia.

Da ultimo, ma non meno importante, è l'ottimizzazione dei tempi. Spesso le operazioni di informatica forense possono richiedere tempi biblici e, perciò, si dovrebbe avere a disposizione una pluralità di supporti informatici così da distribuire le operazioni nel corso del tempo. Mentre un PC è impegnato in attività che richiedono molto tempo si potrebbe operare in scioltezza su altri dispositivi per attivare interazioni di più veloce esecuzione.

Per ottimizzare l'organizzazione un attento *digital forensics expert* dovrebbe predisporre giornalmente una scaletta di attività da svolgere alternandole in modo tale da non avere tempi morti.

Talvolta potrebbero esserci operazioni molto lunghe ed in questo caso sembra consigliabile concentrarle in momento in cui si può fare a meno dell'elaboratore ad esse dedicato. Quindi durante la notte o nelle pause lasciando il PC acceso ad elaborare od ancora nei fine settimana.

Sembra anche utile l'uso di strumenti di controllo remoto onde poter verificare, negli intervalli desiderati, il progresso delle operazioni svolte e da svolgere.

6. Strumenti e programmi di *digital forensics*

Apprestandoci ad introdurre gli strumenti di elaborazione dati per l'informatica forense, si deve principiare dal ricordare l'utilità dei write blocker. Codesti sono dispositivi fisici che, collegati all'elemento informatico da analizzare permettono al *digital forensics expert* di prevenire eventuali scritture sull'hard disk o più genericamente su qualsivoglia dispositivi di memorie di massa (chiavette USB, schede di memoria ecc.) oggetto di investigazioni.

Codesto dispositivo è usualmente posizionato fra il PC dell'investigatore e quello da esaminare e funziona come un hardware che permettono di accedere a periferiche di memorizzazione in sola lettura. Essi si presentano come dispositivi che possono solo leggere i dati contenuti nella periferica impedendo ogni scrittura e, quindi, l'inquinamento ed invalidazione della prova forense. Attualmente, se si osservano dal punto di vista dei collegamenti, si possono individuare due distinti tipi di write blocker, *native* e *tailgate*, mentre se osservati nell'ottica della struttura, come vedremo fra breve, si possono distinguere in tre tipologie.

Il estrema sintesi il write blocker, native è usato per collegare il disco attraverso la sua interfaccia nativa mentre il write blocker tailgate ne utilizza una di diversa natura (es. disco IDE tramite USB o disco SATA tramite FireWire).

Quanto alla distinzione tecnica fra i vari tipi di write blocker si deve ricordare che possono essere:

- *Firmware based*: tramite il BIOS che inibisce ogni tipo di scrittura sul disco d'origine
- *Software based*: software di basso livello che impedisce qualsiasi scrittura sulla memoria di massa considerata. In questo caso non è più il BIOS a impedire l'alterazione, ma il sistema operativo.
- *Hardware based*: dispositivo elettronico che taglia il bus di comunicazione tra l'unità su cui si stanno copiando i dati e la scheda madre del computer analizzato.

Come appare del tutto evidente questi write blocker sono degli strumenti fondamentali per proteggere i dischi da acquisire e, pertanto, essenziali per ogni attività di investigazione di informatica forense.

Quanto ai software di informatica forense si segnala che attualmente nel mercato se ne possono trovare molteplici, taluni gratuiti altri commercializzati come distribuzioni proprietarie. Fra i vari disponibili ci si permette di evidenziare i seguenti di seguito indicati con una sintetica scheda sulle principali caratteristiche.

X-Way Forensics è un software proprietario commercializzato ormai da diversi anni. La sua fama a livello internazionale fu dovuta alla progettazione di un editor esadecimale WinHex. Le funzionalità sono tutt'ora ritenute eccezionali dal punti di vista delle prestazioni e della qualità pur essendo un programma snello e veloce. Tuttavia il costo d'acquisto, seppur non economico (il prezzo si aggira sui 1.000-1.500 euro), è indubbiamente molto più contenuto rispetto ad altri concorrenti. Elemento che può permetterne il suggerimento ai novizi essendo, fra l'altro, molto buono il servizio di assistenza che permette di relazionarsi direttamente con gli sviluppatori. Occorre dire che per le sue peculiarità è un software che sembra più orientato per le investigazioni *post mortem* che nei riguardi di quelle live.

EnCase è tra le suite di investigazione commerciali più utilizzate e diffuse al mondo, sia perché risulta fra le prime distribuzioni commerciali in ambito forense che per le sue potenzialità. Il prodotto risulta ottimizzato per gli ambienti Windows. Nel corso del tempo ne sono stare rilasciate diverse versioni e, soprattutto, molteplici pacchetti differenti. Le performance e le funzionalità sono di livello elevatissimo e ciò permette di classificarlo fra i migliori strumenti di informatica forense. Il suo prezzo di distribuzione (circa 4.000 euro ma esistono versioni decisamente molto più costose) risulta particolarmente superiore rispetto alla media dei suoi *competitor*, ma in parte è compensato dall'elevata duttilità del programma. Ha la peculiarità di essere strutturato in moduli aggiuntivi che possono essere acquistati gradualmente in base alle esigenze. La sua operatività, grazie ai moduli, è trasversale e gli permette di essere utile in quasi tutte le branche di informatica forense.

Autopsy Browser trattasi di un programma *open source* che, tuttavia, da diversi anni riscuote un vivo consenso da parte degli esperti di settore. Indubbiamente la maggior pecca è la scarsa intuitività dei comandi e la difficoltà nel comprenderne il funzionamento. Pur essendo un buon prodotto e del tutto gratuito, in taluni casi, sembra un passo indietro dal punto di vista tecnologico rispetto ad altre distribuzioni a pagamento.

OS Forensics il programma è più recente e tutt'ora in fase di costante implementazione che, tuttavia, è oggetto di forti investimenti come dimostra l'interfaccia molto curata. Fra le caratteristiche principali del programma troviamo la ricerca veloce di file sotto forma di diverse visualizzazioni (listato, thumbnail, timeline); la ricerca all'interno dei file permettendo di trovare stringhe di testo; la ricerca di email supportando vari formati di email. Si segnala anche un'utilissima funzionalità di ripristino file cancellati anche se rimossi dal cestino. Molto interessante è la nuova funzione per cercare di recuperare i dati sensibili le password e gli username. Il prodotto è abbastanza buono ma ancora un po' arretrato rispetto a più note distribuzioni.

Helix è una distribuzione Linux per l'analisi forense. Molto utile per investigazioni live, recentemente è stato migliorato per consentirne la funzione anche in ambienti Windows. Helix mette a disposizione anche alcuni strumenti di *incident response*, che permettono diversi tipi di analisi come: diagnosi dei processi in tempo reale, analisi delle cache dei diversi browser, analisi del registro di Windows, strumenti per la visualizzazione di password, analisi dei client di posta elettronica, monitoraggio della rete e per il *file recovery*. Sicuramente è uno strumento molto interessante dalle prestazioni piuttosto soddisfacenti.

CAINE (Computer Aided Investigative Environment) è una distribuzione italiana GNU/Linux live seguita da Nanni Bassetti. Attualmente è fra i prodotti d'eccellenza nella indagini live. CAINE offre un ambiente completo di *digital forensics* organizzato per integrare strumenti esistenti tramite una interfaccia grafica. Eccellente in tutti i dispositivi che operano attraverso un BIOS, consente ampie possibilità supportare tutte le fasi investigative. L'interfaccia risulta molto curata ed abbastanza semplice anche per utenti alle prime armi, benché vi siano funzioni più complesse che richiedono più esperienza. Per le sue peculiarità si colloca come eccellenza fra i *software* di informatica forense operanti su Linux.

Node XL è una estensione di Excel della Microsoft. Pur non essendo esclusivamente un prodotto rivolto all'informatica forense, le sue funzionalità sono eccellenti per la *social network analysis*. Infatti, per le sue peculiarità, è uno strumento indispensabile laddove si voglia effettuare delle operazioni di monitoraggio delle reti sociali e di studio delle relazioni fra nodi. Non particolarmente intuitivo, si distingue per la sua spiccata capacità di realizzare grafici e modelli che permettono l'efficace comprensione delle relazioni sociali fra individui posti sotto osservazione.

Bibliografia

Amato A. C., Saraceni G., (2015), *I reati informatici, elementi di teoria generale e principali figure criminose,* Giappichelli.

Amato Mangiameli A. C., (2015), *Informatica giuridica, appunti e materiali ad uso di lezioni,* Giappichelli.

Amato N., (2018) *La disciplina giuridica dell'informatica forense nell'era del cloud,* Independently pub.

Arcella G., Valia C., (2007) *La copia conforme di una pagina web: natura giuridica e modalità operative,* Studio CNN, n. 7-2007/IG dell'11.5.2007.

Bechini U., (2006) *Copie autentiche e documento informatico,* Studio CNN- 3-3006/IG del 20.11.2006.

Bechini U., (2006) *La copia conforme di pagina web,* in *Notariato.*

Bellerini M., De Pra M., Indovina B., Pedrazzini G., Clerici A (a cura di), (2016), *Informatica giuridica,* Egea.

Biasiotti M. A., Sartor G., (2013) *Tecnologie e abilità informatiche per il diritto,* Giuffré.

Boissevain J., (1973) *Network analysis: Studies in Human Interaction,* Paris.

Borruso R., (1997) *La legge, il giudice, il computer. Un tema fondamentale dell'informatica giuridica,* Giuffré.

Borruso R., (2007) *Approccio umanistico all'informatica, un mondo di bit,* Edizioni Scientifiche Italiane.

Borruso R., Ciacci G., (2004) *Diritto civile e informatica,* Edizioni Scientifiche Italiane.

Borruso R., Di Giorgi R., Mattioli L., Ragona M., (2007) *L'informatica del diritto,* Giuffré.

Borruso R., Russo S., (2009) *L'informatica per il giurista. Dal bit a internet,* Giuffré.

Bottallo E., Maraschi E., (2012) *Innovare la formazione aziendale,* Consulman.

Boyd D. M., Ellison N. B., (2008) *"Social Network Sites: Definition, History, and Scholarship"* in Journal of Computer-Mediated Communication n.13.

Brescia. G., (2015) *Manuale del perito e del consulente tecnico,* Maggioli Editore.

Brighi R., (2022) *Nuove questioni di informatica forense,* Aracne.

Bucci E., Colella A., D'agostino D., Dezzani G., Gavasso A., (2014) *Utilizzo forense dell'analisi di reti sociali. Applicazioni e limiti* in *IISFA Memberbook.*

Bunting S. (2012) *Encase Computer Forensics,* Cibex.

Calabrò V., (2016) *Mobile device and mobile cloud computing forensics,* Lulu.com
Capaccioli S., (2015) *Criptovalute e bitcoin. Un'analisi giuridica,* Giuffré.
Carbone F., (2014) *Computer forensics with FTK,* Packt Publishing
Cassano G. (a cura di), (2019) *L'informatica per il giurista,* Maggioli.
Cassano G., Contaldo A. (a cura di), (2009) *La natura giuridica e la responsabilità civile degli internet Service Providers (ISP): il punto sulla giurisprudenza,* Corr. Giur. N. 9.
Centini M., (2011) *Criminal profiling. Come si costruisce un profilo psicologico*, Xenia.
Ciacci G., (2001), *La firma digitale,* Il sole 24 ore.
Cloward A., Ohlin L.e., (1961) *Delinquency and Opportunity: A Theory of Delinquent Gangs*, in *The Sociological Quarterly*, Vol. 2, No. 3.
Constabile G., Rasetti D., (2003) *Scena crimins, tracce informatiche e formazione della prova,* in *Cyberspazio e diritto, n.* 3/4.
Contaldo A., Peluso F., (2018) *Cybersecurity. La nuova disciplina italiana ed europea alla luce della direttiva NIS*, Pacini giuridica
Contaldo A., (2020) *Cybersecurity law. Disciplina italiana ed europea della sicurezza cibernetica anche alla luce delle norme tecniche,* Pacini Giuridica.
Contaldo A., Cassano G., (2010) *Internet e tutela della libertà di espressione*, Giuffré.
Contaldo A., Gorga M., (2012) *Il processo telematico,* Giappichelli.
Contaldo A., Peluso F., (2015) *La protezione delle infrastrutture critiche nell'ordinamento giuridico italiano e dell'Unione Europea,* in *Riv. Amm.*, n. 5 e 6.
Contaldo A., Peluso F., (2018) *E-detective. L'informatica giuridica e le applicazioni della digital forensics,* PM edizioni.
Corona F., (2021) *Reati informatici e investigazioni digitali. Diffamazione via web, prove digitali, sex crimes, cyberstalking, cyberbullismo, reati privacy,* Pacini giuridica.
Corradini I., Di Resta F., (2021) *Cybersecurity, digital forensics e data protection. Responsabilità delle organizzazioni, le prove digitali e il fattore umano,* Themis.
Costabile G., (2005) *Scena criminis, documento informatico e formazione della prova penale* in *Diritto dell'informazione e dell'informatica.*
Cowen D., (2013) *Computer Forensics: a beginners guide,* Mc Graw Hill.
De Cata M., (2010) *La responsabilità civile dell'internet service provider.*
Delfini F. (a cura di), (2011) *L'atto pubblico informatico*, Commentario ai D. Lgs. 110/2010 e 235/2010, UET.
Di Cocco C., Sartor G., (2017) *Temi di diritto dell'informatica,* Giuffré.
Diana R., Buonamassa R., (2013) *Informatica, giurimetria e professioni,* Progedit.
Durante M., Pagallo U., (2012) *Manuale di informatica giuridica e diritto delle nuove tecnologie,* UTET.
Faini F., Pietropaoli S., (2017) *Scienza giuridica e tecnologie informatiche,* Giappichelli.

Fedriani C., (2014) *DEEP WEB - La rete oltre Google: Personaggi, storie e luoghi dell'internet profonda. Personaggi, storie e luoghi dell'internet profonda,* Explain 5.
Ferrazzano M., *Modalità operative per l'acquisizione di un hard disk,* Università di Catania, (2013)
Frosini V. Limone D. A., (1990) *L'insegnamento dell'informatica giuridica,* Liguori.
Frosini V., (1986) *L'uomo artificiale. Etica e diritto nell'era planetaria,* Spirali.
Frosini V., (1991) *Contributi ad un diritto dell'informazione,* Liguori.
Frosini V., (1992) *Informatica, diritto e società,* Giuffré.
Frosini V., Limone D. A., (1990), *L'insegnamento dell'informatica giuridica,* Liguori.
Galdieri P., (1996) *La tutela penale del domicilio informatico,* in Galdieri (a cura di), *Problemi giuridici dell'informatica nel MEC,* Milano.
Ghirardini A., Faggioli G., (2013) *Digital Fornesics,* Apogeo.
Hayes D. R., (2014) *A pratical guide to computer forensics investigations,* Paerson.
Hayes D. R., (2021) *Digital forensics. Guida per i professionisti delle investigazioni informatiche,* Apogeo.
Iaselli M., (2020) *Investigazioni digitali,* Giuffré.
Johnson J. A., Reitzel J. D., (2011) *Social network analysis in an operational environment: Defining the utility of a network approach for crime analysis using the Richmond City Police Department as a case study,* in International Police Executive Symposium working paper, pag. 39,
Kuo D., (2001) *Dot.bomb: The inside story of the first Dot.com crash,* Little, U. S.
Levy S., (2001) *Hackers: Heroes of the computer revolution,* New York, Penguin, 2001.
Limone A. D., (1995) *Dalla Giuritecnica all'informatica giuridica. Studi dedicati a Vittorio Frosini,* Giuffré.
Limone D. A., (1981) *Studi di informatica giuridica ed amministrativa,* IRSEI.
Limone D. A., (1995) *Dalla Giuritecnica all'informatica giuridica,* Giuffré.
Limone D. A., (1999) *Elementi di diritto dell'informatica,* Mediterrranea.
Losano M. G., (1997) *Corso di informatica giuridica,* Einaudi.
Losano M. G., (2006) *L'informatica e l'analisi delle procedure giuridiche,* Unicopli.
Maioli C., (2015), *Questioni di informatica forense,* Aracne.
Maioli C., Cugnasco R., (2008), *Profili normativi e tecnici delle intercettazioni al voice over IP,* Gedit.
Mancanella M., (2017), *Lineamenti di informatica giuridica,* Tangram Edizioni Scientifiche.
Mcdougal M., (2003) *Live Forensics on Windows System using Windows Forensic Toolchest.*
Meggiato R., (2014) *Il lato oscuro della Rete: Alla scoperta del Deep Web e del Bitcoin,* Apogeo.

Mimmo F., (2020) *Introduzione alle investigazioni 2.0: OSINT e prontuario operativo per l'investigatore privato,* Vox Investigazioni.

Monfrioti L., (2011) *Digital evidence e processo penale* in *Cass. Pen., 2011, 12, 4509.*

Monti A., (2003) *Attendibilità dei sistemi di Digital Forensics* in *ICT-Security.*

Monti A., (2015) *L'acquisizione della digital evidence da parte della polizia giudiziaria,* in ICT-Lexbrief.

Morozov E., (2011) *L'ingenuità della rete: il lato oscuro della libertà di internet,* Codice Editore.

Nastri M., (2000) *Copie autentiche e documento informatico*, cit., R. ZAGAMI, *Firma digitale e sicurezza giuridica*, Cedam.

Novario F., (2012) *Computer forensics tra giudizio e business,* Cortina Editore.

Novario F., (2014) *Le prove informatiche nel processo civile,* Giappichelli.

Peluso F. (a cura di), (2019) *La responsabilità nei nuovi reati informatici, nuovi mezzi di ricerca ed acquisizione della prova,* Maggioli.

Peluso F. (a cura di), (2021) *Informatica giuridica ed economica,* Patto sociale.

Peruginelli G., Ragona M., (2014) *L'informatica giuridica in Italia,* Edizioni Scientifiche Italiane.

Picozzi M., Zappalà A., (2003) *Criminal Profiling. Dall'analisi della scena del delitto al profilo psicologico del criminale,* McGrowHill.

Pintus F., (2014) *Investigazioni digitali: un software per la condivisione dei reperti: progettazione e realizzazione di un software per la visualizzazione sicura dei reperti digitali di un'indagine forense,* Edizioni Scientifiche Italiane.

Pitch T., (1975) *La devianza, La Nuova Italia*, Firenze.

Puppo F., (2012) *Informatica giuridica e metodo retorico. Un approccio classico all'uso delle nuove tecnologie,* Tangram Edizioni Scientifiche.

Rana G., (2001) *Il valore probatorio del documento elettronico,* diritto.it.

Reis G., (2008) *Analisi forense con Photoshop,* APOGEO.

Sartor G., (2008) *Corso di Informatica Giuridica,*Giappichelli.

Sartor G., (2016), *L'informatica giuridica e le tecnologie dell'informazione. Corso di informatica giuridica,* Giappichelli.

Sassano F., (2015) *Il diritto all'oblio tra internet e mass media,* Key.

Schiaroli I. (2013) W. *Dark Web & Bitcoin*, Lantana editore.

Serafin G., (2012) *L'interpretazione del crimine. Criminologia, devianza e controllo sociale, Tangram,* Trento.

Sparrow M. K., (1991) *The Application of Network Analysis to Criminal Intelligence: an Assessment of the Prospects in Social Networks,* Volume 13, n. 3, settembre 1991.

Taddei Elmi G., (2016) *Corso di informatica giuridica,* Simone.

Talihärm A. M., (2010) *"Cyberterrorism: in Theory or in Practice?"*, in *Defence Against Terrorism Review,* vol. 3, n. 2.

Tapscott D., (2016) *Blockchain revolution: how Blockchain technology will change money, business and the world, Penguin Lcc;* U.S.
Testaguzza A., (2014) *Digital forensics. Informatica giuridica e processo penale,* CEDAM
Tonellotto M., (2015) *Computer forensics: l'acquisizione della prova informatica, un approccio tecnico giuridico alla corretta acquisizione e gestione della prova informatica,* Edizioni Accademiche Italiane.
Trua T., (2014) *Deep web: il lato oscuro della rete,* Bitbilos.
Turk A., (1969) *Criminality and Legal Order, Rand McNally,* Chicago.
Yusupov S., Gulomov S., (2022) *Forense digitale, manuale di formazione, Editiones* Notre Savoir.
Zeviar-Geese, G., (1997) *The State of the Law on Cyberjurisdiction and Cybercrime on the Internet.* California Pacific School of Law. Gonzaga Journal of International Law. Volume 1.
Ziccardi G., (2012) *Informatica giuridica. Privacy, sicurezza informatica, computer forensics e investigazioni digitali,* Giuffré.
Ziccardi G., (2012) *L'avvocato hacker. Informatica giuridica e uso consapevole (e responsabile) delle tecnologie,* Giuffré.
Ziccardi G., (2014) *Il computer e il giurista,* Giuffré.

Made in the USA
Middletown, DE
04 November 2026

36541621R10179